SFV

Jean-Louis
Barrault

Erinnerungen für morgen

S. Fischer

Aus dem Französischen von Ruth Henry

Die französische Originalausgabe erschien 1972 unter dem Titel
›Souveniers pour demain‹ bei Editions du Seuil, Paris
Umschlagentwurf Eberhard Marhold
Satz und Druck Poeschel & Schulz-Schomburgk, Eschwege
Einband G. Lachenmaier, Reutlingen
Printed in Germany 1973
ISBN 3 10 005902 6

Für Madeleine

WARNUNG AN DEN LESER

Das Ansehen der Schauspieler
bei den Römern war schändlich
und bei den Griechen ehrenvoll.
Wie ist es heute bei uns?
Man denkt über sie wie die Römer
und lebt mit ihnen wie die Griechen (La Bruyère).

Während mein inneres Orchester sich einstimmt.

Wenn ich diese Autobiographie in der Form eines »Berichts« vorlege, so habe ich mir das sorgfältig überlegt. Obgleich ich mich dazu anhielt, gewissenhaft jede romanhafte Erfindung zu vermeiden, kann ich die historische oder gar polizeilich zu ermittelnde Genauigkeit der Fakten nicht garantieren.

Recht schlau, wer haargenau sagen kann, wie sein Leben verlief! Und ebenso schlau, wer mir sagen könnte, wie mein Leben verlief! Ich habe meinen eigenen Eindruck davon – und ihr habt den Euren.

Zudem habe ich nicht die Absicht, mich zu analysieren oder selbst zu beurteilen: Entweder würde ich mich von meiner besten Seite präsentieren oder wohlbedacht meine Fehler übertreiben.

Man erlebt seine Existenz in jedem Augenblick mindestens auf drei Ebenen:

– wie man ist
– wie man zu sein glaubt
– wie man erscheinen will.

Wie man ist – das weiß man nicht. Wie man zu sein glaubt – ist eine Illusion. Wie man erscheinen will – ist ein Irrtum.

Es kommt noch hinzu, daß wir nicht *ein-*, sondern *drei*schichtig sind. Ja, sogar *mehr*schichtig. Man ist eine Einheit aus drei Personen: Kopf, Herz und Bauch.* Und auf der Spitze des Tetraeders** erscheint »das Double«; gleichzeitig treiben in den verborgensten Winkeln unseres Seins noch viele andere ihr Wesen.

Tatsächlich ist jeder einzelne von uns eine ganze Gesellschaft, ein Königreich, eine Welt – ein Universum auf dem Grunde eines Brunnens: Eine ganze lärmende Bevölkerung haben wir in unserem Innern, in deren Mitte wir uns unendlich allein fühlen. Und das ist beängstigend.

* Platon.
** Ein von vier Dreiecken begrenzter Körper.
[Wenn *nicht* eigens vermerkt, stammen die Anmerkungen von Barrault (Anm.d.Ü.).]

Ihr Götter, befreit mich von meiner unfruchtbaren Angst (Äschylos).

Angst, Schwester meiner Einsamkeit ... denn am Ende des Weges wartet der Tod. Und dennoch bin ich bis zu diesem Tag fröhlich und glücklich gewesen. Dafür danke ich meinem Stern.

Einmal dinierte ich in Gesellschaft einer jungen Frau, die alles hatte, was man sich nur wünschen kann: Schönheit, eine gute Herkunft, Geist und Reichtum. Doch während ich mit ihr plauderte, entdeckte ich so etwas wie das unglückliche, leidende, eingesperrte Tier in ihr. Das machte mich neugierig. Unsere Unterhaltung wurde nach und nach vertraulicher, ernsthafter und herzlicher, und wir kamen einander näher. Auf einmal sagte sie:
»Und Sie, erzählen Sie mir!«
Ich dachte nicht, daß sie mein Leben interessieren könnte, und machte eine diesbezügliche Bemerkung.
»Nein«, erwiderte sie, »erzählen Sie ›mich‹*!«
Sie wollte, daß ich »sie« erzählte. Ich lehnte das ab und erklärte ihr, daß sie sich nicht wiedererkennen würde.

Was wir sind, was wir gelebt haben . . . Gott allein weiß es – »und wie ich ihn kenne, wird er es uns nicht sagen« (Feydeau).
Es fällt mir auf, daß die beiden ersten Namen, die ich in diesem Bericht nenne, Äschylos und Feydeau sind. Zwischen diesen beiden liegt das Leben beschlossen. Vor Äschylos hatten die alten Dichter ihren Stoff in Form einer tragischen Trilogie zu behandeln, der mußte ein vierter komischer Teil folgen, der dasselbe Thema auf »absurde Weise« darstellte. Jedes Ereignis im Leben hat in der Tat seine absurde Seite.
Ein dritter Name ist Kafka: »Nichts zu ernst nehmen.«
Mitten in den brodelnden Strudeln all dieser »Possen« in uns erscheinen plötzlich Abgründe – unbekanntes Terrain. Doch haben wir in diesem »Brodeln« unsere Lichtblicke, sie offenbaren uns die überraschenden Seiten unseres Wesens: wie jene »Fenster« im Gebirge**, die plötzlich den Blick auf neue Horizonte öffnen: auf die geheimnisvollen Dinge.
Meine Mutter konnte von ihrer Umgebung für eine charmante,

* Von mir: Das Mißverständnis entstand aus dem im Französischen gleichklingenden »moi« (mir) und »moi« (mich) (Anm. d. Ü.).

** Ein Bild, das häufiger wiederkehrt. Gemeint ist das plötzliche Aufreißen des Nebels im Gebirge, das den Blick wie durch ein »Fenster« auf ferne Horizonte öffnet (Anm. d. Ü.).

ungezügelte und oberflächliche Frau gehalten werden; in ihrer Todesstunde erschien sie uns von der Würde und der Macht eines Patriarchen. Sie war zu einer anderen geworden.
In jedem Augenblick unseres Lebens sind wir ein anderer für uns selbst und für die anderen. Das menschliche Wesen ist unberechenbar. Und wenn wir uns auch als ein Ganzes verstehen, wir sind doch nur die eine Hälfte des Wurms, der auf der Suche nach seiner anderen Hälfte ist: Das ist unser Bedürfnis nach Liebe. Den androgynen Wurm in seiner Ganzheit wiederherzustellen, ist einer unserer wesentlichsten Instinkte. Wir sind die Hälften einer Einheit, und das wiederzusammengefügte Wesen ist das Paar.

> *Mesa, ich bin Ysé, ich bin es* (Claudel: ›Partage du Midi‹, *Mittagswende).*

Das ist der Augenblick, in dem zwei Menschen voneinander in Bann gezogen werden, es herrscht ein seltsames Schweigen, eine unterschwellige Zwiesprache setzt ein. Zeit und Raum existieren nicht mehr, nur eine einzige Explosion der Gegenwart. Die Minute der Wahrheit, wo Toreador und Stier einander erkennen.

> *Ysé, ich bin Mesa, ich bin es.*

Wir Schauspieler müssen uns, wenn wir die Bühne betreten, theoretisch auf die folgenden drei Fragen konzentrieren:
»Woher komme ich?«
»In welchem Zustand befinde ich mich?«
»Was habe ich vor?«
Auf die erste Frage werde ich versuchen, korrekt zu antworten. Die Beantwortung der zweiten Frage überlasse ich Ihrem Vorstellungsvermögen. Und zu der dritten möchte ich Ihnen nahelegen: Versuchen Sie zu verstehen. Das ist mein Ziel im Leben. Und deshalb liebe ich diesen Satz von Lenin:

> *Lernen, lernen, um zu handeln und zu verstehen.*

Ich unternehme diesen Spaziergang in die Vergangenheit nicht zu meinem Vergnügen, dazu schmerzt sie zu sehr. Ich folge vielmehr einem Auftrag, und gehorchen ist zuweilen heilsam.
Aus dem Durcheinander all meiner Erinnerungen wählte ich diejenigen, die mich geprägt haben ... geprägt, wie man eine Münze prägt, zu der Einheit einer Person, die ich bin. Erinnerungen, die

vielleicht von allgemeinem Interesse sein könnten und für jeden verständlich sind – aus Brüderlichkeit für den Leser. Erinnerungen schließlich, die für mein heutiges und für mein morgiges Verhalten von Bedeutung sein könnten – aus Sinn für Zweckmäßigkeit ... »Erinnerungen für morgen«, warum nicht?

Auf dem Theater – ich werde noch näher darauf eingehen – verfolgen wir einen persönlichen Traum, doch insgeheim wünschen wir, daß unsere individuellen Empfindungen von möglichst vielen geteilt werden. Wir wünschen uns ein einziges gemeinsames Herz. Möge das auch hier gelingen.

Noch ein letztes Wort: Jemand, der spazierengeht, hält manchmal unterwegs an, macht eine Pause. Er wechselt den Gegenstand, genießt die Aussicht, betrachtet einen Grashalm oder kehrt sich in sein Inneres. Das wird mir plötzlich und ohne ersichtlichen Grund auch widerfahren. Ich lade Sie dann ein, sich neben mich, an meine Seite zu setzen ... den Grashalm zu betrachten, die Aussicht oder uns selbst.

EINS

Ich bin nicht geboren,
um Haß auszuteilen,
sondern Liebe (Antigone).

DER WILDE SETZLING

Die Legende von meiner Geburt

Am 8. September 1910, um 10 Uhr morgens, hat meine Mutter mich auf die Welt gebracht, so steht es im Geburtenregister des Bürgermeisteramts. Das geschah in der Rue de l'Eglise 11 in Le Vésinet, einem Villenvorort von Paris, 17 km von Notre-Dame entfernt.

Mein Vater, Jules Barrault, begann dort als junger Apotheker in bescheidenem Rahmen. Um seine Einkünfte etwas aufzubessern, arbeitete er nebenbei in der benachbarten Irrenanstalt. Eigentlich interessierte er sich viel mehr für Politik. Er war Sozialist und aus reinem Idealismus einer der ersten Leninisten. Doch im tiefsten Innern fühlte er sich als Dichter. Man brachte ihm einmal einen Verletzten in die Apotheke. Als er das Blut sah, fiel er in Ohnmacht. Er war 34 Jahre alt und hatte nur noch acht Jahre zu leben – aber das wußte er natürlich nicht.

Meine Mutter, Marcelle Hélène, geborene Valette, wird kaum 25 Jahre alt gewesen sein. Außer diesem sogenannten »glücklichen Ereignis« machte das Jahr 1910 wegen der Überschwemmungen in Paris von sich reden; und nicht zuletzt ist der 8. September der Geburtstag der Heiligen Jungfrau, ihr wurde ich selbstverständlich geweiht, und ihr huldige ich immer noch gern, blaugewandet, wie es sich gehört.* Und vergessen wir nicht, der 8. September ist gleichfalls der Geburtstag von Alfred Jarry. Die Heilige Jungfrau, Jarry und ich: Diese Gesellschaft gefällt mir.

8. September! . . . Ich habe mir oft ausgemalt, wie um den 8. Dezember zuvor, mitten im kalten Winter, zwei junge Menschen zueinanderfanden, sich hingestreckt umarmten und liebten – und zu meinem Vater und meiner Mutter wurden. Aber das wußten sie freilich auch nicht.

Ich war nicht der erste, der den Frieden des Hauses störte. Schon seit vier Jahren regierte hier ein kleiner Junge. Er war »ganz sein Vater«: braun, feingliedrig, ziemlich groß, pfiffige blaue Augen, das

* Nach der Sitte sind die der Jungfrau geweihten Kinder blau (oder weiß) gekleidet (Anm. d. Ü.).

hübsche Gesicht von langen Locken umgeben. Er trug den Namen Max-Henry. Mein Bruder Max!
Meine Eltern hatten ihn auf meine Ankunft vorbereitet. Und er hatte diese Ankündigung gelassen und großzügig hingenommen. Acht Tage später aber, als sich die mütterliche Liebe ganz auf das Pudern meines Hinterteils konzentrierte und er sich wohl vernachlässigt fühlte, fragte er:
»Bleibt mein kleiner Bruder nun für lange hier?«
Offen gestanden: Meine Mutter hatte sich diesmal, nachdem sie es schon zu einem Jungen gebracht hatte, ein Mädchen gewünscht. Als ich aus meinem Plazenta-Schiffchen an Land ging, rief der Arzt:
»Ein schöner kleiner Junge!«
Da seufzte meine Mutter halb lächelnd, halb schmerzlich:
»Oh, Scheiße!«
Das war das erste Wort, das ich auf dieser Welt vernommen habe. In Frankreich steht es in dem Ruf, Glück zu bringen. Mein Leben ist bis jetzt ein Beweis dafür! – Marcelle pflegte frei heraus zu reden, und das habe ich zweifellos von ihr geerbt. Meine Mutter hatte ihre Sache gut gemacht: Ich wog neun Pfund. Der Doktor tat aus wissenschaftlicher Neugier alles zusammen noch einmal auf die Waage – Baby, Mutterkuchen und das übrige: Es waren im ganzen fünfzehn Pfund!
Ich muß sehr häßlich gewesen sein: verquollene Augen, ein Mund, aufgeschlitzt bis an die Ohren, kein Haar auf dem Schädel und ein riesiger Kopf, der nach allen Seiten über einen fettwülstigen Körper rollte. Achtzehn Monate, heißt es, brauchte ich, um eine Fortbewegungsmethode zu finden, schlecht und recht krochen die krummen Beine unter dem vom Brei aufgedunsenen Körper. Häßlich war ich, hatte aber vermutlich ein glückliches Temperament; meine größte Wonne bestand darin, mich auf das warme, weiche Windelpaket zu setzen, das ich soeben nicht nur schmutzig gemacht, sondern reichlich angefüllt hatte. Ich hatte etwas vom Baby des Gargantua. Es ist mir egal, wenn diese Überlegungen selbstgefällig erscheinen, es sind schließlich nichts als »Geschichten«. Mich beschäftigte das alles nicht. Man hatte mir das Leben geschenkt, ich lebte!

Ich besaß schon immer das, was einmal ein befreundeter Arzt als einen »Freizeit-Komplex« diagnostiziert hat. Ich will gerne alles verlieren, was zu verlieren ist, außer einem, und das ist: Zeit. Denn soweit ich meine Erinnerungen verfolge, ich befinde mich immer in Gesellschaft von jemandem: vom Tod. Die Lebens-

freude ist so vollkommen, daß nichts davon verlorengehen darf; aber zugleich erscheint das Leben so ungewiß! Es ist so schön, daß es nicht dauern kann. Nun gut, gerade darum muß es lange dauern, und um zu dauern, muß man es anfüllen. Die Kunst ist lang, das Leben ist kurz, die Kunst zu leben muß man lernen.
Kürzlich war ich, während ich meinen Wagen fuhr, in Gedanken versunken. Mein »Double«, das mich nie verläßt und mit dem ich mich unentwegt unterhalte, murmelte: »Was suchst du? Hast du etwas verloren?« »Ja«, antwortete ich, »eine Minute.« Genau die Minute, die mir eines Tages der Tod rauben wird.
Es ist etwas Unausweichliches. Ich wäre sonst nicht vom ersten Atemzug an immer von der gleichen Raserei und Panik besessen gewesen.

Von einer Sache muß ich noch berichten, weil sie sich über eine lange Zeit hinzog. Meine Mutter, die sich ein Mädchen gewünscht hatte, hat mich immer als ein solches betrachtet. Sie nannte mich »ihr kleines Mädchen«, und mein Bruder nannte mich »meine Nénette«. Das Wort stammt aus dem Weltkrieg: Man schickte den Soldaten zwei kleine Figuren aus Wolle als Talisman ins Feld, Nénette und Rintintin. Max nannte sich Rintintin, also war ich die Nénette!

Hier sehe ich die Psychoanalytiker die Nase heben auf der Jagd nach einer Neurose. »Dieses Kind, das sich mit wonnigem Vergnügen in seine Exkremente setzt, das sich den Hintern mit dem Fenstervorhang abputzt (auch noch eine Familienüberlieferung) und das von seiner Mutter – wohlverstanden, von seiner Mutter – ihr kleines Mädchen genannt wird ... der wird uns nicht entkommen!« Ich habe nicht das geringste gegen Freud, den ich für ein Genie halte. Erst vor einigen Monaten habe ich seine Biographie wiedergelesen. Er ist die *Heldenfigur* des »Es«, des »Ich« und des »Über-Ich«, er hat für uns alle Grausamkeiten des Unterbewußten durchlebt. Aber ich habe bei allem Respekt, bei aller Bewunderung und Liebe für ihn, den Eindruck, er hat so sehr unter seinem eigenen Temperament gelitten, daß er nicht anders konnte; er mußte uns davon überzeugen, daß wir alle an den gleichen Symptomen leiden.

Kommen wir auf den kaum zweijährigen, christlich getauften Jean-Louis zurück. Nun ja, es war ein recht laues Christentum! Mein Vater, ein Freidenker, hätte es vorgezogen, daß wir mit achtzehn

Jahren unsere Religion selber wählten. Er war gewissenhaft. (Übrigens, warum mit achtzehn Jahren?) Die Familie wird da ein Machtwort gesprochen haben – »keine Geschichten«! Und weil er ein höflicher Mensch war, wurden die Kleinen getauft. Zu dieser Zeit begnügte er sich damit, an den republikanischen Feierlichkeiten am 14. Juli als erster Beisitzer des Bürgermeisters von Le Vésinet teilzunehmen. In der Familie berichtete man von der berühmten Rede, die der Bürgermeister vor der ausgebreiteten Fahne gehalten hatte (damals gab es noch nicht die vielen Kriegerdenkmäler, die hat man erst später erfunden). Er pries die Tugenden der drei französischen Farben mit folgenden Worten:
»Das Rot ist das Zeichen des für das Vaterland vergossenen Blutes; das Weiß ist ein Symbol für die Reinheit der französischen Seele, Jeanne d'Arc ...« Als er endlich beim Blau angelangt war, zögerte er ein wenig, bevor er in die Worte ausbrach:
»Und das Blau ... das wäre, wenn es Grün wäre, die Hoffnung!« (Donnernder Applaus).
In Le Vésinet gab es eine Liebhaberbühne, L'Essor. Meine Eltern – noch junge Leute – gehörten ihr an und spielten dort Theater. Im ›Geigenbauer von Cremona‹ von François Coppée soll mein Vater großartig gewesen sein. Meine Mutter hatte eine hübsche Stimme, ein entzückendes Gesichtchen, Fröhlichkeit, die kleine Pariser Stupsnase und einen Katzenblick. Zudem besaß sie hinreißenden Charme. Das Leben in Le Vésinet muß heiter und sorglos gewesen sein ... Die Theaterkarriere des Ehepaares Barrault sollte jedoch ein jähes Ende nehmen, leider, denn als ich zwei Jahre alt war, wollten mir meine Eltern Paris bieten.
Mein Vater hatte eine Apotheke in der Avenue Wagram übernommen. Wir wohnten Rue Courcelles 142. Dieses elegante Viertel, nahe der Plaine Monceau, erstreckte sich von der Place des Ternes – mit ihren Junggesellenwohnungen und den jungen ausgehaltenen Frauen, die morgens im Pelzmantel die Milch holen gingen – bis zu dem Viertel der Batignolles, ein richtiges Dorf, wie es in Paris so viele gibt.
Ich denke da besonders an das Dorf Passy, wo ein kleines Mädchen, es hieß Madeleine Renaud, mit seinem kleinen Vetter, Christian Bérard, spielte. Das wußte ich freilich noch nicht.
Auf der anderen Seite rauschte in ganz Paris das Fest, vom Maxim bis zum Moulin-Rouge, und allen voran tanzte Feydeau. Ein echtes Vorkriegsleben! Auch davon wußte ich nichts – was hätte ich auch damit anfangen sollen?

Soweit die legendäre Geschichte von meiner Geburt. Bevor wir uns den eigentlichen Erinnerungen zuwenden, betrachten wir einmal das vorväterliche Erbe, meinen Atavismus – die »Situation«, nach J.-P. Sartre –, oder wie die Biologen sagen, den genetischen Code. »Deinen Stammbaum«, flüstert mein Double mir spöttisch ins Ohr.

Vorgeburtliche Erinnerungen

Ich glaube fest an Rückerinnerungen, wohlverstanden, an Erinnerungen, die vor der Geburt liegen.

Unsere Einbildungskraft ist nur lebendig, wenn sie mit unserer Erinnerung spielen kann, mit diesem Laden, diesem großen Bazar, der alles enthält, was wir wahrgenommen haben. Wenn wir, um unsere Erinnerungen nach der Fantasie zu rekonstruieren, nur über die Fakten verfügen könnten, die wir seit unserer Geburt in unserem Gedächtnis speichern, wäre das Vorstellungsvermögen eine unterentwickelte, ärmliche Fähigkeit, die womöglich erst dann mobilisiert würde, wenn man bereits die Kraft und die Lust zum Spielen verloren hat.

Zum Glück liegt tief in uns das Reservat unserer genetischen Vergangenheit, und so sind wir, einmal von der Nabelschnur befreit, vom ersten Schrei an imstande, mit dem, was wir von unseren Vorfahren erhielten, alle möglichen Romane zu erfinden.

Imagination, Spiel der Erinnerung. Diese Vorstellung ist den heutigen Biologen sehr wertvoll, auf dieser Basis begegnen sie wieder der Mythologie. Ich persönlich empfinde jedes Mal geradezu eine physische Befriedigung, wenn die Wissenschaft sich mit der Poesie in Einklang findet. Die neun Musen, Symbol der menschlichen Einbildungskraft, sind sie nicht seit der Antike die Töchter der Mnemosyne, Personifikation der Erinnerung?

War es also keine literarische Erfindung, war es wahr, konkret, wirklich? Die Wirklichkeit entschlüsseln, das ist etwas, was mir gefällt.

Das Konkrete! Was man in die Hand nehmen, berühren, schlürfen, essen, halten, lutschen, durchschwitzen kann. Sein! Das riecht, scheint mir, schon nach Bühnenbrettern.

Betrachten wir vorerst die Personen, denen meine organischen Zellen entstammen ...

Die Barraults sind reine Burgunder aus Tournus. Die kleine gallo-romanische Stadt ist ihrer berühmten Kirche wegen bekannt. Die Saint-Philibert-Abtei ist aus rosafarbenem Stein in reinem romanischen Stil gebaut.

Der erste Barrault, der sich im Rathaus-Register findet, war Gerber, Sämisch-Gerber. 1698 hatte er bei »Beauregard«, einem Weiler, der zu Croix-Léonard gehörte, ein Stück Land erworben: einen Weinberg über der Stadt, von wo sich der Blick nach Osten über 200 km erstrecken kann. Das alte Haus wurde durch ein neues ersetzt, ein einziger Stein, datiert 1623, blieb erhalten und wurde in das neue Haus von 1850 eingemauert.

Dieses Haus haben wir immer noch, es ist uns heilig, obgleich es hier heute nur noch Wiesen gibt. Die Weinstöcke wurden ausgerissen, vernichtet durch den Wein aus dem Süden, durch Spekulationsgeist und politische Machenschaften. Das hat mich so getroffen, ich werde es in meinem Leben nicht vergessen. Und es war sehr wichtig für meine späteren Verhaltensweisen. Ich kenne Besitzungen, die unter der Bedingung verkauft wurden, alles zu zerstören. Das nennt man eine Prämie fürs Ausreißen. Man kann ebensogut sagen, eine Prämie fürs Morden. Niemals hätten Anarchisten – wie man sie sich üblicherweise vorstellt – so etwas machen können. Der Staat – ein Mörder. Die Politiker – Kriminelle: Das war die Geburtsstunde meiner Revolte.

An klaren Tagen kann man von der Terrasse des Hauses bis zur Jurakette, bis zu den Alpen und dem Mont-Blanc sehen – übrigens ein Zeichen für Regen am nächsten Tag. Zu unseren Füßen Tournus, seine romanischen Türme, das breite Band der Saône, dahinter die weite Ebene der Bresse, wo es Mais und Hühner gibt.

Einer der Barraults war Bürgermeister von Tournus. Er soll ein Hutmacher gewesen sein. Aber alle waren »Weinberg-Besitzer« bis zu meinem Großvater Henri-Philibert. Er kannte keinen anderen Beruf als seine Weinberge.

Die Männer holten sich mit Vorliebe ihre Frauen aus Mâcon. Eine von ihnen hatte meinem Urgroßvater ein Haus mit in die Ehe gebracht, das einen Monsieur de Lamartine zu seinen Mietern zählte, doch dieser blieb stets seine Miete schuldig. Mein Großvater, von seiner Frau, der Hausbesitzerin, zur Weißglut getrieben, begab sich zum Äußersten entschlossen nach Mâcon. Aber Lamartine wickelte ihn ein. Nach Tournus zurückgekehrt, mußte er seiner Frau gestehen,

daß der Dichter noch immer nicht gezahlt und er ihm obendrein noch Geld gepumpt hatte.
Das Blut der Barraults ist also reiner Burgundersaft. Seit drei Jahrhunderten rinnt der Wein durch unsere Adern. Ich fühle mich als Bauer. Tatsächlich sind meine Hände recht breite Pratzen.
Der »Vater Barrault« war ein toller Hecht, ein Witzbold, ein rauher, lustiger Kerl, ein Krakeeler, manchmal sogar brutal. Ein echtes Burgunderkind.
Sein letzter Wille vermittelt ein getreuliches Abbild! In seinem Testament hatte er bestimmt, sein Sarg solle in seiner Kellerei aufgebahrt werden. Eins von seinen Fässern, ein kleines »quarteau« (25 Liter) Weißwein, stand für diese Zeremonie bereit. Es mußte zu Füßen des Katafalks aufgestellt werden. Zwei Gläser, das eine gefüllt, hatten auf seinem Sarg zu stehen. Jeder Freund mußte sich das andere Glas füllen und mit Vater Barrault anstoßen. Am Ende dieses Rituals sollte man mit seinem Glas auf die Straße gehen und es dem ersten, der vorbeikam, anbieten. Die Weinbauern sind Künstler.
Er hatte zwei Söhne, Adolphe und Jules; wer der ältere war, weiß ich nicht. Für beide pflanzte der Vater an jeder Seite der Terrasse eine Linde. Adolphe wurde als zwanzigjähriger Matrose bei einer Schlägerei in Toulon ermordet. Jules starb 1918. Der alte Vater Barrault hat das nicht überlebt ... Der von der Zeit verwitterte Stein auf unserem Familiengrab steht auf vier starken Löwenkrallen. Es ist ein einfacher, schöner, zerfallener Stein. Alle ruhen hier in Frieden. An der Terrasse stehen noch die beiden Lindenbäume, sie sind heute hundert Jahre alt. Ich liebe ihre Rinde wie meine Haut.
Warum hat sich mein Vater nur für die Apothekerei entschieden, er, der die Sehnsucht nach seinem Geburtshaus nie überwand? Der von nichts anderem träumte als von Lamartine, von Samain, von Verlaine und der universellen Brüderlichkeit?

Mütterlicherseits

Meine Mutter wurde in der Rue Rambuteau, im Herzen von Paris geboren. Diese mütterliche Seite möchte ich gerne die pariserische nennen, denn es gibt nicht viele Orte, die so harmonisch sind wie die Quais entlang der Seine. Ich liebe Paris über alles, ich leide unter allem, was man dieser Stadt antut, und unter der Mißgunst, die sie erregt. Diese Ansammlung von Dörfern wird nie etwas Provinzielles haben. Der Geist von Paris ist auf seine Weise einzigartig; man begegnet ihm nirgends sonst. Und schließlich ist Madeleine Renaud in Paris geboren, ihre Vorfahren sind nie über die Ile-de-France hinausgekommen, und ihre Mutter ist ebenfalls in der Rue Rambuteau geboren! Aber auch dies wußten wir, wie immer, noch nicht.

Hohe Stirn und kleines Kinn, das ist Madeleine, sie hat das Lächeln von Reims! Wenn wir mit unserer Truppe durch die Welt reisen, repräsentieren wir zwar Frankreich, aber unverwechselbar Paris. ›The Pride of Paris‹ konnte man an der Fassade des Wintergartens in New York mitten am Broadway lesen. Aber wir selbst waren stolz – auf Paris, das uns gemacht und dem wir gehören.

Bleiben wir indessen objektiv, was das vorväterliche Erbe betrifft. Die mütterliche Linie wurde durch das Zusammenspiel zweier verschiedener Einflüsse geprägt. Die eine, die großmütterliche Seite, kommt aus der Gegend östlich von Lothringen – ich weiß nicht genau, woher. Die andere, die großväterliche, kommt von Mittelfrankreich her, aus dem Bourbonnais. Ja nicht zu verwechseln mit der Auvergne, mein Großvater würde entschieden protestieren. Obwohl es von seinem Dorf in die andere Provinz nur wenige Schritte waren, wollte er kein Auvergnat sein. Dabei besaß er alle markanten Vorzüge und Fehler dieser Landsleute. Aber das wollte er nicht wahrhaben.

Mein Großvater mütterlicherseits – ein phantastischer Kerl! Wir haben uns viel gestritten, aber ich habe ihn bewundert und bewundere ihn noch heute. Er hat mich sehr beeinflußt, er hat mich ermutigt und kritisiert, Monsieur Valette! Eine richtige Romanfigur, die Balzac alle Ehre gemacht hätte.

Er hieß Louis-Charles-Camille-Napoléon-Eugène. Weil er am selben Tag wie Prinz Eugène geboren wurde (1856), war er ein Patenkind des Kaisers und empfing jedes Jahr seinen Louisdor. Natürlich war er Bonapartist, trug den Schnurrbart und den kleinen Kinnbart à la Napoléon III. Er trieb die Kaisertreue so weit, daß er sogar die Statur von Napoléon I. besaß.

Er besaß eine geradezu erdrückende Vitalität und eine unverwüstliche Gesundheit. In der Komödie meines Lebens spielt Großvater Valette eine große Rolle, eine Bombenrolle, wie man im Theaterjargon sagt. Etwa zwischen Labiche und Henri Becque . . . eben Balzac! Heben wir ihn noch auf bis zu den wirklichen Erinnerungen.

Er war seiner Mutter würdiger Sohn. Ich habe sie nicht gekannt, aber sie wäre es wert gewesen nach dem, was man mir von ihr erzählt hat. Sie kam in Holzpantinen aus den tiefen Tälern von Chouvigny (Auvergne oder Bourbonnais?) nach Paris und war dort Putzfrau. Sie hatte ein Auge auf einen Maurer geworfen und ihn zum Mann genommen. Sie erwarb sich ein kleines Vermögen, indem sie verfallene Villen kaufte, sie wieder instand setzte – mit Hilfe ihres Maurer-Ehemannes, der tüchtig für sie schwitzen mußte – und sie dann wieder verkaufte. Mit dem Gewinn kaufte sie neue Häuser, richtete sie her, verkaufte sie, und so fort. Wenn ich mir vorstelle, daß ich diese Frau nicht gekannt habe, und dabei habe ich, ganz in ihrem Fahrwasser, das gleiche mit meinen Theatern gemacht, mit dem Marigny, dem Odéon usw. – nur habe ich sie nicht verkauft, sondern ich bin aus ihnen verjagt worden ...

Diese Urgroßmutter war schon eine originelle Person. Wenn sie zuviel gegessen hatte und das Dessert auf den Tisch kam, stand sie auf, ging in die Küche, machte den Gasschlauch los, steckte das eine Ende an den Wasserhahn über dem Spülbecken und das andere in ihren Hintern. Und – bsch! verpaßte sie sich einen kalten Einlauf. Auf diese Weise erleichtert, kehrte sie an den Tisch zurück und konnte ihre Mahlzeit mit Appetit beenden.

Eines Tages behauptete sie, daß Katze und Papagei sich nicht vertrügen, sei nur darauf zurückzuführen, daß man sie nicht aneinander gewöhnt habe, und steckte die Katze in den Papageienkäfig. Fliegende Haare und Federn und großes Geschrei! Etwas enttäuscht von dieser »unerwarteten« Reaktion trennte sie die Tiere wieder.

Sie starb mit 89 Jahren an einer bronchialen Lungenentzündung. Der Doktor horchte ihr die Brust ab und murmelte: »Ich höre Geräusche!« »Verdammter Esel! Das sind die Geräusche von der Straße«, gab sie zurück und hauchte ihren Geist aus.

Ich glaube, ihr Ehegespons hat nur von der Emanzipation geträumt. Er war ein Communarde, aber ich fürchte, man hat ihm nie das Wort erteilt.

Louis Valette war der echte Sohn seiner Mutter. Als junger Mann arbeitete er in einer Likörfabrik, dort wurden die alten verzierten Flaschen für Geschenkkästchen hergestellt, die heute bei Antiquitätenhändlern so gefragt sind. In diesem Unternehmen gab es drei heiratsfähige Mädchen: Cécile, Hermance und Berthe. Louis hatte Aussicht, auf diese Weise Chef zu werden, und er betraute eine alte Freundin seiner Mutter mit der Aufgabe, eines der Mädchen für ihn auszuwählen. Ein Nachmittagskaffee wurde veranstaltet. Die alte Freundin wird eingeladen. Cécile bringt den Tee, Hermance reicht den Zucker,

Berthe die Kuchen. Die alte »Célestine« prüft jedes der Füllen und sagt, als sie wieder heimkehrt zu dem jungen Mann: »Nimm die Hermance.« Auf diese Weise wurde meine Großmutter gewählt. Eine sanfte und vornehme Frau, gar nicht so resigniert, wie es den Anschein hatte, jedoch von ungewöhnlicher Feinfühligkeit.
Louis ahnte, daß das Handwerk des luxuriösen Likörflaschen-Assortiments bald von modischeren »Gadgets« überflügelt werden würde, und gab das Unternehmen auf. Er erwarb eine Drogerie in der Rue de Lévis 55. Das war eine Geschäftsstraße im Zentrum eines eleganten Viertels: Aristokratie und Privatvillen. Der Großvater vertrat zwei Prinzipien:
a) Verderbliche Waren verkaufen, sonst bleiben die Kunden weg. Und deshalb mochte er weder Likörflaschen noch Antiquitätenhändler.
b) Um ein Vermögen zu erwerben, gibt es zwei Methoden:
1. Geld verdienen,
2. die Unkosten verringern.
Dagegen gibt es strikt nichts einzuwenden, das ist der sogenannte französische »bon sens«.
Meine Großmutter verwaltete die Kasse. Von ihrem Mann sprach sie nie anders als von »Monsieur Valette«. Bei Tisch nannte sie ihn: »Mein kleiner Jesus«. Sie liebten sich aufrichtig und feierten ihre goldene Hochzeit. Ich habe sie allerdings in Verdacht, daß jeder noch sein kleines Eigenleben führte, um gewisse Bedürfnisse der Seele zu befriedigen, die der andere zu vernachlässigen drohte.
Der Großvater, ein guter Hahn, fix und tüchtig, machte seine Frau fünfmal zur Mutter: drei Fehlgeburten, ein Mädchen, ein Junge. Der Junge, Robert, genannt Bob. Dieser Onkel Bob hatte große Bedeutung in meinem Leben. Lassen wir auch ihn vorerst noch beiseite.
Es ist klar, daß mein Großvater in die aufsteigende Periode der Familiengeschichte gehört. Nach einer Grundschulbildung hat er sich als tüchtiger Autodidakt kontinuierlich weitergebildet, vor allem dank des Larousse-Diktionärs und insbesondere seiner rosafarbenen Seiten*: Daraus konnte man einen Haufen lateinischer Zitate auswendig lernen und – das war damals recht nützlich – sie beiläufig in der Konversation erwähnen und damit den Eindruck eines Gebildeten erwecken ... Er war der Prototyp des kleinen Pariser Geschäftsmanns, sparsam und zielstrebig; für seine Familie hätte er

* Der Kleine Larousse bringt auf rosa Seiten eine Auswahl von lateinischen und fremdsprachigen Sprichwörtern (Anm. d. Ü.).

sich bis aufs Blut geschunden. Was er übrigens getan hat. Aber die Familie hatte den Preis dafür zu zahlen. Bei Tisch war er ein fürchterlicher Moralist, man hätte ihn abschießen mögen.
Um seinen Stolz zu befriedigen, schickte er seine Kinder auf die vornehmsten Schulen. Meine Mutter mußte in die Klosterschule, wo die aristokratischen Gänse erzogen wurden, deren Eltern oder vielmehr deren Chauffeure bei diesem naiven Drogisten Kunden waren! Meine Mutter hat das, was man Klassenkampf nennt, am eigenen Leib erfahren. Die Tochter dieses kleinen »Bürger als Edelmann« mußte von Seiten des Adels die schlimmsten Demütigungen erleiden und war für ihr ganzes Leben davon traumatisiert.
Menschliche Wärme fand sie hingegen bei einer sehr rechtschaffenen Tante, Typ anarchistisch-populär mit weitem Herzen: Tante Adele. Mit der ihr eigenen Unverblümtheit tröstete sie die Nichte: »Wir stammen sogar von den Kreuzrittern ab . . . übers Fensterkreuz!«
Trotzdem erhielt meine Mutter eine besonders sorgfältige Erziehung; weil sie viel gelitten hat, wurde alles andere als ein hochnäsiges Frauenzimmer aus ihr. Doch wäre es ihr z. B. nie in den Sinn gekommen, ein weiches Ei anders als mit dem Zinken der Gabel zu öffnen, schon gar nicht mit dem Messer und nicht mal mit dem Löffel. Sie wußte, daß der Salat bei Tisch in umgekehrter Ordnung serviert wird, das heißt, daß der Hausherr sich zuerst bedient, denn beim Salat »liegt die Höflichkeit auf dem Grund der Schüssel« (der Soße wegen). Selbstverständlich schnitt sie jeden Käse an, bevor sie diesen servieren ließ usw. Auch bei einfachsten Mahlzeiten gestattete sie keinen Fehler dieser Art. Es war eine fixe Idee von ihr, nie ein Glas beim Trinken zu beschmutzen. Wirklich, wenn man sieht, wie manche Leute mit ihren vom Essen fettigen Lippen den Rand ihres Glases verschmieren, kann einem schlecht werden. Das grenzt bei mir schon an eine Zwangsvorstellung, aber ich weiß auch, warum. Denn meine Existenz hing akkurat von einem schmutzigen Glas ab.
Meine Mutter war verlobt, die Heirat war beschlossene Sache. Man gab ein Essen. Der Verlobte verschmierte sein Glas auf unverzeihliche Weise. Meine Mutter löste die Verlobung. Ohne dieses verdammte schmutzige Glas hätte sie meinen Vater nicht kennengelernt, und ich wäre nicht auf der Welt. Zufall und Notwendigkeit!

Aber ich bin da. Im Augenblick bin ich etwa vier Jahre alt. In diesem Alter kann man den realen Boden des Lebens betreten *(in die Wirklichkeit dieser Existenz eintreten).* Die Erinnerungen kommen »in Direktübertragung«.

Der Schauplatz ist aufgebaut. In der Bourgogne: Beauregard, die Saône und Saint-Philibert in Tournus. In Paris: das Monceau-Viertel, die Batignolles. Zu Hause: in der Rue Courcelles. Beim Großvater: Rue de Lévis. Er hat sich von den Geschäften zurückgezogen und lebt als Rentner. Von Nr. 55 ist er in 43 umgezogen. Keine Komplikationen!

Die Besetzung: Eine gemischte Familie, väterlicherseits: ländlich bürgerlich, verfeinert, begeistert für die Poesie; mütterlicherseits: kleine wohlhabende Geschäftsleute volkstümlicher Prägung, empfänglich fürs Künstlerische.

Wir wollen diese Ausführungen hier unterbrechen – wie im Fernsehen waren sie für die Zuschauer bestimmt, die den vorausgegangenen Episoden nicht folgen konnten, zu denen ich als erster gehöre: ich war ja noch nicht auf der Welt. Erlauben wir den Schauspielern endlich, die Szene zu betreten.

Die ersten Schritte

Mit vier Jahren war ich überzeugt, daß ich an meinem Geburtstag über Nacht enorm wachsen würde, wie Alice im Wunderland. Tatsächlich ging mein Horizont kaum über eine Tischkante hinaus; und als mein Vater am 2. August 1914 einberufen wurde, waren seine roten Hosen alles, was ich sah – der Rest verschwand in der Nacht. Das ist meine früheste Erinnerung an den Vater. Gibt es noch viele andere? Ich sehe nur eine armselige, traurige, oft unterbrochene Linie! Einmal nachts die Berührung einer im Schützengraben bärtig gewordenen Wange, als ich in meinem kleinen Bett lag ... ein kurzer Urlaub ... Er kam, um sein Kätzchen zu besuchen – und sie war wohl sehr glücklich.

Aber doch – 1915! Eine tolle, kriegerische Expedition! Die Katze machte sich auf und fuhr an die Front mit ihren Jungen. Es war im Norden, in Saint-Mihiel. Die Kanonen donnern, von fern Maschinengewehrfeuer. Man kann sich vorstellen, was im Kopf von zwei kleinen Jungen von neun und fünf Jahren mitten unter den Soldaten vorgeht: sie glauben daran. Unsere Mutter überwindet alle Schwierigkeiten, alle Verbote, durchbricht alle Schranken. Sie wollte ihren

Mann wiedersehen, sie konnte nicht widerstehen! Wir werden bei einer gutmütigen Frau untergebracht, die uns riesige Brote mit Quittenmarmelade streicht. Eine unvergeßliche Erinnerung, ich schmecke das noch heute. Quittenmarmelade liebe ich. Nur solche Erinnerungen sind gültig, die man in der Gegenwart wiederfindet – die wiedergefundene Zeit. Fünfundzwanzig Jahre später, 1940, unternahm Madeleine, ohne es zu wissen, das gleiche Abenteuer für mich.

Mit sechs Jahren erlebe ich die Tragödie. Das Unglück nimmt man wahr, wie man einen trockenen Mund bekommt, wie den Geschmack von Seife, wie etwas, wovon einem übel wird. Wir sind in Beauregard, die Mahlzeit ist beendet. Unsere Eltern sprechen in ernstem Ton miteinander. Sie streiten sich, das ist klar. Wir werden gebeten, draußen zu spielen. Es ist Sommer, die Fenster stehen offen. Wir tun so, als ob wir ums Haus liefen, halten aber »atemlos« unter den Fenstern inne, um ein paar Worte mitzubekommen. Unsere Eltern werden sich trennen ... Warum? Ich begreife nichts, aber ich habe die Empfindung, daß die Mauern unseres Hauses einstürzen. Mein Herz bricht entzwei. Ich laufe weg, verstecke mich im Buchsbaumgebüsch und weine. Verstehe ich, warum ich weine? Manchmal kommen die Tränen vor dem Leid.

> Das Kätzchen muß Dummheiten gemacht haben, und mein Vater versteht in Gefühlen keinen Spaß.

Er fährt ab. Der Krieg geht weiter.

Er ist Sanitäter in der vordersten Linie. Meine Mutter führt die Apotheke. Dort spiele ich mit Etiketten, mit den Oblaten für die Medikamente und den kleinen Klapptüren, die den Raum für die Kunden von den Präparierräumen trennen.

Der Geruch der Apotheke. Meine ganze Kindheit ist darin enthalten. Auch hier ist die Erinnerung gegenwärtig. Und noch andere Geruchserinnerungen: die Wachstuchdecke in der Küche des kleinen Hauses, das der Großvater in Poissy gemietet hatte. Geruch von Rübenfeldern in der Ebene von Poissy, wo man auf Rebhuhnjagd ging. Diese Gerüche verbinde ich mit diskutierenden älteren Männern, die sich noch wegen der Dreyfus-Affäre die Stühle auf den Kopf hauen. Die Frauen schlagen ihre Röcke um die Kinder und flüchten mit ihnen nach oben in die Schlafzimmer, während die bärtigen Alten sich weiter beleidigen.

> *»Zu jung für Sedan und zu alt für die Marne«*

– mein Großvater ist auf diese Weise zum erbitterten Patrioten geworden.
In einer Privatschule, wo ich lesen lernte, hatten es mir die roten Haare eines kleinen Mädchens, meiner Nachbarin, angetan. Ich liebe den Duft ihres Haares, also liebe ich sie – ich möchte zärtlich sein, ich bin sechs Jahre alt.
Ich soll einmal gesagt haben: »In meinem Herzen ist es so voll wie in der Métro.« Meine Mutter ist beglückt über »ihr kleines Mädchen«, ihr Kätzchen. Katzenmutter und Katzenjunges finden sich im zärtlichen Einvernehmen. Max hingegen bekommt etwas Seriöses. Er spielt den Vater, zwölf Jahre ist er alt. Ich lerne, allein für mich zu spielen – unterm Tisch. Ich habe Spaß an meinen »kleinen Hütten«.
Frühling 1918. Mein Vater steckte uns an mit seinem Sinn für Vorahnungen. Er ist ins Lazarett Le Havre der Kléber-Kaserne überführt worden. Er fühlt den Tod nahen und will seine Kinder wiedersehen. Wir werden in Pension gegeben. Ich wohne bei einer Madame Cauvin, schlafe in ihrem Schlafzimmer. Sie ist Witwe. Abends steigt sie beim furchterregenden Schein der Petroleumlampe im Nachthemd auf ihr Bett und spricht mit ihrem Ehemann – mit seinem Porträt in Uniform, das an der Wand hängt! Was für Halluzinationen! Ich verkrieche mich unter der Bettdecke. In meiner Nähe steckt auch ein Papagei unter einem Tuch, der beginnt am Morgen, wenn er aufgedeckt wird, zu schreien:
»Jean-Louis, zur Schule. Schnell, schnell, schnell, schnell!« Dann macht er seinen Parademarsch, wiegt sich von einer Kralle auf die andere, rataplan, – plan, planplan ...
Ich habe Angst und bin zugleich fasziniert von diesen merkwürdigen Dingen.
Wir werden regelmäßig von einer Krankenschwester abgeholt und in die Kaserne geführt. Ein riesiges eisernes Doppeltor, in dessen Spalt erscheint jetzt eine schlanke, himmelblaue, noch junge, aber weißhaarige Gestalt: mein Vater. Wir spielen mit den Soldaten. Wir warten stundenlang in den langen Sälen mit den weißen Bettenreihen (»als wären es Dünen«, heißt es bei Jarry*). Finstere Sterbeorte, wo die väterliche Liebe nur tropfenweise rinnt.
Der Sommer kommt; er nimmt uns im Urlaub mit nach Beauregard. Mama ist nicht da. Zum ersten Mal, glaube ich, spricht er zu mir wie zu einem kleinen Mann. Ich habe ihn hoffentlich ebenfalls ernst genommen. Er holt seine guten Flaschen aus dem Keller, lehrt

* Sengle, in ›Les Jours et les Nuits‹.

uns den Wein kosten. Wir gehen in die Weinberge. Wir machen die Weinlese mit. Wenn es Nacht wird, sitzen wir dicht beieinander auf der Mauer der Terrasse und hören einander zu – ich kann dort meine Stimme nie mehr ohne Schaudern hören. Er erzählt uns von den Sternen, von der Liebe, von seinem nahen Tod ... von unserer Mutter, die er liebt. Zwei Verse von ihm sind mir in Erinnerung geblieben:

»Mein Herz ist ein Greis, der auf dem Hügel sitzt
Und auf die Wege blickt, die er durchlaufen hat.«

Er meint sich damit in diesem Augenblick: zweiundvierzig Jahre ist er alt. Die Nächte in Beauregard, als ich acht Jahre alt war!
Wir kehren nach Paris zurück. Zwischen ihm und Marcelle bahnt sich eine Versöhnung an. Ach, wir werden ihn nie wiedersehen.
Als Sanitäter geht er an die Front zurück, er hat Verwundete zu pflegen und vor allem Soldaten, die von der Spanischen Grippe befallen sind. Es handelt sich aber einfach um Typhus. Mein Vater wurde angesteckt und innerhalb von 48 Stunden dahingerafft. Die Ironie des Schicksals wollte, daß er gerade einen Tagesurlaub hatte. Weshalb meine Mutter – verwaltungsmäßig – nie als Kriegerwitwe galt. Und keine Pension beziehen durfte.

Hier liegt ohne Zweifel ein Ausgangspunkt für meine Neigung zum Absurden, meine Verehrung für Kafka – und für meine Verachtung des Verwaltungswesens.

Jules Barrault starb am 16. Oktober 1918. Zu diesem Zeitpunkt ging ich in die Volksschule in der Rue Ampère. Meine Mutter dachte an ihr Kloster für die Reichen zurück, mein Vater war Sozialist, und mein Großvater war sparsam.
Drei Wochen später kam es zum befreienden Waffenstillstand. An diesem 11. November hatten wir Schule, und der Jubel war besonders groß, weil unser Lehrer ein ehemaliger Kriegsteilnehmer war; entlassen wegen Verwundung. Er ging am Stock.
Doch welche Überraschung, als er mitten im allgemeinen Trubel – dem ausnahmsweise erlaubten Krach zu Ehren des mit Gottes Hilfe errungenen Sieges – in einer Ecke ein Kind sah, das weinte. Und die tiefe Entrüstung des Kindes über diesen Umtrieb veranlaßte ihn, mir eine derartige Tracht Prügel zu versetzen, daß er seinen Stock auf meinem Rücken zerbrach. Mit zerschlagenem Körper kam ich

nach Hause. Und die Katze zeigte ihre Krallen. Am nächsten Tag saßen wir alle im Büro des Rektors. Der Lehrer leugnete nichts. Infolgedessen verabreichte meine Mutter ihm ein paar tüchtige Ohrfeigen – einem alten Krieger, hochdekoriert mit dem Eisernen Kreuz! Was soll man dazu sagen, hatte er nicht, als er mich verprügelte, die Toten beleidigt?

> Insoweit unser Charakter durch das, was wir in der Kindheit erleben, für immer geprägt wird, ist dieser Vorfall ohne Zweifel einer der Ursachen für meine späteren Verwicklungen mit Militärpersonen – von der Affäre um die ›Paravents‹ von Jean Genet ganz zu schweigen.

Jedesmal, wenn die Lebenden dieser Welt einen Krieg planen, beleidigen sie damit für mein Gefühl die Toten und meinen Vater. Jedesmal, wenn die alten Kämpfer sich an ihren Trophäen berauschen, sehe ich sie im Begriff, mir ihren Stock auf dem Rücken zu zerschlagen, und ich sehe, wie meine Mutter sie ohrfeigt – in vollem Glanz ihres Ruhmes – und im Lärm knatternder Fahnen. Ein Hund, den man geschlagen hat, vergißt niemals.

Zwei Jahre später verheiratet sich meine Mutter wieder mit einem Jugendfreund, Louis Martin: ein junger Reserveoffizier, noch voll von seinen Kriegserlebnissen an der Spitze der Panzerwagen. Ein eleganter Mann aus guter Familie, Dekorateur und Aquarellmaler und vermutlich ein beachtliches Exemplar der männlichen Gattung. Er war um die Dreißig. Sie klimperte Klavier – er streichelte die Geige. Ihre Idylle gedieh unter den Weisen von Saint-Saëns, Chopin, und Massenet. Max war eifersüchtig, er hatte mehr und mehr den »Vater« zu vertreten. Jedes Mal, wenn das verliebte Paar ausgehen wollte, legte er sich mit einer plötzlichen Angina nieder. Meine Mutter setzte den Hut ab und verbrachte den Abend mit Fiebermessen. Louis biß sich auf die Lippen. Ich verzog mich unter den Tisch und malte mir aus, wie ich mich in einem Zelt tief in der Sahara mit einem Beduinen-Scheich unterhalte, ich hatte den Film ›Der Sohn des Scheichs‹ mit Rudolph Valentino gesehen.

Als die beiden heirateten, wollte Max bei der Trauung nicht dabeisein. Ich, ich gab ihnen meinen Segen. Solange meine Mutter in Liebe schwamm, war ich glücklich. Dennoch, ein Kind, das mit acht Jahren den Vater verliert, kann leicht zur Waise werden. Ich habe mein Leben lang nach dem Vater gesucht: in Dullin, in Claudel, in Rabelais, sogar bei den Jüngeren heute.

Ein Waisenkind wird nicht richtig erwachsen. Und was den berühmten Vater-Sohn-Konflikt betrifft – Freud möge mir verzeihen: ich für meinen Teil habe nur Bitterkeit und Frustration gekannt. Bei unserer ersten Reise nach den Vereinigten Staaten kam am Ende meines Vortrags in der Universität (es war Princeton, glaube ich) ein Student zu mir und sagte ohne Umschweife:

»Ich hasse meinen Vater, was soll ich tun?«

»Sie hassen Ihren Vater?«

»Ja ...«

»Wirklich?«

»Ja.«

»Dann töten Sie ihn!«

Hier war die Unterhaltung zu Ende.

»Nicht jeder kann eine Waise sein«, sagte Jules Renard. Diesem Satz unterlege ich folgenden Sinn: »Nicht jeder kann die Sehnsucht nach einem Vater haben.« Ein Leben lang leidet ein Eckchen unseres Wesens furchtsam und geängstigt unter Einsamkeit.

Bald wurden meine Mutter, Louis Martin, mein endlich gezähmter Bruder und ich zu guten Kameraden. Manchmal spielten wir abends Poker ... Wenn ich was auf der Hand hatte, stieg mir das Blut in den Kopf bis zu den Ohren. Wenn ich nichts hatte, wurde ich bleich und bekam starre Augen. Die anderen konnten mein Spiel klar durchschauen und bogen sich vor Lachen, und ich, der nicht verstand, wie sie alles wissen konnten, wurde wütend.

Ich war immer ein schlechter Verlierer. Wenn alles gut geht, wachsen meine Bäume in den Himmel, und ich erwecke den Neid der anderen. Wenn es schiefgeht, fange ich Streit an.

An anderen Abenden durften wir ins Kino. Die Stummfilme, in denen ständig Diebe zu sehen waren, die über Dächer liefen, durch Fenster stiegen und an Dachrinnen entlang kletterten, machten mir entsetzliche Angst. Noch heute fürchte ich mich im Dunkeln wie ein Kind. Meine streunende Phantasie stellt sich ein grauenerregendes Universum vor. Wenn ich schwimme, ist das Wasser von Ungeheuern behaust. Wenn ich durch die Nacht gehe, lauern sie mir hinter allen Ecken auf. Meine Haare stehen mir zu Berge, es läuft mir kalt über den Rücken. Wenn ich die Straße überquere, denke ich, der Autobus hätte mich überfahren können – und schon wird die Szene für mich real, meine Knie werden weich, und ich muß mich irgendwo anlehnen, um das Gleichgewicht wiederzufinden. Oft fährt mir ein Schrei aus der Kehle, und automatisch fange ich an,

mir entsetzliche Greuel vorzustellen. Eine Zeitlang war ich Schlafwandler – das ist die Pubertät, hieß es. Es war vor allem Todesangst; ich hinderte mich selbst am Einschlafen aus Furcht, nicht wieder aufzuwachen.
Sonntags morgens durften wir im riesigen Bett meiner Mutter ausschlafen. Bruder Max neckte mich – ich war sein Prügelknabe. Er erstickte mich fast unter den Decken, und ich behielt mein Leben lang eine Klaustrophobie davon zurück – ein Aufzug ist für mich ein Alptraum*. Max war auch mein Beschützer, keiner durfte mir ein Haar krümmen. Ich war sein Besitz, sein Spielzeug, seine »Nénette«.
Ja, vier liebenswerte, aber recht unsichere Kameraden. Louis war jung für vier Jahre eingezogen worden und hatte praktisch nie gearbeitet, hatte eine herrliche Jugend verlebt mit Reiten und Ausgehen. In Handschuhen fühlte er sich wohler als mit einem Hammer in der Hand. Mama war schwach und verliebt. Und diese liebenswürdige kleine Welt hatte kein Geld oder wußte nicht, damit umzugehen. Mein sehr sensibler Bruder hatte Schwierigkeiten in der Schule . . . Es fehlte an einer Autorität. Und somit begann die Herrschaft meines Großvaters (1920–1928).

Kindheit, Jugend

Seitdem mein Vater so brutal aus unserem Leben verschwunden war, hatte sich alles geändert. Die Apotheke wurde aufgelöst, die Wohnung in der Rue Courcelles aufgegeben, wie magnetische Späne scharte sich die Familie um Großvater Valette. Er hielt den Daumen aufs Geld. Ecke Rue de Lévis (seinem Hauptsitz) und Rue de la Terrasse besaß er ein Wohnhaus. Dort brachte er Tochter, Enkel und den zweiten Ehemann unter – jeden tadelnd, moralisierend, für jeden allezeit hilfsbereit. Und jeder fand ihn unerträglich, aber alle waren froh, aus seiner Krippe mitzuessen.
Meines Erachtens ist ihm eine einzige Sache nicht zu verzeihen. Sein Sohn Bob war im August 1918 durch einen Schenkelschuß schwer verwundet worden. Drei Monate Lazarett. Nach dem Waffenstillstand kehrt er auf zwei Krücken ins väterliche Nest zurück. Vier Jahre als Infanterist im Schützengraben liegen hinter ihm »unter Läu-

* *Ein Fall, den mein Double erfunden hat:* Ein Herr erfährt, daß man ihn eines Tages in eine Kiste stecken und den Deckel zunageln wird: Er stirbt aus Angst davor.

sen, in Urin und Schlamm«. Sein Vater empfängt ihn mit folgenden Worten:
»Mein Kleiner, das hilft alles nichts. Du bist jetzt ein Mann und mußt dir deinen Unterhalt selbst verdienen. Ich laß dir acht Tage Zeit, um eine Stelle zu finden, in acht Tagen kannst du nicht mehr hier wohnen.«
Bob antwortete:
»Nein, nicht in acht Tagen – sofort!«
Kehrt um auf seinen Krücken, und weg ist er!
Zum ersten Mal im Lauf der Geschichte hatten die Zivilisten Angst bekommen vor den Flugzeugen und vor der »dicken Bertha«. Jetzt nahmen sie Rache.
Kriegerdenkmäler wurden eingeweiht. Und der Unbekannte Soldat erfunden. Man verhandelte, hielt Paraden und große Reden. Man brüstete sich mit dem Sieg. Clemenceau wurde nach Hause geschickt. Durch meinen Onkel und seinesgleichen lernte ich sehr früh die Verse von Georges Chennevières*:

Hinkende Greise! Blutende Scharfrichter ohne Erbarmen!
Die ihr euch, weil ihr alt geworden, an uns rächt,
Die ihr, in Furcht und Ehrfurcht vor dem Tod gebeugt,
Mit dem Finger ihm die schönsten Opfer wieset . . .
Ich verübele es euch nicht, daß ihr feige wart
Noch daß ihr stumm geblieben, als es hieß zu sprechen,
Doch daß ihr wohl gesprochen, als es hieß zu schweigen;
Daß ihr auf jene, denen Schweigen nur gebührte,
Eure Gebete, eure Trauerreden gosset,
Die sie ein zweites Mal ermordet haben . . .

Bob verzieh seinem Vater, er war ein fabelhafter Kerl. Aber er ist nie ganz über seine geopferte Jugend hinweggekommen. Man redet immer von den Toten und den Verwundeten (er gehörte zu ihnen). Man spricht zu selten von denen, deren Lebenskraft durch diesen schrecklichen Krieg gebrochen wurde; die aus einer langen Agonie den Blick von Schiffbrüchigen zurückbehielten, die Verdun und Les Eparges zerredeten und deren Lebenslust und Begeisterung dem Zynismus und der Bitterkeit wichen – und die daran langsam starben.
Barbusse versuchte, mit seinem Buch ›Feu‹ der Gerechtigkeit zu die-

* Chennevières gehörte zusammen mit Jules Romain, Georges Duhamel u. a. der »unanimistischen« Schule an (Anm. d. Ü.).

nen. Man zog vor ihm den Hut und hatte damit der Höflichkeit Genüge getan. Das animalisch Menschliche stürzte sich in das süße Leben: ausgelassene Abende, schlüpfrige Zoten, Kriegs- und Schützengraben-Erinnerungen, Sinnlichkeit ... Sexuelle Potenz vermengt mit geschultertem Gewehr. »Mein lieber Junge, solange du noch nicht deinen ersten Tripper gehabt hast, bist du kein Mann!« Ich hörte mir das mit großen Augen an; es hat mich geprägt – aber im umgekehrten Sinne.
Und der Fortschritt vollzog sich in rasendem Tempo: Autos mit Differentialgetriebe, Hertz-Wellen, die ersten Detektorempfänger, drahtlose Telegrafie und Telefon. Die Negerkunst wurde entdeckt, Jazz, der Ragtime. Mit 15 Jahren war ich im Charleston nicht zu schlagen. Der tolle fliegende Lindbergh. Aber auch Nungesser und Coli.

»Was ist schon ein Toter, und wer ist da, um sich an uns zu erinnern?« (Claudel, ›Goldhaupt‹)

Ich erlebte den Trubel der Nachkriegszeit.
Bob hatte in den Hallen eine Stelle gefunden, er war Großhändler für importierte Blumen aus England und Holland. Er arbeitete ab fünf Uhr früh und war ständig erschöpft. Über die väterliche Ungerechtigkeit hatte ihn ein junges Modell vom Montmartre hinweggetröstet, er machte das Mädchen zu seiner Geliebten. Zwei Jahre dauerte es, den Großvater davon zu überzeugen, daß man sich mit seiner »Mätresse« verheiraten kann (man glaubte sich in finstere Zeiten versetzt). Adrienne besaß den Reiz der ›Zigeunerin‹ von Frans Hals (im Louvre). Mit ihrem Eintritt in die Familie entstand eine Kluft zwischen Tradition und Moderne!
Jedes Jahr, nachdem am 15. Januar die Vierteljahresmieten eingegangen waren, reisten Großvater und Großmutter, wie es sich für richtige Hausbesitzer gehört, nach Nizza. Ein riesiger schwarzer Lederkoffer wurde auf das Dach des Taxis verladen – eines der Taxis, die die Marneschlacht gewonnen haben ... Erst drei Monate später kamen sie wieder zurück, um die Miete am 15. April zu kassieren.
In der Zwischenzeit erhielten wir einen Brief, der uns mitteilte, daß »Mémée« ihre Zigarette mit Hilfe einer Lupe an den Sonnenstrahlen angezündet hatte. Dann ein Bonbonpaket als Gruß vom Karneval. Typische kleine Rentner, wie man sie noch heute auf der Promenade des Anglais trifft. Ich hatte in drei Jahren die sechs Volksschulklassen absolviert, denn ich war ein sehr guter Schüler, und nun wurde ich im Collège Chaptal angemeldet. Nicht im Ly-

zeum und schon gar nicht im Lyzeum Carnot! Das wäre zu »schick«, zu »snob« gewesen, das war nichts für uns. Meine Mutter besaß ein zähes Gedächtnis. Chaptal war eine konfessionslose Oberschule »fürs Volk«, der Lehrplan war auf Naturwissenschaften und lebende Sprachen gerichtet. Mein Großvater hatte zwar die rosa Seiten im Petit Larousse durchstudiert, er träumte aber von einem Geschäft für mich: dazu brauche man durchaus kein Latein und Griechisch. Mir war alles recht, wenn ich nur zur Schule gehen durfte, ich verschlang alles, was sich mir bot. Überdies war ich von einer unerschütterlichen Gutgläubigkeit. Zum Beispiel glaubte ich, daß Napoléon III. seine Schlacht um die »Volksbefragung« so wie die Schlacht von Austerlitz oder Marengo gewonnen hatte. Die Erwachsenen machten sich lustig über mich. Dabei war es im Grunde gar nicht so dumm.

Noch ein Schicksalsschlag: Louis Martin wird krank. Er muß in frischer Luft leben. Man dachte an Beauregard. Bald danach sind sie weg, die drei, Louis, Mama und Max, zurückgekehrt ins väterliche Haus. Zurück zur Natur! Fünf Hektar Reben, ein oder zwei Kühe, ein Pferd und die Ziege ... man kann dort leben.

Bob übernimmt die Wohnung in der Rue de la Terrasse (das hilft ihm, denn die Geschäfte gehen schlecht) unter der Bedingung, daß er mich beherbergt und für mein Abendessen sorgt. Mittagessen bekomme ich bei den Großeltern. Das alles wird selbstverständlich von König Valette entschieden. Die Mutter ist nun weit fort! Und ich lebe zwischen Onkel und Großvater – zwischen Katze und Papagei, aber alle in einem Käfig. Vierzehn Jahre bin ich alt.

Während meine Mutter – was ich nicht wußte – vom Theater träumte (sie schwärmte für Réjane, dem sie sich verwandt fühlte), dachte mein Onkel nur an die Malerei. So fand ich mich insgeheim zwischen zwei Berufungen. Eine Gelegenheit, einige Bilder, einige Porträts zu skizzieren: Um eine Chronologie zu unterbrechen, die sonst langweilig werden könnte.

Schulzeit

Die Schule war für mich das schönste aller Spiele. Ich verheimlichte es, wenn ich krank war, um nicht fehlen zu müssen. Ich habe nie ganz begriffen, warum Leute, die um einen Bridgetisch kleben, stundenlang auf Kreuzworträtsel starren, sich auf ein Schachbrett konzentrieren, als hinge ihr Leben davon ab – warum diese Leute plötzlich solch einen überlegenen und verächtlichen Abscheu zur Schau tragen, wenn von grammatikalischen Analysen, Geometrieaufgaben, Logarithmentafeln oder Geschichtszahlen die Rede ist: Das Spiel ist das gleiche und nicht anstrengender.

Ja, wenn es darum geht, in den Wald zu laufen, Krebse zu fangen und dabei die Mädchen zu küssen! Aber wenn es dann zu dem kommt, was man »Spiele« nennt, ziehe ich die Schule vor.

Mein Bruder hingegen nahm die Persönlichkeit der Lehrer zu wichtig, und als er zwei Jahre hintereinander denselben hatte, wollte er nicht mehr weitermachen. Ich fand die Lehrer eher ulkig! Der eine hatte einen großen Bart, der andere eine Rübe an Stelle der Nase, dieser lispelte, jener ließ uns in der Mathematikstunde Freiübungen machen, um uns auf diese Weise die »gemeinsamen Nenner« beizubringen und so »hervorragende Leistungen« zu erzielen.

Die Pauker tragen meines Erachtens nicht mehr Verantwortung als Insekten, die den Blütenstaub weitertragen. Einige unter ihnen waren sehr intelligent, andere wahre Kretins, wie überall und vor allem auch bei den Schülern. Es genügt eine kleine Auswahl an Leuten, um sich alle Arten der menschlichen Gattung vor Augen zu führen. Es liest sich alles gleich an den Augen ab.

Nein, der Lehrer an sich ist ohne Bedeutung. Es ist wie in den Nachtlokalen, wo der Gast gut daran tut, selbst eine gute Stimmung mitzubringen; die Bedeutung des Lernens, des Studierens liegt beim Schüler, beim Studenten. Ich sage das in bezug auf die heutige Jugend, die – das wird sie wohl zugeben müssen – zuweilen (nicht immer, aber manchmal) nach einem Alibi sucht für ihr Versagen.

Ich begeisterte mich für Mathematik, und es kam vor, daß ich die Lösungen mancher Aufgaben im Traum fand.

Ich hatte eine Vorliebe für die Dreidimensionale Geometrie. Einen Gegenstand, der nur die Projektion auf die Fläche erlaubt, in drei Dimensionen übertragen, vom projizierten Schatten zu einer »Sache«, einem Körper übergehen – das ist, jawohl, das ist genau dasselbe, wie wenn man einen auf Papier gedruckten Text zu einer Theateraufführung macht! Diese Poesie des Raums reizte mich. Nur wußte ich noch nicht, daß ich es hier mit dem Theater zu tun hatte!

Studieren? Es ist, wie Valéry sagt:

»Sich weitertasten im Unbekannten mit Hilfe dessen, was man weiß ...«

Und er fügt hinzu: »ist göttlich!« Ich bin ganz seiner Meinung.
Dennoch glaube ich nicht, daß ich ein sturer Streber war. Im Gegenteil. Ich war dermaßen glücklich, in die Schule zu gehen, ich war quicklebendig wie ein Floh. Ich störte im Unterricht, mimte den Clown und brachte die Schulkameraden zum Lachen. Ich war elektrisch geladen. Manchmal wurde ich nicht Klassenerster wegen ungebührlichen Betragens. Stundenlang blieb ich »draußen«, bis ich vom Lehrer erwischt wurde. Hauptvergnügen war, den Putzfrauen den Besen zu klauen; ich lehnte ihn an die Tür zum Klassenzimmer, schlug Lärm, bis der Lehrer verärgert herbeistürzte, er öffnete die Tür ... und bekam den Besen auf den Kopf. Und dann die Klassenaufseher, diese »armen Kerle«, diese Pappkameraden, die beauftragt waren, uns in den Pausen zur Disziplin anzuhalten – die haben wir geärgert wie die Springaffen. Ich ahnte nicht, daß ich eines Tages ... aber greifen wir nicht vor. Wenn ich meinen kleinen Pudel in seiner simulierten hysterischen Wut an meinem Hausschuh zerren sehe, muß ich an jene Zeit denken.
Ich war etwas jünger als die anderen und wuchs außerdem langsam (ich hatte Polypen), so war ich der Kleinste in der Klasse. Die Großen stießen mich herum, ich wehrte mich voller Zorn wie ein Teufel – genauso wie gegen meinen Bruder.
Ich erfand eine Lernmethode und spielte mir selbst den Lehrer vor.
»Sowieso, tragen Sie die Aufgabe vor ... Warum werden Sie denn rot?«
»Herr Lehrer, ich hab's nicht gelernt!«
»Ausgezeichnet, Sie kriegen eine fünf.« (Natürlich stellte ich mir den Unsympathischsten in der Klasse vor.)
Dann lernte ich zwei Zeilen.
»Sowieso, tragen Sie die Aufgaben vor ... Was, Sie können nur zwei Zeilen?«
»Herr Lehrer, ich hatte keine Zeit. Meine Mutter ...«
»Basta. Sie schreiben dreimal ab ...«
Wieder lernte ich zwei Zeilen und so fort. Und wenn ich die Aufgabe runterrasseln konnte, war es soweit:
»Barrault, mein Kleiner, tragen Sie die Aufgaben vor.« (Ich sagte mit lauter Stimme auf.) »Gut, Barrault, Sie kriegen eine Eins.«
Ich hatte mir eine Philosophie ausgedacht: den »Harmonismus«. Demnach hat »die Laufbahn des Lebens am Tag des Todes eine schöne Kurve zu beschreiben«. Dieser ästhetischen Ader in mir widersetze ich mich auch heute nicht.

Beim Mittagessen saß ich zu seiner Linken, und er überwachte mich genau. Über uns in der Mitte: eine große Hängelampe. Nie kam Butter auf den Tisch. Einmal im Jahr gab's Austern, an Weihnachten, nach der Mitternachtsmesse. Hähnchen nur ganz selten. Wenn ein Gang zu Ende war, schob meine Großmutter die Abfälle auf ihren Tellerrand, suchte ein Stück aus, legte es auf den schmutzigen Teller und klingelte. Das Hausmädchen kam.

»Das ist für Sie, mein Kind.«

»Danke, Madame.«

Und das Mädchen trug den Teller, die Abfälle und seinen Brocken hinaus. Ich fand es entsetzlich. War dies das Leben unter Menschen? Und doch war meine Großmutter die Güte selbst! Ich begriff es nicht. Zweifellos die Gewohnheiten unserer Zivilisation . . .

Am Donnerstag* gab mir der Großvater die üblichen zehn Francs.

»Was machst du jetzt damit?«

»Ich weiß nicht, es ausgeben, oder?«

»Kleiner Dummkopf, ich, als ich in deinem Alter war und meine Mutter mir fünf Sous gab, brachte ich am Wochenende vierzig zurück. Ich hatte Bonbons gekauft und sie wieder verkauft. Du wirst es im Leben zu nichts bringen.«

Eines schönen Tages, dasselbe, nachdem er mir wie gewöhnlich die 10 Francs gegeben hatte:

»Was machst du jetzt damit? Weißt du es immer noch nicht?«

»Doch, ich weiß.«

»Na, endlich.«

»Ich geb' sie dir zurück, weil du mich langweilst.«

Das war das erste Mal, daß man mich für einen Anarchisten hielt. Es sollte nicht das letzte Mal sein.

Davon abgesehen – sowie man ihm den Rücken drehte, sparte er nicht mit Lobsprüchen. Wir waren Musterkinder, das non plus ultra. Alles, was er tat und sagte, war zu unserem Besten. Und ich glaube am Ende, daß er recht hatte. Heute wagen die Eltern nicht einmal zu husten. Es ist soviel Schlechtes über sie gesagt worden, sie haben Komplexe bekommen, die Armen! So treffen die Kinder nur auf Leere. Aber spielt mal Pelota ohne eine Wand!

Wenn uns der Großvater zu lang ausschimpfte, vernahm man eine sanfte Stimme: »Mein kleiner Jesus, deine Freunde warten.«

* Schulfrei in Frankreich (Anm. d. Ü.).

Er stand auf, ging sich die Zähne putzen, besprühte sich mit starkem Parfüm und eilte zu den Freunden zum Kartenspielen.
Er wollte sich nützlich machen und kümmerte sich um die »Mündel der Nation«*. Diese hielten ihn manchmal bis zwei Uhr morgens auf – meine Großmutter fiel nicht darauf herein. In der Familie wird erzählt, daß er einmal in der Unterhose auf die Straße geworfen wurde – vom Ehemann! Damals war er fast achtzig Jahre alt. Entweder sind das erfundene Märchen oder aber: die Zukunft gehört uns!
Manchmal sang er auch bei Tisch. Alle Melodien aus Offenbachs ›Pariser Leben‹ habe ich von ihm gelernt. Wenn er ins Theater ging, dann ins Théâtre Moncey, weil man dort rauchen und Zeitung lesen konnte. Das war vielleicht ein Kunde! Er ging kilometerweit, um ein Kilo Äpfel einzukaufen, weil sie zwei Sous billiger waren. Einmal brachte er zwei Dutzend steifer Kragen mit, die er nie tragen konnte, sie waren zu klein, aber so billig! In seinen letzten Jahren verbrachte er die Nachmittage auf dem Friedhof Père Lachaise. Wunderte sich jemand darüber, lächelte er milde: »Dort habe ich jetzt all meine Freunde!«
In all dem Trubel hatte meine Großmutter sich ihr eigenes Reich geschaffen. Nach dem Essen zog sie sich in ihr Schlafzimmer zurück, band sich eine Schürze um, schützte Zeigefinger und Daumen mit einem abgeschnittenen Handschuh, legte die Füße auf einen Schemel, nahm einen Aschenbecher, hielt ihn leicht an die Brust – und rauchte wie eine kleine Lokomotive drei Zigaretten hintereinander. Kaum hatte sie den Rauch eingeatmet, stieß sie ihn in Kringeln aus. Stille, Friede, sanfte Wärme herrschte in diesem Zimmer – man war geborgen im Auge des Taifuns.
Als meine Großmutter starb, erlebte ich eine unvergeßliche Szene: Mein Großvater fällt, vom Schmerz überwältigt, in Ohnmacht. Man bringt ihn wieder zu sich. Halb im Wahn spricht er mit seiner Frau, als sei sie noch am Leben. Die Gute ruhte doch unter Blumen nebenan in ihrem Zimmer. Da kommen die Herren vom Beerdigungsinstitut. Die Reflexe vom Großvater Valette funktionieren sofort wieder.
»Treten Sie ein, meine Herren, seien Sie willkommen.«
»Wir kommen wegen des Sargs.«
»Ach – der Sarg! Meine liebe Frau . . .« Er fällt in Ohnmacht. Man bringt ihn zu sich.

* Verwaiste Kinder hochgestellter Militärs und Persönlichkeiten (Anm. d. Ü.).

»Was kostet er, Ihr Sarg?«
»Eiche?«
»Nein, Tanne. – Und die Griffe? Sind die Schrauben inbegriffen im Preis? . . . Nein? – Doch, unbedingt.«
»Also gut, mein Herr, Schrauben inbegriffen. Und wie ist der Name?«
»Ihr Name? Mein teurer Liebling – ach!« – Er fällt in Ohnmacht. Man bringt ihn zu sich.
»Gravieren Sie nicht Valette, das ist zu lang, sondern Briy, ihren Mädchennamen, da sparen wir drei Buchstaben . . . Ja, Briy, Bryi, mein Frauchen! Ach!«
Er fällt in Ohnmacht. Man bringt ihn zu sich.
»Sagen Sie mal, die Platte und die Schrauben sind erledigt. Aber das Einsetzen ist natürlich inbegriffen?«
»Aber nein, mein Herr!«
»Nun, Sie machen mir das inbegriffen, oder ich wende mich an ein anderes Unternehmen.«
»Gut, mein Herr.«
Alles wurde bis ins kleinste besprochen. Am Schluß brachte er sie an die Tür:
»Auf Wiedersehen, meine Herren, machen Sie sich keine Mühe, ich werde sie schließen.«
Nun waren sie weg, und er dreht sich um zu mir und reibt sich die Hände:
»Siehst du, kleiner Dummkopf, heute habe ich 1500 Francs verdient.«
Spricht's und fällt neben dem starren Körper seiner Frau wieder in Ohnmacht.
Später, als ich ihm Madeleine vorstellte (sie war schon lange Mitglied der Comédie-Française, aber sie war schließlich eine Schauspielerin!), fürchtete ich seine Reaktion. Er mustert sie, prüft, wägt und sagt mir, ich solle ihm ins Nebenzimmer folgen. Ich füge mich leicht beklommen. Er senkt die Stimme, damit man ihn nicht hören soll, und sagt zu mir:
»Tu dieser Frau niemals weh, hörst du? Du hast das große Los gezogen!«
Er war ein guter Pferdehändler – für Menschen.
Er war nie krank, nie beim Zahnarzt gewesen. Seine Zähne waren wie zwei Reihen von Perlen, ganz runde, ein bißchen gelb gewordene Perlen.
Er wusch sich in kaltem Wasser mit Kernseife, danach besprühte er sich mit süßlichem Parfüm. Ein Thermometer hat er erst kurz vor

seinem Tod gebraucht. Und er empfand das als Beschimpfung. Er hatte eine so hohe Meinung von seiner Gesundheit, daß er, kurz bevor er seinen Geist aufgab, sagte:
»Kennt ihr niemand, der sich für mein Skelett interessieren könnte? Es gibt so viele kranke Leute! Das ist doch Verschwendung, so eine gute Maschine verfaulen zu lassen.«
Genug jetzt von ihm. Ich werde ihm noch begegnen auf meinem Weg. Manchmal, wenn ich am »überkochen« bin oder wenn ich die Abrechnungen meiner Truppe in meinem »Wäscherinnen-Heftchen« überprüfe, flüstert mir mein Double zu: »Spiel nicht den Vater Valette!« Mein Großvater wird nie ganz in mir verblassen.

Onkel Bob

Abends, bei meinem Onkel, befand ich mich auf den Antipoden. Hier war alles gelockert, unkontrolliert, im Künstler- oder besser Bohème-Genre. Mein Onkel lebte sein Leben nicht, wie er es gern gewollt hätte – wie so viele andere Leute. Das hatte mich tief berührt, und deshlab habe ich mein Leben gelebt, wie ich es wollte. Der Großvater war, was er sein mußte, er hat sich selbst verwirklicht. Mein Onkel nicht; er lebte in der Sehnsucht nach einer anderen Existenz. Aber er tat das mit lächelnder Resignation und Philosophie, er fiel niemandem damit lästig, im Gegenteil, er war gut, liebenswert und fröhlich.
Traumatisiert durch diesen Krieg, der seine Jugend zerstört hatte, lebte er auf der einen Seite und träumte von der anderen. Morgens früh um fünf ging er seine Blumen in den Hallen verkaufen; erschöpft kam er heim und sprach dann nur noch über Malerei. Abends mußte man ihn ins Bett tragen, er fiel um vor Müdigkeit. »Adrienne an den Armen und Jean-Louis an den Füßen«, murmelte er lächelnd mit halbgeschlossenen Augen.
Adrienne, seine Frau, hatte den schönen Körper eines Modells, ihre Haltung war ungezwungen; sie hätte eine Kreolin sein können mit ihrem matten Teint, den dicken Augenlidern, einem schimmernden hingebungsvollen Mund und dem schweren Blick, der ans Bett denken ließ. Die nachlässig geöffnete Bluse ließ zwei schön geformte Brüste erkennen, eine feine Haut – mouche au rosier, nicht zu rosa und nicht zu braun. Ihr Rücken verlief in schönem Schwung nach unten, sie hatte lange Beine, eines zog sie immer nach. Sie ließ sich in die Sessel fallen, sog den Rauch ihrer schwarzen Zigarette

mit der gleichen Intensität und Andacht ein, die sie beim Rauchen von Haschisch hätte haben können. Die linke Hand hielt nachlässig herabhängend ein Glas Rotwein. Sie wirkte keineswegs provozierend – sie verharrte in der Haltung, die sie der Zufall hatte einnehmen lassen. Wenn der Onkel nach dem Abendessen noch die Kraft fand, dann nahmen wir uns auf eine halbe Stunde das Lexikon vor; wir wählten nach Zufall Wörter aus und untersuchten ihre eigentliche Bedeutung und etymologische Herkunft, und das brachte uns wieder auf neue Wörter. Dieses Spiel, »das richtige Wort«, spielte ich leidenschaftlich gern, und ich spiele es noch heute.
Mein Onkel kaufte mir Bücher. Er lehrte mich die Meister im Louvre lieben, die Impressionisten und Kubisten. Er hat mir die Freude an Malerei und Dichtung, an Apollo und Dionysos vermittelt. Sein Vater ließ mich die Wirklichkeit kennenlernen – er den Traum. Nun blieb mir noch zu entdecken übrig, daß die Kunst ein Traum ist, den man nicht träumen darf, weil alles wirklich ist, sogar der Traum.
Bob machte sich manchmal lustig über mich. Am schulfreien Donnerstag sah er mich abends mit seinen dunklen Augen durchdringend an und fragte:
»Was hast du heute gemacht?«
»Ich war im Bois de Boulogne, habe Fußball gespielt.«
»Bist du ganz sicher?«
Sein Blick durchdrang mich mit der Intensität eines Inquisitors. Ich wurde rot.
»Eh . . . ja!«
»Aber du bist um vier Uhr an der Place Pigalle gesehen worden. Widersprich nicht!«
Ich wurde dunkelrot. Schweiß trat mir auf die Stirn. Ich wußte nicht mehr, was antworten. Ich wußte nicht einmal mehr, wer ich war. Alles verschwamm, ein Schleier verdeckte mir die Augen. Dann brach er in lautes Gelächter aus, das Leben gewann seine Konturen zurück, ich sah deutlich das Gesicht meines Onkels, der sich näherte, um mich zu küssen.
»Begreifst du denn nicht, du Einfaltspinsel, daß ich dich nur necken wollte!«

Gefährliche Spiele sind das für ein Kind; ich habe mir dadurch einen Schuldkomplex zugezogen. Wenn ich nur einen Gendarmen oder Zöllner sehe, sofort benehme ich mich wie ein Schuldiger. Und diese Herren täuschen sich nicht. Wenn ich mit jemandem diskutiere, glaube ich immer, daß der andere recht hat. Ich steigere mich unwillkürlich in eine Entrüstung und Empörung, daß ich aufspringen und sagen möchte: »Aber Herrgott nochmal, nein, nein! Der irrt sich doch, nicht ich!« Wie oft bin ich hereingelegt worden.

Ohne es zu ahnen, hat mir mein Onkel die Welt Kafkas erschlossen.

Ich brauche nicht näher zu beschreiben, daß ich mir völlig selbst überlassen war. Ich entzog mich der großväterlichen Kontrolle, wo ich konnte, und Bob lehnte es ab, mich zu überwachen. Ein Glück, daß das Lernen meine Leidenschaft war!

Mittags herrschte Zucht und Ordnung. Und abends ging es drunter und drüber. Auf der einen Seite die väterliche Diktatur, auf der anderen Seite verlängerte Kindheit. Und unten, in Tournus, im Haus meiner Vorfahren, tummelten sich meine drei Pariser Pferdchen – spielten sie Bauern und galoppierten nach allen Seiten wie eine Herde ohne Hirte.

Sonntags fuhren wir mit dem Zug ins Chevreuse-Tal, dort hatte sich Bob ein winziges Haus gekauft. Ein doppelstöckiger Pferdeomnibus brachte uns vom Bahnhof zu einem Weiler, Les Mousseaux. Hier trafen sich Künstler, Schauspieler, Maler, Schriftsteller. Ich schloß Bekanntschaft mit einem Mann, der einen durchdringenden Blick und das Vollmondgesicht eines Trappers hatte. Er machte mich neugierig mit seinen phantastischen Geschichten. Er hatte nur einen Arm. Wir kletterten beide auf den hohen Postwagen, und ich setzte mich auf seine Knie; während die Pferde unter dem wechselnden Himmel der Ile-de-France dahintrabten, versetzte er mich mit seinen Erzählungen in die venezolanischen Wälder oder in den Fernen Westen. Dieser Herr war der Dichter Blaise Cendrars. Plötzlich verschwand er von der Bildfläche, bis man ihn zwei Monate später am Steuer eines großen Hispano-Suiza vorüberbrausen sah – anstelle des fehlenden Arms trug er einen Haken. Ein andermal bestiegen wir wieder brav den Postwagen. Geld machen und es verschleudern, das war sein Lebensstil. Cendrars hat mir die Lust am Abenteuer vermittelt, die Freude am Risiko.

»Für alles, was du machst (ich begann damals zu zeichnen), wünsch ich dir scharfgespitzte Augen wie ein Bleistift«, sagte er.

Er liebte Raymone, eine bezaubernde Schauspielerin in der Truppe von Louis Jouvet. – Die Malerei, das Theater: diese zwei Verlokkungen schwebten fortan über meiner Studienzeit . . .

Um diese Zeit machte ich noch eine erstaunliche Bekanntschaft, mit einem aufrichtigen, unschuldigen »Kameraden«, geradeaus, nie schmeichelnd, ohne Umschweife, anspruchsvoll, treu, hoch begabt, drollig, verspielt, zärtlich, warm und ergeben: mit dem Hund, diesem langschnäuzigen Menschen! Es war ein Weibchen, Malines, eine prächtige belgische Schäferhündin, eine preisgekrönte Malineserin. Ihr Fell ging ins Rötliche, mit schwarzer Gesichtszeichnung, sie hatte senkrecht stehende Ohren und feine Pfoten. Sie bellte nie, aber sie konnte einen von hinten bis zum Nacken anspringen. Sie durfte mit mir machen, was sie wollte. Ließ nicht Beaumarchais auf das Halsband seines Hundes eingravieren: »Monsieur de Beaumarchais gehört mir«? Nichts könnte wahrer sein. Seit jener Zeit bin ich für Hunde. Ohne einen Hund an meiner Seite kann ich nicht leben.
Und abends, wenn ich allein im Bett lag, fragte ich mich – ohne jemals den imaginären Tod aus den Augen zu lassen, der mir nachstellte wie ein Wachtmeister: Soll ich Maler werden? Oder Schauspieler? Oder . . . da war noch eine dritte Verlockung, die hatte ich in Tournus aufgegriffen.

Beauregard

Jeden Sommer versammelten sich alle in Beauregard. Das Haus war groß genug. Wir hatten sogar noch zahlende Gäste, denn der Familie fehlte es an Geld.
Je mehr Leute da waren, desto zufriedener war ich. Meine ängstliche Natur braucht Gesellschaft, und die Einsamkeit finde ich nur unter Menschen.

> *»Wer seine Einsamkeit nicht bevölkern kann, vermag auch nicht in einer tätigen Menge allein zu sein«* (Baudelaire).

Sehr bald zog mich das tägliche Leben der Bauern an, insbesondere das der Weinbauern. Meine größte Freude war, mit den Schäfern die Tiere zu hüten. Ich war schmutzig und bekam Läuse (der Kopf juckt mir jetzt noch) – ein richtiger kleiner Bauernlümmel. Und während mein Bruder, viel feiner als ich, im Tennis Fortschritte machte und seinen ersten Mädchen nachstieg, und die Eltern und Freunde auf der Terrasse höfliche Unterhaltung pflegten, stahl ich mich zu meinen kleinen Kameraden bei den Herden.
Ich melkte die Kühe, balgte mich mit den Ziegen herum – Ziegen,

so schön wie auf alten Reliefs. Wir tobten durchs Gebüsch, wälzten uns voller Wonne in Gras und Kuhmist. Eines Tages verspürte ich etwas Merkwürdiges. Wir spielten Räuber und Gendarm, und ich hatte mich mit einem Mädchen in der Hecke versteckt. Sie hatte Schnupfen und zerknüllte ein feuchtes Taschentuch in der Hand. Der Gendarm kommt näher, und ich bekomme Angst. Ich drücke ihre Hand, das Taschentuch – und auf einmal entlädt es sich in meinem Bauch. Wieso hatte die glitschige Feuchtigkeit des Taschentuchs zwischen meinen Beinen ein »Übelwerden« bewirkt? Im Moment fand ich das eher komisch, achtete aber nicht weiter darauf. Später begriff ich, daß die Erwachsenen das Sexualinstinkt nennen – und die Psychoanalytiker mit Behagen danach schnuppern.

Vor allem faszinierte mich das Leben der Weinbauern. Lieben heißt, der andere werden. Und das Phänomen der Liebe existiert meiner Meinung nach auch in einem Beruf. Der Bergführer wird zum Berg, der Seemann zur See, der Weinbauer wird zu seinem Weinstock. Nennen wir das den sechsten Sinn, ob der des Künstlers oder der des Handwerkers, das ist dasselbe. Der Sinn, der einen mit dem Nicht-Mitteilbaren verbindet, der Sinn, mit dem es kein Computer aufnehmen kann. Jener Sinn, der sagt: »So ist es und nicht anders«, ohne daß man erklären könnte, warum.

Ich habe erlebt, wie Gärtner mit einer Baumschere einen Baum buchstäblich wie eine Skulptur bearbeiteten. Der Baum hat danach, auch als er größer wurde, seine Schönheit behalten. Wenn ich einen Obstbauern beim Beschneiden seiner Bäume beobachte, sehe ich, wie er mit seiner Baumschere hantiert, bald innehält, bald zögert, schnuppert und auswählt, wie sein Auge bald aufleuchtet, bald blinzelt, sich schließt und peilt, sein Mund leise murmelt, er schluckt und stöhnt. Hier knistert der sechste Sinn. Der Weinbauer hat ihn das ganze Jahr hindurch bei jeder Phase seiner Arbeit: beim Schneiden und Spritzen, bei der Lese, bei der Gärung, und stets im Einklang mit dem Mond, bei der geduldig-aufmerksamen Arbeit eines Alchimisten tief im spinnwebdurchzogenen Keller.

Mit 15 Jahren war ich imstande, als Weinbauer meinen Mann zu stehen. Ich lernte schneiden, hacken, binden. In einem Jahr, als ich im Collège gut gearbeitet hatte, durfte ich mir zur Belohnung etwas wünschen:

»Ich möchte auf einem Bauernhof eine Lehre machen.«

Meine Eltern – etwas überrascht und nicht gerade erfreut – fanden in der Nähe von Cluny einen Hof, wo man mich aufnehmen wollte. Ich brachte die Kühe dem Stier zum Belegen. Ich striegelte die Pferde, reinigte die Ställe. Bei Morgengrauen wurde ich mit einem Glas Marc* geweckt. Wir brachten die Ernte ein. Ich brach mir fast den Rücken, wenn ich mit einem Hundertkilo-Sack die Leiter hochstieg. Er war viel zu schwer für mich, und die dicken Bauern lachten sich ins Fäustchen. Aber ich war zu stolz, um nachzugeben, und machte mir vor lauter Anstrengung in die Hose.

Zur Weinlese kam ich stets nach Hause, niemals hätte ich mir das entgehen lassen! Diese Zeit des Jahres war mir heilig. Mit fünf Jahren bin ich zum ersten Mal ganz nackt in die Preßbütte gestiegen.

Die Lese fand Ende September statt, drei Monate nach der Lilienblüte, heißt es. Im September ist der Sommer vorbei, und es ist noch nicht Herbst. Ich mag die Doppelseitigkeit im Rhythmus des Lebens. Kommt sie nicht von der Koexistenz des Todes, mit der wir geboren werden? Ich liebe Flußmündungen, die Stunde zwischen Tag und Nacht, wenn der Tag vergeht und die Nacht noch nicht hereingebrochen ist, wenn die Nacht zu Ende ist und der Tag noch nicht begonnen hat. Die Stunde Hamlets und Romeos. Die Stunde Shakespeares. Die Stunde des Poeten. Das Leben ist eine Mündung, die dem Tod entgegenfließt: Die Kommunion der Heiligen.

September ist ein wundervoller Monat. Gewiß, die Tage werden schon kürzer, es wird gelegentlich schon kühl, lange Nebelschwaden ziehen durch die verschlafenen Täler. Aber die Steine sind noch warm vom Sommer, die Haut der Menschen ist noch gebräunt, die Lungen sind erfrischt, die Früchte golden und die Trauben reif. Die Natur dankt der Sonne und vergilt ihre Großmut mit gleichem. Mit der Kraft ihrer Strahlen bereitet sie reiche Ernten.

Unter ihnen thront, die Kornernte noch überragend, eine Gottheit, die Weinlese. Sie war es, die mir die Sensualität des Lebens erschlossen hat.

In der Nacht muß es geregnet haben. Alles ist naß. Man watet im Lehm, der Schritt haftet am Boden. Die Weinblätter sind von Wasserperlen benetzt, die Trauben weiß vom Tau und wie aus Samt. Die Fingerspitzen sind erstarrt. Man geht von Lache zu Lache und tief gebückt, denn in Burgund sind die Stöcke niedrig, eine Qual fürs Kreuz. Eine zaghafte, rosaleuchtende Sonne bricht durch den Nebel. In gebrochenen Tönen, heißt es in der Malerei ... Von Zeit zu Zeit richtet man sich auf, um sich zu lockern und ein bißchen zu plaudern, zwischen den Reihen der Weinreben munteres Geschwätz.

* Burgundischer Weinbrand (Anm. d. Ü.).

»Ich will eure Hintern sehen!« schrie früher Vater Barrault, wenn er seine Leute bei der Weinlese überwachte. Alles bückte sich wieder hinunter in die Reben. Solche Sklavenmethoden gibt es heute nicht mehr, kaum ein Hund will noch den Hirten spielen. Manche saugen die Trauben aus und werden betrunken davon. Nichts ist komischer als ein Huhn oder einen Hund betrunken zu machen und ihren tollkühnen Sprüngen zuzusehen.

Zur Zeit der Weinernte kommen viele junge Leute aus der Ebene, um sich für die Lese zu verdingen. Sie schlafen in den Scheunen, Mädchen und Jungen zusammen, das schmeckt nach Abenteuer, nach tollen Streichen, nach nackten Schenkeln und Freiheit.

Der klebrige Boden an den Schuhsohlen, das warme Blut in den Fingerspitzen, wenn es zum ersten Mal friert, der Duft der Gärung in den Bütten, in denen die Trauben mostig werden, das gemeinsame Singen abends am Feuer, die am Spieß gebratenen Schafe – all das verwandelt die Arbeit zum Fest und das Dasein in Begehren. Dann erklingen Mandolinen, man tanzt, man schlägt sich, es geht bis aufs Messer. In den großen Bütten weicht die Traube. Fünf oder sechs Tage lang legen die Männer die Kleider ab und steigen hinein, um die Trauben zu treten.

Ich sehe mich als Kind von einem Fuß auf den anderen wiegen und mich am Rand der riesigen Eichenfässer festhalten. Meine Mutter bewachte mich mit der brennenden Kerze. Denn in den Fermentierungsgasen kann man leicht ersticken, jedes Jahr gab es Tote. Wenn der Kohlenwasserstoff-Dunst aufsteigt, verlöscht die Kerze. Dann vertreibt man das Gas mit Tüchern.

Später, als ich ein junger Mann geworden war, überwachte mich meine Mutter nicht mehr, und tiefer senkte ich mich in die Melasse. Das kratzt an den Knöcheln, dann an den Knien, es scheuert am Bauch – eine warme Mischung von Kernen und Häuten, die von den Genitalien bis zur Brust die Haut zerkratzt, ein nasser, rauher Gürtel ... die Füße waten im Saft, im Blut. Glitschig und trunken entsteigt man den Äthyldämpfen. Fühlt sich männlich, stark, sinnlich, zu allem bereit. Man denkt an nichts mehr.

Solange die Ernte gärt, ist den Frauen der Zutritt zum Büttenkeller untersagt, weil die Menstruation, heißt es, dem dumpfen Gären des Weines abträglich ist. Nach fünf Tagen entnimmt der Kellermeister jede Stunde den Bütten eine Kostprobe – der sechste Sinn tritt in Aktion. Und plötzlich schlägt die Glocke! Dann ist der Augenblick gekommen, den neuen Wein zu zapfen. Er rinnt schaumig, der Duft steigt stechend in die Nase und auch in die Phantasie.

Der Rest geht in die Tresterpresse, und alle packen zu an der »cadenche« (einer langen Eisenstange, die eine große fettige Schraube dreht, wobei das Klappventil den Rhythmus schlägt). Immer schwerer läßt sie sich drehen; der Mann, der am Schluß noch allein die »cadenche« drehen kann, darf sich ein Mädchen wählen.
Später habe ich diesen Eindruck von glitschiger und berauschender Wärme wiedergefunden ... aber im Bett. Dennoch war es die Weinlese, die mir zuerst die Mysterien des Bacchus offenbarte. Ich bin diesem heidnischen Ritus bis zu meinem 24. Jahr treugeblieben. Und noch heute, gegen Septemberende, fühle ich in mir den Ruf der Weinlese, wie andere den Ruf des Waldes vernehmen.

An welchem Punkt steht er nun genau, dieser junge Mann von siebzehn Jahren, der sein Abitur in Naturwissenschaft, Sprachen, Mathematik und Philosophie hinter sich hat? Nach allen Seiten ist er gewachsen, wie eine wilde unbeschnittene Pflanze. Wer wird sein Gärtner sein? Weiß er, was er will? Welches sind seine geheimen Wünsche?
Um mich, oder besser in mir, sind drei gebieterische Forderungen: Natur, Malerei, Theater.
Ich liebe das Leben auf dem Land, die Arbeit auf dem Feld und das magische Elixier des Weins. Ich liebe Beauregard, seine Terrasse, sein Leben und seinen Speicher, auf dem ich so oft durch alte Dinge, Familienporträts, in vergangene Zeiten versetzt wurde. Durch die fehlenden Ziegel konnte man die Sterne sehen. Ich liebe die alten Bräuche, die Überlieferungen, sie sind das Zeremoniell des Lebens. Ich liebe die Tiere, obgleich mir manche Angst machen. Die Pferde zum Beispiel, die mich anziehen, aber zugleich erschrecken, und sie erschrecken sich mit mir ... zu nervös und nachgiebig für einen Reiter! Ich habe vor allem einen heiligen Schrecken vor Schlangen. Schlimmer, wenn ich eine sehe, reagiere ich wie ein Vogel: Schon bevor ich eine sehe, bin ich wie gebannt. Und trotzdem, das Landleben zieht mich an – vertrautes Ritual bei Tisch, ländliche Sitten, Verschmelzung mit Sonne, Regen und Wind.
Da ich eine Vorliebe für Mathematik und Physik habe, könnte ich auch Agronom werden oder Forstmeister. Oder Tierarzt. Ich überlege mir das. Ja, Förster wäre mir schon recht, dann könnte ich die Wälder inspizieren und am Waldrand Aquarelle malen – ich liebe die Malerei. Louis Martin malt und vor allem mein Onkel. Auch ich versuche es manchmal, und es geht ganz gut. Wir arbeiten nach Motiven. Porträts gelingen mir besser, selbst Karikaturen. Ich habe den

Nerv für einen guten Strich. Meine Zeichnungen erinnern an Sem. Forain mag ich und seine bissigen Untertitel. Und vor allem Daumier. Schon zeigt sich die Beobachtung des Menschlichen – welche Landschaft ist doch das Gesicht!

»Aber du mußt doch deinen Unterhalt verdienen!«

»Warum kann er nicht Zeichenlehrer werden?«

Meine Mutter weiß auf alles eine Antwort.

Ich liebe van Gogh, sein dramatisches Leben. Wenn ich daran denke, lang ich mir ans Ohr. Es ist noch da, aber ich würde es mir sofort abschneiden, wenn ich dadurch ein Held werden könnte. Ich liebe Helden. Ich liebe vor allem – vor allem! – das Theater. Ich verkleide mich, male mich an. Ich lerne Monologe auswendig, erfinde dramatische Themen und spiele mir ganze Szenen vor.

Um Abwechslung in die Winterabende in Tournus zu bringen (zu dieser Zeit war ich im Collège Chaptal im Internat), tritt meine Mutter einem Theaterverein bei. Ein ehemaliger Schauspieler, Jacques Jacquier, der noch mit Sylvain gespielt hat, leitet die Vorstellungen. Marcelle hat wieder einen Kreis wie damals in Le Vésinet. Sie spielt Theater und ist glücklich. Louis macht mit und Max auch. Er hat eine schöne Tenorstimme und spielt gut. Das Bedürfnis zum Theaterspielen ist bei meiner Mutter vergleichbar mit den unwiderstehlichen Gelüsten bei Schwangeren. Wer hat das von ihr geerbt? Max oder ich? Im Augenblick ohne Frage Max. Er ist der Künstler von uns beiden.

Mit meinen Bauern, meinen Weinlesen und meinen Preisen in Mathematik bin ich kaum einer, den man sich als Komödianten vorstellt. Und außerdem würde hier der Großvater mit einem entscheidenden »Nein« dazwischenfahren, was es auch immer beträfe. Einen Zuhälter, einen Strauchdieb, einen Ganoven in der Familie, das fehlte noch, er würde keinen Fuß mehr hierhersetzen! Solange das ein Gesellschaftsspiel bleibt, mag es angehen, aber schließlich muß man den Ernst bewahren.

Maler sind arme Schlucker; Schauspieler sind Nichtstuer.

Bald wird das Theater für mich etwas Heimliches, das ich mit der Welt der Gauner identifiziere. Ich beginne, François Villon zu verehren. Veranstalte Aufführungen für meine Eltern und Freunde. Aber das tun alle Kinder.

Mein erster Erfolg ist ›Athalies Traum‹. Jacques Jacquier, der alte Professionelle, ermutigt mich. »Du solltest weitermachen.« Ich studiere den 5. Akt von ›Le Roi s'amuse‹ (Victor Hugo), in dem Triboulet, der Hofnarr, glaubt, den König umgebracht zu haben, dabei war es seine eigene Tochter. Und ob ich mich erinnere! Der Leichnam ist in einem Sack – ich habe keinen Sack, aber meinen Hund: Culot, ein Sohn von Malines. Ein superbes Malines-Söhnchen, der Liebling der ganzen Nachbarschaft ... Während ich meine Alexandriner runtersage, liegt Culot auf dem Rücken, ich zieh ihn an einer Pfote, dann an der anderen, ich schlage ihm auf die Brust, und er leckt sich vor Wonne; wir spielen zusammen. Culot, kleiner Bruder mit gespitzten Ohren!

Als ich etwa 16 Jahre alt war, wollte mich Raymone, Cendrars Freundin, Jouvet vorstellen. Und ich habe gekniffen. Jouvet machte mir Angst, ich wagte es nicht. Und dann – Theater – dieser Höllenpfuhl. Ich bin zu brav für einen Taugenichts. Trotzdem zog es mich an. Und dann ist da auch der Film. Ach, aus seiner Haut schlüpfen, ein anderer werden können!

Auch habe ich den vagen Eindruck, daß meine Neigungen sich geändert haben. Rhetorik- und Philosophie-Unterricht haben mich beeinflußt. Jetzt interessiere ich mich für Dichtung, Literatur, Gedankenspiele. Ich weiß wohl, daß Paul Valéry, der zur Zeit der große Mann am Literaturhimmel ist, die Zahl nicht weniger schätzt als das Wort; aber ich bedaure es jetzt doch, kein Latein gelernt zu haben. Und ich werde es mein Leben lang bedauern; ich finde es lächerlich, daß man den »toten« Sprachen den Krieg erklärt hat; allein schon zum Verständnis der Wurzeln unserer meisten Wörter sind sie unerläßlich. Wenn es in den Schulen eine Stunde für Sprachwurzeln gäbe, griechische, lateinische, germanische, arabische usw., die unsere Muttersprache geformt haben, wäre das nicht schlecht: Es verhülfe uns zum besseren Verständnis der Lektüre und zum genaueren sprachlichen Ausdruck. Und allein schon das Spiel, das sich daraus ergäbe, wäre hochinteressant.

Kurz, ich blieb schwankend und zögernd zwischen all diesen Neigungen. Ein Fehler, den ich nie verlieren sollte. Zu meiner Entlastung kann ich sagen, daß ein Familienrat stattfand, wobei Großvater Valette das Wort ergriff und sich die Entscheidung vorbehielt – weil er mein Studium und meinen Unterhalt zahlte. Es war schon viel, wenn er darauf verzichtete, mich im Handel mit verderblichen Waren unterzubringen und mir ein weiteres Jahr im Collège Chaptal – für »spezielle Mathematik« – zugestand.

Diesen zögernden und ängstlichen Charakterzug, diese Schwäche, eine Schwäche, die ich einsehe, kompensiere ich mit Hartnäckigkeit: denn ich ernte lieber die reifen Früchte. Wegen dieses Mangels an Charakterstärke gehorche ich wahrscheinlich gern; aber unvorstellbar, wie genau und stur ich sein kann in der Wahl der Befehle, die ich akzeptiere. Alles andere läßt mich gleichgültig und macht mich nachgiebig.

Ich mag den Rat des Polonius: »Höre eines jeden Meinung und bewahre dir dein Urteil auf.« Ich schätze die kapitale Bedeutung des Schicksals, wie es Äschylos versteht. Unser Geschick ist das Ergebnis von drei Kräften:

Das sittliche Erbe der Vergangenheit (genetischer Code).

Die Linie der Zukunft (theoretische Folgen der Konfrontation des genetischen Codes mit den Ereignissen, die uns erwarten).

Die Gunst des Zufalls in der Gegenwart, anders gesagt: die Fähigkeit, zwischen mehreren Lösungen augenblicklich und schnell zu wählen – mit Hilfe des sechsten Sinns.

Diese Möglichkeit der Wahl nenne ich Freiheit. Unser Leben folgt nicht einer Bahn, sondern befindet sich jeden Augenblick an einer Kreuzung, an der wir zu wählen haben. Wir sind weit entfernt vom »fatum« des Sophokles. Infolgedessen können wir bis zu einem gewissen Grad unser Schicksal lenken. Wir bestimmen es zu einem Teil selber – und sind dafür verantwortlich.

Aus diesem Grund und entgegen der Meinung von größten Denkern halte ich hartnäckig an meiner Liebe zur Freiheit fest. Deshalb liege ich auf der Lauer nach dem Unerwarteten, liebe ich es, den Zufall zu beobachten ...

Darum kam es oft vor, daß sich mein Interesse auf Dinge konzentrierte, die offensichtlich nicht der Mühe wert waren, aber ich fragte mich dann, ob nicht doch ein kleiner Funke darin stekken könne – völlig unnütz für andere, der aber für mich vielleicht zu einer Offenbarung würde. Alles ist Zeichen. Man kann nur Zeichen für einen anderen machen. Und wenn man Zeichen setzt, so tut man es für einen anderen. Um zu sein, muß man zwei sein. Und damit diese Zwei mittels Zeichen in Kommunikation treten, muß ein jeder sich dem andern öffnen. Das ist kompliziert und schwierig – es verzögert die Entscheidungen.

Nur die beschränkten Wesen, die Reaktionäre oder die Propagandisten, wissen, was sie wollen. Sie gehorchen sich selbst, wissen aber nicht zuzuhören. Angst und Zögern sind weniger ein Fehler als ein Nachteil: Ich finde sie bei Hamlet wieder, bei Mesa, bei

Béranger von Ionesco. Auch die Shakespeareschen Helden, Henry VI., Macbeth, Richard II., sind zögernde Helden.

Wiederum verlasse ich Beauregard, gehe nach Paris, meine Mutter bleibt zurück. Sie ist mehr und mehr »bohème« geworden. Wenn Louis nur ein ordentlicher Liebhaber blieb, war alles andere unwichtig. Mit einer Zigarette im Mundwinkel führte sie den Haushalt. Katzen, Hühner, Kaninchen, Hunde und Ziegen lebten in schöner Eintracht beisammen. Mama machte ein gemeinsames Futter für alle, eine volle Waschschüssel in der Küche. Ihr gelingt, was die Urgroßmutter vergeblich versuchte: Vögel und Katzen leben friedlich zusammen. Ich sehe dieses Durcheinander von pickenden Schnäbeln, von schlabbernden Zungen noch vor mir, Kaninchen mit vibrierenden Nasenlöchern und schnüffelnde Ziegen unter der Polizei-Aufsicht von Culot, dem Hund, der den Verkehr regelt. Ist er der Meinung, daß einer seinen Teil bekommen hat, fletscht er die Zähne und jagt den Vielfraß in die Flucht. Und wenn alle weg sind, dann frißt er mit drei Happen die Reste auf. Ein wahrer Pelikan.
Was die gewisse Geschichte anbelangt (Bekenntnisse wären nicht vollständig ohne erotische Geständnisse) – ich war sechzehn und einhalb Jahre, als ich die Frau erlebte. Beim ersten Mal bin ich vor Erregung angesichts ihrer nackten Brüste und des geöffneten Leibes in Ohnmacht gefallen. Am nächsten Tag habe ich dann nachgeholt. Traditionsgemäß war es eine Freundin meiner Mutter. Soweit scheint mir das alles normal. Ein Punkt ist jedoch bemerkenswert: Ich bin ihr vier Jahre lang treu geblieben, denn ich liebte sie.
Als ich ins Collège Chaptal zurückkam – in die Oberstufe (das Collège hatte wegen seiner Vorbereitungen fürs Polytechnikum und die Hochschulen einen guten Ruf) – lernte ich begeistert, daß zwei und zwei nicht mehr vier sind, und ich verstand Valéry besser.
Die Mathematik führt ebenso zur Poesie wie zur Literatur. Aber mein Dämon ließ mich nicht los. Mein Großvater hatte nicht mehr die Geduld, mich noch ein Jahr zu ernähren, er gab mir nach dem zweiten Trimester keinen Unterhalt mehr – ich sollte mir meine Existenz selbst verdienen. Ich war achtzehn Jahre alt. Sagen wir ihm Dank dafür: Es erlaubte mir »abzuhauen«, das Nest zu verlassen und meine eigenen Flügel auszuprobieren.

»Und ich habe das Haus gelassen und die verwandten Gesichter« (›Goldhaupt‹).

Die Wildente fliegt davon

Die Zugvögel beschreiben vor dem Abflug große Kreise am Himmel, ehe sie ihre Richtung wählen. Auch ich zog meine drei Kreise – wieder ohne es zu wissen –, bevor ich aufs Atelier-Theater zusteuerte. Ich war Buchhalter-Lehrling, Blumenverkäufer in den Hallen und Klassenaufseher, das heißt »pion« im Collège Chaptal.
Jede dieser Erfahrungen hat mich bereichert und für immer geprägt. Gehen wir sie schnell durch.

Buchhalter

Was für ein Beruf kann einem jungen Mann einfallen, der von van Gogh träumt und dessen Großvater ein Farbenhändler war? Eine Stelle bei einem Farbenfabrikanten anzunehmen! Das, was völlig unsinnig erscheint für einen Jungen, der sich ohne Schwierigkeiten auf die Hochschule vorbereitet, erweist sich so als zwingende Logik, die nichts dem Zufall überläßt, kurz, als gut französischer Kartesianismus.
Ich wurde als Buchhalter-Lehrling in der Firma Lefranc, Rue de la Ville-l'Évêque, eingestellt – nicht weit vom Madeleine (ich meine das Theater, in dem Sacha Guitry aufgeführt wurde). Meinem Abteilungsleiter habe ich es zu verdanken, daß ich alsbald Gelegenheit bekam, in ein Kafkasches Universum einzudringen.
In der Mitte des Büroraumes standen sich zwei Schreibtische gegenüber. Die Tür wurde aufgerissen, der Chef kam hereingestürzt. Stand das Fenster offen, machte er es sofort zu. War es geschlossen, rannte er, es wie ein Erstickender zu öffnen. Dann setzte er sich mir gegenüber. Das Telefon klingelt, der Chef hebt ab, steht auf und begrüßt den Kunden am anderen Ende der Leitung, macht eifrig Verbeugungen und lächelt zuvorkommend. Eine Bestellung! Er macht mir Zeichen, mitzuschreiben.
»Sehr wohl, mein Herr, geht absolut in Ordnung.« (Sein Zeigefinger deutet auf mich.)
»Oh ja, innerhalb von acht Tagen, gewiß.« »Haben Sie das notiert?« (Ich weiß nicht, was ich antworten soll – er hat ja nichts gesagt.)
»Abgemacht, mein Herr! Auf Wiedersehen, mein Herr! Stets zu Diensten! Sie können sich auf mich verlassen.« (Endlich hängt er ein.)

»Haben Sie alles mitgeschrieben?«
»Aber Sie haben ja gar nichts gesagt.«
Ich wurde vielleicht angeschnauzt ... Von nun an verlangte der Chef von mir, daß ich hinter ihm stand, damit ich sofort zur Stelle sei, wenn er mich brauchte. Stundenlang sah ich ihm über die Schulter, wie er Papier bekritzelte – aufrecht hinter ihm stehend, fühlte ich mich mehr und mehr erschöpft. Nach einigen Tagen zog ich ein englisches Buch aus der Tasche. Ich wollte, in Erwartung der kommenden Dinge, wenigstens keine Zeit verlieren. Plötzlich drehte er sich um – er hatte was gemerkt.
»Was machen Sie da?«
»Ich lerne englisch, solange Sie mir nichts zu tun geben.«
»Auf diese Weise sind Sie nicht völlig zu meiner Verfügung. Sie müssen zu meiner Verfügung stehen. Tun Sie das Buch weg.«
Unter diesen Bedingungen konnte ich nach Ablauf von drei Monaten »die Gunst des Zufalls« nutzen, wie Äschylos sagt. Der Chef schickte mich zum Boulevard Magenta, ich sollte einen Film in seinen Fotoapparat einlegen lassen – die Ferien nahten. Ich erledigte meinen Auftrag, fragte dann den Fotografen:
»Kann ich mal telefonieren?«
»Aber gewiß.«
Ich rufe meinen Abteilungsleiter an. Ich stelle mir vor, daß er meinetwegen keine Hab-acht-Stellung einnimmt, sondern auf dem Stuhl kleben bleibt; das soll ihn nicht hindern, folgendes zu hören:
»Herr X, Ihr Apparat ist fertig, aber Sie würden gut daran tun, ihn selbst abzuholen, denn ich komme nicht zu Ihnen zurück. Benachrichtigen Sie die Direktion. Und Sie, Sie können mich mal ...«
Und ich ging davon, auf die Landstraße. Ohne mein Gehalt abgeholt zu haben. Die Straße ist meine Zuflucht. Jedesmal, wenn ich in einen ernsten Konflikt gerate, fliehe ich, anstatt ihn auszutragen. Ist das Feigheit? Vielleicht. Aber ich finde noch eine tiefere Erklärung dafür. Was kann man tun, wenn man den Standpunkt der anderen respektieren und mit sich selbst in Einklang bleiben will?
Das habe ich von einem Urgroßvater (dem Lothringer); wenn es am Familientisch eine Auseinandersetzung gab, wischte er sich den Mund ab, rollte seine Serviette zusammen, schob den Stuhl zurück und ging ohne ein Wort zu sagen, hinaus. Die Familie blieb verblüfft zurück.
Außerdem liegt in der Tatsache des Weggehens eine unmißverständliche »körperliche« Geste: Man wendet den anderen den Hintern zu ...

Heute bedanke ich mich bei diesem Abteilungsleiter, weil er meine Dokumentation um jene unerschöpfliche und unentwirrbare Welt der Bürokratie bereichert hat ... dieser »Steißhocker«, sagt Michelet.

Die Hallen

Ich hätte gerne studiert, aber ich wollte mir meinen Unterhalt selbst verdienen, allein schon aus Stolz, um es meinem Großvater zu zeigen. Ich wollte auf keinen Fall mit hängenden Ohren nach Hause zurückkehren.

»Du kommst morgens mit mir in die Hallen, Blumen verkaufen. Abends machst du die Abrechnung und telefonierst mit den Kunden ... in der restlichen Zeit kannst du malen und studieren«, schlug mir mein Onkel vor.

Ohne zu überlegen, sagte ich ja. Die ganze Atmosphäre um meinen Onkel mochte ich, und die Hallen sollten mir recht sein; ich meldete mich in der Ecole du Louvre* an.

Eine ganze Saison lang war ich, noch bevor der Tag anbrach, in den Hallen und verkaufte zwischen Käse und Fisch meine Blumen. Mittags der Versand in die Provinz und die Abrechnung. Nachmittags frei. Abends bis um 10 Uhr am Telefon, um Bestellungen für den nächsten Morgen entgegenzunehmen. Um vier Uhr früh aufstehen. Trotz des Mangels an Schlaf tat mir die Luft in den Hallen gut. Ich wurde kräftiger und lernte, egal wo zu schlafen – eine Gewohnheit, die ich beibehalten habe.

Das Leben in den Hallen förderte meine Neigung zur Überarbeitung. Zum ersten Mal kam ich näher mit anderen Menschen zusammen. Ein Rat: Schlafen Sie niemals »stehend« auf der Plattform eines Autobus. Statt Mitleid zieht man Haß und feindliche Blicke auf sich.

»Eine Schande ist das! Klar, der ist blau, der verkommene Kerl, oder süchtig.«

»Stimmt, stimmt alles – aber aus Müdigkeit.«

Diese Idioten!

Das Milieu der Hallen war wunderbar. Hier habe ich meine ersten Künstler entdeckt. Und meinen sechsten Sinn wiedergefunden. Zum Beispiel den des Verkäufers. Eine wahre Kunst, einen widerspenstigen Käufer langsam weich zu machen. An den Theken der Cafés,

* Kunst- bzw. Kunstwissenschaftliches Studium (Anm. d. Ü.).

entlang der Trottoirs, inmitten von aufgestapelten Kisten, hatte ich Gelegenheit, den munteren Gefechten zwischen Wunsch zum Verkaufen und Abenteuer des Kaufens zuzuschauen. Wahre Szenen spielten sich ab; die Hallen waren mein erstes Theater.
Der Bauch von Paris: Die ganze Menschheit tummelte sich hier, von den Clochards, die zerbrochene Eier im Rinnstein ausschlürften, bis zu den Nachtschwärmern, die sich morgens früh mit einer Zwiebelsuppe »was Warmes zuführten«. Die »forts«, die Lastträger der Hallen: Beschützer der Schwachen und Stütze der Revolutionen. Dann traten die Einkäufer auf. Ich sehe noch Madame Valentin, Blumenhändlerin in der Avenue Victor-Hugo, wie sie aus ihrem Luxuswagen klettert – der Chauffeur mit der Mütze in der Hand, sie in Holzpantinen und plissiertem Kleidchen aus Schürzenstoff. Nachmittags, wenn sie frei hatten, wetteten sie bei den Pferderennen, genau wie die größten Rennstallbesitzer.
Die Hallen von Paris! Meine Jugend ... Die Kirche St. Eustache, wo Molière getauft und Marivaux beerdigt worden waren. Die Fontaine des Innocents. Das Paris der Geschichte ... drei Stunden stehen wir jetzt schon in diesem Geschrei, im Dreck, im Labyrinth der Wagen, in einer Mischung von Düften ... Ratten bleiben mit den Zähnen in Ochsenteilen hängen, schon verblassen die vielen Laternen, denn die Nacht wird langsam hell; die Füße sind kalt, aus der Nase tropft es. Zwei Blumenhändler feilschen um ein Dutzend Rosen, die einzige, das vom ganzen Markt übrigblieb! Ich halte mein Bukett wie eine Lanze.
Ich bin glücklich, daß ich lebe, daß ich lerne ... zu handeln und zu verstehen.

Der »Pion«

Dieses ursprüngliche Leben in den Hallen, das so angenehm »anders« war, dieses Lustgefühl, hervorgerufen durch Überanstrengung wie durch eine Intoxikation, gefielen mir gut. Doch mein Studium litt darunter. Ich merkte, daß ich schlecht lernte, fast wie im Traum. Bei unzureichendem Schlaf zerfließen die Grenzen zwischen Traum und Wachzustand. Nicht unangenehm, aber verschwommen, nicht greifbar. Das mußte sich ändern.
»Chaptal« nahm mich aufgrund meines Antrages wieder in seine Mauern auf – diesmal als »pion«, als Studien-Aufseher. Acht Jahre war ich hier Schüler gewesen; nun kam ich zurück, aber auf die

andere Seite – wieder eine Lektion über die menschliche Natur. Die ganze Grausamkeit und Promiskuität der Welt in Miniaturausgabe. Ein Kind allein ist wundervoll; jedoch in Gruppen, weiß man nicht mehr, mit welchem man auf die andern einhauen soll. Zu Anfang hatte ich viel mehr Lust, mit ihnen zu spielen – das war ganz normal, ich war neunzehn Jahre! Aber wie sie das ausnutzten, die kleinen Biester! Ich besaß nicht die mindeste Autorität. Entweder behandelte ich sie wie kleinere Brüder, oder ich schimpfte sie aus.

In der Beziehung habe ich mich übrigens nicht verändert. Ich habe es nie dahin gebracht, daß man mich fürchtet. Dazu muß man Distanz wahren, und das langweilt mich. Die Frauen – Sekretärinnen, technische Mitarbeiterinnen, Schauspielerinnen – rühren mich, ich schmeichle ihnen, nehme sie in die Arme. Die Männer sind für mich alle Kameraden, ich mache Spaß mit ihnen, erzähle dumme Geschichten, Männerwitze, alle nennen mich beim Vornamen. Ich bin glücklich darüber.

Aber wenn ich böse werde, kommt meine aufbrausende Seite vom Großvater zum Vorschein. Die Wut von Männern, die sich zu klein fühlen. Ich werfe allen die schlimmsten Sachen an den Kopf und ende schließlich: »Ihr werdet mich nicht so weit bringen, nein, ihr macht keinen Direktor aus mir! Ihr wollt nichts als Autorität und Prügel – in Wirklichkeit seid ihr Sklavennaturen, und ihr verdient das Brot nicht, das ihr eßt.« Zuerst sind sie verärgert, schließlich wälzen sie sich vor Lachen und trösten mich.

Mit den Kindern war es anders, da war ich glatt verloren. Ach, das war die gerechte Strafe für meine Pennälerstreiche! Max Lejeune, ein Kollege, der verstand es, sich Autorität zu verschaffen. Nie ein lautes Wort, keiner wagte, sich zu mucksen. Er ist Deputierter und dann Minister geworden. Schon damals war er Sozialist; wir freundeten uns an, und ich ging mit ihm in politische Versammlungen, wo er sich seine ersten Sporen verdiente. Während er sich auf der Tribüne heiser schrie, zeichnete ich Karikaturen von ihm und seinen Freunden und Gegnern.

An freien Tagen lungerten immer einige Gören im Hof herum, von den Eltern vergessen wie junge Hunde auf der Straße. Einmal wollte mich ein Vater sprechen, um sich über sein Kind bitter zu beklagen. Der Bengel war etwa 12 Jahre alt.

»Schlagen Sie ihn! Schlagen Sie ihn!« schloß er seine Rede, als er sich von uns beiden verabschiedete.

Es gab auch perverse Kinder.

Abends, beim Aufgabenmachen. Ein Kind heult in seiner Bank. Ich rufe es nach vorne und frage, was los ist.
»Ich komm' mit meiner Aufgabe nicht zurecht!«
»Zeig mal her.«
Ich lese den Wortlaut der Fragestellung.
»Diese Aufgabe ist nicht lösbar!«
»Finden Sie? So schien es mir auch.«
Es zieht seinen Rotz hoch und kehrt auf seinen Platz zurück.
Am nächsten Tag werde ich zum Oberaufseher gerufen und mit dem Lehrer konfrontiert. Das Kind ist auch da. Man brüllt mich an – eine »unlösbare Aufgabe«!
»Nach dem Wortlaut der Fragestellung, die ich gelesen habe, ist die Aufgabe unmöglich.«
Weitere Erklärungen. Wir sind gerade soweit, daß wir begreifen, daß der Junge absichtlich die Fragestellung gefälscht hat – da fällt er uns eiskalt ins Wort:
»Wie soll man denn Ihre Aufgaben lösen, wenn Sie sich selbst nicht mal einig sind!«
Und rennt, vor Freude brüllend, davon ...
Im Schlafsaal. Ich habe eben das Licht gelöscht. Die Kinder sind unruhig. Gelächter, Geflüster, versteckte Faustschläge, Getrappel von nackten Füßen im Dunkeln. Eine hysterische Atmosphäre. Wütend mache ich wieder Licht. Zwei Kinder stecken in einem Bett. Ungefähr 14 Jahre alt. Es sind Zwillinge.
»Was macht ihr da?«
»Wir schlafen gern zusammen.«
»Gut. Aber jetzt Ruhe, für alle!«
Ich lege mich wieder hin, lösche das Licht. Und der ganze Schlafsaal – vor allem ich selbst – tut, als ob ich nichts wäre, und schläft unter dem lustvollen Stöhnen der beiden Zwillinge ein, die sich liebkosen ... Der letzte Abgrund! –
Ich wohnte im Chaptal und bekam meine Mahlzeiten, aber keinerlei Bezahlung. Es kam vor, daß ich drei Wochen hintereinander mit fünf Sous lebte – dafür konnte man eine Briefmarke kaufen, sonst nichts. Das verdarb uns die Freude nicht. In den Gängen zu unseren Zimmern ging es gerade so hoch her, wie im Schulhof während der Pause. Waren wir selbst nicht noch Kinder? Ich zeichnete die Porträts meiner Kameraden, spielte Theater für sie, verkleidete mich und ahmte die Vorgesetzten nach.
Wir hatten uns aus alten Zeitungen einen Ball zurechtgemacht und spielten damit auf dem Boulevard. Wenn einer von uns irgendwie

Geld verdient hatte, gingen wir hinunter in die Rue Notre-Dame-des-Champs, um Samos zu trinken. Ich hatte gute Kameraden damals und sogar einen echten Freund, Guy Tosi, der sich auf sein italienisches Examen vorbereitete. Einige Jahre später erlebten wir diese vollkommene Übereinstimmung, wie sie, glaube ich, nur bei Männern möglich ist – eine reine, totale Freundschaft. Ich komme noch darauf zurück.

Zum Louvre ging ich immer zu Fuß. Eines Tages sah ich einen kleinen Jungen, der am schulfreien Donnerstag ganz allein dasaß, während die andern bei ihren Eltern waren; er tat mir leid, und ich nahm ihn mit ins Museum; während ich die Bilder studierte, schlitterte er auf dem blanken Parkett herum. Auf dem Rückweg lud ich ihn auf der Terrasse der Brasserie Univers zu einem Eis ein. Ich wußte nicht, daß gegenüber im Théâtre Français eine preisgekrönte Konservatoriumsschülerin ihr Debut hatte, sie hieß Madeleine Renaud. Wo war also der sechste Sinn? Wir müßten noch einen siebten, einen achten und noch viele mehr haben ... arme Schlucker sind wir.

Jemand hatte mich mit dem Kind zusammen gesehen. Und am nächsten Tag wäre ich fast rausgeworfen worden – die Direktion vermutete einen Lüstling in mir. Seit diesem Zwischenfall finde ich Mißtrauen ekelhaft. Die Leute unterstellen einem ihre eigenen Vorstellungen, es ist, als verklebten sie mit ihrer schleimigen Haut unsere eigene.

Meine Studien in der Louvre-Schule verliefen gut. In der Kunstgeschichte unterschied ich bald zwischen Kunst und Geschichte. Mancher der Professoren hielt es mit der Geschichte, und wir erfuhren alles über die Streitereien, die Velasquez mit seinem Hausvermieter gehabt hat – ohne je eins seiner Bilder zu sehen. Ich entfloh dem. Andere hingegen führten uns in die Alchimie der Kunst ein. So war Robert Rey, der uns mit der Welt der Impressionisten vertraut machte, eine beglückende Erfahrung. Auch Robert Rey sollte ich später wiedertreffen – aber wie konnte ich das wissen?

Alle meine Bemühungen um die Malerei schlugen fehl. Beim Wettbewerb der Galerie des Beaux-Arts wurden vier Kandidaten angenommen – ich war der fünfte. Ich stellte mich dem berühmten Professor Devambez vor – er schaute meine Porträts kaum an, denn ich hatte keine drei Jahre auf der Akademie absolviert ... Bei allem, was in diese Richtung ging, leistete mir das Leben Widerstand.

Ich bereitete mich auf einen Architektur-Wettbewerb vor, und in

dieser Zeit schrieb ich, einfach, um es mal zu versuchen, einen Brief an Charles Dullin – Dullin, der berühmte Volpone, den ich im Atelier-Theater bewundert hatte. Und dieses Mal packte das Leben zu, ergriff es mich sogleich.
Wenn ich jetzt diese Minuten meines Lebens bedenke, kommt mir der wunderbare Satz von Claudel in den Sinn:

> *»Diese ungeheure Vergangenheit, die uns vorantreibt mit unwiderstehlicher Macht*
> *Und vor uns diese ungeheure Zukunft, die uns ansaugt mit unwiderstehlicher Macht«* (›Mittagswende‹).

Alles, was ich hinsichtlich der Malerei versucht hatte, war mißglückt. Mit dem Theater versuchte ich es ein einziges Mal, und ich wurde im wahrsten Sinne des Wortes »angesogen«.
Wartete das Schicksal nur auf mich? Was war in mir vorgegangen? Wußte ich mehr über das Theater? Gewiß nicht. Im ganzen habe ich es vielleicht zehnmal besucht.
1915 hatte man mich ins Châtelet mitgenommen, dort wurde ein patriotisches Stück gespielt, ›Les Exploits d'une petite Française‹, die Rolle wurde von einem Kind – Gaby Morlay – gespielt. Zweimal war ich im Théâtre Français: ›Hernani‹ mit Albert Lambert und Madeleine Roch. Ich fand sie lächerlich, mit jeder Bewegung wirbelten sie Staub auf. Noch lange danach deklamierte ich aus Spaß: »Sie sind mein prächtiger und großmütiger Löwe« und drückte »große Gefühle« durch Zähneklappern aus. Dagegen war ich begeistert von De Feraudy und Fresnay in ›Les Grands Garçons‹ von Géraldy. Und von der modernen Inszenierung und dem Auftritt zweier unwiderstehlicher Schauspielerinnen: Marie Bell und Madeleine Renaud (auch hier nicht die leiseste Vorahnung. Welch ein Spätentwickler!) in ›A quoi rêvent les jeunes filles‹. Die Regie hatte Charles Granval – das erfuhr ich erst später. Auch ›Le Gland et la Citrouille‹ mit einem gewissen Pierre Bertin hatte mir gut gefallen.
Dann verliebte ich mich in Valentine Tessier, sie spielte in ›Siegfried‹ und ›Amphitryon 38‹ unter Jouvet in der Comédie des Champs-Elysées.
Doch halt! Vorher hatte mich meine Mutter mitgenommen, sie verehrte Gémier, und so sah ich ›29° à l'ombre‹ und den ›Geizigen‹. Für Gémier war jedoch an diesem Abend ein hoffnungsvolles Nachwuchstalent in der Rolle des Harpagnon eingesprungen: Charles

Dullin. Schließlich sah ich noch ›L'Acheteuse‹ mit Madame Simone im Théâtre de l'Oeuvre. Das war im großen und ganzen meine Theaterausrüstung.
Sie läßt schwerlich die Anzeichen einer Berufung erkennen. Diese konnte also nur aus meinem Inneren kommen. Der Wunsch, aus der eigenen Haut zu schlüpfen, zu empfinden, was die anderen empfinden. Der andere werden. Habe ich nicht so die Liebe definiert? Aber war ich mir dessen wirklich bewußt? Gewiß nicht. Was ich im Verlauf dieser drei letzten Jahre der völligen Freiheit am wichtigsten fand, war, daß ich mich unter die Menschen mengen konnte.

> Mir selbst überlassen in einem Atelier, wäre ich nicht in Panik geraten? Vergessen wir nie die Angst bei mir. Die Angst vor dem Dunkel, vor dem Tod, vor der Einsamkeit, die ich nur mitten unter den anderen ertragen kann. Bin ich allein, wird meine Einsamkeit von Alpträumen bedrängt.
> Hier übergebe ich gern das Wort den Psychoanalytikern: Sollen sie ihre Folgerungen daraus ziehen.

Meine Leidenschaft fürs Theater nahm allmählich zu. Die einen hatten gut reden, sie führten mir das Gefährliche, Ungeregelte, Anormale dieses Lebens vor Augen, andere prophezeiten mir sogar ein unmoralisches Leben. Ich war mehr und mehr zu dem Risiko bereit, »ein schlechter Junge« zu werden.
Gegenüber vom Collège Chaptal, im Théâtre des Arts, hatte ich ebenfalls die Pitoëffs spielen sehen: in ›Les Criminels‹ und ›Charette de pommes‹. Diese Künstler gefielen mir, ich spürte, sie hatten etwas von Dichtern.
Ich hatte sogar als Statist in einem Kriminalstück mitgewirkt, in dem Maxa, ein Star vom Grand-Guignol mitwirkte. Den »pion« gegenüber auf dem Theater als Statisten zu erwischen, man kann sich vorstellen, was das für eine Wirkung in der Schule hatte. Wieder drohte man mir mit Rauswurf.
Ich möchte gern auf den Versuch verzichten, das alles klar durchschauen zu wollen. Ich bekam nach und nach immer mehr Lust zum Theaterspielen, das war ganz sicher und eindeutig. Ich hatte ein unbezähmbares Verlangen danach. Netter oder böser Junge, Heiliger oder Gauner, ganz gleich, es hatte sich zu einem Bedürfnis entwickelt, das mich allem anderen gegenüber blind und taub machte. Ich wollte zum Theater mit dem Willen der Verzweiflung!

Mein Leben lang habe ich übrigens mit »verzweifeltem Willen« gehandelt. Wenn man alle Fragen geprüft, alle guten Gründe erwogen hat und zu dem Schluß gelangt, eine Sache zu unterlassen, dann aber trotzdem, wider alle Vernunft, diese Sache machen will, handelt man mit »verzweifeltem Willen«. André Gide gab eine interessante Definition der Sünde: »Die Sünde ist das, was man außerstande ist zu unterlassen.«

Ich wollte zum Theater, wie man eine Sünde will.

Der Unterschied zwischen einem Intellektuellen und einem Künstler-Temperament liegt darin, daß der letztere Typus zunächst aus Bedürfnis handelt und erst hinterher versucht, seine Tat zu begreifen; während der intellektuelle Typus zuerst überlegt und danach, seinen Schlüssen entsprechend, über seine Handlungsweise entscheidet.

Ich bin seitdem oft gefragt worden, was das Theater für mich bedeutet. Es hat mir nie an Erklärungen gefehlt. Damals hätte ich nur eine Antwort geben können: ich hatte Lust dazu.

Die Berufung – das ist ganz einfach ein unbezwingbares Verlangen. Ich hatte daher mit »verzweifeltem Willen« einen Brief an Dullin geschrieben. Einen banalen Brief:

21. Januar 1931

Mein Herr,

Ich bin Student, zwanzig Jahre alt und studiere Malerei an der Ecole du Louvre; ich bin Studienaufseher im Collège Chaptal, wo ich auch die höhere Schule besucht habe.

Auf wiederholtes Anraten meiner Umgebung und aufgrund einer seit langem tief eingewurzelten Neigung zum Theater (oder zum Film) wäre ich froh, die Meinung einer besonders berufenen Persönlichkeit zu hören ... Darf ich Sie diesbezüglich um eine kurze Unterredung bitten? In der lebhaften Hoffnung auf eine zustimmende Antwort – wenn Sie das nicht zu sehr belästigt – bitte ich Sie, mein Herr, den Ausdruck meiner tiefen und respektvollen Bewunderung entgegenzunehmen!

Einige Tage darauf erhielt ich von seinem Sekretariat eine Antwort. Dullin lud mich zum Vorsprechen ein.

Unter bestimmten Umständen hält die Gegenwart, wie in einer Art Vorahnung, jeden gelebten Augenblick für immer fest.

Ich liebte die Malerei sehr, und doch weiß ich nichts mehr von meinem Besuch bei Devambez. Hingegen erinnere ich mich noch

jeder Einzelheit auf meinem Weg vom Boulevard des Batignolles hinunter zum Atelier-Theater. Mein Unterbewußtsein hat zweifellos »etwas« von dem begriffen, was vor sich ging, und sorgfältig in mein Gedächtnis eingegraben. Ich hatte mir einen taillierten Mantel, Handschuhe und Hut ausgeliehen – Dullin hätte mich vermutlich lieber so kennengelernt, wie ich war. Aber ich benahm mich wie ein Bräutigam, der um die Hand seiner Zukünftigen anhält!
Ich hatte zwei Szenen einstudiert: ›Britannicus‹ (Narziß und Nero) und ›Les Femmes Savantes‹ (*Die gelehrten Frauen* – die Szene des Chrysale), und während ich mich durch die Menge schob an der Place Clichy, Place Blanche und Place Pigalle vorbei, deklamierte ich meine Alexandriner vor mich hin.
Die Rue Dancourt steigt steil an, man kommt außer Atem. Der Abend dämmert. Das Atelier-Theater liegt mit seiner hölzernen Eingangstür und dem überdachten Hof wie ein Landhaus hinter den Bäumen.
Madame Vernie, die Hausmeisterin, bittet mich, einen Moment zu warten. Ich weiß nicht mehr, wo mir das Herz schlägt, wahrscheinlich in der Nähe der Ohren, denn da dröhnt und tönt es. Jetzt bin ich dran: Ich steige die Treppe hinauf, die zu einem Speicher führen könnte, und stehe »Ihm« gegenüber.
Wie gebeugt er sich hält, Dullin sieht zu mir auf, aber mit durchdringenden Blicken. Aufmerksam? Das wäre zu wenig – er prüft mich mit angespannter, aber leutseliger Neugier. Seine dünne Stimme klingt freundlich, aber seine Lippen sind ein wenig aufgeworfen, wie wenn ein Hund sein Gebiß zeigt.
»Was wollen Sie mir vortragen?«
»›Nero‹ und ›Les Femmes savantes‹.«
»Haben Sie jemanden mitgebracht, der Ihnen das Stichwort gibt?«
»Nein, ich wußte nicht ... ich habe das Ganze gelernt.« Er lächelt. Wahrscheinlich rührt ihn meine Ahnungslosigkeit ...
»Nun, dann tragen Sie eben das Ganze vor.«
Er kauert sich in einen Sessel in der Ecke unterm Fenster. Ich spiele im Grunde genommen für das Fenster. Die Verse sprudeln mir aus dem Mund, ich mache Sprünge wie eine Ziege, jedes Mal, wenn ich die Person wechsele, wende ich mich wieder dem Schatten zu, den ich soeben verließ. Nacheinander »entstehen die Monstren« und »der perfide Ratgeber«, dann die gelehrten Frauen, die Chrysale, ich könnte auch sagen, meinen Großvater plagen.
Während ich mich diesem Mann ausliefere – den ich ausgewählt habe und der mir zuhört, um über mein Leben zu entscheiden –,

bemerke ich durch das Fenster in dem gegenüberliegenden Stundenhotel zwei Umrisse. Ein Paar. Sie hören nichts, sehen mich jedoch gestikulieren. Sie sehen aber Dullin nicht. Sie deuten mit dem Finger auf mich, sagen sich was ins Ohr. Sie lachen miteinander. »Der ist wohl übergeschnappt.« Ich rassele meine Tiraden angesichts einer pantomimischen Szene herunter – von einem Fenster zum andern – übers Pflaster der Rue d'Orsel hinweg ...

Und mein ganzes Leben steht auf dem Spiel! Später, im ›Prozeß‹ von Kafka, bemerkt Joseph K. ebensolche Nachbarn gegenüber, sie kommentieren mit ihren Gesten den Augenblick seiner Verhaftung.

Als meine Nummer beendet ist, sagt Dullin sanft und leise:

»Sie wollen wirklich zum Theater?«

»Ja.«

»Eine ernste Sache ... Sind Sie sich darüber klar, daß Sie dabei verhungern werden?«

»Ja.«

»Haben Sie irgendwelche Geldmittel?«

»Nein.«

»Der Unterricht kostet aber etwas!«

»Ach so! ...«

»Hören Sie – aber sagen Sie es niemand ...«

Und jetzt höre ich zum ersten Mal seine kleine jammernde Stimme, die für ihn so typisch ist:

»Niemand! Denn sonst! ... Also ich nehme Sie gratis auf. Aber sagen Sie bloß niemand etwas. Sonst will kein Mensch mehr zahlen.«

»Danke, Monsieur.«

Ich ging einige Monate lang zu seinem Unterricht. Chaptal warf mich raus. Diesmal wurde ich von meinem Großvater offiziell verflucht. ›Der väterliche Fluch‹, ein Bild von Greuze, dem in Tournus geborenen Maler, die Kopie davon hing in Beauregard an der Wand. Am 8. September 1931, dem Tag, an dem ich einundzwanzig Jahre alt wurde, debütierte ich im Atelier als Diener des Volpone.

Ich wurde zum zweiten Mal geboren.

ERSTE PAUSE

Über unsere Geburten

»Man stirbt nur einmal« – das ist falsch. Man stirbt und man wird jeden Tag, wird jeden Augenblick geboren. Und aus diesen kontinuierlichen inneren Revolutionen nährt sich Tag für Tag jener »Seelenhaushalt«, der uns belebt. Es gibt aber bestimmte Momente, die wichtiger als andere sind.

Das Kind, das von seiner Mutter geboren wird, ist. Nach diesem Schmerz des Abnabelns – den ich mir entsetzlich vorstelle – setzt sich der ganze Blutkreislauf in Bewegung, die Lungen fangen an zu arbeiten, der Mund beginnt, die Leere aus- und einzupumpen. Das Sein an sich ist gleichbedeutend mit einer ganzen Welt. Außer ihm gibt's nichts. Es schläft, es ißt, es trinkt am mütterlichen Busen hängend, mit gerunzelter Stirn, die Fäuste geballt, mit den Füßen stampfend, wie ein Greis im Zorn. Es ist ein Ganzes, allein und einzig. Es ist der Mittelpunkt seines eigenen Sonnensystems, das sich entwickelt und ausbreitet und hierbei seinen Umkreis erweitert.

Aber nach einiger Zeit öffnen sich die Augen, hören die Ohren, entdecken die Glieder ihre Grenzen, und eines schönen Tages macht dieses einzige Geschöpf eine erstaunliche Entdeckung. Welche Überraschung! Es gibt auch andere! Das neue Wesen war also gesehen und belauert worden. Es wird ihm bewußt, daß es von anderen beurteilt und ihnen nicht mehr entgehen wird, daß es sich nunmehr mit ihnen abfinden muß. Nun findet eine neue organische Umwälzung statt, so schrecklich, wie der Moment der Entbindung. Das ursprüngliche Geschöpf wird zu einem doppelten Wesen.

Die Biologen lehrten uns, daß eine Zelle danach trachtet, zwei Zellen zu werden! Zweifellos aus Selbsterhaltungstrieb. Angesichts der Gegenwart der anderen ist unser erster Akt der Selbsterhaltung auch für uns, zwei zu werden: »Man selbst« und »Unsere Person«. Um das Leben des »Selbst« zu schützen, wird die Person mit der Gestaltung von Beziehungen zu den »anderen« beauftragt. Das Selbst oder das Grundwesen wird sich hinter dem Schild der Person, die man als soziales Lebewesen in Hinsicht auf die anderen projiziert, verbergen. Gegen sie oder in Übereinstimmung mit ihnen! Dieser Moment des Lebens verdient, eine zweite Geburt genannt zu werden.

Betrachten Sie ein kleines Kind, das sich allein glaubt. Sein Verhalten ist einfach und spontan. Aber sobald es die anderen entdeckt, kontrolliert es seine Verhaltensweise. Jeder Mensch, der sich bewußt ist, gesehen zu werden, schützt sich durch die Komödie. Besonders die kleinen Mädchen, die frühreifer als die Knaben sind. Allein schon dieses Doppelspiel rechtfertigt die Existenz des Theaters. Auf der Bühne: alle ein »Selbst«; im Saal alle die »anderen«.

Als ich am Tage meines einundzwanzigsten Geburtstages zum erstenmal auf der Bühne des Atelier-Theaters auftrat, gab ich meinem Leben angesichts der anderen einen offiziellen Status. Theaterspielen heißt, seine Selbstbestätigung suchen durch die Rollen, die man spielt.

Wissen wir wirklich, wer wir im Leben sind? Die Bühne kann man betreten, um sich zu verlieren. Aber es ist ebensogut möglich, sich dort zu finden. Warum sollte man, wenn man immer wieder wie die anderen ist, sich nicht über sich selbst bewußter werden?

Außerdem ist das, was im Leben geschieht, nicht so verschieden von dem, was auf der Bühne stattfindet. Betrachten wir »die Person«. Sie soll uns einerseits schützen, kann aber auch eine Falle sein. Wenn man immer nur als etwas scheinen will, kann man, ohne es zu wollen, aufhören zu sein, man kann seine Substanz verlieren. Indem man sich mit der Umwelt auseinandersetzt, kann es geschehen, daß die Person sich nach und nach ernst nimmt und bei der Rückkehr zu ihrem Selbst, d. h. zu ihrer ursprünglichen Kindheit, sich zunehmend selbst auffrißt. Das ist die Gefahr, die Erwachsene laufen und die den ganzen Einsatz der Jugend erfordert.

Die Jugend ist ein Kampf, an dessen Ende der Mensch seine Kindheit verlieren kann. Wie viele Leute gehen auf der Straße und glauben, sie seien lebendig, dabei sind sie nur noch ihre Person, d. h. eine leere Ritterrüstung wie in den alten verwunschenen Schlössern. Ein anderes Bild: eine leer gewordene Languste, die sich sprungweise auf ihrem Schwanz vorwärts bewegt. Wo ist das Leben geblieben? Es ist gefressen worden. Die Menschen haben sich selbst verzehrt. Es sind nur mehr Tote, die da gehen: der Oberst, der Professor, der Geschäftsmann, der Anhänger einer Partei, der Herr Bürgermeister, der Herr Staatspräsident, der Kaufmann, der Schullehrer, das Gewerkschaftsmitglied.

Die, welche die Schlacht der Kindheit gewonnen haben, kann man leicht an einem bestimmten Glanz in den Augen erkennen. Ob sie zwanzig oder neunzig Jahre alt sind – in ihrem Blick funkelt der kleine Stern.

Ich unterscheide also im Leben vier mögliche Etappen: die Kindheit, das Produkt aus der Gebärmutter; den Infantilismus für diejenigen, die sich dem Kampf entzogen haben und stehengeblieben sind; das Mannesalter für die im Kampfe Gestorbenen; endlich diejenigen, die sich durchsetzen konnten und die Welt der ewigen Kindheit zu erlangen wußten – die wißbegierig, erstaunt, verwundert sind. Jene Kindheit, mit der auch der Tod – der schließlich nicht der böse Werwolf ist, sondern sich zum Leben verhält wie das Licht zum Schatten – sich notwendigerweise wird abfinden müssen. Das alles, um zu der Feststellung zu gelangen: Die Leute sehen sich mit »zweifelnden« Blicken an. Es gibt den Körper, und es gibt die Augen. Ich bin jedesmal erstaunt, daß es auf den Polizeifotos genügt, die Augen mit einem schwarzen Streifen zu verdecken, um einen Menschen nicht mehr zu erkennen. Das liegt daran, daß sich in den Augenhöhlen das ursprüngliche Wesen verbirgt. Wir bewohnen den Körper wie ein Haus. Wir schlagen die Augenlider nieder, wie man einen Rolladen herunterläßt. Ziehen wir ihn hoch, sieht man ins Fenster. Kneife ich den Mund zu? Dann ist die Einfahrt versperrt. Im Garten meiner Ohren hört man durch die Wände. Meine Nasenlöcher sind zwei Kamine. In unserem Gerippe aus Knochen und Blut können wir eine Belagerung aushalten. Und doch würde es genügen, mit einer einfachen Gabel in unsere Augen einzudringen, um das innere Tier aus uns herauszuziehen, so wie man es mit Schnecken macht. Und um sich zu verstecken, tragen so viele Leute dunkle Brillen.

Man selbst und die Person, die Person und man selbst, im Umgang mit den anderen und im Umgang untereinander.

Theaterspielen bedeutet, aus unserer Person die bösen Geister austreiben. Ich möchte sagen: Wenn ich zum Theater gegangen bin, dann deshalb, um mir das Komödiespielen im Leben zu ersparen?

Natürlich gibt es Formen des Narzißmus und des Exhibitionismus, die mitwirken. Diese Seite werden wir erörtern, aber in einer anderen »Pause«. Es sei denn, daß ich dieses Kapitel den Spezialisten überlasse.

Kehren wir zum Anfang zurück: Ich hatte Dullin gewählt, er hat mich in seinem Atelier-Theater aufgenommen. Bevor ich mich ihm anvertraue, möchte ich noch einige Worte über das Problem der Einflüsse anfügen.

Über die Einflüsse

Wieviele Leute verschließen sich, um nicht beeinflußt zu werden! Das ist die wahre Angst! Angst, nicht vor den anderen, aber davor, sein Ich zu verlieren. Ich glaube in aller Bescheidenheit, daß sie sich irren. Der Einfluß ist eine Begegnung. Es kann uns nur das beeinflussen, was wir schon in uns selbst haben. Er ist noch mehr als eine Begegnung: ein Erkennen. Die durch die Erfahrung eines anderen beschleunigte Enthüllung unserer eigenen Persönlichkeit. Wie könnten wir durch etwas beeinflußt werden, das uns fremd wäre? Die Einflüsse sind die Ergebnisse des Zufalls, der uns unser Selbst entdeckt. Wir trugen dieses Etwas in uns, aber in der Form eines Keimes. Wir begegnen ihm als Knospe. Welcher Vorsprung! Man muß schon sehr von sich eingenommen sein, wenn man daraus keinen Vorteil ziehen wollte. Unsere Vorgänger handelten nicht anders: Rabelais, La Fontaine, Molière; trotzdem waren diese Drei Anhänger einer unbedingten Freiheit.

Das Leben? Mit viel Glück hat es dreißigtausend Tage. Das Leben ist kurz, und das Wissen ist unendlich. Also ist keine Zeit zu verlieren, und wenn mir jemand hilft, das, was ich unbestimmt ahnte, zu finden, gewinne ich Zeit für etwas anderes, das ich wünsche. Verfehlen wir nicht die Abkürzungswege.

Die Einflüsse präzisieren nur unsere Umrisse. Sie sind nichts anderes als das Ergebnis unserer Wahl und Befähigungen.

Sag mir, wer dich beeinflußt, und ich sage dir, wer du bist.

Die Türen des Atelier-Theaters haben sich aufgetan. Dullin wird mich verpflanzen. Die Jahreszeit des Pfropfens beginnt. Dreimal ist mir das geschehen: durch Dullin und das »Kartell«, durch die Surrealisten und die Comédie-Française.

IM THEATRE DE L'ATELIER

Kierkegaard teilt (in den Tagebüchern, glaube ich) die Stufen menschlicher Entwicklung in vier Stadien ein. In das ästhetische und das ethische Stadium, in das des Absurden (oder des Humors) und in das religiöse Stadium.

Ich stelle mir das in einem kurzen Überblick so vor:

1972: das heißt heute, befinden wir uns zwischen Absurdität und Religiosität.

1945: die Nachkriegszeit, war ein ethisches Zeitalter.

1931: das war eine Art Goldenes Zeitalter des Ästhetischen.

Jedes Zeitalter kennt, wie eine Religion, seine Verehrung und seinen Kult. Jenes Goldene Zeitalter besaß seine Propheten, Apostel und Hohepriester.

Die Propheten waren: Stanislawskij, Gordon Craig und Jacques Copeau. ›Mein Leben mit der Kunst‹ und ›Die Kunst des Theaters‹ waren für uns die Bibel. Das Theater Le Vieux Colombier war unsere erste Kirche. Da gab es auch noch Max Reinhardt, Appia, Piscator, Taïroff und vor allem Meyerhold.

In Frankreich zählten wir vier Apostel: Louis Jouvet, der »Ingenieur« – von Sabattinis Maschinerie kannte er bis in die letzten Winkel von Molières Bühne alle Bolzen, Kugellager, Seemannsknoten und Jupiterlampen. Seine Theatermechanik war immer ohne jeden Tadel. Jouvet war im XVII. Jahrhundert zu Hause.

Gaston Baty, der »Dekorateur«. Die völlig schwarz ausgeschlagene Bühne des Theater Montparnasse glich dem Balg eines Fotoapparates, wie man ihn auf alten Stichen sehen kann. Baty trug einen breitrandigen Hut und eine Lavallière-Krawatte um den Hals. Wenn er auf seinen magischen Auslöser drückte, gelangen ihm Zauberwerke, die einem Nadar oder Méliès zur Ehre gereicht hätten. Seine Bühne war die einzige, wo der Umbau geräuschlos vor sich ging. Er hätte im Jahrhundert Flauberts leben können.

Pitoëff personifizierte die Poesie des ambulanten Theaters. »Pierrot lunaire« – »John-a-dream«, sagt Hamlet. Für Pitoëff schien das Gesetz der Schwerkraft nicht zu gelten. Die zufälligen Orte seiner Wanderfahrten übersäte er mit Kindern und Träumen. Selbst seine Vorbilder waren beflügelt: er spielte Tschechow, Shaw, Pirandello. Im Grunde war er ein elisabethanischer »strolling player«. In seinen

Anfängen war er, wie auch die anderen, von Antoine, dem Hohepriester der »tranche de vie«, »Realität des Lebens«, bekämpft worden. Dieser hatte ihn eines Abends, aufs äußerste gereizt, gefragt: »Wo haben Sie je ein Zimmer ohne Decke erlebt?« »Nun ... im Theater«, hatte Baty geantwortet.
Und schließlich Charles Dullin. Ich nenne ihn den »Gärtner«. Er roch nach der Schminke der Possenreißer aller Zeiten.
Diese Theaterbewegung, das sogenannte Cartel – hervorgegangen aus dem Vieux Colombier-Theater unter Jacques Copeau –, basierte auf wesentlichen dichterischen Vorlagen. Das Cartel hatte dem Theater seinen ehrenvollen Platz innerhalb der Künste zurückgewonnen, es hatte Traum und Wirklichkeit wieder miteinander ausgesöhnt. Eine Bewegung, die zugleich avantgardistisch und traditionsgebunden, abendländisch und universal war ... Das Cartel bekämpfte das Boulevard-Theater, das »mit der Hand in der Hosentasche«* spielte, und entdeckte seine verzweigten Bindungen zur großen Theaterüberlieferung wieder: zur Antike, zur Commedia dell'Arte, zu den Höhepunkten des spanischen und elisabethanischen Theaters, zu den Mysterienspielen des Mittelalters und auch zum exemplarischen Theater Ostasiens.
Wenn ich mir (mit meiner Vorliebe für die Karikatur, die meines Erachtens eine hohe Kunst ist) die Fünf vom Cartel in einer anderen Existenz vorstelle, dann sehe ich Copeau – den Chef – sehr gut als Kardinal mit leichtem Renaissance-Einschlag beim Vatikan; Jouvet in der NASA, wo er bestimmt irgendwelche Änderungen beim L.E.M. durchgesetzt hätte; Baty mit seiner mysteriösen Sanftmut wäre der Eingeweihte eines Geheimbunds, und Pitoëff würde ohne weiteres auf einem Bild von Chagall am Himmel schaukeln.
Was Charles Dullin anbelangt, so sehe ich ihn halb als Cowboy, halb als Gangster. Der Typ, der den ganzen Film hindurch den Bösewicht markiert und am Ende der Geschichte sein goldenes Herz offenbart.

Dullin, mein Lehrer

Dullin stammt aus einer Familie im Savoy. Er wurde in Yenne geboren, am Fuß des großen Berges, der sich überm See von Bour-

* Der Ausdruck stammt von Paul Mounet.

get erhebt und »Katzenzahn« heißt. Sein Vater, ein Anwalt oder Notar oder Friedensrichter, war ganz mit seinem Pferd verwachsen, das ihn durch Dörfer und Täler trug. Wenn man in Frankreich bei einem ländlichen Festmahl einen Toast ausbringt, ruft man:

»Auf unsere Pferde!
Auf unsere Frauen!
Und auf die, die sie besteigen!«

Charles Dullin war als letzter geboren, und er hat nie genau erfahren, ob er das achtzehnte oder einundzwanzigste Kind seiner Mutter war. Böse Zungen behaupteten, daß es in der Gegend noch viele andere gab. Vater Jacques Dullin wußte das Schwert der Gerechtigkeit schon richtig zu gebrauchen.
Dullins ältere Brüder waren knochig gebaute Kerle, richtige Gebirgler. Und Charles selbst hatte den Körperbau der großen Männer – die Beine zu lang im Verhältnis zum Körper. Schon von den Halswirbeln an krümmte sich sein Rücken wie unter einer Last – die Last aller Kinder, die der phänomenale mütterliche Uterus hatte austragen müssen. Und zum Beschluß dieser Aufgabe hatte die Mutter mit ihm noch den Besten auf die Welt gebracht.
Die Natur hatte dem Vater Dullin – zum Ausgleich für sein übermäßiges Temperament eines Hengstes – einen seltsamen Bruder beigesellt: Joseph-Elisabeth. Dieser hatte im Gegensatz zu seinen älteren Brüdern beschlossen, 1840 in Indien sein Glück zu suchen. Die Expedition war nicht über Marseille hinausgekommen, wo ihm das »schöne Leben« bereits abstoßend erschien. Joseph-Elisabeth kehrte in den Schoß der Familie zurück, um ihn nie mehr zu verlassen. Tagsüber schloß er sich ein, nur nachts ging er aus. Er besaß eine schöne Kopfstimme, aber wenn er seine Lieder sang, ließ er alle Wörter ausfallen, die sich auf die Liebe bezogen.

»Plaisier der ... hmhm ... dauert nur einen Augenblick,
Kummer der ... hmhm ... dauert ein Leben lang!«

In Wahrheit war er ein Hermaphrodit; aber er war es, der Dullin in die Welt der Poesie einführte – seine Bildung hatte keine Grenzen. Als er im Sterben lag, verlangte er ein Glas Weißwein und seine Pfeife. Er leerte das Glas, nahm einen tiefen Zug aus der Pfeife und hauchte den letzten Seufzer aus. Ähnlich wie Großvater Barrault, der auch auf Künstlerart sich empfohlen hatte.

Die ganze Familie lebte am Fuß der Berge im »Chatelard«, einem alten Besitz. Manche seiner Grundsteine stammten noch aus dem 14. Jahrhundert. Die bäuerliche Zitadelle, von vier Türmen flankiert und mit einem Wappen geschmückt. Dullin schlug es, als das Haus später verkauft wurde, mit einem Freund zusammen herunter, so daß es ins Tal rollte. In die Mauer hatte er zuvor diesen Satz eingeritzt: »Die Resignation ist die Tugend der Feiglinge.«
Dullin sprach vom Chatelard wie von einer Feenwelt voller Hexen und seltsamer Wesen, voller Teufels- und Zaubermächte.

> *»Meine theatralische Berufung«, schrieb er, »ist ganz von den Vorstellungen geprägt, die meine Kindheit erfüllt haben. Sie hat sich außerhalb meiner selbst gebildet, ich verdanke sie den Dichtern, meinem alten Onkel und Philippe, den Landstreichern, dem Landschaftscharakter und tausend und abertausend Dingen, die mit dem Theater nichts zu tun haben.«*

Ist es nicht merkwürdig, daß ich mir instinktiv als Lehrer einen Mann herausgesucht habe, der ebenfalls ein »Beauregard« gekannt hat?
Tatsächlich bestand eine seltsame Verwandtschaft zwischen uns. Auch für mich gilt, daß meine Kunst (wenn man das Wort heutzutage noch gebrauchen darf) aus Quellen, die außerhalb des Theaters liegen, beeinflußt wurde. Kunst ist eine Weise, das Leben zu erfassen und aufzuspeichern. So wie Vögel alle möglichen Zweige von überallher zusammentragen und in ihr Nest stopfen.
Charles Dullin war, wie sein Vater, eine Eiche, die im Wald allen Widerständen zum Trotz dennoch groß geworden war: Ihr knorriger Stamm war um so fester und widerstandsfähiger. Zwei Eigenschaften hatte er von seinem Vater: die Liebe zum Pferd und seine Wutanfälle. Wir nannten sie seine »foutros« – seine »Koller«. Und wie ein Vogel, der sich das Leben in sein Nest holt, so hatte er das Atelier zu seinem zweiten Chatelard gemacht. Für mich war es ein zweites Beauregard, das väterliche Haus meiner Träume. Das Leben, mein Unterbewußtsein, was weiß ich, hatten mich am Kreuzweg des Schicksals diesen Ort wählen lassen, der vielleicht auf mich wartete.
Dullin war ursprünglich Kurzwaren-Verkäufer in Lyon gewesen und hat sich dann als »Poet« auf Wanderschaft begeben. Ein Dorfzirkus engagierte ihn, er rezitierte Verse in einem Löwenkäfig. Es waren wohl alte Philosophen, diese Löwen. Und ob er Baudelaire

oder Villon vortrug, Dullin gab die Gedichte der Einfachheit halber für seine eigenen aus. Er hat sie ja auch auf seine Weise bewältigt.
Nachdem er bei Wanderbühnen gespielt hatte, ging er nach Paris. Er hatte sich in den Theatern der Randbezirke mit dem Melodrama vertraut gemacht – im Theater Grenelle, im Gobelins, im Montparnasse und im Theater Montmartre, das er später zu seinem Atelier-Theater machen sollte. Die »Ticks« des melodramatischen Stils behielt er bei, sie lagen ihm besonders. Er stampfte zum Beispiel vor jedem Auftritt in den Kulissen zweimal mit dem Absatz auf – das bedeutete für den Schauspieler der Startschuß, dem Zuschauer kündigte es das »Erscheinen« einer Person an.
Das Leben war nicht immer leicht für ihn gewesen – ein befreundeter Apotheker hatte ihn eine Zeitlang mit Absinth versorgt, ein merkwürdiges Medikament würde ich sagen. Er trat in Nachtlokalen am Montmartre auf: Im Lapin à Gil trug er Jules Laforgues ›La Complainte du pauvre jeune homme‹ vor, und ›La Ballade des pendus‹ usw.
Er stand in Beziehung zu Bonnots Anarchistenbande, war an Falschgeldgeschichten beteiligt; im »Rat mort«, einem Café an der Place Blanche, bekam er einen Messerstich in den Rücken.
Im ›Le Personnage combattant‹ von Jean Vauthier heißt es:

»Aus diesem Grund hat das Gewitter mir gehorcht, als ich es rief, hat es mir geantwortet, und ich hörte es reden.«

Alles sind Zeichen. War es das Atelier oder war ich es, der heranreifte? Habe ich nicht recht, wenn ich diesen Moment meine zweite Geburt und Dullin meinen zweiten Vater nenne?

Antonin Artaud hatte eine Zeitlang dem Ensemble Dullin angehört, er entwarf darauf ein Porträt in Form eines Gedichts. Ich zitiere es aus dem Gedächtnis, ich glaube, es lautete etwa so:

»Als der Bischof starb,
Erschien der Teufel –
Ein alter Teufel,
Der in armseligen Bordellen verkehrte,
*Wo Ziehharmonikaklänge an die Provinz erinnern . . .«**

* Dullin fürchtete Artaud. Er verstand ihn nicht zu nehmen. In einem Stück, ›Huon de Bordeaux‹, spielte Artaud die Hauptrolle, Karl den Großen. Was machte er? Er kam auf allen vieren auf die Bühne gekrochen. Mit aller Behutsamkeit versuchte Dullin ihn von dieser ausgefallenen Interpretation abzubringen »Ja, wenn Sie die Rolle wahrheitsgetreu haben wollen!« protestierte Artaud . . . Er blieb nicht lange bei Dullin.

Diese Vergangenheit verlieh ihm eine gewisse Aura, und sie blieb an ihm hängen, ohne daß man sich je über ihre Verbürgtheit den Kopf zerbrochen hätte, denn sie paßte zu ihm wie angegossen.
Die Legende wurde zur Geschichte, als Jacques Copeau ihn entdeckte und ihm 1911 die Rolle des Smerdiakow in der Bühnenfassung der ›Brüder Karamasow‹ gab. So kam er zum Vieux-Colombier und wurde ins »künstlerische Theater« eingeweiht, zusammen mit seinem jungen Kollegen Louis Jouvet, mit einer zauberhaften jungen Frau, Suzanne Bing, mit Valentine Tessier, Decroux, Jean Dasté, dessen Tochter Hélène usw.
1917 macht er sich frei.
1923 gründet er das Atelier.
1924 löst sich das Vieux-Colombier auf.
Copeau will wieder ganz von vorne anfangen, er nimmt seine jungen Schüler, die »Copiaux«, mit in die Bourgogne. Daraus entstand eine Truppe, die mich stark beeindruckt hat: die »Compagnie des Quinze«, die von Michel Saint-Denis geleitet wurde und einen jungen Hausautoren hatte, André Obey, der schnell zu größtem Ruhm gelangen sollte.
Diese Nachkriegszeit war insbesondere durch eine Rückkehr zu den Quellen gekennzeichnet. Während Mama sich nach Tournus und Copeau nach Pernand-Vergelesses flüchtet, geht Dullin mit seinen jungen Schauspielern nach Néronville. Kurze Zeit danach findet Dullin sein Chatelard in Paris: an der Place Dancourt, am Montmartre.
Die erste Zeit war heroisch-ärmlich, verrückt, besessen. Dullins Pferd war neben seiner Garderobe untergebracht. Cocteau brachte seine ›Antigone‹ zur Aufführung, gespielt von einer jungen Bühnenschönheit: Genica Athanasiou, die große Liebe Artauds. Achard, der künftige Dichter von ›Jean de la Lune‹ debütierte hier mit ›Voulez-vous jouer avec Moâ‹.
Das Ensemble schminkte sich zwischen zwei Scheffeln Hafer. Und unten in der Stadt gab es – wie es hieß – eine Gesellschaft, ein Leben, ein Land, einen Kontinent ... Aber die ganze Welt hätte einstürzen können, kein Mensch in der Truppe hätte es bemerkt. Es waren auch die sieben mageren Jahre – das Publikum war zwar treu, aber klein.
Und dann kam es zur ›Volpone‹-Aufführung. Mit ihr setzte sich das Atelier in Paris durch. Theaterbesucher, die sonst nur dem Erfolg nachliefen, bemühten sich ausnahmweise ins Atelier. Diese Glückssträhne hielt zwei Spielzeiten hindurch an. Inzwischen hatten die

treuen Anhänger ihre Gewohnheit verloren, regelmäßig das Atelier zu besuchen, und die Pariser Theaterkonsumenten warteten auf die nächste Sensation.
Das bedeutete einen Rückgang. Es kam zu einigen Veränderungen innerhalb des Ensembles, aber in der Hauptsache war es gereift und in ein vertiefteres, vielleicht nicht so spontanes Stadium der Könnerschaft eingetreten.
Zu dieser Zeit trat ich dem Theater bei, aber ich bemerkte nichts von alledem. Für mich bedeutete es jetzt das Abenteuer, Tollheit, Jugend, Leidenschaft, ein Königreich meiner Wahl, dessen König mit göttlichen Rechten mein Lehrer Charles Dullin war.
Die beiden ersten Jahre begegnete ich ihm nie ohne Erröten, Zittern und Zähneklappern. Es war mir immer ein Bedürfnis – und ist es geblieben – zu bewundern, zu lieben, zu vertrauen.
Ich machte eine ensetzliche Entdeckung: das Lampenfieber. Ich fürchtete, auf der Bühne in Ohnmacht zu fallen. Das Publikum flößte mir Ensetzen ein. In meinem Schergen-Kostüm in ›Volpone‹ fühlte ich meinen Körper auf den Umfang meiner Hellebarde zuzusammenschmelzen, die Perücke saß mir auf dem Kopf wie auf einem Besenstiel. Der Mund wurde trocken wie ein Stein, mein Herz schlug wie verrückt, und um mich herum begann sich alles zu drehen ... Vierzig Jahre ist das jetzt her, und ich gestehe, daß es noch ungefähr dasselbe ist, ich habe keine großen Fortschritte gemacht. Meine Premieren sind immer schiefgegangen. Ich spiele nur anständig, wenn ich sehr müde bin – wenn ich keine Kraft mehr fürs Lampenfieber habe, wenn ich wie im Traum bin.
Lampenfieber ist nicht einfach Angst haben. Es ist der innere Aufruhr vor dem Rendez-vous, die Besessenheit, um jeden Preis »auf der Höhe zu sein«. Sagen wir ein Minderwertigkeitskomplex, der erst bei völliger Indifferenz verschwindet. Schon oft habe ich die gleichgültigen Kollegen beneidet, allerdings nicht lange.
Wenn man vom Lampenfieber gepackt ist, weiß man nicht mehr, ob man essen oder fasten soll, ob man sich legen soll oder laufen, ob man sich »aufputschen« oder ob man schlafen soll. Sämtliche Krankheiten macht man durch: Blutandrang im Gehirn, Leberreizung, Hungergefühle, Brechreiz, Luftmangel, Schüttelfrost, Hitzewelle ... Man hat ganz einfach das Gefühl: »Das machst du zum letzten Mal mit!«
Ist man erst einmal auf der Bühne, setzt glücklicherweise eine Minute nach der Flucht nach vorne der Rausch ein. Das Radar-System funktioniert wieder, die Reaktoren arbeiten. Man schwebt über den

Wolken, fühlt sich bei hellstem Bewußtsein. Jedenfalls, wenn alles klappt und das Publikum mitgeht.

Im Atelier hatte der Unterricht Vorrang. Dullin ließ uns improvisieren, das war neu zu jener Zeit. Er lehrte uns, Empfindungen authentisch nachzuvollziehen, zu fühlen, bevor man ausdrückt. Das Entstehen von Leben, die Entdeckung des eigenen Ichs, Zorn, Freude, Traurigkeit und alle Arten von tierischen Verhaltensweisen – die Ähnlichkeit von Tieren mit Menschen und umgekehrt. Ich liebte diese Improvisationen über alles, und manchmal gelangen sie mir gut.

Madame Dullin weckte in uns die Liebe zu Claudel: zu einem fernen Botschafter, Dichter und Bühnenautor, der ›Mariä Verkündigung‹ geschrieben hatte.

Man studierte auch ein wenig die Klassiker und schwitzte bei der Gymnastik.

Sokoloff, ein persönlicher Schüler von Stanislawskij, gab uns hochinteressanten Unterricht – jedenfalls galt das für mich, vergessen wir nicht die Bedeutung der Einflüsse. Er ließ uns einen Gegenstand zuerst in objektiver, dann in subjektiver Weise betrachten. Zum Beispiel eine Streichholzschachtel. Erster Fall: Man betrachtet sie zwei bis drei Minuten lang, danach muß man sie aus der Erinnerung beschreiben. Zweiter Fall: Man wird zum Streichholz, als wäre es eine Person. Eine ausgezeichnete Methode, die dazu verhilft, von der analytischen Einstellung in eine autosuggestive zu gelangen.

Die Theorien, die Charles Dullin vertrat, waren, das muß man zugeben, nicht sehr festumrissen. Er war viel zu sehr Poet und Künstler, um Sklave von Ideen zu sein, ganz und gar kein Intellektueller. Auch hier klappte das Spiel der Einflüsse auf Anhieb.

Wenn die Kasse voll war, plädierte er für große Ausstattung; war sie leer, gab es nichts Wahreres als die Reinheit des leeren Bühnenraums! Er praktizierte Stanislawskij und predigte Meyerhold. Für den letzteren hätte ich eine Schwäche entwickeln können, wenn ich ihm begegnet wäre. Allein schon der Satz von ihm gibt zu denken: »Nur über den Bereich des Sports kann man in den Bereich des Theaters gelangen.«

Später sollte ich mit jeder Faser meines Wesens der Definition beipflichten, die Artaud vom Schauspieler gibt: »Der Schauspieler ist ein Gefühls-Athlet.« Hier entsprachen der empfangene Einfluß und meine angeborene Begabung einander, es war wie ein Blitzschlag.

Dullins Unterricht war nicht vom Verstand bestimmt, und aus diesem Grund nannte ich ihn »den Gärtner«. Er war ein Menschengärtner. Der große Nô-Meister im Japan des 16. Jahrhunderts, Zeami, muß einer gewesen sein. Niemand wußte besser als er, wie man umtopft, beschneidet, stutzt, in Humus umsetzt, pfropft und »die Blüte«* eines jungen Mannes oder Mädchens zum Aufbrechen bringt; wie man die Frucht begünstigt, begießt, schüttelt, zur Entfaltung bringt und ein junges Menschenwesen beschützt und quält. All dies geschah aus Instinkt, durch Osmose, basierte auf Erfahrung – aus einer Folge von großen Schmerzen und kleinen Freuden.
Dullin besaß unter anderen Gaben die seltenste: eine täglich neue Jungfräulichkeit. Jeden Morgen schien er alles vergessen zu haben und das Leben zum ersten Mal zu empfinden. Das ist das Kostbarste, was ich von ihm bewahrt habe. Wirklich begeisternde Augenblicke waren die Proben mit ihm. Mit dem Ausdruck eines Marders rieb er sich die Nase mit den langen Fingern, bewegte sich von einem Bein auf das andere, und in listigem Ton sagte er:
»Verstehst du ... deine Person ... ist, na, sagen wir ... du siehst ... vor allem gerade in diesem Moment ... da wird sie ... verstehst du? Ja, genau, ja ... aber jetzt HUNDERTPROZENTIG!«
Und das Wunder war, daß man verstand, was er meinte! Er hat es uns nicht gesagt, er hat es uns vermittelt.

Decroux

Unter den Schauspielern des Atelier traf man auf ganz unterschiedliche Temperamente. Dank Dullin gelangten alle zu einer gewissen Einheitlichkeit, aber manche waren nonchalant, andere spielten gern Karten oder erzählten ihre Erinnerungen von Gastspielreisen, die einen liebten ihr Zuhause, andere gingen einen trinken. Wir hatten sogar einen Gewerkschaftler unter uns, ein seltener Vogel zu jener Zeit, jedenfalls unvorstellbar in dieser pro-anarchistischen Bohème-Höhle. Er war allerdings auch der Schauspieler, der oft die Rollen der Maulhelden spielte ...
Einer unter ihnen stilisierte seine Rollen bis zum Extrem und spielte sie fast tanzend. Er hieß Etienne Decroux. Der hatte eine Menge Ideen und suchte Gesinnungsgenossen. Gleich beim ersten Kontakt war ich sein Mann. Zumindest sein Zögling.

* So nannte man in Japan die dem jungen Schauspieler innewohnenden Begabungen.

Decroux hatte am Vieux-Colombier-Theater begonnen. Angeregt von Suzanne Bing begann er, sich für die Schulung des körperlichen Ausdrucks zu interessieren. Er gab mir meine ersten Lektionen. Wir wurden schnell dicke Freunde. – Ich war begabt. Wenn Begabung ein Geschenk des Himmels ist, verdient oder nicht verdient, dann will ich ein einziges Mal in meinem Leben zugeben, daß ich die Begabung besitze, mich mit meinem Körper auszudrükken. Deshalb hat sich Decroux auch auf mich gestürzt, sich für mich und später gegen mich eingesetzt. Er hat mir wohl nicht verziehen, daß ich Fähigkeiten vernachlässigte, die ich in seinen Augen nicht verdiente.

Bald waren wir zwei Komplicen auf der Suche nach dem neuen Mimen. Decroux ist der Forscher. Er besitzt das Genie, die richtige Auslese zu treffen. Nichts läßt er durchgehen. Ich improvisierte vor ihm – er wählte aus, klassifizierte, akzeptierte, verwarf. Dann fingen wir wieder von vorne an. So hat uns zum Beispiel das berühmte Gehen auf der Stelle drei Wochen Arbeit gekostet: aus dem Gleichgewicht kommen, Gegengewicht, Atmung, Isolierung von Energie ... Durch ihn entdeckte ich die grenzenlose Welt der Muskeln im menschlichen Körper. Ihre Nuancen. Ihre Alchimie.

Wir begannen ein neues Noten-Abc für die Kunst der Geste zu kodifizieren. Wir bestimmten den Unterschied zwischen der stummen Pantomime und dem schweigenden Mimen. Es war eine geniale und verrückte Zeit. Wir waren Nudisten und Vegetarier. Nudisten aus religiösem Gefühl für den Muskel. Vegetarier, muß ich sagen, eher unfreiwillig. Ein Paket Rosinen oder Feigen enthält ebenso viel Kalorien wie ein Steak. Ein Hering kostete nur 0,95 Franc. Wir berechneten unsere Mahlzeiten genau auf den Centime und legten 40 Centimes für den Kaffee beiseite; im ganzen 4,40 Francs. Wir berauschten uns vor allem an unserem eigenen Körper. Gleichgewichtsübungen, Verlangsamungen, Anspannung – Entspannung – Lockern, Ziehen und Stoßen, die ganze Tonleiter. Wir hätten gerne die unpersönliche Maske erfunden – die ausdruckslose Maske. Das ist uns nicht gelungen. Wir fabrizierten eigenhändig unsere Mini-Slips, sie sollten das Geschlechtsteil zusammenhalten und die Bauchmuskeln bis zum Ansatz der Schamhaare freilassen. Objektiver Mime, subjektiver Mime – die Wände des Atelier erbebten unter unseren Sprüngen. Ab und zu kam ein verärgerter Kollege hereingebraust – wir hatten ihn beim Kartenspiel gestört. »Wenn ihr Tänzer werden wollt, schiebt gefälligst ab, woandershin« usw. Im Namen des Theatergottes ertrugen wir alle Beleidigungen mit der Geduld der ersten Christen. Gewisse »Pharisäer« verspotteten uns mit leicht verächtlicher Herablassung. Dullin ermunterte uns, stand aber sogleich auf Seiten der Skeptiker. Ecce homo. Er wollte keine Zwietracht in seiner Truppe, er hatte genug andere Sorgen. Nach zwei Jahren führten wir ihm einen Zweikampf vor. Diesmal war er bekehrt: Seines Erachtens hatten zwei Franzosen die technische Perfektion der japanischen Schauspieler erlangt.

Decroux' Genie liegt in seiner Unerbittlichkeit. Aber diese Strenge wurde schließlich zu einem Zwang. Manchmal sogar komisch. Ich erinnere mich an eine Vorstellung in Paris. Mitten in unserer Nummer verliert Decroux das Gleichgewicht. Er unterbricht, entschuldigt sich und beginnt noch mal von vorne. Die Leute fangen an zu lachen. Da unterbricht er sich von neuem, geht an die Rampe und wirft ihnen vor, sie seien zu dumm, um auch nur eine Ahnung vom künstlerischen Leiden zu haben usw. Auf die Dauer wollte er überhaupt nur noch vor zwei oder drei Personen spielen. Wenn es darüber hinausging, seien die Leute keines eigenen Urteils mehr fähig. – Er entwickelte sich zwangsläufig zur, wie er es nannte, »statuarischen Pantomime«.

Mein Temperament war unbelasteter: »nuttenhaft« warf er mir vor. Ich trachtete nach nichts anderem, als vor möglichst vielen zu spielen, und weit davon entfernt, meine Fehler zu zeigen, versuchte ich, sie zu verbergen. Später hat er mich dann mit seinem Fluch belegt. Was ich machte, »ließ keine Arbeit mehr verspüren«. Das war genau, was ich anstrebte – und er hat es mir nie vergeben. Ich bedaure es, weil damit auch unsere Verbindung ein Ende nahm.

Zwei- oder dreimal haben wir uns im Leben noch wiedergesehen, es waren jedesmal aufs neue herrliche Augenblicke. Aber sein Starrsinn lehnte es ab, sich anzupassen. Das trübt jedoch keineswegs die außergewöhnlichen Erinnerungen an die zwei verlebten Jahre mit ihm, seiner Frau und seinem kleinen Sohn Edouard. Decroux nannte seinen Jungen, der splitterfasernackt in den Gängen des Ateliers herumsprang, Maximilien – Robespierre zu Ehren. Jahre absoluter Freude – unauslöschlichen Gelächters – verwirklichten Traums! Ich sehe ihn noch, wie er sich bei meiner Mutter bedankt, daß sie mich auf die Welt gesetzt hat – und wie er mir ein paar Minuten später die schlimmsten Dinge sagt.

»Ich betrachte dich als erledigt«, schrieb er mir schließlich. »Wichtig ist 1., daß du zugibst, deine Zeit vertan zu haben, 2. daß du deinen Umgang von Grund auf änderst, 3. daß du bis auf weiteres darauf verzichtest, zu spielen sowie dich auf die Rolle des »Großen Mannes« vorzubereiten usw.« Es war ein dicker Brief. Als hätte ich mit ihm einen Pakt geschlossen und ihm meine Seele überlassen. Wer war schuld? Wer hatte recht? Schade!

Seit jener Zeit ist mein Körper zum Gesicht geworden. Ich schaue mit der Brust, ich atme da, wo der Nabel sitzt, und mein Geschlecht ist mein Mund. Wenn ich ein Beispiel in der Malerei dafür anführen sollte, würde ich das Bild von Magritte wählen, das, glaube ich, den Titel ›Die Vergewaltigung‹ trägt.

Meine Arbeit im Atelier-Theater

Bei Dullin habe ich fast nichts gespielt. Aber alles diente mir zu lernen. Bei gegebener Gelegenheit tauchte ich wie ein Karpfen an die Oberfläche und schnappte nach Mücken und Brot.

Nach ›Volpone‹ machte ich den Regen in ›Il faut qu'une porte soit ouverte ou fermée‹ von Musset – ich rieb mit einer Wurzelbürste auf der Rückseite einer Leinwand oder ließ Erbsen in einem Tambourin tanzen. In ›La Volupté de l'honneur‹ von Pirandello endet der zweite Akt mit dem Auftritt des Notars, gefolgt von seinen drei Schreibern – ich war der dritte. Jedesmal fiel der Vorhang gerade in dem Augenblick, wo ich die Bühne betrat. Ich nutzte das, um mich in der Kunst der Maske zu üben.

»Darf ich mir – da man mich doch nie sieht – jeden Abend ein anderes Gesicht schminken?«

Dullin erlaubte es, und jeden Abend kam ich, zwei Stunden bevor der Vorhang aufging, und verwandelte mich mit Hilfe von Pinsel, Kollodium und Nasenknetstoff in einen Greis, in einen Pausbäckigen oder in ein Skelett. Dullin amüsierte das.

Trotzdem war ich eine ganze Zeitlang sein Sündenbock, jeder Fehler, der passierte, wurde mir angelastet. Schließlich reichten die Kollegen sogar eine Petition zu meinen Gunsten ein. Es schien, als wollte Dullin die Leistungsfähigkeit eines Dampfkessels ausprobieren. Eines Abends begegne ich ihm auf der Straße, und ich wage, mich ihm zu nähern, um ihm mein Leid zu klagen.

»Du willst es zu gut machen, darum machst du es schlecht.«

Immer diese Indifferenz, die ich mir nicht aneignen konnte . . .

Zwei Wochen lang war ich Inspizient: eine Katastrophe. Wenn die elektrische Klingel nicht ging, machte ich »ding« mit dem Mund, und das Publikum bog sich vor Lachen. Ich ließ den Vorhang hochgehen, bevor die Pause zu Ende war . . .

Dullin beauftragte Decroux, für mehr Disziplin zu sorgen und für alle »die Schraube fester anzuziehen«. Ergebnis: Am nächsten Morgen stand M. Charles Dullin am schwarzen Brett wegen fünf Minuten Verspätung bei den Proben!
Decroux wurde durch den Gewerkschaftler ersetzt. Als dieser erfuhr, daß ich im Theater schlief, wollte er mich daran hindern. Dullin, empört darüber, sagte ihm vor allen anderen, er verdiene es, verhauen zu werden. Daraufhin verließ er das Theater. Solche Zustände herrschten am Atelier. Der frühverstorbene Tänzer Pomiès trainierte in Unterwäsche, in einer Ecke übte der Trommler seine Bässe. Hunde bellten, das Pferd wieherte, die Schüler stürmten über die Treppen ... es war wundervoll!
Mit jedem neuen Stück begann eine Krisenperiode. Ganze Nächte wurden mit Beleuchtungsproben zugebracht. Ich posierte als Freiwilliger für den Scheinwerfertest und stand stocksteif auf der Bühne herum, damit Dullin sich ein Urteil bilden konnte. Auf diese Weise habe ich selbst gelernt, die Beleuchtung einzurichten.
Dann kam die große Verzweiflung. Die »foutros« von Dullin.
»Ich bin ein entehrter Mann, das ist ganz einfach, wir schließen das Atelier! Ich werde mit meinen eigenen Händen arbeiten – ich gehe zur Synchronisation!«
Zur Jahreswende feierten wir die Silvesternacht zusammen – wir schoben die Kulissen zurück und deckten eine lange Tafel auf der Bühne. Dann gingen wir, vom Wein animiert, zu Spielen und Improvisationen über. Zwei von uns konnten Dullin nachahmen: mein Kamerad Higonenc und ich. Einmal spielten wir vor ihm »Dullin inszeniert Dullin«. Higonenc war Volpone und ich der Regisseur Dullin. Die Ausrufe »Na, aber jetzt HUNDERTPROZENTIG!« wechselten mit »Ich bin ein entehrter Mann!«
Dullin hatte großen Spaß an dieser Satire, er lachte Tränen dabei. Einige Tage später: neues Stück, neue Verzweiflung. Dullin wußte dieses Mal aber, daß wir schon auf seinen »foutro« lauerten:
»Ich weiß, ich mache mich lächerlich«, begann er in aller Ruhe, »wenn ich mich so in meine Verzweiflung hineinsteigere. Aber trotzdem ... morgen ... fallen wir durch ... wir werden von sämtlichen Zeitungen zerrissen ... O! diesmal sage ich kein Wort! ... ABER ICH JAGE MIR EINE KUGEL IN DEN KOPF!«
Allgemeines Gelächter. Er ging Luft schöpfen auf der Place Dancourt und schlug mit den Fäusten und Füßen gegen die Baumstämme, wobei sich seine Nüstern blähten. Er hatte etwas von einem Pferd an sich – er schlug aus.

Ich habe ihn übrigens nie bei etwas Vulgärem ertappt – Worte haben nichts mit einer ungeschliffenen Natur zu tun. Dullin war äußerst feinfühlig, besonders mit Frauen. Nie kam etwas über seine Lippen, das jemanden in Verlegenheit hätte bringen können. Liebesszenen inszenierte er mit besonderem Zartgefühl. Einmal probte er mit einer jungen Liebhaberin, die von ihrer Liebesszene nicht sehr berührt zu sein schien:
»Merkwürdig – er umarmt dich, du liebst ihn, ihr liegt auf dem Bett, du reagierst auf ihn und ziehst ihn an dich ... und trotzdem bleibst du trocken ... eh ... eh ... (und mit dem zartesten Ton seiner Stimme und dem sanftesten Blick fügte er hinzu): Darfst nicht trocken sein!«

Das Bett Volpones

Hier lag er im Bette
Und hatte den Kopf voller Pläne (Homer).

Da ich fünfzehn Francs pro Tag verdiente und wir außerdem keine Gage bekommen hatten, gab ich jede Unterkunft auf und schlief, mit dem Einverständnis meines Meisters, im Theater.
Eines Abends kam mir nach der Vorstellung von ›Volpone‹ (das Bett aus dem fünften Akt blieb auf der Bühne) der Einfall, in Volpones Bett zu schlafen ...
Alle sind fortgegangen, der Hausmeister hat die Türen abgeschlossen. Ich bin allein in dem Gebäude. Ich schleiche mich auf die Bühne, finde in der Inspizientengarderobe einen Kerzenstummel, zünde ihn an und ziehe alle Vorhänge des kleinen Bettes auf; Barsacq, damals blutjunger Bühnenbildner, hatte es seiner verflixten Perspektive wegen nur 1,40 Meter lang entworfen. Ich lege mich hin.
Die Bühne liegt in tiefer Stille, der Schnürboden hängt übervoll mit Vorhängen. Wie gespenstische Schatten stehen die Elemente der Dekoration um mich herum. Da kommt mir die Idee, den großen Bühnenvorhang aufzuziehen. Ich möchte den Zuschauerraum nahe fühlen, den von Sitzen bevölkerten Saal, als wäre ein Publikum da unten.
Ich ziehe den Vorhang auf, wie man etwas Verbotenes tut. Ich mache ein paar Schritte auf den Brettern, die mir vorhin noch solche Angst eingeflößt haben. Einen Augenblick bleibe ich unbeweglich

vorne an der Rampe stehen. Die Stille des Theaters überkommt mich. Ich bin wie von Eisblöcken eingeschlossen – Rauhreif legt sich um mich und über mich. Bald bin ich zugedeckt von einer Decke des Schweigens.
Ich verkrieche mich im Bett des Volpone ... und träume.
Jeder Sitz da unten könnte jetzt sein Eigenleben haben, manche knistern übrigens. Sie träumen wie ich. Was haben sie nicht alles gesehen, diese Sitze! Neulich hat man – als man einen in den vorderen Reihen abbaute, um eine Auftrittsmöglichkeit zu schaffen, einen Liebesbrief von 1840 zwischen Holz und Wand gefunden.
Ein altes Theater am Stadtrand ... Das Leben der fahrenden Schauspieler, wie es Dullin gekannt hat ... Hier verwirklicht sich mein Kindheitstraum: Ich lebe, ich vermähle mich in diesem Augenblick mit dem Leben des Theaters. Und ich begreife in dieser Nacht der Einweihung, daß das ganze Problem des Theatermachens darin besteht, diese Stille erbeben zu lassen. Dieses Schweigen aufzutauen. Zum Ursprung zurückzukehren. Wenn der Strom sich ins Meer ergießt, stirbt er; seine Mündung ist der Sitz seiner Krankheit ... Man muß gegen den Strom anschwimmen, um zu seinen Quellen, zu seiner Geburt, seinem Wesen vorzustoßen ...
Kunst: Herausforderung an den Tod.
Diese vom Knistern bewohnte Stille um meine magische Geborgenheit, um diese Einfriedung, in der ich nur noch die Geräusche des eigenen Körpers vernahm – meines »lichtvollen« Körpers, wie Pythagoras sagt –, sollte mich nie mehr loslassen; ich sehe mich immer noch, wie ich in das Bett des Volpone geschmiegt, meine erste Liebesnacht an der Quelle meiner Kunst erlebte ...
Seitdem war ich unaufhörlich auf der Suche nach dieser Stille, und zuweilen habe ich sie wiedergefunden, doch mitten auf einer in gleißende Scheinwerfer getauchten Bühne, während einer hochdramatischen Szene und vor, oder besonders inmitten von tausend Personen, tausend aufmerksamen, offenen Menschenherzen, die diesen Moment mit mir teilten.
Ich glaube, daß ich diese wundervolle Empfindung am intensivsten während des Hamlet-Monologs »Sein oder Nichtsein« gehabt habe.
Wenn tausend Herzen im selben Rhythmus schlagen und meines in ihrem Rhythmus; wenn wir alle nur noch ein einziges bilden: Ich darf sagen, daß ich weiß, was Menschenliebe ist, die Liebe einer Gruppe von Menschen, von Menschen untereinander. Und so, wie wir manchmal in gewissen Höhepunkten der Liebe den wunderbaren Augenblick des Zerrissenwerdens hinauszögern möchten, so

möchte ich auch manchmal diesen Augenblick hinauszögern: Ich schweige, atme nicht mehr, wir alle atmen nicht mehr. Wir pulsieren im Unbewegten; wir finden jene außergewöhnliche Stille wieder, diese bewegte Stille, welche uns allein das körperliche Erlebnis von Gegenwart vermitteln kann.

Bei der Armee

Dieser Beginn einer Initiation wurde – leider! – durch meinen Militärdienst unterbrochen. Da ich dem Bezirkskommando von Mâcon unterstand, wurde ich als Zugführer zu der »8. Feldzeugtruppe« in Dijon eingezogen, meine Kameraden waren junge Weinbauern aus der Gegend.

Erster Irrtum: Ich hatte Lautréamont und Rimbaud eingepackt. Es war nicht der einzige. Zur Strafe wurde ich kahl rasiert. Seitdem kräuseln sich meine Haare – aus Protest. Im Grunde war es ein banales Jahr, für mich war es grauenhaft. Die freiwillige Enthaltsamkeit (ich wollte treu bleiben), Kaffee in großen Mengen, meine wenig geeignete Lektüre und eine überquellende romantische Einbildungskraft trieben mich zu den schlimmsten Extravaganzen. Und was schlimmer war: Dummheit und physischer und moralischer Dreck machten mich nachgerade wild.

»Abschlußzeugnis?«

»Nein, aber ...«

»Maul halten! Man hat Ihnen eine Frage gestellt. Wissense was 'ne Frage ist? Abschlußzeugnis?«

»Nein, aber ...«

»Maul halten. Zum Analphabeten-Examen.«

»Aber Herr Feldwebel ...«

»Der nächste, der ist wirklich zu blöd.«

Am nächsten Tag sitze ich mit den »Analphabeten« auf der Schulbank; ein Leutnant bemerkt meine Handschrift und entläßt mich.

Das Jarry-Stück, das ich letztes Jahr inszenierte, ist ein wenig in Erinnerung »daran« entstanden:

»Soldaten!
Vergeßt nicht, daß ihr beim Militär seid
Und daß das Militär die besten Soldaten hat ...
Um voranzugehen auf dem Weg zu Ehre und Sieg,

Verlagert das Gewicht des Körpers auf das rechte Bein
Und macht euch auf dem linken flugs davon.«

In der Kantine fischten wir mit einer großen Kelle einen alten Putzlumpen aus der Suppe, vom Blumenkohl lösten wir dicke, gekochte Schnecken ab, ihr weißlicher Saft schwamm im Eßgeschirr. Ein Mann, der vor Ekel sieben Pernods hintereinander trank, wurde zusammengeschlagen. Er war einfach verrückt geworden.

Solang man nicht Soldat war, ist man noch kein Mann.

Aha, das also nennt ihr »Männer«? Beißender Geruch der Schlafsäle, Ausdünstung von Füßen, saurem Atem, ungewaschenen Schwänzen, grauem Belag in den Achselhöhlen, Wettbewerb im Masturbieren, wer ejakuliert am weitesten, das ist die Schule des Lebens? Eine Schweine-Menschheit ist das, jawohl!
Gewisse Offiziere versuchten, mich zu zähmen.
»Hören Sie mal, vom Theater sind Sie es doch gewöhnt, in der Truppe zu leben!«
»Herr Hauptmann, ich zwinge Sie aber nicht, am Châtelet in der Statisterie mitzumachen!«
Wenn ich einige Stunden frei hatte, rannte ich in die Natur und warf mich mit nacktem Oberkörper in die Dornen, bis ich blutete. Ich war wie losgelassen, meine Verhaltensweise konnte nicht mehr als innerhalb der Grenzen des Normalen bezeichnet werden, und ich tat von nun an nichts, um das zu verhindern. Ich hatte meine bestimmten Absichten. Der Arzt von der Krankenstation gab mir schließlich drei Wochen Erholungsurlaub wegen »geistiger Insuffizienz«. Das war besser als nichts. Aber ich mußte wieder zurück.
Ich hatte ständig mit Tosi korrespondiert, mit meinem Kollegen vom Collège Chaptal, der Italienischlehrer in Nîmes geworden war. Ich riß aus und fuhr für drei Tage zu ihm. Diese kurzfristige Desertion hatte keine zu schwerwiegenden Folgen – ich hatte die Sache schlau eingefädelt.
Wir strolchten durch die »Garigue«, besichtigten die antiken Monumente; in Arles lasen wir Theokrit neben den Sarkophagen der Alyscamps. Mit Guy Tosi hatte ich ein einzigartiges Verhältnis. Ich würde, um ein Bild von uns beiden damals zu geben, zwei Parallelen zeichnen. Unsere Empfindungen stimmten in jedem Augenblick überein. Wir gingen Seite an Seite und hielten zur gleichen Zeit an. Wir sprachen im selben Moment, überrascht von den glei-

chen Dingen. Unsere Freundschaft war absolut, ohne Hintergedanken. Ein seltener, erstaunlicher Fall: Während dieser kurzen Zeit müssen sich unsere Zellstrukturen in der gleichen Phase befunden haben. Wie zwei Meteore, die jeder verschiedene Bahnen verfolgen und die plötzlich für einige Augenblicke nebeneinander dahinziehen.
Danach hat das Leben uns getrennt; in Abständen sahen wir uns wieder, und jedes Mal war es derselbe Gleichklang.
In Nîmes entdeckte ich also, was es bedeutet, einen Freund zu haben. Die gleiche Übereinstimmung habe ich seither mit Labisse erlebt, von unserer ersten Begegnung an; ebenso mit Robert Desnos, als wir durch die Straßen im Marais strichen oder durch den Wald von Compiègne. Und immer mit André Masson, mit Pierre Delbée und zwei oder drei anderen.
Freundschaft ist als Phänomen der Liebe vergleichbar. Man schmiedet sie nicht, man begegnet ihr. Aber während uns die Liebe zur Vereinigung drängt, besitzt die Freundschaft das Genie der Kommunikation und des Austauschs. Mit Frauen kann eine solche Kommunikation ebenfalls bestehen, aber es ist doch unvermeidlich, daß sich ein weiteres, unklares Element dazwischenmengt, und das ist nur natürlich. Unter Männern ist alles unerhört durchsichtig: ein kristallenes Blau, ohne Geschichten.

Rückkehr zum Atelier

Mit dem Tag meiner Entlassung löste sich der Alptraum schlagartig in nichts auf. Ich kehrte zum Atelier zurück, als sei ich gestern fortgegangen. Aber ich merkte, daß ich mich verändert hatte. Ich war »groß geworden«. In einer Nacht? Wie Alice im Wunderland? Alles, was ich vorher wahllos in mich aufgenommen hatte, war jetzt abgeklärt und geordnet, ich weiß nicht wieso, es geschah instinktiv. Ich fühlte mich ausgewogener und gefestigt.
Dullin inszenierte ›Richard III.‹. Ich bekam drei kleine Rollen darin und den Auftrag, die Schlachten-Szene zu regeln. Die »Compagnie des Quinze«, die ich so sehr bewundert habe – in ›Der Schleier der Lukretia‹, ›Noah‹ und ›Die Marneschlacht‹* –, hatte sich aufgelöst. André Obey machte jetzt für uns die Shakespeare-Bearbeitung. Die Tochter von Copeau, Marie-Hélène Dasté spielte Lady

* Alle von André Obey (Anm. d. Ü.).

Anne und entwarf die Kostüme. Die Begegnung mit ihr bedeutete mir viel. Maiène (Abkürzung von Marie-Hélène) war schön, rein und weiblich zugleich. Eine große, vornehme Statue, doch voller Wärme. In meinen Augen wurde sie ein Symbol des goldenen Zeitalters, des Cartels und des Vieux-Colombier. Ich empfand für sie eine Zuneigung voller Respekt und Schüchternheit. »Eine Schwester, für die ich mir den Inzest versagte.« Im übrigen hatte sie ihr eigenes Leben, unsere Maiène hatte sich um ihre persönliche kleine Welt zu kümmern.

Richard III. war ein großer Erfolg, und eine Zeitlang konnte man über den Einnahmen die Ärmlichkeit der Ausstattung vergessen.

Noch ein weiterer bezeichnender Zug an Dullin: Er pflegte sich, wie gesagt, vor dem Auftritt in den Kulissen in Stimmung zu bringen, indem er mit den Fersen aufstampfte. Wenn er die Bühne im Zorn zu betreten hatte, suchte er vorher mit irgend jemand Streit, mit dem Inspizienten, einem Statisten, mit mir, wenn ich ihm über den Weg lief. Eines Abends fand sich einfach keine Gelegenheit. Wahrscheinlich hatte er mich nirgends gesehen. Wie gewöhnlich schnaubte er durch die Nasenlöcher und suchte seine Beute, egal wen oder was, und da stolperte er über ein Loch im Vorhang. Wozu gleich gesagt werden muß, daß die Vorhänge überall löcherig waren wie Siebe.

»Wer hat das gemacht?« wütet er mit halblauter Stimme. »Ah, meine Vorhänge! Ich bin erledigt! Ich bin am Ende, verraten, verhöhnt. Also, wer hat nun diese Vorhänge zerrissen?«

Sein Zorn schwoll an, er schnaubte immer heftiger, bis er den erhabenen Satz aussprach: »Da plagt man sich ein Leben lang, um es dahin zu bringen!«

Zweimal aufstampfen und schon steht er im Rampenlicht.

6. Februar 1934 – Revolution in Paris. Das Atelier hat nicht geschlossen. Im Zuschauersaal sitzen ungefähr zehn Personen. Dullin – als Richard III. noch stärker gebeugt – sieht durch das Loch im Vorhang, und wir hören ihn murmeln:

»Eigentlich bin ich es ja gewohnt, eher vor so einem Saal zu spielen als vor einem vollen.«

Dann ruft er uns zusammen und ermahnt uns, nur an die Leute zu denken, die kamen – nicht an die leeren Sitze. Nie hat er besser gespielt als an diesem Abend.

Von Tag zu Tag fühlte ich meine junge Männlichkeit wachsen: Ich warf bedeutungsvolle Blicke um mich, trug die Haare wirr und staffierte mich mit gekonnter Nachlässigkeit heraus; mein Gang war der eines Raubtieres, halb Puma, halb Wolf. Die Esoterik des Orients, die junge amerikanische Literatur, bestimmte skandinavische Autoren – das alles reizte mich. Der Umkreis der mich bestimmenden Einflüsse erweiterte sich.

Was das Privatleben betrifft, so hatte ich eine neue Liebe: ein junges kanadisches Mädchen aus Toronto. Sie behauptete, Indianerblut zu haben. Sie hatte in der Tat Schlitzaugen und betonte Backenknochen, und ihre Fußzehen waren so regelmäßig wie die der Statuetten. Wir lebten ein Jahr zusammen. Zum ersten Mal schlief ich in den Armen einer Frau. Das Leben zu zweit gefiel mir. Nach einem Jahr betrog sie mich.

Rekonstruieren wir das »Bühnenbild« dieser sentimentalen Tragödie. Jacques Copeau war nach zehnjähriger Isolierung zu Dullin gestoßen und inszenierte ›Wie es euch gefällt‹ von Shakespeare.* Ich spielte, wie gewöhnlich, mehrere kleine Rollen. Unter anderen den Hymen am Schluß.

Meine »Vielgeliebte« hatte in die Provence verreisen müssen. Wir schrieben uns täglich. Sie sollte bis zu einem bestimmten Datum zurücksein. An besagtem Tag: kein Mensch! Am nächsten Tag: keinerlei Nachricht. Ich war wie betrunken. Auch am dritten Tag: nichts. Ich bekam Halluzinationen. Am fünften Tag abends zu Beginn der Vorstellung tuschelten die Kollegen neben mir. Und gerade wie das Licht ausgeht, sagt einer zu mir:

»Hast du die gesehen?«

». . .«

»Sie sitzt im Parkett, neben ihrem Mann.«

Ich nahm mich vielleicht gut aus in meinem Hymen-Kostüm! Trotz der blendenden Scheinwerfer erspähte ich sie tatsächlich neben einem Wesen, das mir wie der letzte Meteke vorkam. Dabei war es ein Engländer! Egal, ein ekelhafter Meteke! Es war mein erster Liebeskummer.

Später bat sie mich dann, ihr bei der Scheidung zu helfen. Ich sagte zu. So kam ich zum ersten Mal nach London ... zur Tatbestandsaufnahme des Ehebruchs. Ich kehrte aber allein zurück. Ich hatte mir die Finger genug verbrannt.

* Er hat mein Interesse für das Spiel mit den Größenverhältnissen geweckt. Ein Beispiel: Ein kleiner flacher Stein aus seinem Garten in Pernand mit etwas Gras darum wird vergrößert, zum Bühnenelement, auf dem er das Stück samt Palast und Wald inszenieren kann. So entdeckte ich mit Vergnügen, wie man auf dem Theater mit menschlichen Maßstäben spielen kann. Ein Bühnenelement in ›Mademoiselle Molière‹ von Anouilh diente in einer Szene im Freien als Flügeltor und, sobald es umgedreht war, als Kamin in einem Wirtshaussaal usw.

Copeau war der große Chef. Sogar Dullin zitterte wie ein Hund vor dem Herrn, der ihn dressiert hat, wenn Copeau im Zuschauerraum saß. Er hatte so eine Art, einen im Nacken zu packen und mit zärtlichen Stößen den Kopf gegen seine Brust zu legen ... als sollte man Christi Füße küssen. Das ging mir auf die Nerven. Dennoch, wir verehrten ihn, er schien alle Schlüssel zu unseren Mysterien zu besitzen, Intelligenz, Sensibilität, Seherkraft.
Wenn ich ihn manchmal als ›Jacques der Melancholiker‹ parodierte (»Ein Herrückter – Verrückter –! ich sah einen Herrückten im Hald« usw.), nahm er es längst nicht so gut auf wie Dullin seinen persiflierten ›Volpone‹. All die Hindernisse, über die man im Theater stolpert, faßte er als persönliche Beleidigung auf. Daß man sich das mit ihm erlaubte!
Der Schauspieler, der die große Rolle des Clowns spielte, Pierre de Touche, reicht seine Kündigung ein. Copeau glaubt es ihm nicht. Die Zeit vergeht. Der Schauspieler erinnert daran, daß er in zwei Tagen abgehen muß. Nichts ist vorgesehen. Was tun? Schüchtern gebe ich der Dramaturgie bekannt, daß ich die Rolle auswendig kann. Es vergehen Stunden. Am nächsten Tag, also einen Tag bevor die Rolle übernommen werden muß, heißt es:
»Der Chef will dich sprechen.«
Ich gehe in sein Büro. Copeau trägt sein Märtyrergesicht. Wie gewöhnlich rollt er die Zunge im Mund, als wollte er die Lippen von den Zähnen lösen. Dann sagt er mit traurig warmer Stimme:
»Ich höre, du kannst die Rolle?«
»Chef, eh ... nun, wenn ich mich die ganze Nacht dranmache, glaub' ich schon, daß ...«
Er nimmt das Textbuch, reicht es mir, wie man sich von einem alten Freund trennt, und sagt:
»In Gottes Namen!«
Ich studierte die ganze Nacht hindurch mit Tania Balachova meinen Text und spielte am nächsten Abend den Probstein. Meine Partnerin war Raymone, die Frau von Cendrars.
Copeau war nicht zur Vorstellung gekommen. Weil er mich nicht einschüchtern wollte? Oder aus Verachtung? Es hat mir weh getan ... Und trotzdem mochte er mich sehr und ich ihn nicht weniger. Copeau war für uns der Vater des modernen Theaters. Und ich folgerte daraus, daß im Leben alles von Wert sein kann, selbst die psychologischen Fehler des »Chefs«.

Wenn ich vorher sagte, daß die Tugenden eines Lehrers vor allem in seinen Schülern zu finden sind, so muß ich allerdings zugeben, daß die Lehrer es einem manchmal nicht leicht machen. Die Unverschämtheit der Schüler resultiert gelegentlich aus der Überheblichkeit des Lehrers.

»Es gibt zwei Sorten Ignoranten«, sagt mein Freund Jarry, »die unwissenden Ignoranten und die spezialisierten Ignoranten, die letzteren nennen sich Gelehrte.«

Die Unwissenheit der Lehrer unterscheidet sich nur in ein wenig Spezialisierung von der der Schüler. Mit anderen Worten, der ganze Unterschied liegt in ein paar Lebensjahren. Kein Grund, weder für die einen noch für die anderen, sich zu verachten oder zu rühmen. Würde man als ersten Lehrstoff den menschlichen Respekt auf den Lehrplan setzen, wäre der Generationenkonflikt häufig schon geschlichtet. Dazu noch eine Anekdote:

Wir sind auf dem Konservatorium in der Klasse für Schauspielunterricht unter Professor Louis Jouvet ... Ein junger Student mit Namen François Périer (einer der besten französischen Schauspieler) spielt eine Szene aus ›Scapin‹. Als er zu Ende ist, läßt Jouvet erst einmal sein Ehrfurcht gebietendes Schweigen wirken und sagt dann mit seinem so typischen Akzent: »Mein lieber Junge, wenn Molière dich gehört hat, hat er sich im Grabe umgedreht.«

Périer antwortet verletzt: »Na, dann muß er jetzt wieder richtig liegen, denn er hat Sie gestern abend in ›Schule der Frauen‹ gehört.«

Das ist das ganze Problem. Verächtlichkeit erzeugt Unverschämtheit. Warum denn nicht zusammenarbeiten: Alle Unwissenden, spezialisiert oder nicht? Und versuchen zu verstehen? »Lernen, lernen, um zu handeln und zu verstehen?«

Ich habe Tania Balachova erwähnt. Sie gab mir den Roman eines damals wenig bekannten amerikanischen Schriftstellers, William Faulkner, ›Als ich im Sterben lag‹, in der Übersetzung von Maurice Coindreau. Wie gesagt, ich war besessen von amerikanischer Literatur; Walt Whitman, Toreau, ›Walden oder Das Leben in den Wäldern‹, Emerson, der Descartes der Neuen Welt, Poe natürlich, auch Melville – bis heute trage ich den alten Wunsch in mir, ›Peter und die Zweideutigkeiten‹ zu bearbeiten –, Hemingway; und später Caldwell, Steinbeck, Dos Passos ...

Faulkners ›Als ich im Sterben lag‹ war eine Offenbarung für mich, eine Art Vision, wie ein Aufreißen des Nebels in den Bergen, wenn

man für einen Augenblick, wie durch ein Fenster, ferne Horizonte schauen kann. Mir schien, ich könnte anhand dieses Themas alle Ideen und Empfindungen konzentrieren, die ich für das Theater entwickelt hatte.
Mein erstes eigenes Werk hervorbringen! Sechs Monate lang arbeitete ich an nichts anderem mehr.

›Als ich im Sterben lag‹ oder »Totales Theater«

Was faszinierte mich in diesem Roman so sehr in bezug aufs Theater? Das schweigsame Verhalten dieser einfachen Menschen. Sie sprachen nur mit sich selbst – ich sah hier eine großartige Gelegenheit, ein Bedürfnis zu befriedigen, das sich nicht nur auf theoretische Vorstellungen beschränken sollte.
Auf einem alten Briefentwurf vom Mai 1935 kann man noch folgendes lesen:

> Der Mime, wie ich ihn mir denke, soll weder an Pantomime noch an eine Schule oder Ästhetik (oder gar an das scheußliche »Lebende Bild«) erinnern; er muß sich zwingen, nichts als ein rein animalisches Wesen zu sein. Zum Beispiel, das Gesicht wird eine natürliche Maske, wenn die Konzentration sich nur auf die Atmung beschränkt.
> Ich will keine Theorien im Detail darlegen, denn nur die Praxis zählt. Ich habe so gearbeitet, wie ich atmete ...

Und weiter:

> Dieses Stück existiert nicht als Text. Es existiert nur durch eine Gruppe von Schauspielern und einen Regisseur, die auf einer Bühne zusammen arbeiten. Es handelt sich um ein Theater, das nach seiner Reinigung sucht ...

Zur Einführung in das Stück erklärte ich: »Meine einzige Theorie ist, ein Werk zu produzieren, das ich, wenn ich Zuschauer wäre, gerne sehen würde.« – Ich stelle fest, daß ich mein Leben lang nicht anders gehandelt habe.
Das Thema des Buches ist bekannt:

Es ist die Geschichte einer kranken Mutter; sie will, daß ihr Sarg unter ihren Augen von einem ihrer Kinder gezimmert wird und ihre Leiche auf dem Leiterwagen der Familie von allen ihren Angehörigen zur Stadt, nach Jefferson, begleitet wird, wo ihre Eltern begraben sind.

Um dieses zentrale Geschehen reagieren der Vater und die fünf Kinder, je nach Temperament und individueller Leidenschaft. Die Handlung spielt in der Gegenwart unter den Bauern im Staat Mississippi. Zur Jahreszeit der Hitze und des Regens. Große Armut und schweres Leben. In der Familie »eine lebendige Lüge«: Jewel, der uneheliche Sohn der Mutter und des Dorfgeistlichen. Gewissensbisse.

Diese »dramatische Aktion« dauerte zwei Stunden lang und hatte im ganzen dreißig Minuten Text. Es mußte also vom Schweigen ausgegangen und in der Gegenwart gelebt werden. – Die Personen sind da, sie leben in diesem Augenblick. Sie reden nicht miteinander. Sie handeln. Aber sie sind nicht stumm. Es ist keine Stille der Taubheit. Jedes Geräusch gewinnt Bedeutung. Niemand hat den Ton vom Bild genommen – wir haben es mit einem »Ton-Theater« zu tun, in dem die Leute nichts sagen: Hört man jedoch ihren Atem, ihre Schritte im Rhythmus stampfen, desto besser. Die Schauspieler verkörpern zugleich die Personen wie auch ihre Umgebung: den Fluß, das Feuer, das Kreischen einer Säge. Der Schauspieler als totales Instrument. Die Personen zeigen ein soziales und ein existentielles Verhalten. Sie leben auf zwei Ebenen: der Mensch und sein Double. Jeder ist von seiner Leidenschaft beherrscht – sie hängt ihm (als »bezeichnender Gegenstand«) am Gürtel. Ein Maximum an Nacktheit, bedeckt wird nur, was ablenken könnte.

Die Mutter liegt im Sterben. Ihr älterer Sohn zimmert den Sarg. Das Keuchen der Brust wird von dem Kreischen der Säge begleitet. Die übrige Familie verkrampft und entspannt sich im Gleichklang mit dem Geschehen wie eine riesige Qualle. Das ganze Theater liegt in Agonie, Rhythmus der Pumpe, Rhythmus des qualligen Fleisches . . . Und plötzlich auf dem Höhepunkt eines Atemzuges: völliger Stillstand. Die Hand der Mutter hat sich erhoben, wie bei jemandem, der in die Ferne schauen will, fällt langsam zurück, im Schweigen, wie ein sinkender Wasserspiegel . . . das Leben zerrinnt . . . die Bewegung überträgt sich auf den ganzen Körper, bis er zum Leichnam erstarrt. Sie ist tot.

Danach steht sie auf, ganz selbstverständlich, ohne jede Stilisierung, und beginnt zu sprechen. Sie kann es, weil sie jetzt allein ist. Sie ist »hinübergegangen« auf die andere Seite des Lebens. Das wirkliche Leben ist die Stille. Das Wort existiert nur jenseits der Realität.

Die ganze Leidenschaft des unehelichen Sohnes konzentriert sich auf das Pferd. Und auf seinem Pferd macht er die Reise neben dem Leiterwagen, der den Sarg transportiert. – Es reizte mich, Mensch und Pferd zugleich zu sein. Ich wollte, ich wiederhole es noch einmal, den Schauspieler als vollkommenes Instrument, er sollte Tier und Reiter überzeugend suggerieren können – wie beide eine Furt durchqueren oder von Bussarden verfolgt werden. Er sollte Sein und Raum gleichermaßen darstellen.

Dieser magische Raum auf der Bühne hatte sich mir als eine Welt körperlicher Poesie offenbart und sollte mich nicht mehr loslassen. Ich werde noch darauf zurückkommen.

Ich »arbeitete« also am Pferd. An den Vormittagen konnte ich auf dem Proszenium vor verschlossenem Vorhang üben; der Zuschauersaal hatte Licht, weil die Putzfrauen saubermachten. Jeder wirkte auf seiner Seite, wie die Personen in einem Roman. Ich achtete nicht weiter auf sie. Aber nach einigen Tagen beobachtete mich eine von ihnen aufmerksam, und mit gekreuzten Händen auf ihren Besenstiel gestützt ruft sie:

»He, junger Mann!«

Ich unterbreche mich.

»Ich möchte mal wissen, was Sie da so jeden Morgen auf Ihrem Pferd machen!«

Die schönste Ermutigung, die ich in meinem Leben erhalten habe!

Etwa ein Dutzend Kollegen hatte ich »angeworben». Wenn einer sich entsetzt wieder zurückzog, holte ich einen anderen heran. Und das kam oft vor. Trotz dieser Desertionen schritt ich mit schlafwandlerischer Sicherheit vorwärts.

Die Verleger hatten mir die Verwendung des Buchtitels nicht genehmigt. Deshalb nannte ich diese »Dramatische Aktion«: ›Autour d'une mère‹.

Seit einiger Zeit frequentierte ich Saint-Germain-des-Prés. Außerhalb des Atelier spielte ich mit Marcel Herrand und Jean Marchat (Le Rideau de Paris). Man kann die geistigen Qualitäten, Geschmack und Mut vor Marchat und Herrand nicht genug loben. Beide waren von sehr großer Bedeutung für die Zeit zwischen den beiden Weltkriegen und trugen wesentlich zu dem unvergleichlichen künstlerischen Leben in Paris bei. Unter ihrer Leitung spielte ich in der Uraufführung von Ramuz' ›Histoire du Soldat‹ die Rolle des Soldaten; Desormières dirigierte Strawinskys Musik. Danach ›L'Enfant prodigue‹ (*Der verlorene Sohn)* von Gide und ›Coup de Trafalgar‹ von Vitrac.

Ich hatte die Bekanntschaft von Robert Desnos gemacht. Im »Deux Magots« oder »Chez Lipp« saß ich neben Léon-Paul Fargue, André Breton, Georges Bataille, René Daumal. André Malraux, damals Lektor bei N.R.F., war dabei, Labisse, Balthus; André Derain hatte mein Porträt gemalt. Er nannte mich seinen »kleinen florentinischen Ziseleur«. Auch Antonin Artaud beobachtete ich – schüchtern, von ferne. Ich verbrachte meine Nächte mit tanzen in der »Cabane Cubaine« – Eliseo Grenet, Tata Nacho, Alejo Carpentier ... oder auf dem Bal Nègre in der Rue Blomet. Ich habe immer gern getanzt, bin gern animalisch. Mit lahmem Kreuz nach all den »Biguines«, Rumbas oder Congas nahm ich beim Morgengrauen ohne Umstände ein Mädchen mit nach Hause. Keine Frage, ich emanzipierte mich.

Als die Freunde erfuhren, daß ich eine eigene Inszenierung vorbereitete mit dem Titel ›Autour d'une mère‹, kursierte prompt die Version »Autour d'une merde«*. Kurz, ich lernte Paris kennen.

In den Hallen hatte ich erfahren, was Überanstrengung ist, im Atelier hatte ich Gymnastik getrieben. Diese »Pariser Nachtvögel« wußten weder vom einen noch vom anderen. Und ich, ich setzte meinen von Leidenschaft getriebenen Weg fort. Blind, taub, besessen und von einer echten Naivität.

Abends nach der Vorstellung ging ich oft noch mit Maiène zusammen in ein kleines russisches Lokal. Wir aßen unsere Gewürzgurke, und ich entwickelte ihr meine Ideen und Überzeugungen, meine Konzeptionen, Probleme und Träume. Sie konnte so gut zuhören. Durch sie konnte ich mir meinen idealen Zuschauer vorstellen. »Ich weiß, daß ich denen gefalle, denen ich gefallen muß«, sagt Antigone.

Die Proben gingen voran. Die Kollegen, die bisher mitgemacht hatten, schienen bei der Sache zu sein. Einige, Jean Dasté vor allem, wollten sogar unter ihrem Namen spielen. Die anderen waren vorsichtiger und dachten sich Pseudonyme aus. Labisse half mir bei den Bühnenelementen und Kostümteilen. Tata Nacho, ein mexikanischer Komponist, komponierte die Gesänge (in fünf Teilen). Keine Instrumente. Nur ein Tamtam. André Frank war für die Organisa-

* Wortspiel mit *mère* (Mutter) und *merde* (Scheiße) (Anm. d. Ü.).

tion verantwortlich, zusammen mit meinem Bruder Max. Ein kleines Glücksschiff.
Die Spielzeit im Atelier war zu Ende, und ich mietete von Dullin das Theater. Da er knapp bei Kasse war, kam mir sein Verwaltungsdirektor nicht entgegen. Es war schon ein verrücktes Unternehmen.
Wir probten jetzt auf der Bühne. Der Tag der Premiere kam näher. Ab und zu hörten wir vom Schnürboden ein merkwürdiges Knacken – es war Dullin, neugierig hatte er sich hinaufgeschlichen und beobachtete uns von oben. Ein Theater ist wie ein Schiff. Die Taue sind wie Schiffstaue. Die Vorhänge wehen wie Segel. Matrosen werden oft Zimmermänner und Bühnenarbeiter. Jeden Abend werden »die Segel gehißt«!
Zwei Tage bevor wir in See stechen, ist die Katastrophe da. Panik unter den Schauspielern – Meuterei an Bord. Die Schauspielerin, die »die Mutter« spielt, wird krank. Im Grunde ergreift sie die Flucht. Ich sollte sie nie mehr wiedersehen.
»Wir spielen trotzdem!«
»Aber wie denn! Bist du verrückt? Das ist doch die Hauptrolle.«
Die Nerven gehen durch. Die Spötteleien, die in Paris umlaufen, demoralisieren die Truppe. Es wäre besser aufzugeben. Nicht einmal verschieben: aufgeben.
Also gut, ich werde allein spielen!
»Dann spiel allein, geh uns nicht auf die Nerven. Wir haben Vertrauen in dich gehabt, zu Unrecht. Und überhaupt, jetzt diese Passage ... Und dann an jenem Platz ... Wir wollen uns doch nicht lächerlich machen. Auf jeden Fall ist es ganz unmöglich, daß es in zwei Tagen steht. Wir haben keine Hauptdarstellerin mehr.«
»Ich habe eine Idee! Ich spiele die Mutter.«
»Und Jewel?«
(Ich hatte den unehelichen Sohn – immer zu Pferde – gespielt.)
»Ich spiele alle beide!«
»Verrückt! Total verrückt! Und die Szenen, wo ihr beide auftretet?«
»Gebt mir vierundzwanzig Stunden Zeit. Mir wird schon was einfallen. Morgen um die gleiche Zeit spiele ich euch die neuen Szenen vor, und dann macht ihr, was ihr wollt.«
»Gut, soll er seine vierundzwanzig Stunden haben.« In der Not war mir die Idee gekommen, die Mutter so zu verwandeln, daß sie das Aussehen eines Totem gewann. Ich baute eine Maske aus Fliegenschutzdraht (wie man ihn für Speiseschränke verwendet) und

nahm Metallknöpfe für die Augen, um so eine möglichst unpersönliche Wirkung zu erreichen. Die Mutter hatte eine enorme schwarze Perücke, deren Strähnen über den ganzen Rücken hinabfielen. Der Rock war aus lamellenförmigen Teilen in zwei Farben gemacht. Ich ging aufs Ganze und trug diese weiblichen Requisiten mit nacktem Oberkörper. Und nachdem ich drei der Szenen umgestellt hatte, war es mir möglich, beide Rollen zu spielen.

Am nächsten Tag, es war der vierte Juni, hatte ich vor meinen Kameraden das reinste Examen zu bestehen. Aber ich konnte sie überzeugen – wenigstens sie! Sie waren einverstanden, und wir probten bis zur letzten Minute.

Um 21 Uhr ging der Vorhang hoch. Bevor wir uns trennten, sagte ich zu ihnen: »Wenn es zuviel Radau gibt, schaut auf mich, ich sag' euch, was ihr zu tun habt.« Ich befand mich in einem Ausnahmezustand.

Allein auf der Bühne zurückgeblieben, sehe ich eine Gestalt auf mich zukommen: Dullin.

»Ich werde heute abend deiner Aufführung nicht zusehen. Es ist völliger Wahnsinn. All das ist mir verhaßt. Daneben ist Artaud noch Boulevard. Wie die Affen im Zoo. Und dieser Vater, ein seniler Tattergreis.«

«Klar, er ist ja fünfzig!«

Unverschämtheit – Konflikt der Generationen ... Er ging in seine Garderobe zurück, die hängenden Arme im Rücken verschränkt. Ich selbst befand mich im Stadium völliger Unempfindlichkeit. Wenn man mir ein Schwert in die Rippen gestoßen hätte, ich glaube, ich hätte nicht einmal geblutet.

Bald beginnt die Vorstellung. Auf der anderen Seite des Vorhangs sitzt ganz Paris. Wie die Aasgeier sind sie zum Montmartre hochgekommen – »Babas« Werk will man sich nicht entgehen lassen! (Baba war der Spitzname, den man mir gegeben hatte.) Wenn große Katastrophen im Anzug sind, kommt Paris erst richtig in Stimmung! Der Vorhang geht hoch – man sieht uns alle splitternackt, mit noch gerade bedeckten Schamteilen. Seither ist das gang und gäbe: Living Theatre, ›O Calcutta‹, überall stellt sich die Nacktheit vom Dienst zur Schau. Aber vergessen wir nicht, daß unsere Premiere 37 Jahre zurückliegt!

Ein Orkan von Gelächter, tierisches Gebrüll: Egal, wir spielen. Meine Kameraden schielen verstohlen zu mir herüber. Wir machen weiter. Das Publikum beruhigt sich resigniert. Der Zuschauersaal ist wie ein unbewegter Wasserspiegel. Manchmal herrscht mehr als

zwanzig Minuten lang tiefe Stille. Kein anderes Geräusch als das der Fußsohlen auf dem Boden und der Atem des ›Blasebalgs‹. Die Feuerwehrleute in ihrer Ecke trauen ihren Ohren nicht.
Jetzt kommt die Szene, in der Jewel sein Pferd dressiert. Der Saal wird warm! Wärmer! Die Szene dauert zehn Minuten. Ich fühle meine Putzfrau in den Muskeln. Wir schaffen es! Das Publikum geht mit, es geht um so mehr mit, weil es gekommen war, um uns auf den Arm zu nehmen.
Und dann die Agonie der Mutter, die Durchquerung des Flusses, der Kontrapunkt des Brandes ... Die sexuelle Szene mit Dewey Dell. Der Wahnsinn des kleinen Vardaman. Ende. Pfiffe. Triumph. Etwas hat sich schließlich ereignet.

»*Put that in your pipe and smoke it*«, sagt das englische Sprichwort.

Der Saal leerte sich. Die Kameraden gingen mit ihren Freunden fort. Ein Mann wartete auf mich, es war Antonin Artaud. Wir gingen zusammen zum Boulevard Rochechouart hinunter und ritten davon auf zwei imaginären Rössern – im Galopp bis zur Place Blanche. Da verschwindet er urplötzlich ... Er war trunken vor Begeisterung. Später schrieb er einen Artikel, der in ›Das Theater und sein Double‹* erschien: mein bestes Arbeitszeugnis.
Ich bewohnte seit meiner Rückkehr vom Militär ein Atelier im Bateau-Lavoir berühmten Angedenkens: Max Jacob, Picasso, die ganze inzwischen historisch gewordene Bande. Labisse, der im Atelier nebenan lebte, war auch mit Freunden ausgegangen. Ich stieg in meine Höhle hinauf, allein, zerschlagen, verloren, glücklich und traurig zugleich! Mit religiöser Andacht wusch ich diesen Körper eines jungen Pferdes, erklomm meine Schlafkoje und fiel auf mein Bett. Ich war noch kaum eingeschlafen, da hörte ich es leise klopfen. Meine Tür war unverschlossen.
»Herein!«
Wer war es? Ein junges Mädchen. Schön wie der helle Tag. Sie war bei der Premiere gewesen. Sie war glücklich begeistert. Sie kam, um mir das zu sagen und ... um bei mir zu bleiben, wenn ich daran Freude haben könnte.

Dieses wahrhaft persönliche Manifest wurde viermal vor einem kleinen Publikum öffentlich aufgeführt. Und deshalb verblüfft es

* Artauds Buch erschien 1969 deutsch bei S. Fischer (Anm. d. Ü.).

mich, wenn ich heute soviele Leute treffe, die ›Als ich im Sterben lag‹ gesehen haben. Es ist wie mit den kleinen Weinlagen der Bourgogne, bei denen man sich immer wundert, wieviel Flaschen es von diesem guten Wein gibt.
Die Kraft dieser Aufführung mußte etwas Magisches haben, obgleich sie keineswegs einstimmigen Beifall fand. An einem Abend neigte sich ein Zuschauer zu seiner Frau und sagte: »Wenn ich geahnt hätte, daß das so albern ist, hätte ich die Kinder mitgenommen.«
Dagegen bedeutete sie für das künstlerische und intellektuelle Milieu von Paris eine Offenbarung. Jouvet und seine Mitarbeiter luden mich für eine Nachmittagsvorstellung ein. Eine weitere Nachmittagsvorstellung wurde für Freunde vom Theater organisiert: Wir spielten unter anderem für Michel Simon – sein Sohn Michel François wirkte bei uns mit – und etwa fünfzig weitere Schauspieler, Autoren und Künstler ... Und dann tauchte Jouvet in Person im Atelier-Theater auf. Dullin ist überrascht, glaubt, er komme seinetwegen.
»Nein, ich komme nicht zu dir. Aber du hast da einen jungen Kerl, der hat eine Sache gemacht, die nicht schlecht war, wir haben ihn eingeladen, für uns zu spielen ...«
Nach der Vorstellung sagt Jouvet zu mir:
»Ich sehe jetzt den Unterschied, der zwei Generationen trennt. Alles, was wir damals im Vieux-Colombier nur in unseren Köpfen entworfen haben, habt ihr heute im Blut. Alles ist verdaut.«
Mit ›Als ich im Sterben lag‹ hatte ich mir meinen Platz im Theaterleben von Paris erobert. Ich lernte Roger Blin, Jacques Prévert, die »Oktober-Gruppe« näher kennen. Die Surrealisten holten mich an ihre Seite. Marc Allégret, ein Neffe von André Gide, gab mir im darauffolgenden Monat meine erste Filmrolle in ›Les Beaux Jours‹, das ermöglichte mir, einige Schulden zurückzuzahlen. Ein dauerhafter Austausch zwischen Theater und Film nahm seinen Anfang.
In diesem Sommer erhielt ich in Beauregard den folgenden Brief von Dullin:

26. Juli (1935)

Mein lieber Barrault,
Du mußt mir postwendend diese beiden Fragen beantworten:
Wann kehrst Du nach Paris zurück?
Hast Du die aufrichtige Absicht, für die nächste Spielzeit ans Atelier zurückzukommen?
Ich werde Dir umgehend antworten und Dir meine Pläne mitteilen.
In Eile und herzlich Dein — Charles Dullin

Ein zutiefst menschlicher Brief, er stellte mich vor die Entscheidung. Ich wagte den Sprung und verließ das Atelier. Aus freien Stücken – wenn auch gegen meine Neigung. Um gegen meine ängstliche Natur anzukämpfen, brachte ich mich oft – nur durch die Willenskraft meines Doubles – in Situationen, aus denen ich mich hinterher wieder »herauswursteln« mußte. Ich brauchte vier Monate, um mich zu erholen. Dullin drei Jahre, um mir zu verzeihen. In meinen persönlichen Notizen schrieb ich damals:

»Ich habe das Atelier vor vier Monaten verlassen. Eine gewisse Zeitlang war mein Geist zerrissen, mein ›Tier‹ hat mich dazu getrieben. Ich habe das Atelier verlassen, und damit habe ich zugleich – ich stelle das jetzt fest, denn ich habe keineswegs überlegt, was ich tat – alles verlassen, was mich zum Atelier geführt hatte, die vorangehende Generation, bestimmte Theorien etc., eine friedliche Zeit.

Was wollte eigentlich ›mein Tier‹? Erst nach vier Monaten glaube ich es zu verstehen. Ich verstehe es, weil ich seit vier Monaten bemerke, daß die Bewegung des gegenwärtigen Lebens überhaupt nichts mit der Bewegung zu tun hat, in der ich vorher lebte. Besteht sie wirklich, diese Bewegung von heute? Ich weiß es nicht. Ich will es nicht wissen. Was ich weiß, ist die Tatsache, daß ›mein Tier‹ nach dieser Bewegung verlangte und jetzt glücklicher lebt. Ich lehne es ab, mich selbst zu beurteilen, ich gebe zu, alles ist gesagt worden; aber gerade an diesem Punkt beginnt das Leben. Soll ich etwa, weil alles schon gesagt wurde, leben, wie man etwas Auswendiggelerntes lebt, wie ein Bild? Jung sein heißt, zu leben beginnen, nun, ich bin überzeugt, daß mein Leben beginnt. Drei Jahre lang wurde ich im Leib des Atelier ausgetragen, und im Monat Juni habe ich mich zur Welt gebracht; die Arbeit, die ich im Juni geleistet habe, hat die Nabelschnur durchschnitten. Ich wurde geboren. Und ich habe geschrien. Und das Leben lag plötzlich vor mir. Seine Bewegung ist mir deutlich geworden. Ich begreife absolut nichts davon – ich empfange einfach.«

Ich lief also den Montmartre hinunter – Traurigkeit im Herzen, die Seele von Ratlosigkeit erfüllt, nur »meinem Tier«, diesem inneren Zwang gehorchend, und ich ging in die Stadt und blieb in Saint-Germain-des-Prés: im Grenier des Grands-Augustins. Ich verließ den elfenbeinernen Turm eines »goldenen ästhetischen Zeitabschnitts« und stürzte mich kopfüber in die menschliche Gesellschaft.

ZWEITE PAUSE

Ich habe den Eindruck, mich an der Schule des Lebens eingeschrieben zu haben, als ich mich für das Theater entschied. Zuerst bin ich mir der Individualität meines »eigenen Selbst« bewußt geworden. Dann habe ich die »anderen« entdeckt und zugleich geistige Nahrung empfangen und Maßstäbe gewonnen. Und schließlich habe ich den Ort gefunden, an dem sich viele Menschen zusammenfinden, um eine Menge Fragen zu stellen: das Theater.

Am Abend, wenn die Sonne untergegangen ist und die Nacht uns gewährt, die Dinge besser zu begreifen – ein leises Abbröckeln der Gegenwart, ein unterirdisches Säuseln der Stille –, versammeln sich die Menschen in einem geschlossenen Raum. Auf der Bühne eine Auswahl menschlicher Prototypen: das ist die Truppe. Im Saal, wie die gewundenen Spiralen einer Magnetspule, sitzt dicht bei dicht ein Kollektiv, das die Menschheit vertritt: Das ist das Publikum. Das Spiel vom »Selbst und den anderen«. Das Eine und das unendlich Viele, Auge in Auge. Paradoxerweise entsteht der Eindruck von Mannigfaltigkeit auf der Bühne, da jedes Individuum eine Welt für sich darstellt; während der Eindruck von Einheit im Saal vorherrscht, da alle anderen zu einem einzigen Körper verschmolzen sind.

Die Entstehung des Theaters ist im wesentlichen auf diesen Sachverhalt zurückzuführen. Dennoch handelt es sich zweifellos um ein Spiel. Warum?

Dank der Wissenschaft ist ein Menschenleben theoretisch erklärbar bis auf fünf mysteriöse Problemkreise, in die sich die Religionen und Philosophien eingenistet haben:

– die Geburt
– der Tod
– die Doppelseitigkeit des Seins
– das Bewußtsein
– die Sprache.

Welches von diesen Geheimnissen das erste ist, vermag ich nicht zu sagen. Vielleicht das Wunder der Sprache, die danach das Bewußtsein erzeugte, und das sich seinerseits dann fragte, was man vor der Geburt gewesen sein mag? und entdeckte, daß man sterben muß ... aber um wohin zu gehen? Vielleicht hat die Sprache unwillkürlich unser Sein zweigeteilt. Es ist vor allem das Bewußtsein, das ein Wissen vom Tode hat. Das Leben ist »ein Weg, der zum Tode führt«. Seither sucht man den Schlüssel zu diesem Mysterium, wagt man Deutungen.

Während die Wissenschaft kontinuierlich auf dem Wege der Erkenntnis Fortschritte macht, muß man, sobald man an dieses Geheimnis rührt, wohl oder übel durch »Sprünge« verfahren.

Wenn Claudel die verborgensten Bereiche der menschlichen Seele erforscht und uns die unglaublichsten Schätze enthüllt, rührt er an das Herz von Mann und Frau: »Ein einziges Herz für zwei Wesen.« Wenn er aber sagt: »Das Weib ist der Weg zu Gott«, so macht er von einem »Sprung« Gebrauch. Die Personifizierung Gottes ist der höchste »Sprung«. Ich sage nicht, daß das schlecht ist ...

Es ist großartig, wie Teilhard de Chardin die Materie beschreibt; indem er ihr aber ein Bewußtsein unterstellt, mengt er schon einige Spekulationen mit hinein, aber das ist noch nachvollziehbar. Von den drei Kräften, die unser Leben bestimmen:

– das Unveränderbare (Invarianz) oder der Selbsterhaltungstrieb
– das Streben nach höchster Energie: nach einem »Über-Sein«
– die Fähigkeit zu wählen oder die Freiheit der Entscheidung,

kann es sein, daß das Verlangen nach einem »Über-Sein« dem Chaos und der Entropie überlegen ist und daß die Materie ein schließlich noch zu bewältigendes Abenteuer ist. Verfolgen wir also weiter, bis der Punkt »Omega« erreicht wird. Aber wenn Teilhard dann behauptet, daß dieses »Omega« gleich Christus ist, macht auch er einen »Sprung«. Ich sage nicht, daß er sich irrt ...

Dasselbe gilt für denjenigen, der behauptet, daß nach dem Tode nichts ist. Um zu wissen, wie dieses »Nichts« beschaffen ist, muß man einen »Sprung« machen.*

Der Mensch ist also ein eigenartiges Tier, das mit einem Bewußtsein ausgestattet wurde, das ihn verdoppelt. Er lebt und sieht sich leben. Er existiert und weiß, daß er stirbt. Er schaut seinem eigenen Leben zu. Er ist Schauspieler und Zuschauer zugleich. Den einen Fuß hat er auf der Bühne und den anderen im Zuschauerraum. Im Grunde fühlt er sich allein und vergänglich. Dieser seltsame Seiltänzer, ungleichgewichtig auf seinem Draht, muß sehen, daß er vorankommt, doch weiß er zugleich, daß das Seil im unerwartet-

* Für den Biologen existiert der Tod nicht. Das ist exakt. Lassen wir es dahingestellt. Für den normalen Sterblichen ist aber die alles überdauernde Desoxyribonucleinsäure *(DNS)* nicht so reizvoll wie das menschliche Leben ... Deshalb bin ich noch lange nicht anthropozentrisch!

sten Moment reißen wird. Und das wird der Sturz: für die Gläubigen nach oben, für die Gottlosen nach unten. So entsteht die Angst. Anfangs ein kleiner Ton, leicht und dünn, der nach dem Rhythmus unserer Pulsschläge zunehmend lauter wird, und nach Ablauf einer Zeit, wenn das Seil schon kürzer geworden ist, zum schrecklichen Gebrumm wird, das uns den Kopf zerspringen lassen würde, wenn wir uns nicht durch extreme Verhaltensweisen zu helfen wüßten: durch Aggression oder Flucht.
Die Herausforderung an den Tod oder die Pirouette.
Die direkte Aktion oder Aktion mittels des Absurden.
Die Tragödie oder die Komödie.

Von wo ich auch die Augen auf mich richte,
Ich seh nur Unheil, das die Götter verdammen . . .
. . .
Ja, dich lob ich, Himmel, deiner Langmut wegen . . . (Racine).

Greifen wir den Tod an, direkt und kühn! Oder machen wir es besser wie Menander: »Meine Freude hindert mich daran zu wissen, wo ich bin.« Oder wie Molière: Lachen wir darüber!
Ob es sich um die Tragödie oder um die Komödie handelt, der Ursprung ist immer derselbe. *Einsamkeit* und *Angst* erzeugen das Theater in uns. Das ist das Spiel vom »Wege zum Tod«.
Warum aber »spielen« mit dem, was uns so ernst erscheint? Der Tod erfolgt durch die Irrtümer einer lebendigen Zelle. Je weniger Irrtümer möglich sind, desto mehr weicht der Tod zurück. Also muß alles *zweckmäßig* sein. Essen, schlafen, zeugen und arbeiten, um schlafen, zeugen und essen zu können. Und . . . spielen? Ein weiteres Geheimnis! Nun, jeder spielt. Selbst die Tiere spielen. Sie erinnern sich und phantasieren. Sie kennen die Einbildungskraft. Das Spiel wäre also zweckmäßig? Was macht der Hund mit einem Ball? Er hat ihn gesehen, geht drum herum, er kauert sich und belauert ihn, schleicht heran, und dann springt er ihn an. Der Ball ist sein Feind geworden; er greift ihn an, verwundet ihn; nach maßlosen Sprüngen ist der Hund Sieger. Er führt nun einen Triumphtanz auf. Und nachdem der Sieg errungen ist, wird er den Ball vergraben. Bis zum nächsten Mal.
Was hat der Hund gemacht? Nichts anderes, als was die Militärs in Friedenszeiten machen. Er hat Manöver gespielt. Er hat sich im Kampf geübt. Das Spiel ist Training fürs Leben. Genau das gleiche machen die Leute in einem Theater. Sie ergötzen sich am

Tod, an der Gefahr, an Verbrechen und Krankheiten, an der Angst, der Einsamkeit und am Grauen, aber in »gereinigtem Zustand«. Sie lassen sich vom Tod infizieren wie mit einem Impfstoff. Auf der Bühne läßt man die Pest herrschen und die Eiterbeule mit all unseren dunklen Kräften aufbrechen. Das reinigt uns, geläutert und gestärkt verläßt man das Theater.

In diesem Sinne ist das persönliche Drama von allgemeinem Nutzen. Indem man die Verantwortung für sich selbst übernimmt, trägt man auch die der anderen. Und nach und nach erkennt man, daß das »Selbst« und »die anderen« keineswegs getrennte Welten bilden: Alles ist miteinander verbunden. Welch neue Entdeckung! Kein lebendiges Wesen ist eine einsame Existenz, wie unter einer Glasglocke, sondern vielmehr der glühende Mittelpunkt einer Umgebung, die mit Raum und Zeit zugleich ein Ganzes bildet.

Eine solche Konzentration ist nicht einfach: Sie übersteigt die Grenzen der Urteilskraft, sie muß sensorisch sein. Die Situation ist für den gewöhnlichen Verstand zu kompliziert. Zum Beispiel: die drei Begriffe Vergangenheit, Gegenwart, Zukunft, sie bilden keine gerade Linie mit der hintenanstehenden Vergangenheit und mit der davorstehenden Zukunft, sondern eine Reihe von Zirkeln, deren Gegenwart das Zentrum ist, als ob die kreisförmigen Wellen der Zukunft in zwei entgegengesetzte Ströme zum Zentrum hin zusammenliefen und die Wellen der Vergangenheit sich nach außen fortsetzten. Und da dieses Zentrum sich in jedem »gegenwärtigen« Augenblick nach einer geradlinigen Laufbahn* in der Zeit fortbewegt, stößt die »Person« der Handlung in dem Augenblick auf die Wellen der »Zukunft«, wo diese denen der »Vergangenheit« begegnen. Das ist *der große Eintopf der Existenz,* dessen Spiegelbild das Theater ist.

Wenn ein Mensch mit seinem »Es«, seinem »Ich« und seinem »Über-ich« beladen auf der Bühne des Lebens steht, bleibt seine Situation unverändert. Er ist weder allein, noch isoliert. Er gehört zum großen gemeinsamen Körper. Der Mensch ist ein Magnetfokus, der sich im Raum bewegt.

Was ich also bis heute erlebt habe, werde ich wiederfinden auf meinem Weg. Meine Vergangenheit liegt vor mir. Mit dem Manifest von ›Als ich im Sterben lag‹ ist ein Riß entstanden, durch den ich eine poetische Welt entdecke, die mich nie mehr loslassen wird. Von nun an gehöre ich ihr, kann ich ihr nicht mehr entrinnen, werde ich

* Oder geodätischen Laufbahn. Warum nicht?

ihr Sklave sein. Sie wird von mir vollen Einsatz und ganze Hingabe fordern.

Aber da ich gleichzeitig kein Einzelwesen bin, da ich mit den anderen eine Einheit bilde, muß ich mich mit dem Leben arrangieren. Jetzt kenne ich das Ziel meiner Reise, aber mein Nachen ist ein Teil des Meeres selbst. Flüchtig habe ich die Vollkommenheit erblickt, weiß wohl, was zu tun wäre, aber um es zu tun, muß man überleben, und um zu überleben, muß man mit dem Strom schwimmen, lavieren, Listen gebrauchen, ausweichen, verraten. Das heißt leben.

> *»Gegängelt, gefoppt, geschleudert, geprellt, geschunden, gekentert, und das Meer, das heidnische, wie es auf uns losspringt! Holla! Dieser tolle Wind, dieser rauhe Nordwest, der das gepeitschte Wasser pflügt. Die ganze hochaufgetürmte, sich überschlagende, klatschende See, wie sie sich sträubt in der Sonne, bei Sturm sich davonschert«* (›Mittagswende‹).

Mit ›Als ich im Sterben lag‹ habe ich den ersten großen Schluck meines Lebens genommen!

Diese Zeit im Atelier hatte mich dazu befähigt, mit dem Menschen, dem Individuum Bekanntschaft zu schließen. Das Instrument Mensch, das die Kunst des Menschen oder des Theaters hervorbringt.

Das Cartel war fürs Theater, was der Fauvismus für die Malerei war. Von ihm empfing ich die ästhetische Impfung. Aber in unseren intensiven Interessen war kein Platz für die Gesellschaft. Wir beachteten die anderen nicht.

Der Künstler träumte weiter; er gab seinen inneren Weisungen nach und schuf ihnen gemäß seine Dinge, anders gesagt, sein Werk. Nach ihm die Sintflut.

Das Theater war ausschließlich eine poetische Kunst, »die Poesie des Raums, vermittelt durch den Menschen«.

Auf die anderen aber kam es nicht an. Und deshalb habe ich mich, wenn ich mir auch darüber nicht im klaren war, vom Atelier losgerissen. Dullin ist der *Mensch.* Jetzt muß ich mich unter die Menschen mischen. Ich möchte vom Individuum zur Gesellschaft übergehen.

Dank meinem ersten Manifest haben mir die Surrealisten die Hand gereicht. Ich vertraue mich ihrer Bewegung an, und ich werde ihre Revolte zu der meinigen machen.

IM GRENIER DES GRANDS-AUGUSTINS

Ich hatte in der Rue des Grands-Augustins einen herrlichen Ort entdeckt. Nummer 7 oder 11, in jedem Fall eine gute Zahl; ein altes Gebäude aus dem 16. Jahrhundert, das abends vollkommen leer stand. Der Eingang lag hinten im Hof, der noch mit alten Steinen gepflastert war. Einige Stufen führten ins erhöhte Erdgeschoß, dort hatte die Gewerkschaft der Gerichtsvollzieher ihren Sitz. Darüber lag eine Handweberei mit schönen alten Webstühlen. Die letzte Etage hatte ich gemietet, drei merkwürdige Räume mit prachtvollen Deckenbalken.

Der erste Raum hatte 14 auf 8 Meter. Ich machte ihn zu meinem Atelier, und wir veranstalteten darin unsere Aufführungen. Er sollte später Picassos Atelier werden. Der zweite Raum maß 15 auf 4 Meter, er war je nachdem Schlafsaal und Eßzimmer, Ankleideraum oder Abstellkammer: der Gemeinschaftsraum. Ich sehe noch das Schild: »Le Lavabo doit rester bo.«* Das dritte Zimmer war acht auf vier Meter groß, ich behielt es für mich. Doch oft fand ich, wenn ich nachts spät heimkam, Leute in meinem Bett.

Ich gründete eine »Truppe«: Le Grenier des Augustins. Jean Dasté hatte sich am Anfang beteiligt, zog sich aber bald wieder zurück; und er hatte recht – ich war noch lange nicht reif genug. Ich mußte vorerst noch viel leben.

Saint-Germain-des-Prés war mein neues »Dorf«. Und die surrealistische Bewegung war mein neuer Glaube. Ich stieß, wie früher zum Cartel, relativ spät zu ihr. Ihre Spaltung hatte bereits stattgefunden. Die »Surrealistische Revolution« war jetzt dreigeteilt, wie eine lebende Zelle, die ihre drei Kräfte nicht mehr zu koordinieren vermag. André Breton behauptete leidenschaftlich und mit hartnäkkiger Strenge den Standpunkt kompromißloser Reinheit; er wollte sich der politischen Linken verbinden, ohne jedoch seine Denkschärfe und freie Meinungsbildung preiszugeben. Aragon und Eluard forderten Aktion und Wirksamkeit, sie hatten sich entschlossen, in einen »Orden« einzutreten – sie waren der kommunistischen Partei beigetreten, das heißt, zur Politik übergegangen. Diejenigen, die weder Breton noch den anderen folgen wollten, hatten sich ihre Freiheit bewahrt: Robert Desnos, André Masson, Artaud, Bal-

* Etwa: »Das Klosett muß bleiben nett« (Anm. d. Ü.).

thus, Jacques Prévert usw. – die *»Anarchisten«*. Instinktiv schloß ich mich den letzteren an.
Ich war noch sehr neu damals, sehr unbedarft, besaß noch nicht genug Spezialkenntnisse, um ein Intellektueller zu sein, vieles ging über meinen Kopf hinweg. Aber man hatte mich gewonnen, das genügte. Im Grunde waren mir alle diese Dinge noch längst nicht sehr klar. Außer den drei Richtungen – Bretons Papsttum, das kommunistische Schisma Aragons, die Vielfalt der Individualisten – konnte man noch eine vierte Strömung unterscheiden, die Dada-Bewegung: Tristan Tzara, Dr. Fraenkel usw. All diese Leute vermengten sich mehr oder weniger. – Breton und Georges Bataille baten mich, den Grenier für ihre Zusammenkünfte zur Verfügung zu stellen. So fand dort am 21. Januar 1936 anläßlich der Enthauptung Ludwigs XVI. ein würdiges Zeremoniell mit viel schwarzem Humor statt. Humor? Es war ein Ernst, der sich selbst nicht ernst nimmt, um nicht allzu ernst zu werden.
So beschäftigten wir uns auch mit dem Buch von Staatsanwalt Brisset. Durch das einfache Auseinandernehmen von Worten wurde der Ursprung des Menschen auf den Frosch zurückgeführt. »Je m'examine ... je me sexe à mine ... je me sexe à la main.«*
Je länger das ging, um so unerträglicher wurde es, aber auch um so unentbehrlicher. Hinter diesen geistreichen Wortspielereien verbarg sich eine tiefere Bedeutung.
Ich war bisher nur mit Leuten zusammengekommen, die, wenn sie auf die Ablehnung von seiten der Gesellschaft, der sogenannten »honetten Leute« stießen, sich damit begnügten, diesen den Rücken zuzukehren. Jeder lebte in seiner Welt. »Es gibt nicht eine Zeit für die Form und eine Zeit für den Hintergrund«, sagt Valéry; dennoch beschränkte man sich auf das Spiel mit den Formen – ohne ernstlich an eine Veränderung der Basis zu denken. Deshalb nannte ich diesen Zeitabschnitt einen ästhetischen. Die bösen Buben am Montmartre waren im Grunde harmlose Kerle. Sie besaßen keinerlei kritisches soziales Bewußtsein, diese Probleme interessierten sie nicht.
Einzig Gémier, der Gründer der staatlichen Volksbühne, hatte eine Vorahnung. Für die anderen war die Gesellschaft eine finstere, aber solide etablierte Zitadelle. In den Augen der Surrealisten ist diese Zitadelle jedoch baufällig, sie muß in die Luft gesprengt werden,

* Unübersetzbares Wortspiel von phonetischem Reiz mit dem Verb examiner (prüfen); durch das vorangesetzte s und Silbentrennung entstehen neue Wörter: sexe (Geschlecht), mine (Miene, Ausdruck), main (Hand) (Anm. d. Ü.).

nicht nur die Form, auch das Fundament. Sie attackierten die etablierte Gesellschaft, sowohl auf individueller wie auf kollektiver Ebene. Anhand von Freud und Karl Marx. Freud bedeutete: Befreiung der Instinkte. Marx: Befreiung des Menschen. Schlagartig war uns selbst die Ästhetik fragwürdig geworden.

> »*Wir haben noch nicht alles zerstört, solange wir nicht auch die Ruinen zerstört haben*«, sagt Père Ubu.

Diese Revolution erschien mir wie ein großartiges Reinigungsunternehmen, vor allem des Gehirns. »Automatisches Schreiben«, Wachträume, Halluzinationen! Die anderen »hochgehen lassen«, das genügt nicht mehr, der wahre Mut besteht darin, daß man sich selbst hochgehen läßt.

> »*Bevor du die Welt veränderst, verändere dich selbst.*
> *Jeder Mensch ist, ohne es zu wissen, ein Poet.*«
> (Slogans, denen man im Mai 1968 wiederbegegnen sollte.)

Zum Einfluß von Freud und Marx gesellte sich bald die Faszination durch den Orient. Ein normaler, unumgänglicher, logischer Vorgang – kartesianisch bedingt. Freud tötet den Vater der Familie. Marx den Kollektiv-Vater. Die Philosophen holten schnurstracks den Super-Vater vom Sockel. Das berühmte »Gott ist tot«. Aber Gott-Vater bedeutete Dreieinigkeit, und so bestand nach wie vor ein metaphysisches Bedürfnis, das jeder in sich trägt – der Wunsch, die Mysterien unserer Existenz zu durchdringen. So wandte man sich der östlichen Weisheit zu.

> »*Ihr, die ihr wißt, wie man sich im Denken bewegt und wie der Geist sich vor sich selber rettet; die ihr euch selbst verinnerlicht, deren Geist die Ebene des Fleisches verlassen hat ... werft all jene* WEISSEN *ins Wasser, die mit ihren kleinen Köpfen und wohl ausgerichteten Geistern daherkommen . . . Rettet uns vor der Verderbtheit der Vernunft . . . Das logische Europa zertritt den Geist . . . Rettet uns vor diesen Larven. Erfindet neue Wohnungen für uns.*« ›Révolution Surréaliste‹, Nr. 3, 1925.

Meine Lieblingslektüre waren nun die Bagavat-Gida, der Tantrayoga, das Hatha Yoga, die Upanischaden, Milarepa, aber auch die goldenen Verse des Pythagoras und Trotzkis ›Mein Leben‹. Ich erinnere mich noch, wie ich mit Robert Desnos an den trotzkistischen Versammlungen teilnahm in der Salle Susset in der Nähe der Métro-Station Jaurès. Desnos improvisierte Gedichte nach meinen Pantomimen, und ich improvisierte Pantomimen nach seinen Gedichten. Desnos besaß das Genie des automatischen Denkens, er war der Begabteste von allen für den Wachtraum.

War ich mir der ernsten Bedeutung von dem allen bewußt? Ich glaube nicht. Was ich aus dieser Periode behalten habe, die zwei Winter dauerte, ist das Gärende, Sorglose, das total Befreite meines Verhaltens. Ein Verhalten, das ich bewußt gewählt hatte ... Ich war überzeugt, daß es so sein müsse. Die Anarchie besitzt ihren Adel. Er besteht in der völligen und absoluten Verantwortlichkeit sich selbst gegenüber. Das hat nichts mit den »Terroristen« zu tun.

Die Tür zum Grenier war nie verschlossen, wer wollte, konnte da wohnen. Das Aufräumen überließ ich den Kameraden. In allen Ecken hatten wir Betten aufgeschlagen – eine ideale Republik. Einmal in der Woche veranstalteten wir ein Picknick. Jeder brachte etwas zu essen mit. Die Mädchen unserer Gruppe kochten ein Gericht. Ich sehe noch einen riesigen Topf voller Tintenfische. Die Phantasie unserer Gäste reichte oft nicht sehr weit, manchmal kamen vierzig Camemberts zusammen – wir hatten eine Woche lang zu tun, sie aufzuzehren.

Da wir an solchen Abenden fünfzig bis sechzig Personen waren, gaben wir eine kleine Vorstellung. Ich improvisierte gern eine Pantomime nach einer Platte von Varèse ›Ionisation‹. Gilles Margaritis probte seine Chesterfolies-Nummern. Das Harmonium von Caccia war meine Wonne. Ich bewunderte den geistreichen Witz Margaritis, die feine Melancholie seiner Clowns-Seele.

Sylvain Itkine arbeitete im Grenier für seine Truppe »Le Diable écarlate«. Er bereitete ›Pasiphaé‹ von Montherlant vor und ›Ubu enchaîné‹ von Jarry.

Prévert hatte ich um eine Cervantes-Bearbeitung gebeten: ›Le pays des merveilles‹. Zwei Gaukler führen ein Spektakel vor, das nur von »ehrlichen Leuten« gesehen werden kann. Tatsächlich zeigen sie überhaupt nichts, aber um »ehrlich« zu erscheinen, »sehen« alle Zuschauer etwas. Das Thema war ein Fressen für den Autor von ›Dîner de têtes‹.

Tchimukov, verantwortlich für die »Groupe Octobre«, kam ebenfalls. Diese Truppe hatte gerade den Preis der Olympiade in Moskau gewonnen. Sie war der Prototyp einer jungen revolutionären Theatertruppe, wie Jacques Prévert sie so schätzte.

Sylvain Itkine starb im Krieg in Lyon unter der Folter. Er war ein vollkommener Mann, leidenschaftlich, willensstark, verbissen – mit dem Lächeln und dem Blick eines Kindes.
Einige unserer Kameraden gehörten der F.A.I. an (Fédération anarchiste internationale – Internationale Anarchisten-Vereinigung). Fürsten, Ritter waren es – im spanischen Bürgerkrieg wurden sie massakriert, vorwiegend von Kommunisten.
Joseph Kosma, Komponist von Zigeunermusik, schrieb uns herrliche Chansons auf Gedichte von Prévert. Jetzt fehlte uns noch ein Kind. Itkine weist mich auf einen Jungen hin, der sich in einem populären Viertel von Paris herumtreibt, er ist ungefähr acht Jahre alt und fürchtet sich nur vor zwei Sorten von Tieren: vor Bullen und Hunden. Dieser Kleine hieß Mouloudji. Er bekam im Grenier ein Bett. Am ersten Abend legte er sich schlafen, aber wir hörten ihn sich bewegen.
»Schläfst du nicht?«
»Nein, ich wiege mich ein.«
Tatsächlich wiegte er sich hin und her. Er rollte sich in den Schlaf.
»Ich wiege mich immer ein.«
Er hatte eine bezaubernde Stimme, und wenn er lächelnd ›Ah! comme elle est triste notre enfance‹ von Prévert und Kosma sang, verspürten wir ein kleines Zwicken in der Brust.
Und dann war da noch Baquet: Preisträger im Cellospiel, akrobatischer Clown und Skilehrer ... Wenn das Ganze einer energisch in die Hand genommen hätte, wir hätten eine ausgezeichnete Truppe der Commedia dell'arte abgegeben. Nur, wir wollten nicht energisch in die Hand genommen werden.
Prévert schrieb seine Gedichte auf Papierfetzen, keinen Augenblick wäre er auf die Idee gekommen, sie in einem Buch zu vereinigen. Anarchistische Großzügigkeit war die Regel ... eine unausgesprochene Regel – oder vielmehr eine ausgesprochene Tatsache. Es herrschte vor allem Respekt vor der Lebensfreude.
Soviel Freiheit konnte zuweilen etwas verderben. Die Picknicks zum Beispiel. Zu Anfang waren wir unter uns. Dann luden wir Freunde ein. Diese Freunde brachten wieder andere mit. Darüber verloren die ersten die Lust und kamen nicht mehr. Schließlich kannte ich keinen Menschen mehr. Die Situation wurde mir erst richtig klar, als eines Tages in der Rue de Rennes ein Mann auf mich zukam, mir die Hand schüttelte und sagte:
»Sie wissen nicht, wo Sie mich hintun sollen? Wir waren doch vorgestern abend bei Barrault zusammen.«
Ich habe mich immer gefragt, wen er bloß für Barrault gehalten hat.

Artaud

Wir trafen uns fast täglich. Manchmal schenkten wir uns gegenseitig eine Rose. Er wollte, daß ich ihn nachahme. Ich tat es. Anfangs lächelte er, beobachtete scharf jede Kleinigkeit, fand es gut; dann beunruhigte es ihn, und schließlich schrie er, außer sich: »Man hat mir meine Pepepersönlichkeit gestgestogestohlen, man hat mir meine Persönlichkeit gestogestogestohlen!« und rannte fluchtartig davon. Hatte ich ihn verletzt? Nein. Auf der Treppe hörte ich ihn schon in Gelächter ausbrechen. Wir konnten uns einander nichts vormachen. Artaud habe ich als Menschen gekannt, nicht als literarisches Phänomen.

Jeder Mensch mit starker Einbildungskraft »begibt sich auf die andere Seite«. Er verläßt seinen eigenen Kreis, ist sich dessen aber bewußt. Und das ermöglicht es ihm, in sich selbst zurückzukehren. Artaud verließ ständig seinen Kreis. Solange er seine Selbstkontrolle bewahrte, war er phantastisch, königlich, unerschöpflich in seinen Visionen. Und voller Komik in seinen Antworten. Er war von überströmendem Humor. Aber wenn ihn – unter Einfluß von Drogen oder Schmerzen – seine Exaltationen überwältigten, begann die Maschinerie zu ächzen, das war qualvoll, schmerzhaft. Man litt mit ihm. Sein Körper wurde steif, verkrampfte sich wie bei jemandem, der sich unter der Folter windet. Seine Zähne verbissen sich in den Lippen. Sein Schädel schien sich über Gebühr zu dehnen, wie unter dem Druck des Gehirns. Seine Augenhöhlen erschienen immer tiefer, je mehr sein Blick sich entfernte, wie ein Laserstrahl. Er war außergewöhnlich schön – aber sein inneres Feuer verzehrte ihn. Durch die Schwingungsfrequenz seines Zwerchfells wurde seine Stimme bis in die vordersten Bereiche seiner Resonatoren getragen, eine rauhe und zugleich hohe Stimme. Ein Kind, das sich selbst in Brand setzte ... Denn wir kannten auch reine Kinderfreuden.

Einmal wurden wir von der Mutter einer uns befreundeten jungen und schönen Schauspielerin nach Passy zum Abendessen eingeladen. Die Dame gehörte der begüterten Bourgeoisie an und bemühte sich, der Tochter wegen, denke ich, unserer Theatergemeinschaft gegenüber aufgeschlossen zu erscheinen. Artaud nahm sie auf eine Weise beim Wort, wie es niemand sonst hätte einfallen können. Mitten im Essen zog er sich bis auf die Hose aus, forderte mich auf, das gleiche zu tun, und führte eine Reihe von Yoga-Übungen vor. Dann stellte er sich halbnackt vor seine elegante Gastgeberin, der nichts Besseres zum Lob dieser »zauberhaften Darbietungen« einfiel, als laut ihre

Verwunderung darüber zu verkünden, daß die Comédie-Française ihn noch nicht entdeckt habe! Daraufhin schlug Artaud ihr mit dem Dessertlöffel aufs Haupt und tönte ihr mit seiner merkwürdig metallenen Stimme in die Ohren: »Madame, Sie gehen mir auf die Nerven!«

Manchmal war er sich der Intensität seiner Stimme überhaupt nicht bewußt. Um ihm die Inszenierung von ›Die Eroberung von Mexiko‹ zu ermöglichen, veranstaltete der Artaud-»fan« Jean-Marie Conty ein Abendessen mit allerlei potentiellen Geldgebern. Die feinen Leute hatten die Einladungen vor allem deswegen angenommen, um Artaud näher kennenzulernen. Im Salon räsonierte unser Poet ungeniert. Er selbst glaubte, mit verhaltener Stimme zu sprechen. Für meine Ohren brüllte er unüberhörbar alles, was er über die ehrenwerte Gesellschaft dachte. Und das war, gelinde gesagt, nicht sehr freundlich. Schließlich verlangte er Ruhe und rülpste:

»Wenn ich mich darauf eingelassen habe, mir von Euch den Arsch lecken zu lassen, dann nur, damit Ihr dem Theater und den Menschen ein bißchen von dem Geld zurückgeben könnt, das Ihr aus den Armen herausgepreßt habt« usw. – Ungefähr etwa diesen Inhalts.

Der Abend war damit geplatzt, und die ›Eroberung von Mexiko‹ wurde nicht aufgeführt. Artaud hingegen ging nach Mexiko. Das magische Zeremoniell des Peyotl-Tanzes sollte seine Gesundheit wiederherstellen. Hatte er nicht nach der triumphalen Niederlage der ›Cenci‹ zu mir gesagt:

»Die Tragödie auf der Bühne genügt mir nicht mehr, ich werde sie in mein Leben transponieren.«

Er sollte Wort halten. Er sollte sich selbst zum Theater machen, zu einem Theater, das nicht »falsch spielt«.

Einmal liefen wir von Passy bis Saint-Germain-des-Prés zu Fuß, und dabei ließ er mich schwören, nie Drogen zu nehmen. Zwischen der Droge und Artaud gab es einen Kadaver: er selbst. Das hat er in einem Satz ausgedrückt, der mich zutiefst berührte:

> *»Ich habe, um mich vom Urteil der anderen freizumachen, alle Distanz, die mich von mir trennt.«*

Seine unerhörte Luzidität! – Ohne Zweifel wußte er von seiner Krankheit. Und gewiß litt er von früher Jugend an unter grauenhaften körperlichen Schmerzen. Um sie zu dämpfen, nahm er Drogen. Doch er wußte, daß er unter dem Einfluß der Droge seine Vitalität verlieren würde. Er flehte, man möge ihn einer Entziehungskur unterziehen, seine Briefe beweisen das. Nach Ablauf von wenigen Tagen litt er Folterqualen, er bestellte aufs neue ein bißchen Rauschgift. Egal was, das hing jeweils von seinem Geldbeutel oder der Großzügigkeit seiner wahren Freunde ab. Opium, Kokain, Hasch, Heroin, Valerianum, Laudanum, egal, ein bißchen von diesem »Dreckszeug«.

Wie de Quincey nahm Artaud die Droge, weil er krank war – er wurde nicht krank, weil er die Droge nahm.

Wer heutzutage Drogen nimmt, um Artauds Genie zu erlangen, tut etwas Widersinniges. Das gleiche gilt für den Alkohol. Dichter, die trinken – ich kenne solche –, tun es aus Verzweiflung, weil die Lebensangst sie erstickt, weil sie sich umbringen wollen – eine extreme Handlungsweise. Sie wissen genau, daß sie in solchen Momenten nichts mehr wert sind. Und genau das ist es, was sie wollen. Aber doch nicht, um ihre Träume zu realisieren oder besser zu schreiben. Es ist immer umgekehrt.

Artaud ging also nach Mexiko, um wieder einmal zu genesen ... Als ich ihn wiedertraf, vermochte er nicht mehr zurückzukehren in seinen Kreis. Er ging wieder fort, diesmal nach Irland. Mit dem Stock des Heiligen Patrick kam er zurück. Er führte ihn mir aber ebenfalls als den Stock von Laotse vor. Er durchlebte seine eigene Tragödie.

Meine letzte Erinnerung an ihn: Place Dauphine, im kleinen Restaurant »Chez Jean«. Er las mir das Manuskript über die ›Taharumaras‹ vor. Anschließend die ›Briefe aus Rodez‹. Danach entfernten wir uns mehr und mehr voneinander. Ihn beherrschte das Schicksal eines Gekreuzigten. Mich, irgendwie ein Verlangen zu leben, mein eigenes Geschick zu erfüllen – auch Ekel vor gewissen Intellektuellen, die ihn meines Erachtens zu berechnenden Zwecken mißbrauchten. Da war besonders eine gewisse Lesung im Vieux-Colombier, an der ich nicht teilnehmen wollte. Sie war schrecklich, unnütz, schändlich. Da wurde das seltsame Tier vorgeführt – es ging nicht um ihn, man wollte nur davon profitieren. Ich fühlte nur Traurigkeit und Ekel.

Immerhin, im Juli 1946 soll im Theater Sarah-Bernhardt eine Veranstaltung zu seinen Gunsten stattgefunden haben. Mein Name steht auf dem Programm. Also ein Zeichen von Solidarität ... Ich muß mich gefreut haben, dennoch erinnere ich mich an nichts. Vielleicht war ich nicht in Paris ... ich weiß nicht mehr. Abgründe des menschlichen Herzens.

Was hat er mir bedeutet? – Durch ihn drang mir die Metaphysik des Theaters ins Bewußtsein.
Bevor ich ihn kannte, hatte ich das Physische des menschlichen Körpers kennengelernt – dank der Unterweisung im Atelier, der Nacht mit Volpone und jener zwei Jahre, die ich mit Decroux verbrachte. Für mich war klar, daß die Kunst des Theaters darin besteht, das Leben, wie es sich im Schweigen und in der Gegenwart darstellt, nachzuschaffen – mit Hilfe des Menschen.
Der Mensch ist das Instrument dazu. Aber meine Vorstellungen von diesem Instrument waren ausschließlich wissenschaftlich geprägt.
Auf Artauds Rat las ich Bücher, die mich dem Orient näher brachten, sie ließen mich andere Horizonte ahnen als jene sehr klaren, von körperlicher Materie bestimmten. Die Ausstrahlung unseres fleischlichen Wesens reicht weit über unsere Epidermis hinaus. Die unerschöpflichen Kräfte von Muskelanspannung und Atmung machen den Menschen zu einer geladenen Batterie ... Trotzdem wäre es eine Vereinfachung, wenn ich den Einfluß von Dullin, von Decroux und den von Artaud getrennt sehen wollte – es handelte sich nicht um eine Abfolge von Einflüssen, alles arbeitete gleichzeitig in mir. Und in der »Grenier-Zeit« näherte ich mich instinktiv Artaud, das ist alles.
Obwohl er es seiner schwachen Gesundheit wegen so schwer hatte, seine Ideen in die Tat umzusetzen, lag sein Beitrag viel mehr auf technischem als intellektuellem Gebiet. Und wenn wir uns für jene kurze Zeit so nahestanden, dann weil auch er in mir eine Menge Empfindungen entdeckte, die er zuvor schon kannte. Vielleicht gab ich ihm auch eine gewisse Sicherheit durch meine spontanen Reaktionen. In unseren Seelen verbanden sich Feuer und Lachen zu einer harmonischen Verbindung.* Leidenschaft und Humor – eben diese Verbindung war zu allen Zeiten die Substanz meines Wesens. Noch heute Äschylos und Feydeau. Von den vielen Leitsätzen, die für mich im Lauf meines Lebens von Bedeutung waren, ist mir einer für immer geblieben: Sich für alles begeistern und sich an nichts hängen.
Diese Begeisterung galt also dem menschlichen Mechanismus, dem Lebenstrieb und ihrer magischen Kraft.
Als Artaud mich die Dreiheit der Kabbala lehrte, war ich fasziniert, verzaubert. Ich hätte schon am nächsten Tag diese Entdeckung nutzen können, um »das Publikum zu verblüffen«. Ich sage das zu

* Das »Théâtre Alfred Jarry« verzichtet auf die Aufzählung aller vorübergehenden Einflüsse, die sich dabei geltend machten. Elisabethanisches Theater, Tschechow, Strindberg, Feydeau ...

meinen Gunsten, denn so snobistisch war ich nicht. Das Wort »Kabbala« ist mir fremd geblieben, es ist »zu stark für mich«. Hingegen ging mir das Phänomen der »Dreiheit« direkt unter die Haut. Hier fand ich mich selbst wieder. Und so gab Artaud mir einen Schlüssel, zu dem ich das Schloß zu finden hatte.
Ob es sich nun um Dullin, Decroux oder Artaud handelte oder um meine persönlichen Erfahrungen und Vorstellungen: ich möchte gerne meine Leser einige Seiten lang in jene Welt einführen, in der ich damals zu leben begann und die bis heute die meine geblieben ist.

Alchimie des menschlichen Körpers*

Oh, meine Eltern, wie böse bin ich euch! (Molière – Monsieur Jourdain in ›Der Bürger als Edelmann‹).

Am besten stellen Sie sich das Laboratorium eines Alchimisten vor.
Meine Instrumente: die Elemente des menschlichen Körpers. Mein angestrebtes Ziel: das Leben in der Gegenwart. Mein Ausgangspunkt: die Stille. Fangen wir also an!
Das Leben in Bewegung: die unendliche Aufeinanderfolge von Gegenwartsaugenblicken, das ununterbrochene Absterben bis zur endgültigen Mutation. Das Werden:

Dem in dieselben Flüsse Steigendem strömt immer anderes Wasser zu
(Heraklit).

Der Raum ist Bewegung: Wir kennen das seit ewigen Zeiten. Im Verlauf dieses unabänderlichen langsamen Vorangehens treffen die Moleküle aufeinander, reiben sich aneinander oder verbinden sich untereinander; alle Staubteilchen des Lebens treiben ihr Spiel und ihren unausgesetzten Austausch miteinander. Das alles steht im Einklang mit einem allumfassenden *Rhythmus*: der Fall – »Geschwindigkeit« der Schwerkraft.
Damit ich diese nicht-faßbaren Vibrationen – die allein die Gegenwart zu einem faßbaren und konkreten Objekt machen – umsetzen kann, brauche ich ein Instrument, das den natürlichen Zustand von Bewegung, Austausch und Rhythmus nachzuahmen vermag.

* Der Leser kann diese nüchternen Ausführungen überspringen und die Lektüre auf Seite 120 über das Leben im »Grenier« fortsetzen.

Folgen Sie mir, betasten und betrachten Sie einmal diese *Wirbelsäule*: Sie ist elastisch wie eine Peitsche, geschmeidig wie eine Schlange – ist sie nicht die Bewegung selbst? Und achten Sie nun auf diesen Blasebalg, die Atmungsorgane, die ohne Unterlaß einen Doppel-Kreislauf zwischen Sein und Universum, zwischen der Außenwelt und dem »Selbst« versorgen und unterhalten. Finden wir hier nicht den Sitz des Austauschs? Und hören Sie auf das Tam-tam dieses Zauberers, des Herzens: kurzer Takt, langer Takt – der Jambus, wie man sagt. Ist hier nicht ein Einklang mit dem universellen Rhythmus? Das Leben pulsiert in Jamben.
Beobachten wir die Atmung einmal aus der Nähe: Der Brustkorb dehnt sich, »empfängt« Luft, er zieht sich zusammen, wodurch er den Kreislauf des Austauschs »anhält«, er unterbricht ihn. Nennen wir diesen Vorgang das Festhalten. Damit haben wir wieder die ursprüngliche Dreiheit des Lebens: *Empfangen, Geben, Festhalten.* Die Dreiheit der Atmung ist: *Einatmen, Ausatmen, Luftanhalten.* Denken wir im Augenblick nicht darüber nach; wir werden übrigens nie »denken«.
Die Sensualität des Lebens läßt uns ohne weiteres folgendes begreifen:

Empfangen = Femininum
Geben = Maskulinum
Festhalten = Neutrum

Hier haben wir die Dreiheit der Kabbala!
Wohlverstanden, es handelt sich hierbei weder um Männer noch um Frauen. Welchen Geschlechts wir auch immer sind, wir werden alle von der Dreiheit des Lebens bestimmt. Das Ausmaß ist je nach Geschlecht verschieden, bei einem Künstler geht gar alles durcheinander.
Jede Dreiheit hat sechs Komponenten:

Neutrum-Maskulinum-Femininum
Neutrum-Femininum-Maskulinum
Maskulinum-Femininum-Neutrum
Maskulinum-Neutrum-Femininum
Femininum-Neutrum-Maskulinum
Femininum-Maskulinum-Neutrum

Sie fragen sich, worauf ich hinauswill? Wenden wir dieses Schema auf die Malerei an. Die Dreiheit ist dann:

gelb *Neutrum,* blau *Maskulinum,* rot *Femininum*

Die drei Grundfarben. Setzen wir die Komplementärfarben dazu, erhalten wir:

gelb und blau = grün
blau und rot = violett
rot und gelb = orange

Und mit dem Spiel dieser sechs Farben können wir unendlich viele gebrochene Töne erzielen.

Ebenso können Sie mit dem Spiel der Dreiheit der Atmungsvorgänge unendlich viele Atmungszustände erreichen.

In wieweit ist das interessant? So wie das Sein ein doppeltes ist, so gibt es auch zwei Arten der Atmung: das unbewußte Atmen zur Erhaltung des biologischen Lebens, des »Selbst«, und das bewußte Atmen, das Atmen der »Person« (der Rolle), die den Bezug zu den anderen herstellt. Beide vermischen sich leicht und beeinflussen unsere seelischen Zustände. Im Leben geschieht das auf ganz natürliche Weise. Wenn wir aber über eine »Alchimie« der Atmung verfügen, sind wir imstande, uns willentlich in gewünschte Zustände zu versetzen. Diese künstliche Nachahmung eines Naturvorgangs ist die *Kunst der Atmung*. Sie vermuten zu Recht, daß wir uns damit der Wissenschaft von den menschlichen Verhaltensweisen nähern, das heißt dem Theater.

Bevor wir fortfahren, noch eine weitere Beobachtung, die wiederum durch einen Vergleich mit der Malerei leicht verständlich wird: Zu den sechs Farben (drei Grundfarben und drei Komplementärfarben) kommen zwei weitere Einflüsse hinzu: Weiß und Schwarz. Das Licht und sein Schatten. Und ebenso fügen sich den verschiedenen Zuständen der Atmungsvorgänge zwei Einflüsse, zwei Strömungen an; sei es der Einfluß, den das Individuum der Außenwelt auferlegen will (aktive Strömung), oder der Einfluß, dem das Individuum durch die Außenwelt unterworfen wird (passive Strömung). Diese beiden Strömungen ermöglichen unendlich viele weitere Kombinationen.

Ich weiß, es ist schwierig, nur durch die Lektüre diese Wahrnehmungen nachzuvollziehen, Theater ist eben vor allem »praktische Übung am Leben«.

Ein Beispiel: Werde ich von außen, gegen meinen Willen, zu einer Atmung gezwungen, so ist das eine »passive« Atmung. Ich atme gezwungenermaßen Luft ein, die ich gar nicht will. Das könnte ebensogut eine Idee sein oder dieser ärgerliche Text. Da ich die Luft nicht mehr anhalten kann, atme ich unter äußerster Willensanstrengung so kräftig wie möglich aus, gebe mit einer »aktiven«

Atmung zurück, was mir aufgezwungen wurde. Dann verschließe ich mich. Will ich jedoch nicht ersticken, muß ich schon bald, gegen meinen Willen, wieder einatmen, usw. Wenn ich diesen Atmungs-Rhythmus zwei bis drei Minuten durchhalte, steigere ich mich *wirklich*, bis in meine unbewußte Atmung, in den *Zustand des Zorns.*
Wenn ich dagegen auf »passive« Weise ausatme, nehme ich all meine Kräfte, hole Luft und halte sie so lange wie möglich in meiner Brust; um zu überleben und um ja nichts von dieser kostbaren Nahrung zu verlieren, verschließe ich mich. Da aber meine Kräfte nicht reichen, dies bißchen Leben festzuhalten, muß ich bald einer passiven Ausatmung nachgeben usw. Wenn ich zwei bis drei Minuten lang diesen Atmungs-Rhythmus durchhalte, werde ich *wirklich*, bis in meine unbewußte Atmung, in den *Zustand der Schwäche*, der Krankheit und schließlich des Todes versetzt.
Verlassen wir nun die *Alchimie der Atmung*, und wenden wir uns der Geste zu. Mit Hilfe des Oberkörpers, des Halses, des Kopfes und der Glieder bestimmt die Wirbelsäule unsere Gesten. Wieder die Dreiheit:

Ziehen	Stoßen	Spannen
Empfangen	Geben	Festhalten
Femininum	*Maskulinum*	*Neutrum* (Kabbala).

Die gleichen Kombinationen, die gleichen Strömungen: aktiv und passiv. Die gleiche unendliche Vielfalt an gebrochenen Tönen. Anders gesagt: der gleiche Reichtum der Sprache.

Alles, was nicht Prosa ist, ist Vers, alles, was nicht Vers ist, ist Prosa.
(Der Philosoph in ›Der Bürger als Edelmann‹).

Wir haben es bisher vermieden, uns irgendwelcher Ideen zu bedienen, und wir wissen jetzt, daß der menschliche Körper physisch über eine Sprache der Atmung und eine der Geste verfügt. Und auch die Sprache der Geste hat ihre einfache Grammatik: Subjekt, Verb, Objekt. Auf den Mimen übertragen bedeutet das: Haltung, Bewegung, Zeigen. Was das Verb betrifft, so setzt es sich aus Muskelkontraktion und Atmung zusammen. Je nachdem, ob die Zwerchfellfrequenz langsamer oder schneller ist, kommt Luft in meine mehr oder weniger geformte Mundhöhle: So werden die Vokale gebildet. Indem mein Atem die gespannten Mund- oder Zungenmuskeln passiert, forme ich die Konsonanten. Auf diese Weise entstehen die Silbe und das Wort. Das Wort ist ein kleiner Sack, der eine Idee oder ein Bild enthält. Wir schießen ihn in die Luft wie ein Geschoß, er platzt, und Ideen und Bilder schweben wie ein radioaktiver Niederschlag auf die Schultern der Menschen herab. Es besteht also im Ursprung kein Unterschied zwischen Geste und Wort: Beide sind ein körperlicher Ausdruck, beide setzen sich aus Muskelkontraktion und Atmung zusammen. Magie des Lebens – Religion, das heißt eine extrem körperliche Empfindung.

Als mir Claudel zwei Jahre später seine Definition des »Wortes« gab: »Ein Happen Bewußtheit«, hat mich das ihm verständlicherweise noch näher gebracht.

Unser Körper hat, grob gesehen, vier Energiezentren: Kopf, Bauch, Geschlecht und Nerven.* Meistens herrscht eines dieser Zentren über die drei anderen und bestimmt unser Verhalten. Besonders werden die Schwingungsfrequenzen unseres Zwerchfells beeinflußt. Der Atem schlägt an die entsprechenden Stellen unseres verzweigten Höhlensystems von Mund, Nase und Stirnhöhlen. Das wirkt sich hauptsächlich auf den Klang der Vokale aus. Das Leibzentrum leitet den Ton auf die Unterlippe, bei erotischem Verlangen rutscht die Stimme in die Kehle, das Intelligenz-Zentrum führt sie an den Gaumen, und das Nervenzentrum läßt den Ton in Nasen- und Stirnhöhlen vibrieren. Die Stimme ist also nicht nur ein einzelnes Instrument, sondern ein ganzes Orchester. Der Bauch spielt die Posaune, das Geschlecht die Violine, der Kopf ist Holz- und Blechbläser, und die Nerven blasen die hohen Trompeten und Pikkoloflöten oder streichen die singenden Sägen. Selten sagt man im Ton eines Feldwebels »Ich liebe dich«. Und selten kommandiert ein Feldwebel sein »Habt acht!« mit belegter Stimme aus der Tiefe der Kehle, wie man »Ich liebe dich« sagt. Und wenn Ihre Tischnachbarin Ihnen mit einer Stimme aus dem Unterleib ins Ohr haucht: »Würden Sie mir bitte Wein einschenken«, dann dürfen Sie sich unter dem Tisch getrost ihrem Knie nähern, sie ist Ihnen gewogen. In dieser Verschiebung unserer normalen Sprechstimme in eine von der jeweiligen Situation geprägte Stimme drückt sich unser Verhalten aus. In ›Phädra‹ spricht Hippolyte zu Aricie über die Staatsräson mit weicher, im Hals steckender Stimme, weil er sie liebt und ihre Gegenwart ihn beeindruckt. Er spricht »tonlos«. Die Diktion auf der

* Immer wieder die Platonische Dreiheit, gekrönt vom Tetraeder: ein von vier Dreiecken begrenzter Körper.

Bühne ist die Kunst, die Stimme richtig zu »placieren«. Artaud sprach mit einer Stimme, die den Zustand seiner Nerven verriet.

Objektivität – Subjektivität

Wir sehen mit unseren Augen. Wir sehen mit unserer Brust. Das ist der Unterschied zwischen Analyse und Synthese. Die subjektive Konzentration basiert auf der Atmung. Wenn ich aufmerksam verfolge, was Sie mir sagen, mein ganzes Wesen aber auf meine Nachbarin fixiert ist, dann wende ich Ihnen meinen Kopf zu, meine Brust aber dieser Nachbarin! Die Achse des Körpers ist gewunden wie ein Korkenzieher.

Noch ein Schlüssel zu diesem Problem: Artauds Auffassung vom *Sinn der Grausamkeit,* zumindest so, wie ich es verstanden habe. Grausamkeit ist Leben. Das will nicht eine Neigung ausdrücken, das ist eine Feststellung. Da, wo das Leben am heftigsten pulsiert, geschehen die meisten Grausamkeiten. Und von hier bis zum absichtlichen Trachten nach Grausamkeit ist nur ein kleiner Schritt. Das hat nichts mit Sadisten oder Masochisten zu tun, die das Leben verfehlt haben. Man muß sich, wie in bezug auf Drogen, gegen Mißverständnisse absichern. »Es wird gebeten, sich nicht auf den Namen Antonin Artaud zu berufen, um grundlos Grausamkeiten nachzugehen.« Eines der ersten Naturgesetze ist das der Aggressivität: Es ist ein Gesetz der Schöpfung. Angreifen, um weiterzukommen. Die Menschen befolgen jedoch das Gesetz im verkehrten Sinne: Sie erfanden die zerstörerische Aggressivität. So ist sie keine Befreiung der Instinkte, sondern eine Krankheit. Der Mensch hat den Sinn seines Überlebens verloren. Der Freudsche Begriff des »Todestriebes« scheint mir heute durch neue Erkenntnisse der Biologie überholt zu sein. In einem Vortrag, den Artaud in Mexiko hielt, sprach er von meiner Arbeit. Ich zitiere einige Zeilen daraus, um den Grad unseres gegenseitigen Einverständnisses aufzuzeigen:

> *»Dieses Theater im Raum hat nicht nur eine soziale Funktion. Es ist vielmehr das Theater der menschlichen Revolte, der Auflehnung gegen das Gesetz des Schicksals; ein Theater erfüllt vom Aufschrei – nicht der Angst – sondern des Zornes und noch mehr vom Gefühl für den Wert des Lebens.*
> *Es ist ein Theater, das zu weinen versteht, aber gleichermaßen ein starkes Bewußtsein vom Lachen besitzt und weiß, daß im Lachen eine reine Idee liegt, eine wohltuende und reine Idee von den ewigen Kräften des Lebens.«*

Artaud hatte, bevor ich ihn kannte, im Théâtre de Grenelle das »Théâtre Alfred-Jarry« gegründet.
Jarry: Der tränenüberströmte Clown.
Artaud: Zucken des Lachens auf einem gekreuzigten Gesicht.
Artaud: Der van Gogh des modernen Theaters.

Kehren wir zu unserem Leben im Grenier zurück. Decroux hatte schon recht gehabt, als er mir vorwarf, daß ich mich verplempere. Statt in den unterirdischen Gängen des Experimentiertheaters auszuhalten, gab ich allen Verlockungen des Lebens nach. Meine astrale Konjunktion ist, soviel ich weiß, von Merkur und Venus bestimmt. Saturn hat keinen Einfluß, dafür kann ich nichts. Ich lebte als Anarchist, tobte mich aus und verströmte mich nach allen Seiten. Auf der einen Seite war der spanische Bürgerkrieg, der gerade ausgebrochen war und die Gemüter erhitzte. Auf der anderen Seite war der Film, der mir Angebote machte. Im Gegensatz zu der verbreiteten Annahme hatte ich immer gerne beim Film mitgearbeitet. Ich bin dabei nur auf nette Leute gestoßen und habe sogar gute Freunde gewonnen. Das Leben, das man während der Dreharbeiten führt, ist durchaus phantasievoll; keine normalen Arbeitszeiten wie in den Hallen. Und schließlich hatte ich begriffen, daß ich all meine Pläne verwirklichen konnte, wenn ich bei Film und Theater zugleich tätig war. Marc Allégret gab mir eine neue Rolle in ›Sous les Yeux d'Occident‹, und zwar spielte ich einen Terroristen.
Was das Theater anbetraf, war ich noch unsicher, weil ich insgeheim den Plan hatte, ein eigenes Ensemble zu gründen. Ich wollte unbedingt irgendwann einmal für eine Gruppe von Menschen verantwortlich sein. Das war mein Wille, mein Ziel, meine Lebensreise: die Bestimmung, die ich mir vorgezeichnet hatte. Aber ich war allein und hineingeworfen in die Gesellschaft. Was kann man anderes tun, wenn man im offenen Meer ist, als mit den Wellen schwimmen? Ich bewundere die Leute, die schnurgerade ihren Weg gehen; sie besitzen zweifellos die Kraft, den Elementen zu trotzen. Ein Drittel meiner Zeit verbrachte ich in den Filmstudios, ein weiteres Drittel damit zu leben, ohne nachzudenken; das letzte Drittel widmete ich meinem Theater.

Ich sagte schon, daß ich furchtsamer Natur bin, sagen wir ruhig: daß ich ängstlich bin. Im Verlauf dieser Introspektion erkenne ich immer deutlicher diese Angst in mir. Ich gehe so weit, mich zu fragen, ob Angst nicht der Ursprung allen Lebens ist – noch

vor dem Gesetz der Aggression. Wenn eine Zelle sich teilt, tut sie es vielleicht aus Angst, sonst nicht mehr Zelle zu bleiben? Als die Natur die Aggressivität entdeckte, tat sie es vielleicht aus Angst, sonst nicht mehr weiterzubestehen? Ist der, der keine Angst hat, wirklich lebendig?
Zu einem späteren Zeitpunkt, das fällt mir jetzt ein, klärte mich Dr. Schweitzer, der mir seine Freundschaft schenkte, darüber auf, daß Angst das Leben *beherrscht*. Angst haben, wenn man es bedenkt ... es gibt Grund genug, das müssen wir zugeben!

Und für meine schönen Theater-Ideen suchte ich Bestätigungen, aus Angst, ihre Wahrheit könne sich als ganz relativ erweisen. Aber wo? Bei den Tragikern? Das war verlockend, aber problematisch. Bei den französischen Klassikern? Gefährlich. Ich würde meine Ideen schon verwirklichen, doch brauchte ich überzeugende Gründe, weiterhin an sie glauben zu können. Manche Surrealisten, wie Georges Bataille, verehrten Corneille. Ich selbst war mehr von Racine fasziniert. Claudel? Den kannte ich kaum. Artaud hatte zwar einmal einen Akt von ›Mittagswende‹ inszeniert, das Manuskript wurde unter der Hand herumgereicht. Was hatte Artaud am Ende erklärt: »Der Akt, den Sie soeben gesehen haben, stammt von Paul Claudel, Dichter, Botschafter und Verräter.« Was hatte Desnos geantwortet, als man ihn nach dem größten lebenden französischen Dichter fragte? »Das ist Claudel, verdammt noch mal!«
Alle um mich herum hatten die »schwarzen Brüder« gefressen. Mir war das egal.
André Masson hatte, als der Bürgerkrieg auszubrechen drohte, seine Frau und seine beiden Babys, Diego und Luis, aus Spanien zurückgeholt. Er riet mir: »Du magst doch Cervantes, du solltest ›Numantia‹ mal wieder lesen.« Der Funke sprang über. Masson hatte ins Schwarze getroffen. Ich hatte meinen klassischen Außenseiter gefunden. In bezug auf die Gesellschaft konnte ich meinen Beitrag für die spanischen Republikaner beisteuern – das Individuum wird respektiert und die Freiheit verherrlicht. Auf der metaphysischen Ebene des Theaters drang ich in das Reich der Phantastik, Tod, Blut, Hunger, Wut und Raserei. Gesang, Pantomime, Tanz, Realität, Sur-Realität – *der Strom, das Feuer, die Magie. Mein totales Theater*. Ich stürzte mich blindlings hinein. ›Numantia‹: die Verifikation, die mir erlauben sollte, noch weiter zu gehen.
André Masson war bereit, mir beizustehen, er versprach mir seine Mitarbeit für Kostüm und Bühnenbild. Für die Musik würden wir

noch sehen. Ich war geschwängert, ich war trächtig, wie man von einer Hündin sagt. Das Austragen dauert bei ihr 65 Tage, bei einer Stute elf Monate. Bei einem Künstler – wer kann das sagen? Der Künstler mit seiner spiralförmigen Dreiheit, die sich in höchster Geschwindigkeit wie ein Kreisel dreht: Femininum, Neutrum, Maskulinum ...

An dieser Stelle ereignete sich noch etwas. ›Sous les Yeux de l'Occident‹ war angelaufen. Jean-Benoît Lévy, bekannt durch seinen berühmten Film ›La Maternelle‹, wurde auf mich aufmerksam. Er bewunderte Madeleine Renaud und bereitete einen neuen Film mit ihr vor: ›Hélène‹. Beide suchten nach einem jugendlichen Liebhaber. Madeleine Renaud wollte gern Claude Dauphin. Sie hatte recht, alles sprach für ihn: Nuanciertheit, Talent, Intelligenz, sein geistreicher Charme, seine blendende Erscheinung.

»Aber ich habe da einen jungen Mann entdeckt, den ich Ihnen vorstellen möchte. Er ist nicht gerade schön, aber er hat einen Blick und ein Lächeln ...«

»Gar nicht so schlecht, in der Tat. Wann kann ich ihn treffen?«

»Ich schicke ihn zu Ihnen. Aber ich sage Ihnen gleich, er ist wild, ungewaschen, schlecht rasiert ... und ohne Krawatte ...«

»Sagen Sie ihm, er soll sich waschen und rasieren. Und er soll mich vor allem nicht beißen.«

Jean-Benoît Lévy suchte mich überall. Ich war mit meinen Revoluzzer-Kameraden auf der Alpe d'Huez. Die Trotzkisten machten schon damals Skiferien. Wir waren in jeder Hinsicht Avantgarde, sogar im Skilaufen! Es war die große aktive Zeit der »Front populaire«. Wir gingen in die Fabriken und rezitierten Gedichte. Die Arbeiter bei Renault, die Verkäuferinnen in den Warenhäusern entdeckten Jacques Prévert, Paul Eluard, Louis Aragon. Die ersten Campingplätze entstanden, das Tandem kam in Mode. Die Boutiquen des »Printemps« brachten die ersten buntbedruckten Kleider heraus, prêt-à-porter lange bevor es diesen Begriff gab. Die Mädchen waren zum Anbeißen schön. Das Volk emanzipierte sich. Léon Blum, den ich fast ebensosehr wie Trotzki verehrte, erfand prophetisch das Ministerium für Freizeitgestaltung. Die Menschheit begann ihr Recht auf Leben zu begreifen. Eine großartige Zeit – und die »honetten Leute« sollten das nicht verzeihen! Das Recht zu leben? In Freiheit und Respekt vor dem Menschen? Alles, nur nicht das! Dann noch eher Krieg! Drei Jahre haben sie gebraucht. Drei Jahre Aufschub ...

Aber kommen wir auf die bereits angedeutete Sache zurück.

Madeleine

Es ist meine Pflicht zu sagen, daß Madeleine mit diesem Lebensbericht, der zum großen Teil unser beider ist, nicht einverstanden ist. Es ist ihr peinlich. Ich verstehe das um so besser, weil es auch mir peinlich ist. Wenn wir uns indessen auf der Leinwand sehen, sehen wir nicht mehr uns selbst. Ich denke dabei nie »ich«, sondern »er«.

Aber natürlich ist es für mich weniger peinlich als für sie; 1. weil ich es bin, der schreibt, und somit aktiv ist; und 2. schreibe ich den Bericht über einen »anderen«. Selbstverständlich hilft mir mein Double dabei. Und dann sind es ja nichts als Tatsachen! Warum sollte man nicht darüber berichten, wenn man darum gebeten wird?

Ich war hocherfreut über das Angebot von J.-Benoît Lévy. Es war eine Hauptrolle, und ich hegte die größte Bewunderung für Madeleine Renaud. Ich hatte sie in ›La Maternelle‹ gesehen. Soeben hatte sie sich den großen Filmpreis für ihre Interpretation in ›Maria Chapdelaine‹ geholt. Sie war wirklich ein großer Star und außerdem eine der Königinnen des französischen Theaters. Glücklicherweise brachten ihr meine Dichter- und Anarchisten-Freunde dieselbe Bewunderung entgegen. In meiner Clique herrschte darüber ungeteilte Meinung. Sie war eine hundertprozentig menschliche Schauspielerin, für uns der Typus der echten Künstlerin.

Ich ging also, um mich ihr vorzustellen. Sie bewohnte in Passy eine prächtige Villa, eingerichtet mit rosafarbenen Polstermöbeln und Glasdekorationen im Jugendstil . . . Ich hatte mich rasiert, aber das war auch alles. Im übrigen soll man bösen Zungen nicht glauben: So ungewaschen war ich gar nicht. Zwar eingeschüchtert, war ich doch fest entschlossen, von meinen »Puma«-Attitüden nicht abzulassen.

Die Unterhaltung verlief in charmantester Weise. Sie fragte, was ich von der Einrichtung ihrer Salons hielte. Ich antwortete »unverblümt«, daß ich sie scheußlich fände. So nebenher ließ ich einige literarische Zitate einfließen, und jetzt war sie es, die sich liebenswürdig über mich lustig machte. Sie war von vollendetem Charme mit ihrem Lächeln von Reims, ihren großen haselnußbraunen Augen unter schweren Lidern. Vor allem hatten es mir ihre Unterarme angetan, die mir so appetitlich erschienen wie zwei warme kleine Brötchen.

Als sie mich zur Tür begleitete und verabschiedete, sagte sie:
»Jean-Benoît Lévy hätte gerne, daß ich meine Haarfarbe etwas dunkler töne. Was meinen Sie?«
»Als Ihr zukünftiger Liebhaber würde ich sagen, Ihre Haare gefallen mir so, wie sie sind!«
Ich sprach selbstverständlich von meiner Rolle ... aber ich lasse gern so eine Dummheit einfließen. Vielleicht wollte ich auch ein bißchen Eindruck machen ... die Frauen mögen es, wenn die Männer eine Spur unverschämt sind. Auf zwei Arten kann man sie ehren: sie respektieren und sie nicht respektieren.
Gedreht wurde in den Studios von Joinville. Ich hatte meinen ersten Wagen erworben: einen alten Citroën. Madeleine kam in ihrem offenen Talbot-Kabriolett angebraust. Es war Juli, herrliches Wetter. Sie stellte mich ihrem ersten Mann Charles Granval vor, den ich längst bewunderte und der mir sehr gefiel. Er gehörte wie ich zur Sorte der »ungefährlichen Anarchos«. Am Tag, wo die große Liebesszene gedreht wurde, ließ man uns unsere Mahlzeit zu zweit allein in einem Nebenzimmer einnehmen – mit einer Flasche Champagner, damit wir in Stimmung kämen. Zwischen den Einstellungen erklärte ich ihr, daß ich im Grunde nur das Leben zu zweit liebte, daß ich ein Ensemble gründen wollte und die Absicht hätte, Regisseur zu werden, Verantwortung tragen wolle usw. Und während ich ihr meine Ideen vortrug – die sie zu intellektuell fand –, konnte ich es nicht lassen, unentwegt auf ihre kleinen Unterarme zu starren.
Sicher machte sie sich lustig über mich. Sie war kokett, flirtete nicht schlecht und wußte sehr genau um die Wirkung ihrer verführerischen Augen, um diesen Blick, der ein bißchen tiefer geht, als er dürfte, und unweigerlich die Lippen sinnlich werden läßt.
Alles in allem passierte nichts Besonderes – das übliche Leben beim Filmen mit seiner spezifischen Atmosphäre. Es ist ganz normal, daß man seiner Partnerin den Hof macht, wenn man sich als Partner verliebt zu geben hat, und es ist ganz natürlich, wenn die Partnerin sich den Hof machen läßt. Aber in diesem Film liebte ich sie bis zum Selbstmord.
Nach drei Wochen Dreharbeit im Atelier fuhren wir mit dem Team zu Außenaufnahmen nach Grenoble. Wir wohnten im Hotel Lesdiguières. Madeleine nutzte die Gelegenheit zu einem Ausflug nach Südfrankreich – dem Star konnte man nichts abschlagen. Ich fuhr nach Tournus. Ich habe ein Foto aufbewahrt von diesem Besuch – von genau dem Moment, wo ich zu meiner Mutter sage – ich

erinnere mich genau an diesen Augenblick – das Unterbewußtsein hatte es mir in unvergleichlicher Vorausahnung eingeprägt –:
»Ich bringe Madeleine zu dir.«
Ein Vorgefühl? Liebe, die von weither aus fernen Zeiten kommt, insgeheim bis in die letzten Winkel dringt? Prahlerei? Wette? Was weiß ich. Auf jeden Fall war's ein brennendes Verlangen. »Mein Tier« wollte es. Madeleine hätte mich ausgelacht. Was meine Mutter übrigens tat.
Wenn man Wasser zum Kochen bringt, beginnt es, im Topf zu singen, dann kräuselt es sich eine Weile, und plötzlich sprudeln große Blasen hoch, es verwandelt sich in Dampf. Bislang hatten wir im Atelier gesungen, und zugegeben, auch leicht gekräuselt. Aber in den Bergen der Dauphiné setzte die Verwandlung ein.
Während der Kuß-Szene zwischen Wiesenblumen – die Kamera hatte schon lange gestoppt – machten wir weiter und vergaßen alles um uns herum. Die Kameraleute klopften uns freundlich auf die Schulter ... damit wir wieder zu uns kamen. Und wir waren überzeugt, daß keiner was gemerkt hatte! Wir wußten nicht mehr, was wir taten. Dann, eines Tages, war ich hellwach.
Während das Team die nächste Einstellung vorbereitete, machte ich ihr meine Liebeserklärung mit der Fühllosigkeit, wie man sie oft bei großen existentiellen Entscheidungen hat: ein rein notarieller Akt. Wir standen mitten auf einer Wiese.
»In Ihnen ist ein Wesen, das dem meinen total entspricht. Ich werde Sie fürs Leben zu mir nehmen und in meiner Tasche tragen! Ihr derzeitiges Leben ist ruhmreich, aber es ist künstlich. Im Grunde sind Sie nicht glücklich. Ihre Seele ist grau. Auch mein Leben ist nicht ausgewogen. Und Sie allein können mir zum Ziel verhelfen. Wir werden uns alle beide zur Entfaltung bringen, und unsere Seelen werden hell sein!«
Immer wieder dieses Aufreißen des Nebels in den Bergen – man nennt das ein »Fenster«, durch das man die erhofften Horizonte erblickt: Weniger eine Aussicht – als eine Vision! Ich war so aufrichtig, so überzeugt, wie man nur sein kann, als mein Ich zu seinem anderen sprach, durch mich, durch uns beide.

»Mesa, ich bin Ysé, ich bin's.«

Geht es denn darum, sich zu verführen, sich in einem Bett zu umarmen – so wunderbar das auch sein mag! Nein! Es war ja mehr als das! Es kam von viel weiter her und sollte noch viel weiter gehen.

Keine Zukunft, keine Vergangenheit, aber die ewige Gegenwart. Zwei Hälften eines Wesens sollen eins werden, sollen ein Paar werden!

»Ich habe Sie kennen-gelernt, jetzt er-kenne ich Sie wieder.«

»Heh! Kommt ihr jetzt? Ihr seid dran, wir drehen . . .« Wir schwangen uns auf unser Tandem – die Filmgesellschaft hatte das von der »Front populaire« in Mode gebrachte Transportmittel für diese Szene gemietet –, und ich rollte mit Madeleine im Rücken davon. Ohne es zu ahnen, traten wir zum ersten Mal in die Pedale und begannen einen Ausflug, der bis heute andauern sollte: Fünfunddreißig Jahre ging es um Kurven, hinauf und hinunter, durch Wind und Wetter, über Ströme und Meere und »rund um die Welt« . . .

Die Rückreise machten wir über Tournus. »Mein Tier« hatte recht behalten. Dann kehrte Madeleine zu ihrer Familie zurück. Sie hatte von Charles Granval einen kleinen Sohn: Jean-Pierre. Überhaupt, ihr Privatleben war ziemlich kompliziert. Einige Wochen darauf feierte ich im Kreis der Meinen meinen 26. Geburtstag.

Drei Jahre des Lichts

Für die anderen kamen wir zwei, Madeleine und ich, von den Antipoden. Ich war ein junger Anarchist, ohne Zweifel »Kommunist«, ein unordentlicher, ungekämmter Kerl »ohne Moral«. Ich entstammte dem nur noch halbbäuerlichen Kleinbürgertum. Ich war als Künstler von den »Fauves«, von den »Wilden«, geformt worden. Ein Schauspieler der Comédie zum Beispiel wäre damals nie auf die Idee gekommen, eine Vorstellung von Dullin zu besuchen. Und wir wären unsererseits nie auf die Idee gekommen, beim Conservatoire vorzusprechen, um aufgenommen zu werden. (Ich wäre übrigens, wie Jouvet, bestimmt abgelehnt worden.)

Madeleines Leben hingegen war klar und geradlinig gewesen. Als junges Mädchen hatte sie in Royan bei einer Wohltätigkeitsveranstaltung ein Gedicht rezitiert. Zufällig war Féraudy anwesend, und er riet der »Maman«, das Kind zum Theater gehen zu lassen. Die »Maman« war einverstanden unter der Bedingung, daß Madeleine aufs Conservatoire ginge und dann zur Comédie-Française . . . Keinesfalls zum Théâtre de l'Odéon (dem zweiten Haus der Comédie); denn das hätte ja bedeutet, daß sie aufs andere Seine-Ufer mußte! (Später war Madeleine ihrer Mutter meinetwegen ungehorsam geworden. Und man weiß, das hat sie einiges gekostet.) Das junge Mädchen war also als beste Anwärterin aufs Conservatoire gekommen, war mit einem ersten Preis abgegangen und in die Comédie-Française aufgenommen worden. Madeleine hat die Aura einer ewig Preisgekrönten, ein Wesen, das blitzschnell schaltet. Diese »Naive« durchschritt das Leben mit unbesiegbarer Anmut – ein kleiner Bulldozer von herzerfrischender Naivität. Soviel über das äußere Erscheinungsbild.

Die Wahrheit sieht indessen, ohne die Fakten zu verfälschen, anders aus. Madeleine entstammt der alteingesessenen, gutbürgerlichen Schicht in Passy, sie ist ein reines Kind der Ile-de-France. Ihr Vater war Ingenieur, hervorgegangen aus der Ecole Centrale, ein brillanter Geist, war als Mitarbeiter von Georges Claude bei der Entdeckung der flüssigen Luft beteiligt; er starb, als sie zwei Jahre alt war. Sie entbehrte also den Vater wie ich auch. Ihre noch sehr junge Mutter war wie eine ältere Schwester ihrer beiden Töchter – wie meine Mutter für Max und mich. Und wie bei mir mein Großvater, so regierte bei ihr die Großmutter. Ihre Mutter hatte, wie meine, nur die Liebe im Kopf. Sie besaß übrigens einen unerhörten Charme: ein sinnliches Lächeln, einen fast indiskret flirtenden Blick, blitzende Zähne; eine ganz verführerische Person!

Madeleine hatte nur eines im Sinn: frei zu sein. Als kleines Mädchen verfertigte sie Hüte, um unabhängig zu werden ... War es bei mir nicht ebenso gewesen? Als Schülerin des Conservatoire erregt sie Aufsehen, man sieht sie bereits an der Comédie spielen. De Max tauft sie »schönes Schenkelchen«. Und auf wen hat sie es abgesehen, kaum daß sie im »Haus« der Comédie-Française aufgenommen ist? Auf den einzigen Anarchisten der Avant-Garde, auf Charles Granval, der viel älter ist als sie. Auch er ist »ohne Moral«: »Die Auskünfte, die wir über ihn eingeholt haben, sind gar nicht gut.«

Dennoch, unsere sanfte jugendliche Naive reißt aus von zu Hause und heiratet mit 18 Jahren, ohne mütterlichen Segen, dieses »gefährliche« Individuum. Die Kollegen leihen ihnen die Bettücher.

Wenn man als kleines Kind von ihr Gehorsam verlangte, pflegte sie zu sagen: »Ich möchte ja schon, aber meine Seele möchte nicht!« Madeleine hatte auch ihr »Tier«.

Sie lacht gern, macht Dummheiten, ist leichtsinnig und kokett, aber sie hat einen eisernen Willen. Ein richtiger kleiner Soldat. Wie ich und ich wie sie: Sie will alles und hängt an nichts.

Sie will sich ihr Brot selbst verdienen. Sie wählt sich ihren Vater,

wie ich mir Dullin wählte. Sie wählt ihn im äußersten Gegensatz – und macht ihn zu ihrem Gatten.
Ich glaube, daß sich in die tiefste Liebe immer eine Spur von Inzest mischt. Vater oder Mutter, Bruder oder Schwester, Tochter oder Kind. Wie oft nennen die Frauen auf dem Land ihren Mann »mein Sohn«; »Mon fi-fi-Figaro«* sagt Suzanne bei Beaumarchais. Und das ist nicht im mindesten anormal. Keiner hat deswegen schon einen Ödipus-Komplex! – Nochmals sei Freud um Pardon gebeten. Wir alle bilden einen gemeinsamen Körper.
Ohne Granval wäre Madeleine auf jeden Fall eine gute Schauspielerin geworden. Unter seinem Einfluß wird sie zur Künstlerin. Sie entdeckte ihre Bohème-Seite. Aber sie weiß, wie schwer es ist, ohne Vater seine Freiheit gegenüber den anderen zu behaupten. Sie liebt alles Phantasievolle, aber sie will ihre solide Basis nicht verlieren. Sie ist ein Baum von der Wurzel bis zur Blüte.
So war es allem Anschein zum Trotz möglich, daß wir uns begegneten, daß wir uns zu einem bestimmten Zeitpunkt erkannten. Wenn ich eine Frau gewesen wäre, ich hätte Madeleine sein wollen. Und ... wie seltsam doch das Leben spielt! Da ist dieses Mitglied der Comédie-Française, wohnt in einer Villa in Passy und begegnet einem widerborstigen Jungen, der im Milieu von St.-Germain-des-Prés verkehrt. Unsere berufliche Entwicklung ist völlig entgegengesetzt: Tradition und »Fauvisme«. Zwischen beiden »feindlichen« Lagern blüht nach wie vor das sogenannte Boulevard-Theater in Paris. Allen voran Edouard Bourdet. Und zwei Wochen nach unserem Abenteuer läßt Jean Zay, einer der bedeutendsten Kultusminister, den Frankreich gekannt hat, Bourdet in die Comédie-Française aufnehmen und mit ihm die »fauves«: Jouvet, Dullin, Baty**. Das berufliche Leben Madeleines erhält dadurch eine neue Wendung! Als hätte ich Madeleine meine Meister vom Cartel als Aussteuer mitgebracht. Sie dagegen läßt mich inmitten dieser Hochburg der Tradition den einzigen »Wilden« kennenlernen, einen freien Mann der Revolte: Granval. Gegenseitiges Austauschen und Erkennen. Und ich bin sicher, zu dieser Zeit war ihr nichts wichtiger als ihre neue Rolle als Jacqueline in Mussets ›Chandelier‹ in der Inszenierung von Baty, mit der die großen Veränderungen in der Comédie ihren Anfang nahmen.
Die drei Jahre, die nun folgten, waren drei leuchtende Jahre, sowohl für uns als für ganz Paris. Drei weitgespannte, brausende Jahre.

* »Mon Fi« = Fils, mein Sohn (Anm. d. Ü.).
** Und drei Jahre später: Jacques Copeau in Person!

Die Wiedergeburt der Comédie-Française. Die Anerkennung des »Cartels«. Die großen dramatischen Werke von Giraudoux, Jules Romains, Salacrou, Cocteau. Die Bühnenbilder von Christian Bérard. Die Veranstaltungen der Intelligenz: ich denke an François Mauriac, an Professor Mondor, an Paul Morand, ich vergesse gewiß viele, man verzeihe mir. Die Filme von Prévert und Carné, von Jean Renoir, von Grémillon. Die Malerei auf ihrem Höhepunkt. Die surrealistische Ernte. Der Auftritt Sartres. Die soziale Emanzipation. Paris, die geistige Hauptstadt der Welt. Die gegensätzlichsten Leute sind bereit, sich untereinander zu treffen. Niemand bleibt nur auf sich bezogen damals ... Wenn ein Flußdampfer durchs Wasser zieht, bäumt sich die Flut auf, bevor sie zerschnitten wird, wie ein schwellendes weibliches Geschlecht: Es scheint, daß sich das Leben in ähnlicher Weise steigert, bevor die Prüfungen des Krieges sich nähern.

Madeleine zuliebe hatte ich den Grenier verlassen. Picasso übernahm ihn. Dort war es, wo er ›Guernica‹ malte. Ich hatte ein Studio an der Place Dauphine (Nr. 11 – immer eine gute Ziffer). Madeleine und ich wohnten nicht zusammen. Sie war mißtrauisch. Und ich hatte nur einen Gedanken: ihr zu beweisen, was ich wert war. Gewiß, ich spielte am Theater: ›Ein Mann wie die anderen‹ von Salacrou, ›Der Menschenfeind‹ zusammen mit Alice Cocéa. Ich wurde ein Filmstar: ›Der Puritaner‹, ›Drôle de Drame‹. Aber meinen Wert erblickte ich in der Realisierung von ›Numantia‹.

> *»Aus größter Liebe für sie«*
> (wie es in einem Gedicht von Desnos heißt).

Kopfüber stürzte ich mich in diese neue Prüfung. Es hat mich sämtliche Filmgagen gekostet. Instinktiv wählte ich ein größeres Theater als das Atelier. Am meisten sagt mir ein Theater von ungefähr tausend Plätzen zu. Warum das so ist, weiß ich nicht.

Mit Monsieur Paston, dem Direktor des Theater Antoine, schloß ich für zwei Wochen ab, sie lagen zwischen zwei Aufführungsreihen einer Marseiller Operette von Allibert. Dieses Mal brachten mir meine Kameraden volles Vertrauen entgegen, und es gab keine Abtrünnigen. Roger Blin machte mit. Alejo Carpentier, ein kubanischer Schriftsteller und Musikwissenschaftler, besorgte mir die Bühnenmusik. Ein bedeutender Musikwissenschaftler, Wolff, der eine ungewöhnliche Plattensammlung besaß, verschaffte uns die seltensten Aufnahmen. Er wurde später von den Nazis zu Tode gefoltert, er war Jude. André Masson hielt sein Versprechen. Mme Karinska, die führende Kostümbildnerin von Paris, hatte die Ausführung der Kostüme übernommen. Das Probenfieber stieg. Madeleine war ein bißchen überrascht und enttäuscht, doch zugleich gerührt, ein Liebesleben mit einem solchen Schwerarbeiter zu führen, der sich in dem kleinen Studio nur noch neben ihr aufs Bett fallen ließ. Desnos, der wahlverwandte Bruder, verfolgt aufmerksam die Proben. Am verabredeten Tag werden die Kostüme geliefert. Mme Karinska verlangt, daß ich bar bezahle. Ich habe kein Geld mehr. Wenn ich nicht sofort zahle, wird sie die Kostüme wieder mitnehmen. Ich weiß nicht mehr, was ich tun soll. Desnos ist dabei. Er sagt:

»Ich muß eine Besorgung machen. Seien Sie so nett, Madame, und warten Sie wenigstens, bis ich zurück bin.«

Zwei Stunden vergehen. Er kommt zurück, nimmt mich beiseite und reicht mir die Summe, die sie verlangt. Er war zu seinem Arbeitsplatz gegangen und hatte zwei Monate Vorschuß auf sein Gehalt verlangt!

Gide definiert den Freund so: »Derjenige, der bereit ist, eine üble Sache für einen zu begehen.«

Seit Desnos' Geste ist für mich derjenige ein Freund, der bereit ist, sich für einen zu schämen. Das ist noch viel seltener.

Mme Karinska wurde bezahlt. ›Numantia‹ wurde zur festgesetzten Stunde aufgeführt. Es war ein Ereignis. Paris stürmte das Theater. Am Tag der letzten Aufführung stand die Kontroll-Theke (die wir »Salzfaß« nennen) trotz des Polizeiaufgebots auf der Straße. Mein Geschenk war mir geglückt. Ich wußte, daß Madeleine in ihren Kreisen, reich an »gewichtigen Persönlichkeiten«, oft wegen ihrer Neigung zu »diesem jungen Revoluzzer« kritisiert worden war. Als Antwort schob ich ihnen ›Numantia‹ zwischen die Zähne.

Ich zog weg von der Place Dauphine und näher zu Madeleine, nach Auteuil, in das Dörfchen Boullainvilliers; Granval wohnte eine Zeitlang bei mir. Seine und meine Existenz vermischte sich mehr und mehr. Ich erlebte eine andere Welt der Bohème, diesmal eine »goldene«. Was lag daran, daß ich mich ruinierte, wenn ich einen Traum verwirklichte? Ein neuer Film, und der Rubel rollte wieder.

Picasso sagt sinngemäß: »Ich lebe gern bescheiden ... mit viel Geld.«

Es war nicht ganz so, aber wir lebten sehr sorglos. Hatte Madeleine drei Tage spielfrei, fuhren wir los ins Blaue und übernachteten in Gasthäusern.

In Saint-Tropez schlug ich mein Zelt unter Pinien auf und fuhr den

Talbot auf steinigen Pfaden zuschanden. Damals konnte man am Strand von Pampelonne über vier Kilometer nackt spazierengehen, ohne einem Menschen zu begegnen.
Wir lernten die Ile du Levant mit ihren Nudisten und Vegetariern kennen. Die ganze Insel gehörte uns! Das Militär war noch nicht stationiert, man konnte leben dort! Wenn wir verliebte Wünsche hatten, brauchten wir uns nur ein paar Meter abseits in die Büsche zu schlagen. Auf vierzehn Kilometer kamen vielleicht hundert Nudisten! Wir lebten von Haselnüssen wie die Eichhörnchen, teilten den Honig mit den Bienen* und wuschen uns an den Quellen des Maquis. Wir genossen unsere Jugend.
Ich träumte von weiteren Inszenierungen. Mit Masson entdeckte ich Kafka. Mit Granval begeisterte ich mich für Laforgue. Mit Desnos für die amerikanischen Autoren. Darius Milhaud, auch ein echter Freund, hatte mich auf Knut Hamsun aufmerksam gemacht. Aber er hatte anläßlich von ›Numantia‹ noch ein anderes Ereignis provoziert. Es sollte sich als ganz außerordentlich erweisen: Er hatte mir die Bekanntschaft mit Claudel vermittelt. Schon während wir ›Als ich im Sterben lag‹ spielten, hatte er versucht, mich ihm vorzustellen. Claudel war damals noch Botschafter in Brüssel. Er kam zu einem Vortrag nach Paris. Alles war vorbereitet:
»Du triffst mich dort, ich versuche, dich vorzustellen.«
Was für Aussichten! Welche Tür sah meine ehrgeizige Phantasie sich öffnen! Ich ging hin. Dort saß er, am anderen Ende des Saals auf dem Podium, schön rund und solide gebaut. Die Regelmäßigkeit und Bestimmtheit seiner Rede hämmerte mir die Brust, und ich fühlte in mir eine heiße, unbezwingbare Welle von Schüchternheit aufsteigen. Der Saal war gut besetzt. Viele Damen schienen da zu sein ... das ärgerte mich. Was hatte Claudel mit denen zu tun? Würden wir am Schluß diesen Wald von Hüten durchdringen können? – Der Vortrag ist beendet – anhaltender Applaus – die »Auserwählten« eilen nach vorn, um dem Redner zu gratulieren. Ich halte mich dicht hinter Darius Milhaud ... Ich sah Claudel, wie er durch das Gedränge ging mit diplomatischem Schritt, nicht zu schnell, um die Höflichkeit zu bewahren, auch nicht zu langsam, um zu einem Ende zu kommen: die guten Manieren eines Professionellen. Auf diese Weise näherte er sich unserer Gruppe, die sogleich wie ein Käfig voller Vögel zu lärmen begann. Claudels Antworten

* Einmal, als eine Biene um mein Gesicht brummte, schlug ich mit den Armen um mich. Und Madeleine sagte: »Beweg dich doch nicht so, sie glaubt sonst, du willst mit ihr spielen.«

gelangten undeutlich, wie Baß-Töne, an mein Ohr, dann war er vorbei ... Ich hatte ihm zwar einige appellierende Blicke zugeworfen, ein jugendliches S.O.S. – das er aber nicht bemerkte. Er verschwand, es war aus. Darius hatte mich nicht vorstellen können ... Hatte er mich überhaupt gesehen? Diese rollende Masse? »Preßlufthammer für behütete Damen!« ...

Ich war verärgert über mich selbst – daß ich mich soweit hatte hinreißen lassen und diesem offiziellen Block vorgestellt werden wollte, in dem es, wie mir schien, keine menschliche Regung gab. Zwei Jahre später. Claudel scheidet aus seinem Amt aus. Kommt nach Paris zurück. Darius Milhaud sieht ›Numantia‹ und bestellt zwei Plätze für den Meister. Claudel ist stark beeindruckt. Er besucht die Vorstellung mehrmals und lädt mich dann zu sich in die Rue Jean-Goujon ein, zu einem Gespräch unter vier Augen. Diesmal waren die Gewichte anders verteilt!

Noch ein Besuch, der sich für den Rest meines Lebens in mein Unterbewußtsein eingeprägt hat. Eine denkwürdige Unterhaltung für mich, in deren Verlauf wir – um seine Sprache zu gebrauchen – uns kennen lernten, er-kennen lernten, oder vielmehr uns zueinander be-kannten.

In bezug auf ›Numantia‹ waren wir uns einig über die Kraft der Gestik, die körperlichen Ausdrucksmöglichkeiten, die Plastizität des Wortes, die Bedeutung der Konsonanten, die Vorsicht im Gebrauch der Vokale, die meist zu sehr gedehnt werden; den Tonfall der gesprochenen Rede, die langen und kurzen Silben, Jambus und Anapäst, über die Kunst der Atmung. Er erzählte mir vom japanischen Theater, er spornte mich an und ging so weit zu sagen: »Wie schade, daß wir uns nicht vierzig Jahre früher begegnet sind!«

Ich verließ ihn, innerlich jubelnd. Er hatte mir einen ungeheuren Auftrieb gegeben. Meine Schüchternheit war schnell überwunden, und ich sah einen einfachen Menschen vor mir, der wie ein echter Theatermacher sprechen konnte und der ebenfalls ein unbefriedigter Künstler war: ein Kamerad meines Alters, der sich mit den gleichen Problemen herumschlug wie ich selbst. Und der mir seine Einfälle, seine Beobachtungen und Ideen weitergab. Kurz, ein echt passionierter Mann. Er war damals etwa 69 Jahr alt, ich 27. Diese unmittelbare »Kommunion« zwischen uns fand ich wunderbar, ich hatte Lust, allem und jedem Danke zu sagen: Gott, dem Leben, dem ersten besten auf der Straße ...

Auch Dullin hatte ›Numantia‹ gesehen und mochte die Aufführung. Er hat mir daraufhin verziehen. Ich besuchte ihn wieder wie gewöhnlich. Madeleine hatte sich hinter der Bastion ihrer Supervilla verschanzt. Nachts strich ich um das Haus herum in Erwartung des Lichtsignals am Badezimmer-Fenster... Dann trat ich in die Haustür. Bei der geringsten ungewöhnlichen Kleinigkeit wurde ich bleich vor Eifersucht. Madeleine war selig. Sie war vergnügt wie ein Fisch im Wasser.

Eines schönen Tages ruft sie mich an:

»Kannst du jetzt kommen?«

»Jetzt gleich?«

»Ja.«

Ich komme hin. Sie hat einige Herren bei sich. Sie gibt ihr Haus auf, sie hat ihre Möbel verkauft: die Rosagepolsterten und die Jugendstilgläser. Wir werden zusammen fortgehen. Sie hat ihr Leben umgestellt. Ich werde sie in meine Tasche stecken. »Mein Kind aus fernen Zeiten« hat zwei Jahre gebraucht, um den Ruf der Prärie in der Dauphiné zu hören. Und sie hat ohne jegliche Einschränkung geantwortet: Sie gibt sich ganz und gar.

Abends siedeln wir ins Trianon-Palasthotel in Versailles über. Hier beginne ich mit meiner Bearbeitung von Hamsuns ›Hunger‹. Der äußere Rahmen hat nichts mit der inneren Welt zu tun, die uns bewohnt.

Ich besaß seit einiger Zeit einen prächtigen kleinen dänischen Camping-Anhänger, den ich an meinen geländegängigen Ford-»Roadster« hängte. Er sah aus wir ein Miniatur-Eisenbahnwagen in Mahagoni. Das war vielleicht eine Überraschung für das gesamte Personal im Trianon: Pagen, Maître d'Hotel, Portiers, Empfangschef staunten Bauklötze, als ich vor dem Hauptportal mit meinem Anhänger vorfuhr, in dem ich mein »Mitglied der Comédie-Française« wie ein Zigeuner entführte!

Dann fuhren wir in die Normandie, wo Madeleine zwischen Honfleur und Villerville ihre »Menagerie« installiert hatte: Ehemann, Kind, Personal und andere mehr oder weniger entfernte »Verwandte«. Ich stellte meinen Anhänger auf eine benachbarte Wiese, zwanzig Meter vom Meer entfernt.

Ich setzte meine Arbeit am ›Hunger‹ fort. Den ersten Akt las ich abends Madeleine, Charles und dem kleinen Jean-Pierre vor. Er bestand nur aus Rhythmus und Kontrapunkt. Jean-Pierre taufte diese Art von Theater: *Ta-ga-dag-Theater*. Das habe ich behalten.

Unser gemeinsames Leben nahm mit Riesenschritten Gestalt an. September 1938 mieten wir in Boulogne ein modernes Anwesen mit Garten und kleinem Nebenhaus. Ich werde in dem kleinen Haus wohnen, Madeleine mit Jean-Pierre im Haupthaus zwischen Blumen und Pinien.

Ich drehe einen Film nach dem andern und werde – nachdem ich die ungekämmten Haare in Mode gebracht habe – ein wahrer kleiner Belmondo. Mein Großvater, der mir auch verziehen hat, sagt zu mir:

»In deinen Filmen brauchen sie nicht nur solche Grünschnäbel wie dich, die brauchen doch auch manchmal Greise. Ich könnte das genausogut machen wie andere auch. Warum bringst du mich nicht mal zum Film?«

Er stand, wie er gerne betonte, in seinem 83. Jahr. Seine Renten waren nicht gestiegen, sein Sohn machte schlechte Geschäfte, ich zahlte ihnen eine kleine Pension – es machte mich glücklich.

Dullin schlug mir vor, das Atelier mit ihm zu teilen. Für seine Gefühle hat er dort sämtliche Möglichkeiten erschöpft. Er wünsche sich einen größeren Rahmen, denke ans Théâtre de Paris, das von Réjane. Oder ans Théâtre Sarah-Bernhardt. Ich solle sein Thronfolger sein. – Ich werde also am Atelier die Uraufführung von Salacrous ›La Terre est ronde‹ inszenieren: Herbst 1938. Ich übernehme in der zweiten Spielzeithälfte: März 1939. Ich bringe ›Hamlet‹ von Jules Laforgue in der Regie von Charles Granval und ›Hunger‹ nach Knut Hamsun heraus. Und ab Herbst 1939 übernehme ich das Atelier ganz, während Dullin ans Theater von Réjane geht.

Ich – an die Spitze des Atelier!!! Dullin hatte mich gewählt, aber es hatte ihn schwer mitgenommen.

»In welchem Geist willst du es führen?«

»So wie es vor ›Volpone‹ war.«

Das hatte ihm einen Stich ins Herz versetzt. Er sah mich mit seinem scharfen Blick an und verkroch sich in sein Schweigen. Schließlich höre ich ihn mit seiner dünnen Stimme sagen:

»Ich glaube ... ich glaube im Grunde hast du recht ... Ich hätte damals das Atelier aufgeben sollen.«

Die Jugend ist großzügig, aber grausam.

›Die Erde ist rund‹ wurde ein großer Erfolg.

Hamlet war eine Person, von der ich besessen war, aber ich fürchtete mich vor der Rolle. Der ›Hamlet‹ von Laforgue war eine Möglichkeit der Annäherung. Ein ›Hamlet‹, der nicht von Shakespeare, sondern von einem anderen Hamlet geschrieben worden war. Granval hatte eine ausgezeichnete Bearbeitung davon gemacht. Die Bühnenmusik schuf Darius Milhaud.

Ophelie, du arme, arme Lee,
Als Kind warst du mein Schätzelein,
Daß ich sie liebte, war klar,
*sinnig und sinnlich das war.**

Und dieses Distichon:

Meine ungewöhnliche Anpassungsfähigkeit
wird mir im Beruf hinderlich sein . . .

Charles lieferte mir in bezug auf die Technik des Schauspielers einige hilfreiche Hinweise, die ich nie vergessen habe. Er kannte wie kein anderer die Triebfeder des menschlichen Körpers.
Der ›Hunger‹, mit Kostümen und Bühnenelementen von André Masson und der Musik von Marcel Delannoy, war ein weiterer Triumph. In dieser Aufführung versuchte ich viele neue szenische Möglichkeiten: Zusammenspiel von Schauspieler und Beleuchtung (das Hinaufsteigen einer Treppe), Simultan-Szenen, auch sprachliche Schwank-Effekte mit sinnlosen Worten, deren Tonfall aber Dialog und Situation bildhaft macht. Gesprochener Text, auf den ein Gesang bei geschlossenem Mund antwortet. Herzschläge, Ohrensausen durch musikalische, wenn ich sagen darf, »physiologische« Effekte. Und vor allem: der Mensch und sein Double. Roger Blin war das Double, ich war der Mensch: Tangen. Wir spielten wirklich das Drama zu zweit.
›Als ich im Sterben lag‹ war nur viermal, ›Numantia‹ nur fünfzehnmal gespielt worden (daran war aber ich schuld: man schlug mir vor zu verlängern, und ich weigerte mich – »ich war doch kein Geschäftsmann!«), ›Hamlet‹ und ›Hunger‹ wurden über 70 mal gegeben.
Der Monat Mai 1939 brachte alle Blüten zum Ausbruch. Seit ›Hélène‹, seit unserer Begegnung, hatten Madeleine und ich, ich wiederhole es, drei Jahre des Lichts durchlebt, Jahre unserer Jugend, verliebter Leidenschaft, beruflicher Erfolge, der Befreiung, der Unbekümmertheit, Jahre in Freiheit und Imagination. Für Frankreich, für Paris galt, trotz München, das gleiche. Mit Desnos und seiner Frau Youki unternahmen wir übermütige Ausflüge in den Wald von Compiègne. Mit Labisse zogen wir nachts durch die Kneipen von Paris. War es eine Vorahnung? Wir aßen unser »grünes Korn«. Unsere Trunkenheit fand ein jähes Ende, als zwei Ereignisse eintraten: der Tod meiner Mutter und die Mobilmachung.

* Wenn ich mich recht erinnere, hieß die große Liebe von J. Laforgue Miss Lee.

Tod meiner Mutter

Im Januar 1939 (hatte ich mich übernommen, als ich den Alceste spielte oder als ich meinen Anhänger umrangierte? oder hatte ich zu viel an meiner Pantomime gearbeitet?) wurde ich zum ersten Mal wegen eines Leistenbruchs operiert. Ich benutzte die unfreiwillige Ruhepause, um den ganzen Montaigne wieder zu lesen. Professor Mondor übernahm die Operation. Ein ungewöhnlich gebildeter Mann, Mallarmé-Spezialist, ein Schöngeist – ein Original; bei seiner Visite sprach er mehr über Literatur als über den Zustand meiner Wunde. Diese Seite der Chirurgie interessierte ihn nicht. Er war ein genialer Diagnostiker.

Eines Tages kam mich meine Mutter besuchen. Sie litt seit einiger Zeit an Leibschmerzen. Mondor erledigt seine Anstandsvisite, und ich mache beide miteinander bekannt. Das geschah sehr flüchtig; die Chirurgen opfern nur ein Minimum ihrer Zeit für die Konsultation. Plötzlich im Fortgehen dreht er sich auf der Schwelle um wie ein witternder Hund.

»Da ich schon 'mal da bin – wenn die Mama sich von mir untersuchen lassen möchte, ich tue das gerne.«

Wir hatten uns gehütet, ihn darum zu bitten. Schon in meinem Fall tat er es nur aus Freundschaft.

»Wenn dir der Professor das vorschlägt, solltest du es nutzen, Mama.«

Einige Stunden später ruft er Madeleine an: Er hatte in der Lebergegend »das Gewächs« festgestellt. Meine Mutter hatte Krebs im fortgeschrittenen Stadium und würde in einem halben Jahr nicht mehr am Leben sein. Professor Mondor hatte mit Hilfe des sechsten Sinnes wie ein Wünschelrutengänger durch die Materie »hindurchgesehen«.

Natürlich wurde alles unternommen, um ein Wunder geschehen zu lassen. Meine Mutter, die früher eine halbe Apothekerin gewesen war, hatte leider vollkommen begriffen! Ihre Agonie währte drei Tage. Ich blieb an ihrer Seite. Es war im Juni. Ich ließ kein Auge von ihr, von Zeit zu Zeit aß ich eine Kirsche aus einer Schale. Jede Minute, die ihr zu leben verblieb, wollte ich dem Tod entreißen. Man ließ den Großvater kommen und erklärte ihm die Lage. Vielleicht wolle er sie noch einmal sehen? Er kam in Schwarz, schon bereit zur Beerdigung. Er sah aus wie ein armes verlorenes altes Tier. Als sie ihn erkannte, schlug sie ihren Arm ins Gesicht, wie um sich zu schützen. »Mein kleines Baby«, sabberte es aus seinem schütter

gewordenen Bart, und weg war er. Das war der ganze Abschied von Tochter und Vater. Geheimnisvolle Abrechnung! Meine Mutter war wie verwandelt, ließ uns zusammenrufen und nutzte Sekunde um Sekunde.
»Macht diesen Schrank auf. Hinter dem Wäschestoß steht eine Flasche: Es ist Weihwasser. Daneben liegt Buchsbaum aus Tournus (sie bewohnte ein kleines Atelier am Montmartre). Stellt alles hierher. Holt den Priester.«
»Aber Mama, das ist doch lächerlich.«
»Kinder, es ist nicht leicht zu sterben, ihr müßt es mir nicht noch schwerer machen. Wo ist Martin?« (Louis Martin, ihr zweiter Mann.)
»Er hat sich oben hingelegt. Er schläft.«
»Laßt ihn in Ruhe. Und der Pfarrer?«
»Er kommt. Du hast ihm ja nichts zu sagen.«
»Nicht viel ... Doch ... ich habe einmal deinem Vater ein wenig wehgetan. Aber er hat mir schon verziehen.« (Sie zeigte wieder ihr schelmisches Lächeln.)
Die stoßweisen Schmerzen waren grauenhaft. In manchen Augenblicken hätte man sie mit dem Hammer bewußtlos schlagen oder ihr eine tödliche Spritze geben mögen, damit sie nicht mehr litt.
Der Priester kommt. Sie beichtet und erhält die letzte Ölung. Wie? Meine liebe Katzenmutter, meine kleine Schwester, mein Kind war so fromm? Bald würde sie zu Gott sagen:

»Mesa, ich bin Ysé, ich bin's?«

Der Priester geht wieder. Wir treten ein, finden sie friedlicher, mit ruhigem Blick.
»War er nett, der Pfarrer?«
»Ein junger Dummkopf! Aber das ist unwichtig. Kinder, wenn ihr wüßtet, wie wohl einem ist! Wunderbar.« Das waren ihre letzten Worte. Sie hatte keinen Augenblick mehr gelitten. Ihr kleiner Blasebalg begann mit rhythmischen Schlägen einzusetzen, wie eine Schiffsmaschine vor langer Fahrt. Das dauerte noch einen Tag und zwei Nächte. Ich aß nichts mehr, ich hing am mütterlichen Atem wie einst an ihren Brüsten voll Milch. Von Zeit zu Zeit schlug sie die Augen auf, sie leuchteten wie zwei Kornblumen, sie lächelte und machte sich wieder auf ihre Reise ... In der Morgendämmerung des zweiten Tages starb sie mit einem tiefen Seufzer der Erleichterung. Das war am 14. Juni 1939. Sie wurde auf dem Friedhof Père Lachaise im Fa-

miliengrab beigesetzt. Die Sterbemesse in Paris war kalt und enttäuschend.
Madeleine und ich unternahmen im Sommer eine Pilgerfahrt in die Schluchten von Chouvigny (Auvergne oder Bourbonnais?), die Wiege der mütterlichen Familie, dort gab mir der Pfarrer ein Photo meiner Mutter als Fünfzehnjährige. Ich bat ihn um eine aufrichtige Messe, um die andere in Paris zu vergessen ... Mit Hilfe seiner Bedienerin versetzte er uns in die wahre Region des Geheiligten, des Gebets: Er vollzog ein starkes und primitives Ritual, wir fühlten uns mitten in einen Urwald unter viele Zauberer versetzt. Nur der Rhythmus vermag es, uns die Seele so in Trance zu versetzen:

... *Leib Christi*
... *Leib Christi*
... *Leib Christi*
... *Leib Christi*

Dieses Mal war meine Mutter »aufgenommen«.
Anschließend wollten wir zum ersten Mal Paul Claudel in seinem Schloß in Brangues (Isère) besuchen. Wir machten einen kleinen Umweg über den Paß der Madeleine – das war ja wohl das mindeste.
Claudel, Madame Claudel, ihre Kinder und Enkel empfingen uns in dem großen Schloß umgeben von hundertjährigen Linden. Nicht ich sollte Claudel besuchen – er wollte Madeleine sprechen: Die Comédie-Française plante, ›Mariä Verkündigung‹ zu inszenieren, und Madeleine sollte die Rolle der Violaine übernehmen. Ich profitierte von der Gelegenheit und bat ihn ohne Umschweife um die Stücke ›Goldhaupt‹, ›Mittagswende‹ und ›Der seidene Schuh‹.
»Warum haben Sie diese Wahl getroffen?« fragte er mich.
»Weil ›Goldhaupt‹ Ihr junges Blut ist, ›Mittagswende‹ Ihre Prüfung und der ›Schuh‹ die Summe Ihres Werks.«
Er lehnte ab; aber ich hatte ihn getroffen.
Ohne zu wissen, immer wieder ohne zu wissen, säte ich einen Samen, der vier Jahre später aufgehen sollte – wie man in den gutgebauten Theaterstücken vor Beendigung eines Aktes die »Spannung« erzeugt, die auf den folgenden Akt neugierig machen soll.
Wir kehrten in die Normandie zurück. Ich bezog wieder meinen Wohnwagen und nahm mir Kafkas ›Prozeß‹ vor. Für ein weiteres Ta-ga-dag-Theater .. Nach Faulkner, Cervantes, Hamsun hatte ich Kafka gewählt. Mein Weg war klar vorgezeichnet.

Mit André Masson hatte ich mein letztes Gespräch über Kafka gehabt. Seit »München« befürchteten alle den Krieg; und wenn er ausbrechen sollte, dann, darüber waren wir uns einig, würde sich alles ändern, und wir würden von keinem Lager anerkannt werden. Weder vom rechten noch vom linken. Von allen Seiten würden wir schuldig gesprochen und verbannt werden. Unter diesem zukünftigen Aspekt betrat ich das Universum Kafkas ...

Aber noch waren wir »in Ferien«. An einem Augustnachmittag ging ich zum Forellenfischen an den Saint-Georges-Fluß. Die Sonne ging unter, und leise Kühle kam auf. Gut gelaunt kam ich auf der Landstraße zurück. Als ich an dem kleinen Haus von Pennedepie, fünf Kilometer von Honfleur entfernt, vorbeikam, bemerkte ich einige Leute, die einem Plakatkleber zusahen:

GENERAL-MOBILMACHUNG

Die Träger der Karte Nr. 6 wurden zum 31. August einberufen. Das war meine Nummer, die der »Spezialisten«. Spezialist wofür, das frage ich mich.

Etwas bewegte sich in meinem Herzen, im Bauch, im Kopf, in meiner Seele, in meinem Double – ich spürte, wie sich etwas löste. Ein Stein fiel herab, dann zwei, drei, ein Erdrutsch. Mein Leben zerbrach. Meine Liebe, mein Beruf, meine Hoffnungen, meine Freuden zerbrachen. *MADELEINE, MEIN LEBEN*. Auf einmal hatte ich es nicht mehr eilig: Mit kleinen langsamen Schritten legte ich das Ende des Wegs zurück.

Nach herzzerreißendem, weinendem Abschied fuhr mich Madeleine zum Bahnhof von Trouville. Dann kehrte sie in das Sommerhaus zurück, wo ihre Großmutter von 86 Jahren durch ihr Gebiß murmelte:

»Schade, daß du diesen Jungen liebst! Ohne ihn hätten wir keinen Soldaten in der Familie und hätten unsere Ruhe!«

Sie gehörte derselben Generation an wie mein Großvater, der in Paris seit dem Tod meiner Großmutter vor fünf Jahren vor sich hinlebte und die Haushälterin plagte.

ERZWUNGENE PAUSE

*Drôle de guerre**

An geologischen Querschnitten kann man häufig beobachten, daß die zwischen zwei Schichten verlaufenden Erzadern an einer Stelle durch seismische Umwälzungen abrupt unterbrochen sind, jedoch nach einiger Entfernung wieder auftauchen und ihren Lauf fortsetzen.

Meine individuelle Ausbildung im Atelier, die Einflüsse innerhalb der surrealistischen Bewegung, meine ersten Theaterversuche – ›Als ich im Sterben lag‹, ›Numantia‹, ›Hunger‹ –, die mich in die Spitzengruppe der Avantgarde einreihten; ein gewisses Renommee durch meine Filme, der ungeheure Aufschwung meiner Existenz durch Madeleine, mein Umgang mit Artaud, Claudel, Gide, Desnos, Prévert, André Masson, Labisse, mit den Anarchisten, Trotzkisten, mit allen möglichen surrealistischen Künstlern und Dichtern und vor allem meine überschwengliche Liebe zum Leben bewirkten, daß ich 1939 bereit war, meinen bescheidenen Beitrag in der kommenden menschlichen Revolution zu leisten.

Drei Strömungen regten uns an:

– Freud oder die Befreiung der Instinkte,

– Marx oder die Befreiung der Menschen,

– der Orient oder die Umwälzung des westlichen Geistes.

Sie traten auf wie jene Erzadern und wurden plötzlich durch die Erschütterungen des Weltkrieges brutal unterbrochen.

Erst zwanzig Jahre später sieht man diese Strömungen in Gestalt von Beatnik- und Hippiebewegungen, sowie in den Maiunruhen von 1968 zwischen den Schichten des Kapitalismus und des Sozialismus wieder auftauchen bei denen, die sich übrigens auch heute auf diese vom Surrealismus geprägte Epoche berufen. Der Krieg war in Wahrheit kein historischer Wendepunkt, sondern ein gezielter Schlag der »Mächtigen«, um die Entwicklung einer weltumfassenden Revolution zu bremsen. Diese berechnete Vollbremsung verlieh diesem »komischen Krieg« seinen verlogenen und lächerlichen Aspekt: ein

* »Drôle de guerre« (= Ein komischer Krieg), eine noch im Umlauf sich befindende Wendung, mit der die Franzosen den Zweiten Weltkrieg bezeichneten (Anm. d. Ü.).

völliger Wirrwarr! Das »Fest« wurde plötzlich von den internationalen Herrschern abgebrochen.
Wer hat Hitler hervorgebracht? Wer hat genau ein Jahr zuvor Pétain als Botschafter nach Spanien entsandt? Wer hat diese Flieger aus der politischen Haft entlassen und ihnen, bevor sie dem Luftgeschwader des Generals Duseigneur unterstellt wurden, die Geheimpläne der Fünften Armee anvertraut? Wer hat in »Fortune« verlautbart, die USA würden erst dann in den Krieg eingreifen, wenn ihre Waffenlieferungen wirtschaftlich amortisiert seien? Wer veranlaßte die Bauchlandungen französischer Flugzeuge an strategischen Punkten, um diese eine Viertelstunde danach bombardieren zu können? Der Pilot verließ unverletzt die Maschine und verlangte in arrogantem Ton, sofort repatriiert zu werden! Das waren höchst zweideutige Machenschaften. Das war kein Krieg, sondern eine abgekartete Sache. Und abends im Bistro, nach dem Essen, wenn im Radio die Reden Daladiers mit dem südfranzösischen Akzent übertragen wurden:

»Matro'senne de'sse Meer'es
Flieger de'rre Luft
Bauer'nne unser'esse Land'esse . . .« –,

kommentierte man sie mit einem allgemeinen lautstarken »Scheiße«. Unsere »braven, auf der ganzen Welt am besten ausgerüsteten« Soldaten stellten das Radio ab und versanken wieder in Lethargie. Und damit wollte man Krieg führen! Aber wer hatte das Vaterland in Gefahr gebracht? Warum waren diese Männer wie durch einen Zauberbann weniger mutig gewesen als die von 1914 - 1918? Weil man sie belog. Maskerade! Dummheit! Schande!
Ich sehe noch dieses beschlagnahmte Pferd vor mir, wie es in einem verzweifelten Galopp gegen eine Wand raste und sich den Kopf zerschmetterte. Ich erinnere mich vor allem noch an diesen Bauern, wie er sein Pferd in den Krieg führte – diese unheimliche Zwiesprache! Auf dem ganzen Weg ging er neben ihm her und sprach ihm ins Ohr. Dann blieb er stehen, preßte seine Stirn gegen sein Maul und redete auf das Tier ein, während ihm die Tränen über die Backen rollten.
Ich war zu meinem Regiment in Dijon gestoßen.
»Sie haben den Buchstaben G.«
»Ah? Ja und?«
»Das ist nicht hier!«

Man wußte nichts mit uns anzufangen; man hatte den Eindruck, die Kasernen waren auf nichts vorbereitet. Drei Tage brauchte man, um uns neu einzuteilen. Unwillkürlich ging ich zum Bahnhof, wie ein Hund, der seinen Herrn verloren hat, in der Hoffnung – ohne es jedoch zu glauben –, daß Madeleine aus einem Personenwagen aussteigen würde. Wir, wir gehörten schon in die Güterzüge!

Eine Lastwagenkolonne wurde gebildet, man pferchte uns hinein, und wir fuhren ostwärts mit unbekanntem Ziel. Die C.R.S. begleiteten uns. Und – welche Ironie! – der letzte Wagen war ein beschlagnahmter Lieferwagen mit der Reklameaufschrift: »Wohin laufen sie? In die große Metzgerei.«

Wenn wir anhielten auf freiem Feld, pflückte ich Blumen und rief den Offizieren zu:

»Herr Leutnant, die Blume habe ich, aber man hat mir die Flinte nicht gegeben.«*

»Halten Sie den Mund!«

Mich stach der Hafer.

In Straßburg begegneten wir dem ersten Treck von Evakuierten: Möbel, Matratzen, Küchengeräte, Kinderfahrräder und einige Haustiere. Wir sahen die ersten ausgesetzten und herumirrenden Hunde. Die ersten Kadaver von gehängten Hunden! Dingsheim, etwas nördlicher, überragte den Rhein. Neben uns ein Alpenjägerbataillon. Die am anderen Ufer wohnenden Deutschen glaubten, sich an die Bewohner der Gegend zu wenden, als sie ein Transparent entrollten: »Elsässer, schießt nicht auf eure Brüder.« Die Alpenjäger hatten mit einem anderen Transparent geantwortet: »Das ist uns egal, wir sind Südfranzosen.« Von den erschreckten Senegalnegern, die man in die vordersten Linien schickte und denen »einsatzfreudige« aktive Offiziere »ordentlich in die Fresse« gaben, will ich gar nicht reden.

Um meine »speziellen Fähigkeiten« nützlich einzusetzen, ließ man mich das Büro der Offiziere putzen. Diese gehörten auch zu den Aktiven; das heißt, dieses Leben war ihr Beruf.

Während ich fegte, folgender Dialog:

»Sieh mal an, unser Künstler! Das ist mal was anderes als beim Film!«

»Ich fege lieber den Fußboden als den Schützengraben.«

»Was sagst du da?«

»*Du* hast sehr gut gehört. Ich muß Sie bitten, Herr Leutnant, die Dienstvorschrift einzuhalten und die Untergebenen nicht zu duzen.«

* Anspielung auf einen Buchtitel von Galtier-Boissière: ›La fleur au fusil‹, das nach dem Ersten Weltkrieg erschien (Anm. d. Ü.).

Sie behielten mich nicht lange im Büro, zumal mir der »Antimilitarist« auf der Stirn geschrieben stand. Man drehte mir einen »Proviantwagen« und drei Pferde an. Diesmal mußte ich nicht für mich, sondern für die Tiere eine Lippe riskieren.
»Herr Feldwebel, diese Tiere werden draufgehen – ich kann beim Pferd nicht den Kopf vom Schwanz unterscheiden.«
Der Feldwebel bekam Mitleid mit den Pferden. Ich wurde Abdekker. Da ich mit lebendigen Tieren nicht umgehen konnte, sollte ich mich nach ihrem Tod mit ihnen beschäftigen. Ich höre noch den dumpfen Trommelton bei jeder Schaufel voll Erde, die auf ihre geschwollenen Bäuche fiel. Hunde, Katzen, Pferde, Vieh, alles ging drauf.
Weil ich aus der Bourgogne stamme, wurde ich einer Kompanie zugeteilt, die vorwiegend aus Bauern gebildet war. Diese begannen zu meutern und traten schließlich in einen Hungerstreik, um ausreichend Futter für die Pferde zu erzwingen. Die Haferrationen mußten erhöht werden, um zu erreichen, daß die Männer wieder aßen. Es waren brave, gute Leute, die mich manchmal mit meinem Los versöhnten.
Ich habe großartige Elsässer gekannt. Gastfreundlich, ernst, resigniert. Ich erinnere mich, daß ich einmal beim Mittagessen derartig erschüttert war, daß ich keinen Bissen herunterbekam. So fest ich auch die Zähne zusammenbiß, ich konnte die Tränen nicht zurückhalten. Zum Glück stand ich mit dem Rücken zum Fenster, und sie sahen mich im Gegenlicht. Französisch bereitete ihnen Schwierigkeiten, aber sie sprachen es sehr korrekt. Aus Zuneigung schenkte ich ihnen ›Sylvie‹ von Gérard de Nerval, einen Text in »reiner französischer Sprache«. Ich liebte diese Menschen.
Alles Humane war erschütternd. Alles Militärische war empörend: die Dummheit (bleiben wir höflich).
Am 3. September wird der Krieg offiziell erklärt. Keine Hoffnung mehr. Mein Leben fällt in sich zusammen, versickert wie Sand auf dem Grund des Wassers. In einer Woche war ich zu einer Null zusammengeschrumpft. Das Blut singt in den Adern, pocht in den Fingerspitzen, klopft in meinen Schläfen, als bebten sie hin und her wie Kiemen. Bei mir »summt's«, das ist der richtige Ausdruck. Wenn man mißgestimmt und niedergeschlagen ist, summt es in Kopf und Brust, man glaubt, es summt überall.
Aus Schikane wurde ich wieder in eine andere Kompanie verlegt. Je weiter ich nach Süden komme, desto netter sind die Kerle, die ich treffe. Jetzt sind wir in Reipertswiller bei Bitche, im hügeligen El-

saß, einer prächtigen Gegend. In den Wiesen blühen die Herbstzeitlosen: Wie vor drei Jahren in der Dauphiné, als Madeleine und ich uns in freier Natur umarmten. 8. September – ich bin neunundzwanzig Jahre alt.
Ich habe einen Trick herausgefunden. Ich melde mich freiwillig zum Kartoffelschälen. Im allgemeinen fühlen sich die Männer gedemütigt, wenn sie Kartoffeln schälen und fettiges Eßgeschirr scheuern sollen. Aber je tiefer ich mich auf der Leiter befinde, desto besser werde ich mit der Lage und mir selbst fertig. Morgens, bei der Meldung:
»Fahrer Barrault?«
»Ist in der Küche!«
»Ach, ja! Das ist der Kartoffelschäler.«
Ein Schmunzeln läuft durch die Reihen.
Ein anderer Trick: Ich melde mich freiwillig, um die verlassenen Kühe zu melken. Eine Kuh, die nicht gemolken wird, bekommt Fieber, ihre Milch gerinnt. Daran krepiert sie. Und es gibt viele verlassene Kühe hier. Zu dritt machen wir uns auf dem Feld an die Arbeit. Der eine hält den Kopf, der andere den Schwanz des Tieres, der dritte knetet die Euter. Die geronnene Milch ist fast so hart wie Butter. Das arme Tier blutet. Es schnaubt und schlägt mit den Hufen aus. Endlich, nach vieler Mühe, beginnt die frische Milch zu fließen. Wir haben die Freundschaft wieder entdeckt. Das ist der einzige Moment, wo das Leben wieder einen Sinn findet. Die Zärtlichkeit, die mir meine Mutter vererbte ...
Am vergangenen 19. August hatte Madeleine mir zum dritten Jahrestag unserer Liebe einen Füllfederhalter geschenkt, und ich hatte beschlossen, damit das Tagebuch unseres Lebens zu schreiben. Meinem Notizbuch kann ich heute das Folgende entnehmen:

»9.30 Uhr. Ich stehe oben auf einem Hügel: Ich bin der Wächter. Man hat mir befohlen, durchfliegende Flugzeuge zu beobachten; und ›wenn sie etwas abwerfen‹ (Projektile, Flugblätter, Ballönchen), soll ich pfeifen. Das ist das Zeichen für den Wachtposten am Fuß des Hügels. Der muß dann den Wachtkommandanten informieren – der den Trompeter zu warnen hat. Dieser muß sofort zu dem Haus am Ende des kleinen Dorfes rennen, wo der Leutnant wohnt, und ihm sagen, daß ein Flugzeug etwas abgeworfen hat (Projektil, Flugblatt, Ballönchen), daß ich gepfiffen habe, daß der Posten recht gehört hat, daß er den Wachtkommandanten gewarnt hat, der ihn hierher geschickt hat und daß er angekom-

men ist. Und erst wenn der Leutnant nachgedacht und vielleicht, wie der Feldmarschall Foch: ›Worum handelt es sich?‹ gesagt hat, entscheidet er, ob Alarm gegeben werden soll oder nicht.
Da das Flugzeug inzwischen hundert Kilometer weitergeflogen ist, wird wahrscheinlich alles wieder friedlich sein.«

Wir sind jetzt in einem anderen Dorf, in Soucht, immer noch im hügeligen Elsaß, nicht weit von Bitche. Ich werde von Tag zu Tag stumpfsinniger. Ich merke, daß ich einen ganzen Vormittag lang die Tragödie eines jungen Metzgerburschen aufmerksam verfolge, der ein Schwein schlachtet. Ein außerordentliches Spektakel: Theater der Grausamkeit. Das geknebelte Schwein. Der Junge, der ihm den Schädel mit einem Hammer zu zertrümmern versuchte. Das Schwein, das wie ein Mensch heulte: »Uh! Uh! Aber was habe ich euch denn getan?« Und das Blut, das spritzte, und der Bursche, der es überallhin verschmierte. Wieviele Würste gingen dabei verloren, eine Verschwendung, sage ich euch.
Zum Glück bat der Rundfunk um »Fußbälle für unsere Soldaten«. Die Armee versank in Unfähigkeit und Langeweile. – Eine weitere Notiz:

»9 Uhr morgens. Man tut nichts, nichts, nichts. Ein Septembertag in nur langsam aufsteigendem Nebel. Langeweile rinnt leise wie eine gleichmäßige Quelle. Langeweile herrscht für einen langen Augenblick. Sie weiß ohne Zweifel, daß sie lange weilen wird. Sie dreht sich in ihrem kleinen, regelmäßigen, grausamen Rhythmus.«

Es gab zwar »uneinnehmbare« Festungen, aber die waren der falschen Richtung zugewandt: Sie waren nach 1870 von den Deutschen gebaut worden, in der Zeit, als das Elsaß nicht zu Frankreich gehörte. Ironie der Geschichte!
16. Oktober – der Todestag meines Vaters (schon einundzwanzig Jahre her). An diesem Tag hatte man mich beauftragt – immer, um ja meine »speziellen Fähigkeiten« zu nutzen –, in der Wohnstube eines kleinen Bauernhauses Tabak auszuteilen. Die Tochter des Hauses sagte zu mir: »Jemand wünscht, Sie zu sehen . . .«
Schlagen wir in meinem Notizbuch nach:

»Ich antworte: ›gut‹ und gehe langsam, ohne mich zu beeilen, niedergeschlagen wie gewöhnlich, um diesen Jemand zu sehen, der nach mir gefragt hat.

!!!!????!!!!! – Es war Madeleine, meine unbezahlbare, kleine Madeleine. Mein Sein, meine Liebe, meine geliebte Seele. Madeleine im kleinen blauen Mäntelchen, blauen Hütchen mit schiefer Feder drauf. Madeleine, die, rot vor Erregung, mich anlächelte wie ein kleines Mädchen, das einen guten Streich gemacht hat. Der Kopf zerspringt mir. Das ist doch nicht wahr. Ich werde verrückt. Sie kann es nicht sein. Aber spielen wir das Spiel: ›Was machst du denn hier? Nein! ! ! Was machst du denn bloß hier?‹ Mit dem Arm berühre ich ihre Schulter, um zu ›sehen‹: Da ist was, meine Hand geht nicht hindurch. Sie ist nicht durchsichtig, sie ist es. Sie ist bis hierher gekommen. Sie ist hier. Die Knie schlottern mir. Der Schweiß bricht mir aus. Ich ersticke. Meine Stimme sinkt in die Tiefe (sic). Es ist aus, ich kann nicht mehr sprechen. Ich drehe mich im Kreis. Wanke ... wie jemand, der nicht fallen will.«

In einer Art Speicher hatte ich mir so etwas wie ein Schlafzimmer eingerichtet, mit einem hohen Bett und einer riesigen Federdecke darauf, die ihre Federn verlor. Man konnte nur mit einer Leiter hinaufgelangen.

»Sie erkennt alles, was ich in meinen Briefen beschrieben habe, wieder. Wir klettern die Leiter hinauf, gehen ins ›Zimmer‹. Wir umarmen uns. Wir sind allein. Wir küssen uns. Wir weinen alle beide. Wieder der geliebte Mund. Die Unendlichkeit der Welten ... wir weinen leise vor Freude und innerer Bewegung.«

Alle hatten Verständnis für uns. Kameraden, Pächter, sogar der Leutnant, und so blieben wir zwei Tage lang unter dem Federbett. Ausgerechnet jetzt waren Gerüchte von einem echten Krieg zu hören. Es hieß, eine deutsche Offensive stünde bevor. Eine Verlautbarung der Generale Gamelin und Georges rief die Erinnerungen an jene von Joffre für die Marne wach. Zweifellos waren es nur die 121 Kanonenschüsse, die Madeleines Ankunft ehrten. Aber ich war doch besorgt um sie. Sie mußte ja sechshundert Kilometer bei Regen und Dreck in langen Lastwagenkolonnen wieder zurückfahren ...

»Und heute morgen um 8 Uhr ist sie auf einer anderen Strecke, die ich ihr aufgezeichnet habe, abgefahren. Sie ist abgefahren. Tränen flossen, die Nerven versagten, das Herz krampfte sich zusammen, man möchte schreien. Ich, ich biß die Zähne zusammen. Sie ist fort, meine Süße, meine Tapfere ... geliebteste, bewunderte, verehrte, hinreißende Frau, mein auserwähltes Leben. Ich sah sie, wie sie im Nebel verschwand, sie fuhr langsam, ohne Eile, mit Vorsicht, weil ich ihr gesagt hatte, daß sie achtgeben soll. Oh welche Grausamkeit, Menschen, die sich lieben, zu trennen, welches Unrecht. Welcher Irrsinn. Und da kommen auch mir die Tränen. Bis jetzt habe ich mich beherrschen können. Es geht mit mir durch. Es strömt über mein Gesicht. Dabei war ich nach ihrer Abfahrt sofort zu den Kameraden gestürzt. Ich konnte kein Wort sprechen, aber ich dachte, mein Selbstgefühl würde mich am Weinen hindern. Aber nun bricht auch bei mir alles zusammen.«

Ohne es zu wissen, hatte Madeleine soeben das gleiche durchlebt wie meine Mutter vor fünfundzwanzig Jahren, als sie 1915 meinen Vater in Saint-Mihiel besuchen kam.

Diese höchstpersönlichen Geschichten bringen mich ganz von meinem ursprünglichen Vorsatz ab. Ich hatte versprochen, unter meinen Erinnerungen nur solche auszuwählen, die mich geformt haben oder die für andere von Nutzen sein könnten und schließlich diejenigen, welche mir in Zukunft dienen könnten; statt dessen stolpere ich im »Privatleben« herum. Diese ganze Kriegszeit ist ja nur eine verlorene Zeit für Sie, für mich, für das Leben. Die Leere!

Ich möchte die folgenden Monate überspringen und nur von einigen Fakten berichten, die mich geprägt haben.

Eine Gelegenheit, Freundschaft wiederzufinden: Ich höre, daß Desnos mit seinem Regiment dreißig Kilometer von mir stationiert ist. Ich leihe mir ein Fahrrad, und schon bin ich fort. Vorbei an im Dreck steckenden LKW-Kolonnen, durch schon fast kahle Waldungen, die sich das Winterkleid überziehen, und ich brülle los: »Ich fliege dem Freund entgegen!«

Wir finden uns wieder. Zwei vom Regen in Sümpfe verwandelte Wiesen, ein Feldweg, und da, in der Mitte ein kleines, schützendes Pappelgehölz um eine Brücke. Stundenlang haben wir miteinander gesprochen. Tiefe und einfache Dinge. Desnos war ein Mann, ein vollständiger Mensch. Vielleicht wurde ich mir zum ersten Mal bewußt, welche Stütze er für mich war. Er vermochte die anderen und sich selbst zu bewältigen. Er war ganz klar ein doppeltes Wesen, er war Meister und Freund seines Doubles. Von bäuerlicher, klein-

bürgerlicher Abstammung – ein Mensch in der Revolte und: ganz das, was ich bleiben wollte.
Wir mußten uns trennen. Und taten es mit einem gegenseitigen Lächeln. Welcher Austausch in diesem Moment! Welche menschliche Verbindung! Wir machten uns keine Illusionen über das, was uns bevorstand. Alles andere war so dumm, so verlogen: wie gefälschte Würfel.
Zu Weihnachten bekam ich einige Tage Urlaub. Ich benutzte ihn, um am Rundfunk den ersten Aufzug von ›Goldhaupt‹ mit einer Musik von Honegger zu produzieren. Ein Samen in der Erde, der zwanzig Jahre später aufgehen sollte.
Rückkehr zu dieser stagnierenden Jugend in Uniform, die in Verlassenheit versank. Zwei Monate vergingen.
Ein Lichtblick: Jean-Pierre, Madeleines kleiner Sohn schreibt mir:

»Mein Jean-Louis,
Ich schreibe Dir nur, um Dir zu sagen, daß Mama Dich schrecklich gern mag. Das freut mich sehr, weil ich Dich wie einen zweiten Papa liebe. Gestern sagte ich zu Mama: ›Warum bist Du nicht mit Jean-Louis verheiratet?‹ Sie hat mir gesagt, daß sie Angst hat, es Dir vorzuschlagen und daß Du fürchtest, daß ich zu klein bin und Euch nicht verstehe. Jean-Louis, ich wäre verrückt vor Freude, Euch vereinigt zu sehen und meine Mama von einem Mann beschützt zu wissen, den jeder liebt. Sei vorsichtig und komm bald zu uns zurück. Ich küsse Dich zärtlich.«

Ich überwinde meine Hemmungen und erfülle meinem Jean-Pierre seine Bitte; ich schreibe an Charles einen Brief in Argot (aus männlicher Schamhaftigkeit), in dem ich ihn um die Hand seiner ersten »Alten« bitte. Einige Tage später erhalte ich seine Antwort, ebenfalls in Argot: Er ist mit der »Heiraterei« einverstanden, rät mir aber eher zu seiner zweiten »Alten«, da Madeleine nicht seine erste sei.

Plötzlich wurde ich zum dritten Pionierregiment in Suippes versetzt – in die lausige Champagne. Ich verstand nichts mehr. Wir kamen über allerlei Rangierbahnhöfe, wo wir wie Vieh zusammengepfercht wurden. Die Lautsprecher näselten: »Begleitmannschaften, Schließketten befestigen!« Wir trafen in Suippes ein. Zu meinem größten Erstaunen treffe ich hier auf Labisse, auf die Maler Brianchon, Legueult, Launoy, die Bildhauer Damboise, Colamarini, den Graphiker Lemagny, den Bühnenbildner Pierre Delbée, der einer meiner liebsten Freunde werden sollte, auf Musikpreisträger der französischen Villa Medici (in Rom), eine ganze surrealistische Akademie, die der Hochschule für Pataphysik hätte entsprungen sein können. Ich gehörte einem Tarnungskommando an, der Kompanie F 1 (die mit vollem Recht »Gespensterkompanie« getauft wurde). Vom Stumpfsinn wechselte ich ins Absurde. Diesen guten Streich hatte sich mein Professor von der Ecole du Louvre, Robert Rey, ausgedacht. Er hatte sich an ›Hunger‹ erinnert und berief sich jetzt auf die Vorschriften, um so meine Rückversetzung zu den »Malern« zu bewirken. Totale Absurdität!

Frankreich vegetierte hinter der Maginot-Linie dahin. Wir aber lebten wie in einem Traum, der einem Alphonse Allais und einem Jarry alle Ehre gemacht hätte. Es war irre! Ich malte »nach der Natur« die Mühle bei Valmy! Doppelte Ironie! Ich hielt Wache vor den Latrinen und las dabei ›Romeo und Julia‹ wieder. Das einzige, wogegen ich mich wehrte und wo ich nicht nachgab, war Theater zu spielen. Diese Heuchelei mitmachen? Nein! Der üble Spaß war sich selbst genug.

Es waren auch ziemlich viel Architekten da. Man ließ uns über Tarnungsprobleme »nachdenken«. Ich erinnere mich an ein Projekt zur Verteidigung von Paris: Es bestand darin, den Lauf der Seine umzuleiten und mit städtischen Sprengwagen Seifenblasen zu versprühen. Bei Nacht wären die Flugzeuge durch die Lichtreflexe irregeführt worden. Das ist keineswegs erfunden!

Im Frühling 1940 zogen wir in den Wald von Villers-Cotterêts, um uns zu »tarnen«, und wurden dann beauftragt, das Schloß von Ermenonville zu beschützen. Das lag schon näher bei Paris ... Als die große Mai-Offensive begann, schämten wir uns. Wir hatten gut lachen, wir gingen an Schwanenteichen und am Grab von Jean-Jacques Rousseau spazieren. Ich las ›Rêveries d'un promeneur solitaire‹ wieder; ich hatte gelernt, Morcheln zu sammeln, und ging tief in die Wälder hinein. Ich sehe noch den Kadaver eines Hirsches, den ein Iltis fein säuberlich abgenagt hatte, die ganze Bauchhöhle war leer, nur Knochen, Zähne und Fell waren übriggeblieben. Und darin hatte sich der Iltis seine Behausung eingerichtet. Die Substanz des ganzen Tieres war ausgenommen. Warum überkam mich in diesem Augenblick eine körperlich pflanzenhafte, tierische Liebe für mein Land? »Liebe aus Leidenschaft, keine Bonbon-Liebe« habe ich in mein Notizbuch geschrieben. Dreißig Jahre falsche staatsbürgerliche Erziehung wurden von diesem Anblick ausgewischt. Das versöhnte mich allerdings nicht mit dem Militär.

Die Aktivität der »fünften Kolonne« stand auf dem Höhepunkt. Wenn ich vor den Gittern von Ermenonville auf Wache stand, kam es vor, daß ich falschen Generalen den Weg zu weisen hatte (das war schon »Baptiste« in ›Die Kinder des Olymp‹). Es regnete Fallschirmspringer. Im Wald wurden Signalfeuer angezündet. Wir rannten, um sie mit Spatenhieben zu löschen. Und wenn man sonderbaren Radfahrern mit Maschinenpistolen am Arm begegnete, ließ man sie achtlos vorbeifahren; denn in unserer Abteilung trugen nur Feldwebel einen Revolver. Er war aber aus Mangel an Munition nicht geladen. Gott sei Dank! Wir wären alle massakriert worden!

Der Rückzug begann.

Unsere Kompanie war so »gespenstisch«, daß der Generalstab sie vergaß. Schon hörte man die feindlichen Panzer anrollen . . .

Lebenszeichen

Heute haben wir den 11. Juni. Ich höre, daß ein Luftgeschwader über Paris nach Chartres abfliegt. Jetzt ist alles egal, ich haue ab. Ich will Madeleine wiedersehen und ihr sagen, daß sie fort muß. Es handelt sich nicht mehr um Desertion. Auch meine Kompanie wird sich morgen früh nach Süden absetzen, zusammen mit langen Flüchtlingstrecks, die wie aufgescheuchte Herden auf den Straßen dahinziehen. Ich schleiche mich an einen der Lastwagen, die nach Paris gehen, und verstecke mich unter einer Plane. Unsere von Jean-Pierre gebilligte Trauung ist am Rathaus von Billancourt für den 14. Juni bekannt gegeben. Es ist der Todestag meiner Mutter. Ich habe es nicht mit Absicht gemacht; trotzdem ist es richtig. Sie wäre einverstanden gewesen. Sie liebte Madeleine, sie hatte ihr ihren Verlobungsring gegeben.

Die Deutschen überfluten Paris. Überall herrscht wilde Flucht. Auf der Straße bilden lange, schwarze Rauchschwaden einen dichten, ungewöhnlichen Nebel. Um 7 Uhr morgens erreicht mein Lastwagen Paris. Um 7.30 Uhr setzt er mich im Boulogne ab; sobald wie möglich wird er mich wieder abholen und dann wieder nach Chartres zurückfahren. Wird er überhaupt zurückkommen können? Es heißt, Paris soll zur offenen Stadt erklärt werden, also ohne Militär bleiben.

Ich komme zu Hause an. Madeleine hat vor anderthalb Stunden mit Blanche und Ya-Ya, den beiden Frauen, die uns im Haus helfen,

und der Katze Paris verlassen. In der Eile haben sie ein Fenster offen gelassen. Sie sind auf Befehl der Comédie-Française abgereist, die gestern abend zum letzten Mal ›On ne saurait penser à tout‹* von Musset gespielt hat. Genau das Richtige.
Ich bin allein und ratlos, ein Deserteur! Wo ist Madeleine? In Richtung der Creuse, wohin ihre Mutter und ihre Großmutter geflüchtet sind? Oder in die Bretagne, wo Granval mit Jean-Pierre hingegangen ist? Ich laufe in unserem verlassenen Haus herum: unsere Bücher, unsere Bilder, unser Glück. Was mitnehmen? Das Leben ist zerbrochen, vielleicht für fünfundzwanzig Jahre! Ich mache mir Notizen; das einzige gültige Erinnerungszeichen, das man mitnehmen kann, ist eine Blume aus dem Garten, die ich zwischen zwei Blätter meines Notizheftes lege. Kummer macht sentimental. In zwei Tagen jährt sich der Todestag meiner Mutter; wo ist wohl ihr Mann, Louis Martin? Sie liegt jetzt in ihrem Grab, am anderen Ende im Nordwesten von Paris, auf dem Friedhof Père Lachaise. Niemand wird hingehen können. Ich selbst bin hier festgehalten, ich muß die Rückkehr des Lastwagens abwarten. Wenigstens hat sie dieses Elend nicht miterleben müssen.
Stunden vergehen. Soll ich Zivil anziehen? Nein! Der Lastwagen ist da! »Schnell, versteck' dich unter der Plane! Wir wären beinahe nicht durchgekommen. Wir müssen so schnell wie möglich Chartres erreichen.« Wir sind sozusagen schon unterwegs auf der günstigen südwestlichen Ausfallstraße von Paris, zwei Schritte weit von der Porte de Saint-Cloud. Trotzdem spüre ich, unter der Plane vergraben, immer noch das holprige Pariser Pflaster. Zwanzig Minuten vergehen, da hält der Lastwagen an. Wo können wir denn nur sein? Ich riskiere einen Blick hinaus. Wir stehen vor dem Père-Lachaise! Genau vor der kleinen Tür, durch die man sich zu unserem Grab begibt!
»He, Mann, eine Sekunde, bitte.«
Ich springe auf. In meinem Notizbuch habe ich eine Blume. Das Grab meiner Mutter wird doch noch Blumen bekommen. Sind die Toten in solchem Maße »aktiv«? (Der Fahrer hatte diesen Umweg gemacht, um der Frau eines Kameraden einen Brief zu bringen!)
Wir fahren weiter, diesmal südwestwärts, wieder quer durch Paris. Die Straßen sind verstopft, das bringt uns vom Weg ab; wir fahren nach Fontainebleau, Montargis, in südöstlicher Richtung. Wer überholt uns da? Das ist doch der Wagen meines Hauptmanns! Er hat

* ›Man kann nicht an alles denken!‹ (Anm. d. Ü.).

mich gesehen. Er bremst. Ich sage dem Fahrer, er solle anhalten. Man hat mich also erwischt.
»Was machen Sie denn hier?«
»Ich . . . hatte mich verirrt.«
»Na gut. Steigen Sie ein.«
Ich sitze im Wagen auf der hinteren Bank, der Hauptmann auf der vorderen. Ich fühle mich wie ein Kind, »das man in den Schoß der Familie zurückführt«. In der Hoffnung, den Offizier zu besänftigen, wage ich, ihm das zu sagen. Er antwortet:
»Sie könnten es nicht besser ausdrücken.«
Wir kommen nach Châtillon-Coligny, in der Nähe der Loire. Was sehe ich? Madeleine, mitten in meiner Kompanie. Die Kolonne war umgeleitet worden, Madeleine war umgeleitet worden, mein Lastwagen war umgeleitet worden, und wir fanden uns zusammen!
Da wir am Morgen darauf heiraten sollten, war der Hauptmann befugt, den Bürgermeister zu vertreten. Wir brachten einen Juwelier dazu, seinen Laden zu öffnen. Der Juwelier hatte nur ein Paar Eheringe von einer Trauung, die nicht stattgefunden hatte. Zufällig paßten sie uns, und am Todestag meiner Mutter – die ihre kleine Blume bekommen hatte – wechselten Madeleine und ich zwei Eheringe, die das Datum 1937 trugen! Gott hat Sinn für Humor und fürs Absurde!
Madeleine wollte nach der Creuse, um ihre Mutter zu besuchen und dann in die Bretagne zu ihrem Sohn. Sie hatte meinen Wagen, einen Citroën mit Frontantrieb, sehr zweckmäßig; eine Straßenkarte hatte sie nicht, nur ihre Nasenspitze, um der Sonne zu folgen. Wir trennten uns und hatten bis Ende Juli keine Nachricht voneinander. Eine harte Prüfung. Aber das Leben hatte uns ein Zeichen gegeben.
Dieser Streifzug, der im Elsaß begonnen hatte, endete in einem kleinen Dorf im Süden, in Miramont-de-Quercy. In einem Monat hatte ich ganz Frankreich durchquert – es war der sonnigste Juni, den ich je erlebt habe. Juni – der üppigste Monat des Jahres.

»Diese hügeligen Gegenden Frankreichs, die schöner als alles andere sind.«

Ich glaubte, neu geboren zu sein, aber diesmal in Not und Elend. Bisher fühlte ich mich in der Erde von Beauregard verwurzelt, nach diesen harten Prüfungen fühlte ich, daß ich aus der Erde Frankreichs hervorgegangen war, wie ein Apfel sich als Apfelbaum fühlt.

»Ein bißchen spät!« werden die einen sagen.
»Du verkalkst ja!« werden die anderen sagen.
»Die Muttererde? Ödipuskomplex!« würde der Psychoanalytiker sagen.
»Ach so reine Jokaste!« flüstert Jarry ...
Der Waffenstillstand wurde unterzeichnet. Pétain stand mit seiner Person in Ehre und Würde dafür gerade. De Gaulle erließ seinen Aufruf an Frankreich. Die Demarkationslinie verlief bei Tournus. Frankreich wurde im vollen Sinn des Wortes ent-zweigeschnitten.
Madeleine schien am Ende der Welt. Ich wartete nur noch auf den Tag, an dem ich entlassen würde. Mehr als einen Monat lang hing ich herum. Ich befand mich zwischen Verzweiflung und dem Verlangen nach Wiedergeburt. Ich wollte dienen, aber nicht diesen »Dummheiten«, sondern dem Glauben, der mich belebte.
Die Gegend von Quercy ist prachtvoll und besitzt einen sehr eigentümlichen Charakter. Eines Tages ging ich mit dem Maler André Marchand in einem Tal spazieren. Wir stießen auf die Ruine eines Hauses. Es war bildschön, ein verfallener Herrensitz. Die Natur hatte ihre Rechte wieder geltend gemacht. Die Wände waren von Bäumen eingedrückt. Durch die Dächer brach Laubwerk ein. Rund herum flossen Quellen mit einem sanften, frischen Rauschen. Im Inneren des Hauses waren die erhaltenen Reste des Getäfels von erlesenem Geschmack, das wurmstichige Parkett war prachtvoll. Bewegt standen wir vor den Trümmern menschlichen Machwerks, das die wuchernde Natur zerfraß und erstickte. Wir schwiegen, hielten den Atem an – aus Ehrfurcht und ein wenig aus Angst.
Plötzlich hörten wir Schritte vom oberen Stockwerk. Jemand stieg die Treppe herab. Es herrschte eine Atmosphäre, daß uns die Erscheinung eines Gespenstes ganz selbstverständlich erschienen wäre. Mein Herz schlug. Der »Anwesende« schien schon älter zu sein, denn er stieg langsam und hinkend Stufe für Stufe herab. Die glühende Hitze des Sommers drang durch Blätter und Steine, man hörte den beseelten Gesang der plätschernden Quellen. Der »Besitzer« näherte sich und erschien an der Biegung der Treppe: Es war eine wunderschöne Berberente, mit buntglänzendem Gefieder. Was machte dieses Geschöpf an diesem verlorenen Ort? Es sah uns eindringlich und mit vorwurfsvollen Augen an. Es schüttelte ein wenig den Kopf, als wollte es uns ein Zeichen der Ablehnung geben. Wir hatten verstanden und entfernten uns langsam rückwärts – »wir bedauern, gestört zu haben« ... Das war die Seele des zertrümmerten Frankreichs.

Kurz nach der Demobilisierung lande ich in Toulouse. Ich weiß nicht, wohin ich mich wenden soll. Auf der Straße begegnet mir ein Schauspieler, den ich vage kenne. Sofort nimmt er sich meiner an, wie in einer phantastischen Geschichte; ich folge ihm, wie man einem neuen Schicksal gehorcht. Er führt mich zu seinem Haus. Die Tür öffnet sich. Eine Dame begrüßt mich. Sie stellt sich mir vor:
»Madame Martin. Ich erwartete Sie. Sie wohnen im Zimmer meines Sohnes.«
Es gibt Momente, wo man nicht mehr recht weiß, wo man eigentlich ist.
Wie vor einem Jahr in Dijon verbrachte ich meine ganze Zeit auf dem Bahnhof, wartete auf die Ankunft von Madeleine, ohne daß ich daran zu glauben wagte. Endlich hatte ich Nachricht von ihr erhalten. Sie war in der Bretagne. Ich wartete bis zum Verrücktwerden auf sie. Und da ich meinem Land wiedergeboren werden wollte wie aus einem urzeitlichen Schoß, begab ich mich in die Stadtbibliothek und vertiefte mich in die Geschichte Frankreichs. Mein Kopf, mein Herz, mein Bauch wählten Villon, ›La Chanson de Roland‹ und ›Saint Louis‹.
Ich fühlte mich genesen, wie nach einer Krankheit. Dieser Alptraum von elf Monaten hatte mich in Wahrheit verändert, und mein »Double« hatte sich dabei verwischt. Gestern erst war ich vom Forellenangeln in der Normandie zurückgekommen und hatte diese Bekanntmachung gelesen. Seit gestern so viele einander überlagernde Ereignisse! Jetzt wollte ich handeln. Aber um zu handeln, muß man verstehen, und um zu verstehen, muß man lernen. Ich wollte wieder von vorne anfangen. In die Schule zurückgehen.
Auf der einen Seite mein Land und sein Untergang. Auf der anderen Seite das Treiben der sich gegenseitig beschuldigenden Franzosen. De Gaulle, von dem »Verräter« Pétain zum Tode verurteilt, gab uns zu verstehen, daß alles unsere Schuld war. Gegen diese falsche Anklage schrieb Sartre ›Les Mouches‹ (*Die Fliegen*). Tatsächlich konnte man in einer Zeitung lesen:

»Am 6. Februar 1934 und im Jahr 1937 gab es einen mißlungenen Versuch (die ›Volksfront‹ zu unterdrücken); dieser Krieg hat endlich das Geschwür aufgeschnitten, an dem Frankreich krankte.«

Man machte keinen Hehl mehr daraus, daß alles eine abgekartete Sache gewesen war.
Für mich galt es, in erster Linie den Geist zu retten:

»Rückkehr zur geistigen Intuition. Erneuerung des Abendlandes. Durch ein vom Orient beeinflußtes Neu-Christentum zu den allumfassenden Gesetzen zurückfinden, und sie diesmal verantwortlich auf sich nehmen.« (Aufzeichnung aus dem Notizbuch)

Zu dem allgemeinen Zusammenbruch kam noch die deutsche, diktatorische und antisemitische Besatzung hinzu, die ersten Konzentrationslager. Der Geist mußte sich wie ein bewaffneter Partisan im Untergrund organisieren. Kein Gedanke mehr, öffentlich an Stücken wie ›Numantia‹ zu arbeiten oder ein Theater wie das Atelier zu leiten!
Ich erwog, mich in Aix-en-Provence niederzulassen, falls es mir gelänge, Madeleine dorthin zu bringen ... Ich beschäftigte mich, indem ich sorgfältig meine kleinen Notizbücher vollschrieb:

»Vorgestern waren wir bei Einbruch der Nacht in eine kleine Kirche von wundervoller Schlichtheit, Heiterkeit und Wärme gegangen, um Harmonium zu spielen. Der Pfarrer, ein guter alter Mann, stand auf so vertrautem Fuß mit Gott, daß er seine Pfeife am Ewigen Licht anzündete. Er empfing uns ohne Umstände. Als wir ihn baten, das elektrische Licht auszuschalten, damit man die Stimmung des Ortes besser empfinden könne, ging er nach kurzem Zögern, zündete eine Wachskerze an und löschte alle Lichter; dann begann er selbst zu beten. Ein eindrucksvoller Augenblick. Am Harmonium: Marcel Landowsky.«

Ich fühlte mich zerrissen zwischen Madeleine, ohne die ich nicht mehr leben konnte, einem fast unbezähmbaren Bedürfnis, im Einklang mit meinen Gedanken zu handeln und einer völlig unbekannten Zukunft ...
Das Schicksal wartete auf mich in einem Flur der Stadtbibliothek. Ich hatte gerade meine Lektüre von ›Saint Louis‹ unterbrochen, da begegnete ich dem Schatzmeister des Théâtre Français.
»Sie sind also in Toulouse?«
»Ja! Ich bin hier gelandet.«
»Jacques Copeau sucht Sie überall.«
Jacques Copeau hatte ebenfalls eingewilligt, mit seiner Person für die gesamte Verwaltung der Comédie-Française geradezustehen. Da er weniger folgsam war als Pétain, dauerte das nicht lange.

Man darf nicht vergessen, in welcher geistigen Verfassung die Franzosen sich im Juni 1940 befanden. Die überstürzten Ereignisse, der merkwürdige Charakter der Konflikte hatten das Land in stumpfsinnige Resignation versetzt. Man begriff es nicht. Die Haltung Pétains stieß am Anfang auf ehrliche Anerkennung. Sprechen wir nicht von der »Vision« auf lange Sicht des Generals de Gaulle. Wir fühlten uns von allen Seiten verraten. England hatte in Dunkerque einen berechtigten, aber brutalen Selbsterhaltungstrieb entwickelt. Amerika hatte vermutlich noch nicht seine Waffenlieferungen amortisiert ... Italien hatte sich schändlich verhalten. Rußland hatte gemeinsam mit Deutschland Polen verschlungen. Die Welt freute sich insgeheim über den Niedergang des französischen Reichs. Wenn zwei Wölfe miteinander kämpfen, bietet derjenige, der verwundet ist, dem Feind seine Halsschlagader dar. Das ist nicht Feigheit, sondern Taktik. Diese Gebärde löst beim Sieger Hemmungen aus; er unterbricht das Gemetzel und macht sich davon – nachdem er gegen einen Baum gepinkelt hat, um seine Überlegenheit zu zeigen. Der Waffenstillstand bedeutete ein solches Darbieten der Halsschlagader: Menschen aber sind grausamer als Wölfe. Die Deutschen kehrten leider nicht nach Hause zurück. Ohne im mindesten den Mut derer schmälern zu wollen, die nach Amerika oder London flohen, muß man betonen, daß das französische Volk so anständig wie möglich überleben wollte, das war alles. Nicht allen gelang es, aber viele wurden zu wahren Helden. »Invictis victi victuri«.*

Kommen wir auf Toulouse zurück.
»Jacques Copeau sucht mich?«
»Ja. Er hat mir ein Telegramm geschickt. Er will Sie ans Théâtre Français engagieren.«
Der Schatzmeister besorgte mir meinen »Ausweis«. Ich überschritt die Demarkationslinie bei Vierzon. Ich sah die ersten Deutschen – in ihren grünen Uniformen, in Stiefeln und mit Stahlhelmen.
Am 16. August 1940 unterzeichnete ich meinen Vertrag auf ein Jahr.
Copeau hatte mir gesagt:
»Ich möchte, daß du uns ›frisches Blut‹ zuführst.«
Ich ging wieder zurück in die Schule. Und zudem noch in die Schule von Jacques Copeau, dem Schöpfer des Vieux-Colombier, dem Initiator der gesamten modernen Theaterbewegung. Ich würde mit Madeleine zusammen leben. Alles fiel mir zu, wonach sich mein Wesen in dieser gegenwärtigen Not sehnte.

* Die Sieger werden von den Besiegten wieder besiegt werden.

DIE COMEDIE-FRANÇAISE

Paris 1940. Zwei Arten des Lebens. Auf der einen Seite: Autos, Uniformen und »Privilegierte«. Auf der anderen: Métro, Fahrrad, Arbeit.

Wir hatten unsere Wagen abgeliefert, der Wohnwagen war schon lange beschlagnahmt worden. Ausgangssperre war ab 22 Uhr oder 22.30, ich erinnere mich nicht mehr genau. Ziemlich schnell war die Lage klar. Desnos und Jeanson hatten in einem Artikel offen ihre Meinung gesagt; er erschien in der Zeitung ›Aujourd'hui‹ unter dem Titel: ›Die Revanche der Mittelmäßigen‹. Und das war ihr letzter Artikel. Damit war der Beweis erbracht; es konnte keine Rede mehr davon sein, an Kafkas ›Prozeß‹ weiterzuarbeiten!

Wenn man einen Baum beschneidet, stärkt das seine Wurzeln. Nach dem Fauvismus im Atelier, nach der Emanzipation durch den Surrealismus war ich bereit, mir den klassischen Zweig des Théâtre Français aufpfropfen zu lassen.

Viele meiner Kameraden sahen in mir einen Verräter. Für manche war es die pure Angst vor *der* Freiheit, die ich bisher gepredigt hatte. Eine Art von Feigheit, irgendwie! Ein Mangel an Charakter.

Aber sie vergaßen Madeleine. Die Liebe ist eben die Liebe. Über der Kunst steht der Glaube an das Leben, ohne das es keine Kunst gäbe. Nach einem Jahr der Trennung, das mir unerträglich geworden war, konnten wir endlich zusammen leben, endlich eins sein. Über meine Konzeption vom Leben zu zweit und die Einswerdung zweier Menschen habe ich genug gesprochen. Wir würden jetzt zusammen spielen, die gleichen Sorgen teilen und die gleichen Prüfungen bestehen, wir würden dieselben Hoffnungen, dasselbe Schicksal haben.

»Waren zwei und hatten nur ein Herz.«

Und davon abgesehen – ich suchte, wie damals, als ich ›Numantia‹ inszenierte, nach »Verifikationen«.

Meine furchtsame Natur – vielleicht ist es die des Waisenkindes – hat mich oft genug mit einem Minderwertigkeitskomplex belastet. Sind die Tiere des Waldes feige, wenn sie furchtsam sind? Fehlt es dem Wolf, wenn er die Ohren und den Schwanz einzieht, an Charakter? Oder dem Puma, der sich im Dickicht versteckt?

Obgleich sich die poetische Vorstellung, die ich mir von meiner Kunst machte, in diesen elf Monaten unfreiwilligen Nachdenkens vertieft hatte, fühlte ich doch meine Mängel. Wahr ist, daß ich wieder ganz von vorne, wieder bei Null anfangen wollte. Konnte es eine bessere Schule geben – nach Dullin, Decroux und Artaud – als diese »Maison de Théâtre«, dieses Theater, dessen Ursprung auf 1680 zurückging? Älter noch als unsere Weinberge in Beauregard! Ich liebe das Leben, und aus diesem Leben will ich die Substanz meiner Kunst ziehen.

Ich habe weder etwas für Ideen übrig, die sich gegenseitig aufheben, noch für das Spiel der Politik, das nur von einigen ausgeübt wird. Mein Herz schlägt links, das ist alles. Und das Leben, ich wiederhole es, ist eine Dreiheit – man mag das die christliche Dreieinigkeit oder die Dreiheit der Kabbala nennen oder, wenn man Biologe ist: Invarianz, Teleonomie und Selektion. Für mich ist das Leben ein Gleichgewicht von drei ineinander spielenden Kräften: Notwendigkeit, Trieb und Freiheit. Drei permanente Forderungen unseres Seins. Geht das Gleichgewicht verloren, wird die Notwendigkeit zu Egoismus, der Trieb zu Agitation, die Freiheit zu Libertinage. Mit anderen Worten: Rechtsradikalismus, Linksradikalismus und Desertion. Keines davon ist das Leben.

Ich mußte nach der Entwurzelung durch die Weltkatastrophe Boden unter den Füßen gewinnen. Verrat? Was hätte ich verraten? Die Ideen? Die Politik? Die sollen sich selbst verraten. Arbeiten wir doch, um unseren Teil zum Leben beizutragen, das ist ein genauso gültiger Weg, wie durch Ideen und Politik die gesetzten Ziele zu erreichen. Wie oft konnte ich seither die Wirksamkeit dieses Weges erproben! Besonders dann, wenn er vor allem zum Menschen führt!

Der Trieb? Er hatte sich verschärft. Ich wollte klar sehen in meinem Beruf, bis zur Eindeutigkeit. Immer der sechste Sinn. Im Zen-Buddhismus gibt es ein kleines Buch, von dem ich mich nie trenne: ›Das Bogenschießen in der Zen-Gemeinschaft‹. Ein guter Schütze kann die Zielscheibe nur sicher treffen, wenn er, statt »zerebral« auf sie zu zielen, selbst zum Bogen wird, sich mit diesem identifiziert; wenn sein ganzer Körper sich spannt und seine Atmung zum Pfeil wird. Dann wird er sogar in der Nacht ins Schwarze treffen. Hier wird der ganze Unterschied zwischen einem spekulativen oder auf Leistung ausgerichteten Geist und dem der inneren Berufung zu einer Sache deutlich. Jener treibt uns in eine Konsumgesellschaft, diese verpflichtet uns einer Kulturwelt. Gib, damit du alles emp-

fängst. Nur wenn du geistig bereit bist, für nichts zu arbeiten, wird es dir »vergolten« werden. Man sagt: es »zahlt« sich aus. Bevor man ausbezahlt wird, muß man einzahlen. Der Prozeß des Tauschs wird durch einen Akt des Gebens ausgelöst. Meine Auffassung über die Kunst des Theaters war mir zur inneren Gewißheit geworden: »Die Poesie des Raums durch den Menschen zu vermitteln.«
Bevor ich meinen Weg weiter verfolgen konnte, wollte ich mir bestimmte Bestätigungen bei den Klassikern holen. Schon Proust hatte, als er die Schauspieler um die Berma (Sarah Bernhardt) beschrieb, gesagt:

> *»Die Geste dieser Künstler gebot ihren Armen, ihrem Peplum: seid majestätisch – aber die unbeherrschten Glieder ließen zwischen Schulter und Ellbogen einen Bizeps strotzen, der nichts von der Rolle wußte.«*

Noch ein kleiner Schlüssel, den ich auf meinem Wege aufgelesen hatte, und er kam mir wie gerufen.
Zudem war ich völlig untrainiert. Wie nach einem Unfall mußte ich eine Zeitlang Heilgymnastik treiben – das war eine Notwendigkeit! Schließlich meldete sich auch mein genetisches Erbe: Meine bäuerliche Seite hat einen Hang zum »Professionellen«!
Und dann kommt es sogar in Abenteuerromanen vor, daß Vagabunden in einem Kloster Zuflucht suchen, erst recht, wenn eine »Schwester Madeleine« darin wohnt!
Was die Freiheit betrifft, werden wir noch oft darauf zurückkommen. Mit zunehmendem Alter beschäftigt sie mich mehr und mehr. Weder philosophische noch psychoanalytische Weisheiten konnten mir diesen Hang auszutreiben. Um es flüchtig vorwegzunehmen: Freiheit ist für mich die Fähigkeit, ständig mit sich selbst im Einklang zu bleiben und sich gleichzeitig einem selbst auferlegten Zwang unterwerfen zu können. Als ich mich für die Prüfungen auf den Brettern der Comédie-Française entschied, befand ich mich in tiefstem Einverständnis mit mir selbst und unterwarf mich freiwillig einem Zwang. Im übrigen hinderte mich das nicht, das Leben in Paris unter den Beschwernissen der Besatzungszeit zu leben. Die Freundschaft stand zu dieser Zeit im Zeichen Robert Desnos'. Wir kamen uns damals immer näher.

Vielleicht sagte ich es schon: ich liebe das Zeremoniell bei Tisch. Die Mahlzeit ist für mich eine Art geheiligtes Ritual; auch ein vorväterliches Erbe. Ich liebe die überlieferten Sitten, und im Theaterleben findet man deren viele. Die in der Comédie gefielen mir sofort. Wenn ich die Treppe zur Bühne hochstieg, blieb ich jedes Mal vor Molières Büste stehen, um sie mit den Fingerspitzen zu berühren oder ein Veilchensträußchen hinzulegen.

Ich respektierte das Protokoll und stellte mich dem Doyen, dem ältesten Mitglied, vor. Ich hätte das – ganz abgesehen von der Höflichkeit, die man dem weiblichen Geschlecht schuldig ist – auch bei der »Doyenne« tun müssen, das wußte ich nicht. Sie ließ es mich dann auch spüren ...

Das Protokoll ging noch viel weiter. Die »Pensionäre« waren für ein Jahr engagiert. Die »Mitglieder« auf Lebenszeit. Die letzteren durften den Aufzug benutzen, die anderen nicht. Das änderte sich jedoch bald.

Die Intrigen in der Comédie-Française waren berüchtigt. Es hieß, die »Gemeinschaft« der Schauspieler sei »eine einzige große Familie ... wie die Atriden«! Trotzdem habe ich ausgezeichnete Kameraden gefunden. Allerdings gab es welche, die nicht mit mir sprachen. Aber sobald wir auf der Bühne standen, war alles versöhnt. Das nenne ich das Zirkus-Gesetz: Brüderlichkeit im Streit. Will man diese ständigen Streitereien begreifen, unter denen das Ensemble der Comédie litt, darf man deren Ursprung nicht vergessen: Sie ging aus der Vereinigung von zwei Theatertruppen hervor, der Truppe von Molière* und der vom Hôtel de Bourgogne, daher der zweifache »genetische Code«. Mal gab der Stil der »jungen ländlichen Truppe« den Ton an, dann dominierten wieder Noblesse und Feierlichkeit. Selten wurde eine gemeinsame Basis des gegenseitigen Einverständnisses gefunden.

Bis 1914 hatte das Gold seinen Wert behalten. Weder Kino noch Radio oder Fernsehen ermöglichten damals dem Theater Nebeneinnahmen: Die Comédie-Française hatte bisher ihr Budget selbst ausgeglichen. Nach dem Ersten Weltkrieg mußte der Staat jährlich Zuschüsse beisteuern, und die Comédie war vorwiegend subventioniert. Je mehr das Théâtre Français den Staat brauchte, um so einschneidender vergifteten politische Intrigen seine innere Struktur. Darin liegt das Drama des »Hauses«.

Als ich später Mitglied wurde, reichte ich einen Bericht ein, in dem ich folgendes darlegte: »Die ›Gesellschaft der Schauspieler der

* Molière, der 1673 starb, hat nie dem Théâtre Français angehört, das 1680 gegründet wurde, aber ihm ist die Entstehung dieser Gemeinschaft zu verdanken. Insofern ist er der »Patron« des Hauses.

Comédie‹ wird nur dann ihr Gleichgewicht wiedererlangen können, wenn sie alle Möglichkeiten zur Verwirklichung dramatischer Kunst nutzt: Theater, Film, Radio, Fernsehen.« Das ist noch jetzt meine Überzeugung, insbesondere in Hinsicht auf die künftige Entwicklung von Kassetten- und Videogramm-Aufzeichnungen. Ich vermute übrigens, daß man sich an der Comédie-Française gegenwärtig damit beschäftigt.

Der Cid und Hamlet

Ich debütierte im ›Cid‹. Es war eine glatte Katastrophe. Ich war viel zu »leicht« – um es in Boxer-Kategorien auszudrücken. Der ›Cid‹ von Corneille ist nicht der spanische Torero eines Guilhem de Castro, der von übernatürlichen Mächten beschützt wird. Er ist ein normannischer Ochse. Zwischen der großartigen Marie Bell als Chimène und Jean Hervé als alter Don Diego, stark wie ein Baum, wirkte ich wie eine Heuschrecke. Jean Hervé, ohnehin wütend, weil er nicht mehr Rodrigo spielen durfte, schüttelte mich wie einen Pflaumenbaum. Er hatte wirklich keinen Sohn nötig, um den Grafen* umzubringen.

»Dieser erste Streich ist kein Meisterstreich«, schrieb mein langjähriger Kamerad, André Frank, der einst an meiner Seite in ›Als ich im Sterben lag‹ gekämpft hatte. Copeau hatte den Einfall, die Premiere des ›Cid‹ auf den 11. November zu legen, den Waffenstillstandstag von 1918. Den Deutschen paßte das nicht. Unter Mitwirkung der Studenten wurde das zum Anlaß einer regelrechten patriotischen Demonstration. Copeau wurde nach Hause geschickt. Sein Mut war beispielhaft.

Mein zweites Debut mit ›Hamlet‹ gelang besser. Dieses Mal war es der von Shakespeare. Granval lag daran, mich gut herauszubringen, und arbeitete mit mir. Diese Rolle war »meine Gewichtsklasse«. Die Bangigkeit, Verletzlichkeit, Zwiespältigkeit, der schwarze Humor, der anarchistische Geist – all diese Züge an dieser Figur waren mir vertraut. Ich tanzte manchmal ein bißchen zuviel. Ich habe meine Rollen immer gern getanzt. Um es mit Delacroix zu sagen: Das ist eine meiner »schlimmsten Eitelkeiten«. Aber es macht mir im Augenblick so viel Freude!

* Erst zehn Jahre später bewältigte Gérard Philipe dieses Problem.

»Ich habe so viel Freude an meiner Arbeit, daß ich keine Rücksicht darauf nehmen kann, wenn die Leute nicht mögen, was ich mache.« (J. S. Bach)

Ein gefährliches Wort, das mir oft als Ausrede gedient hat für Fehler, die ich mit Lust beging.

Ich war dreißig Jahre alt. ›Hamlet‹ habe ich über 25 Jahre lang gespielt. Er ist mein Freund, mein Bruder. Von allen Seiten habe ich versucht, ihn anzugehen, er ist unbezwinglich. Ich begreife ihn als äußersten Kristallisationspunkt meiner eigenen Natur: der Held eines höheren Zögerns. Aber er gleitet mir durch die Finger:

»Like a camel, like a weasel, like a whale!«

Für Rosenkrantz und Güldenstern hatte ich zwei junge Schüler vom Conservatoire geholt, die sowohl von der äußeren Erscheinung wie durch ihr Talent von der Magie des Theaters gezeichnet waren: Jean Desailly und Jacques Dacqmine. Sie sollten später zwei Säulen unseres Ensembles bilden. Mit ›Hamlet‹ wurde ich im »Metier« anerkannt.

Es war Marie Bell, die mir zu der schönsten Gelegenheit verhalf, mir selbst den klassischen Zweig aufzupfropfen. Sie wollte seit langem Phädra spielen, schon zur Zeit von Edouard Bourdet. Jean Hugo hatte die Bühnenbilder entworfen. Sie bat Jean-Louis Vaudoyer, den neuen Direktor, mir die Regie anzuvertrauen. Daß man eine so gewichtige Inszenierung einem jungen Pensionär überließ, war neu. J.-L. Vaudoyer, ein höflicher und kultivierter Mann, hatte nicht davor zurückgeschreckt. Es wurde eine meiner wichtigsten Bereicherungen. Jetzt konnte ich meine Überzeugungen auf die Probe stellen: Sie sollten gestärkt daraus hervorgehen.

Phädra

In ›Mein entblößtes Herz‹ sagt Baudelaire:

»Was ich in meiner Kindheit und noch jetzt in einem Theater immer am schönsten fand, ist der Kronleuchter, ein schöner Gegenstand, kristallen, glitzernd, kompliziert, rund und symmetrisch . . .«

In der Epoche des klassischen Theaters nimmt ›Phädra‹ den Platz des Kronleuchters ein.

Mahelot, der Bühnendekorateur zur Zeit Racines, präzisierte: »Die Bühne ist ein Palast mit gewölbter Decke, zu Beginn ein Stuhl.« Ich hielt mich wortwörtlich an die Anweisung. Nach dem ersten Bekenntnis der Phädra entfernt die Vertraute den Stuhl. Die Tragödie wird im Stehen gespielt. Die Männer waren barfüßig. Die Kostüme im kretischen Stil. Die Sonne durchlief vom Morgengrauen bis zur Nacht ihre Bahn. Ich habe ein ganzes Buch über ›Phädra‹ geschrieben:

Es handelt von dem poetischen Abenteuer Racines, das mit Rimbauds ›Une Saison en Enfer‹ vergleichbar ist.

Vom Rezitativ, das eine dichterische Erweiterung der Seele ist: eine traumhafte Überbewußtheit.

Von den rhythmischen Kompositionen, reich an Alexandrinern; der Metrik der gesprochenen französischen Sprache; den Tonleitern der Atmung.

Von der Konzentration der Gesten im Verhältnis zum prosodischen Wort.

Von der Verlagerung der Stimme.

Von der Tragödie, die ihren Lauf nimmt, sobald der Selbsterhaltungstrieb aufgegeben wird.

Von dieser Herausforderung des Todes, die nach höchster Vitalität verlangt.

Und schließlich vom Rhythmus als dem Hilfsmittel, die Atmosphäre des Dramas zu überhöhen.

Mit ›Phädra‹ fand alles in eklatanter Weise seine Anwendung, was ich bisher über dramatische Kunst gedacht hatte: Nutzung des Atmens, Wachtraum, plastische Artikulierung, Kunst der Geste, Rhythmus usw.

Das Studium der ›Phädra‹ sollte mich für alle Zeit prägen: ein alchimistisches Elexier aus den Geheimnissen unserer Kunst. Quintessenz der theatralischen Poesie: Liebe, Haß, Aggressivität, Theater der Grausamkeit. Racine offenbarte sich mir als der musikalischste der französischen Dichter. Ich stellte eine Untersuchung der symphonischen Sätze in ›Phädra‹ an. Ich zerlegte die Metrik wie für eine griechische Tragödie. Ich studierte sie so gründlich, daß ich sie eines Tages in einem Dominikaner-Kloster ohne Textvorlage rezitieren konnte. Die Zeit um 1654 drang mir aus allen Poren.

Nach diesem Sprung in die Tiefe kehrte ich überzeugter denn je zurück.

Jean-Paul Sartre

Mit dem Erfolg in ›Hamlet‹ und dem aufschlußreichen Experiment mit ›Phädra‹ hatte ich meine Kraft wiedergefunden und mit ihr meine Dämonen. Die Angst war wieder da. Eine innere Unruhe fraß mich auf. »Mein Tier« vernahm den Ruf der Wildnis. Madeleine, die unser ganzes Leben hindurch verständnisvoll war, überließ mich ohne Einspruch meiner Qual und all meinen Zweifeln.
Ich hatte Jean-Paul Sartre kennengelernt. ›Der Ekel‹ und ›Die Mauer‹ begeisterten mich seit ihrer Veröffentlichung. Wir trafen uns häufig. Sein Einfluß auf mich war beträchtlich, vier Punkte möchte ich daher besonders hervorheben:

1. Die Gefühle sind Verhaltensformen.
2. Das Theater ist die Kunst der Gerechtigkeit.
3. Das Verhältnis vom »Selbst« zu »den Anderen« macht das wesentliche Drama der Existenz aus.
4. Der Mensch ist in einem konkreten Augenblick, wie sein Leben auch immer sein mag, *frei.*

Anhand von Sartres Existenz-Philosophie verifizierte ich das dritte Element in der Dreiheit des Lebens: die Freiheit der Wahl – ein Element, das von Jacques Monod in seinem Buch ›Zufall und Notwendigkeit‹ im Bereich der Biologie bestätigt wird und das mich bereits durch die drei Bestimmungen, die dem Schicksal bei Äschylos zugeordnet sind, so stark beeindruckt hatte.
Äschylos, Sartre, Monod: Das sind schließlich Referenzen! Welche Bestätigung für Ahnungen, die ich schon als junger Mann besaß! Für diejenigen, die dennoch das Recht auf Freiheit bestreiten wollen, will ich noch einmal folgende Definition wagen: Ist die Freiheit – in Anbetracht des Erinnerungsvermögens – nicht die Schwester der Vorstellungskraft? Die Fähigkeit, mit den gemachten Wahrnehmungen im Hinblick auf künftige Begegnungen nach Belieben zu jonglieren?

Über die Freiheit

Ich bedauere, daß Sartre nie ein Thema durchführte, das er bereits ausgearbeitet hatte und ›Die Wette‹ nannte. Ein Ehepaar – »Flüchtlinge« – sitzt in einem Wartesaal. Die Frau ist schwanger. Der Mann will, daß sie abtreibt. Sie wehrt sich dagegen.
Er: Wenn das Kind doch kein besseres Leben haben wird als wir, kann man es genausogut gleich wegmachen!

Sie: Ich wette, daß es sich durchschlagen wird.
Sie streiten sich. Ein Donnerschlag. Eine übernatürliche Erscheinung taucht auf und zugleich eine in »Waben« aufgeteilte Dekoration, die ein wenig an die mittelalterliche Simultanbühne erinnert. Das Schicksal des Kindes liegt vor uns mit allen Personen, denen es begegnen wird. Nur das Kind selbst ist nicht zu sehen. Sein Leben wird entsetzlich sein. Es wird den Tod durch Erschießen erleiden. Die Bühne wird dunkel, die übernatürliche Person verschwindet.
Die Eltern bleiben allein zurück. Jetzt kennen sie das Schicksal ihres Kindes. Dieses elende Leben gibt dem Vater recht: »Wozu soll man ein solches Leben führen?« Aber die junge Mutter bleibt dabei: »Ich wette, daß es sich durchschlagen wird.« »Aber es ist doch nichts zu ändern an seinem Schicksal!« »Ich sage dir, er wird sich durchschlagen.« »Nun, dann bringe eben dein Kind zur Welt!«
Zweiter Teil: Die »Waben« sind wieder beleuchtet. Wieder dasselbe Leben und dieselben Personen. Diesmal ist auch das Kind, der Sohn da. Er ändert nichts an den Tatsachen seines Lebens, verwandelt sie aber durch sein Verhalten. Er endet, wie vorausgesagt: Er wird erschossen. Aber dieses Leben ist kein elendes, sondern ein großartiges gewesen durch den Gebrauch, den er von seiner Freiheit zu machen wußte.

Über die Gefühle

Ich empfehle die bedeutende Studie Sartres zur Phänomenologie der Gefühle. Um es knapp zu sagen: Emotionen sind keine Seelenzustände, die etwa beliebig unserem Verhalten zukämen, vielmehr sind Gefühle selbst Verhaltensformen.
Ich habe immer schon gedacht, daß alles seinen Zweck habe, selbst das Spiel. Sartre nun hat dieser Auffassung eine weitere Bestätigung gegeben, die sich sogar auf die Gefühle erstreckt. So ist ihm das Gefühl eine extreme Verhaltensform, in letzter Instanz ein Grenzfall des Verhaltens. Wenn mir Feindseliges begegnet, so blähe ich meine Brust, verstärke ich meine Stimme, kurz: Ich versetze mich in Zorn. In der Tat, ich mach mich stärker, als ich bin. Ich flüchte in ein »magisches«, ein beschwörendes Verhalten. Begegnet mir etwas Bedrohliches, so werde ich ohnmächtig: Ich mache mich unsichtbar vor Angst, oder ich pfeife und verwandle so die Gefahr künstlich in einen Scherz. Bin ich schwermütig, wende ich meinen Kopf hin

zur grauen Oberfläche einer Wand, ich vergesse, ich verdränge die Situation aus Trauer usw.
Wenn Théramène über den Tod Hippolytes berichtet, wird die Erzählung um so länger dauern, als Hippolyte ja noch lebt, solange über ihn gesprochen wird. Also: »Théramènes Bericht« schiebt den Tod Hippolytes hinaus. Die Erfindung der Erzählung in der Tragödie entspringt somit einem Gefühlsverhalten in der Grenzsituation, wobei man magisch kommuniziert mit dem abwesenden oder toten Subjekt.
Die Erfindung der dramatischen Kunst, des Theaters also, ist einem kollektiven Gefühlsverhalten zu verdanken – man versammelt sich an einem Ort, um das Erlebnis der Einsamkeit und der Angst zu bekämpfen und um die großen Lebensprobleme, insbesondere die immerwährenden Beziehungen, die wir Individuen mit »den Anderen« unterhalten, »darzustellen«, das heißt: auf erträgliche Weise neu zu erleben.

Theater: Die Kunst vom »Selbst« und »den Anderen«. Die Kunst der Gerechtigkeit

Auch über den dritten Punkt haben mich Sartres Einsichten aufgeklärt. Seine Analysen waren ungemein gescheit. Sie präzisierten und bekräftigten meine Überzeugungen vom Theater;* das gilt gleichermaßen für den Begriff: »Kunst der Gerechtigkeit«. Für mich bezog sich das nicht nur auf die Gerechtigkeit von Ideen politischer und ideologischer Natur, sondern übertrug sich sogleich auf den Bereich der biologischen Gerechtigkeit des Lebens – anders gesagt: auf die Richtigkeit.
Sobald Leidenschaften, Maßlosigkeiten, Rechtsstreitigkeiten rücksichtslos und egoistisch vertreten werden, gerät der Ablauf des Lebens aus dem Gleichgewicht. Menschen, die ihren Instinkt größtenteils zugunsten einer fragwürdigen Intelligenz geopfert haben, stören und verfälschen unausgesetzt den Lebensmechanismus. Zu häufig mißdeuten und verwechseln sie die Funktion, die Gewichtigkeit von Bedeutungen und die Erkenntnis.
Wenn Menschen an einem bestimmten Ort (sagen wir auf der Bühne) all ihre Leidenschaften, Maßlosigkeiten und Rechtsansprüche gegeneinander ausspielen, dann »rechnen sie miteinander ab«. Das kann – wenn das Spiel ehrlich gespielt wird – eine kollektive

* Siehe oben.

Reinigung bewirken, kann wieder ins rechte Gleis rücken, was auf schlechte Bahnen geraten war, eine Wiederherstellung des Gleichgewichts und das wäre: ein Akt der Gerechtigkeit. Wir erkennen darin die gesellschaftliche Nützlichkeit des Theaters. Das Theater wird eine Kunst des öffentlichen Interesses.
Ein Zuschauer hatte einmal an Dullin geschrieben: »Ein gutes Stück ist dasjenige, was uns irgendwohin führt.« Dieses »irgendwohin« ist, so scheint mir, das Terrain, auf dem man miteinander abrechnet und wo das Leben Gerechtigkeit übt. Noch einmal: wo der Ablauf des Lebens seine Richtigkeit wiedererlangt.
In unserer gefährdeten Lage, in der wir – mehr oder weniger seltsamen Wesen – nichtsdestoweniger alle dem Untergang geweiht sind, ist allein das gerecht, was das Leben erhält, und ungerecht ist, was ihm schadet. Das Theater ist das Spiel, sozusagen der geeignetste äußere Antrieb, um aufzuzeigen, was gerecht und ungerecht ist, was erhält und was zerstört. Es kann daher durchaus als ein echter Beitrag zur Wissenschaft des menschlichen Verhaltens betrachtet werden.

Mitglied der Comédie-Française

Die berufliche Bindung an die Comédie, mein zufriedenstellendes Debut – dank Shakespeare, die Bestätigung meiner Überzeugungen – dank Racine und Sartre, alles dies hat mich gesund gemacht. Mein Glaube war konkret und gegenwärtig, nicht mehr so verschwommen. Meine recht unterschiedlichen und verzweigten Interessen sind auf eine gemeinsame, klare, breite Bahn gelenkt: das totale Theater, das künstlerische Theater für den Menschen. Meine Devise hieß: »Über den Menschen, durch den Menschen, für den Menschen.« Gleichzeitig erwachten meine Dämonen: ein Theater leiten, für eine Truppe verantwortlich sein!
Ich war nicht unglücklich an der Comédie, ich sagte schon, ich schätze das ordentliche Handwerk. Aber ich war unbefriedigt. Ich arbeitete nicht genug.
Sartre hatte ›Die Fliegen‹ geschrieben. Er schlug mir vor, das Stück zu inszenieren. Ich hatte den ›Seidenen Schuh‹ im Kopf, den Sartre sehr bewunderte. Er zitierte mir Verse, besonders den folgenden daraus:

»Und wie, er wüßte nicht das Geringste um die Neigung, die ich hege?«

Jouvet war nach Südamerika gegangen. Pierre Renoir behielt das Athénée-Theater, wußte aber nicht viel damit anzufangen. Ich bat Renoir, uns das Athénée zu überlassen. Sartre hatte einen Geschäftspartner gefunden: Er hieß Nero. Alle waren sich einig, man würde am Athénée den ›Seidenen Schuh‹ und ›Die Fliegen‹ herausbringen. Auf der anderen Seite bot mir das Ensemble der Comédie-Française die Mitgliedschaft an! Bei allem künstlerischen Egoismus (und Künstler besitzen die Unverantwortlichkeit von Besessenen) ist nicht zu vergessen, in welch übler Zwangslage wir uns durch die Besatzung befanden. Wieder war ich in einem Zwiespalt. Ich sah mich vor eine zwingende Alternative gestellt und war ängstlich, aufbegehrend und zögernd geworden. Ich hatte ausschließlich über wichtige Dinge zu entscheiden. An der Comédie war ich weitgehend in Sicherheit vor den Besatzern und ihren französischen Anhängern (die die Gefährlichsten waren). Außerhalb des Staatstheaters riskierte ich, »unsere Aktion« nicht durchführen zu können. Doch da waren Sartre, ›Die Fliegen‹, der ›Schuh‹, alles, was mich reizte.
Hier wird die Chronologie meiner Erinnerungen ungenau. Ich hatte Meinungsverschiedenheiten mit Sartre, wir konnten uns über die Besetzung und die Arbeitsmethoden in bezug auf ›Die Fliegen‹ nicht einigen. Seine Haltung war höflich, aber unnachgiebig. Unser Nero erwies sich weniger kapitalkräftig als angenommen – das Athénée-Projekt zerschlug sich. Das hatte mich sehr mitgenommen. Wenn ich mich recht erinnere, lehnte ich trotzdem weiterhin die Mitgliedschaft in der Comédie ab. Das bedeutet jedoch: abgehen. Freiwillig gehen, mich von Madeleine entfernen, jetzt, wo uns das Leben auf so wunderbare Weise vereint hatte. Diese Entscheidung hatte etwas »frevelndes« (ein Wort, das Gide mit seinem diabolischen Blick genoß). Indessen plagten mich meine Dämonen weiter. Zusammen mit Jean-Marie Conty, Roger Blin und einigen anderen Freunden (Rouleau, Bertheau, Jean Servais, genau erinnere ich mich nicht mehr), hatte ich die E.P.J.D. (Education par le jeu dramatique = Erziehung durch Theaterspiel) gegründet. Unsere Aufgabe bestand darin, in den Schulen Kontakt mir Schülern aufzunehmen und sie gezielte Improvisationen machen zu lassen, mit deren Hilfe man bei gegebenem Anlaß Aktionen gegen die Regierung starten konnte. Eine Art Erziehung der Jungen zu geistigem Widerstand. In einem sehr bescheidenen Ausmaß, gewiß, das jedoch seine Folgen haben konnte.

An der Comédie bleiben würde bedeuten, mich in einen elfenbeinernen Turm zurückzuziehen. Sie verlassen, hieße, mich auf das soziale, ideologische, politische Geschehen einzulassen. Desnos, der mich gut kannte, riet mir ab:
1. Ich hatte keine Ahnung davon (das war richtig).
2. Im Grunde lag mir das nicht (auch richtig; aber es hätte vielleicht andere Wege gegeben).
3. Ich filmte immer häufiger, ich war zu bekannt. Das konnte für die anderen gefährlich werden.
Trotzdem zog es mich an. Hin- und hergerissen zwischen so vielen wichtigen Dingen, fühlte ich mich außerordentlich unglücklich. Gegen Ende der Spielzeit nahten die Sitzungen des Komitees, ich mußte mich entscheiden.
»Wollen Sie ›Mitglied‹ werden?« fragte mich eines Tages André Brunot, unser Doyen. – »Heute nachmittag werden wir uns mit Ihrem Fall befassen.«
»Nein«, sagte ich, mit Tränen in den Augen.
Das war das Ende. Ich werde also die Comédie-Française verlassen. Es wird schwieriger werden, eng mit Madeleine zusammenzuleben. Ich werde entweder in eine unbekannte Welt eintauchen oder in ein Milieu überwechseln, mit dem ich – auf den Gebieten, in denen ich mich auskannte – nicht immer einverstanden war. Wer trieb mich dazu, so zu handeln? Die Meinung meiner Freunde? Die nonkonformistische Konvention? Eine echte Neigung? Die Angst, mich auf immer zu binden? Vergessen wir nicht, daß man als Mitglied eine Art »Gelübde« abzulegen hatte: Ich würde mich auf Lebenszeit verpflichten und nie das Recht haben zu gehen. Ich konnte lediglich nach zwanzig Jahren vom Komitee pensioniert werden!
Während man über meinen Fall im Sitzungssaal beriet (Madeleine war dabei – sie war kürzlich Doyenne geworden*), traf ich einen Freund gegenüber im Café Univers. Wir schwelgten in Zukunftsplänen. Blitzartig erschien mir das auf einmal so »amateurhaft«, so wenig professionell, so künstlich, intellektuell und auf naive Weise anmaßend (wie alles, was von begeisterten Amateuren unternommen wird), daß ich von Panik gepackt wurde. Unter irgendeinem Vorwand ließ ich meinen Freund sitzen, lief über den Platz, ließ mich durch die Saaldiener melden und dem Direktor eine Nachricht überbringen, in der ich die Mitgliedschaft annahm. Aber vielleicht war es jetzt zu spät?

* Die Doyens sind die ältesten Mitglieder der Zugehörigkeit, nicht dem Alter nach.

Fünf Minuten vergehen. Die Tür öffnet sich. Die Mitglieder des Komitees wollen – entgegen allen herkömmlichen Bräuchen – ihren neuen Teilhaber empfangen. Ich trete ein, bin sehr bewegt. Auch meine Kameraden haben feuchte Augen. Allgemeine überschwengliche Freude – die in jedem anderen »Verwaltungs-Komitee« reichlich deplaziert erschienen wäre, hier aber, in einer Gesellschaft von Schauspielern, ganz natürlich war; denn wir sind Wesen, deren Haut immer bloß liegt. Plötzlich weiche ich zurück, und mit dem Rücken zur Wand rufe ich mit der Faust drohend:
»Aber Vorsicht! Von heute an werde ich euch die Hölle heißmachen.«
Fröhliche Zustimmung, herzliches Lachen. Ich gehe ab, und alles ist geregelt. Datum? Sagen wir: Ende 1942.
Ich, ausgerechnet ich, der ich davon träumte, eine eigene Truppe zu leiten, ich hatte mich auf Lebenszeit für die Comédie-Française entschieden. Hieß das, daß ich sie zu meinem Theater, das berühmte Ensemble zu meinem machen wollte? Ehrlich gesagt, ich glaube es nicht. Wenn ich es recht überlege, bin ich eine Mischung von Handwerker, Anarchist und Dominikaner. Mein bäuerlicher Ursprung will immer wissen, »auf welchem Boden ich stehe«. Ich habe einen Drang zum »Metier«, zur technischen Seite der Arbeit. Ich möchte durch die Wahl meiner Möglichkeiten meine Freiheit bis an die Grenze des Anarchismus bewahren. Meine Angst vor dem Tod macht mich gefräßig nach Wissen und »Über-sein«, verleiht mir die Kraft der Selbsthingabe: »Alles geben und alles empfangen« (›Der kämpfende Mensch‹, Jacques Vauthier) – »Alles kennen, um ganz erkannt zu werden« (›Mittagswende‹, Paul Claudel).
Noch einmal die Dreiheit: Freiheit, Notwendigkeit, Trieb.
Der Dominikaner hatte diesmal die Oberhand gewonnen. Der Dominikaner ist auch der Handwerker.
Und diesmal war mein »Verrat« in den Augen meiner Freunde ein vollständiger. Sartre, den ich in letzter Minute um Rat bat – wir waren gute Freunde geblieben –, hatte mir geantwortet:

»Ich glaube, daß ein Mann wie Sie, der täglich mindestens eine neue Idee entwickelt, dazu bestimmt ist, in jeder Richtung Neues zu versuchen, sein eigener Herr zu sein und jedesmal nur sich selbst zu engagieren. Ich erlaube mir, meine Vorbehalte nicht vor Ihnen zu verbergen, da Sie so freundlich waren, mich um meine Meinung zu befragen. Sie sprechen auch von Kampf und Ringen; aber ich verstehe das Kunstwerk nicht so sehr als Kampf, sondern als Verwirklichung. Ich fürchte, Sie werden viel kämpfen müssen, um wenig zu verwirklichen.«

Und Dullin schrieb mir dies:

»Lies mal wieder die zauberhafte Fabel von La Fontaine, ›Wolf und Hund‹, und wie Du mich kennst, wirst Du mein ganzes Denken verstehen. Die Theaterform, die ich immer verfochten habe, ist von allen vielleicht der am nächsten, die das Français vertreten sollte, und doch ist sie am weitesten davon entfernt infolge des von falschen Traditionen und einem staatlichen Konformismus auferlegten Zwangs. In Deinem Alter und auf dem Höhepunkt Deiner Kraft ist es recht gut, den Kampf in die Zitadelle selbst hineinzutragen. Aber jede Konzession, die Du wirst machen müssen, wird sich gegen Dich wenden, und zwar viel härter als in einem eigenen Theater; es sei denn, Dein Ehrgeiz beschränkt sich einzig auf Deinen Schauspielerberuf, den Du natürlich mit einem Maximum an Sicherheit ausüben kannst. Gute Arbeit und viel Glück, mein lieber Barrault.«

Dullin hatte gut verstanden: ich wollte den Kampf »in die Zitadelle selbst« hineintragen. Das mußte ich nun jedoch beweisen.
Blieb mir noch Claudel. Der Mann, der seinerzeit ebenfalls den »Dichter ohne Taschen«, den bewußten Outsider verraten hatte. Weil er mit ›Goldhaupt‹ rufen wollte:

»Machen, machen, machen. Wer gibt mir die Kraft zu machen?«

Ich frage mich heute, ob der Claudel, den ich bereits in mir trug, mich nicht insgeheim beeinflußt hat – ganz ohne sein Zutun, denn er lebte in der unbesetzten Zone, und wir hatten nur wenig direkten Kontakt. Aber war nicht auch in ihm etwas vom Handwerker, vom Anarchisten und vom Dominikaner?
Ich frage mich auch, ob ich nicht zu diesem Zeitpunkt durch sein Werk einen artverwandten »neuen Vater« suchte.
Wie auch immer, meine Ehre stand jetzt auf dem Spiel. Sie sollte durch den ›Seidenen Schuh‹ verteidigt werden. In diesem Punkt fand ich bei Desnos, meinem Boileau, meinem Pylades, meinem Freund, Bruder, meinem Verteidiger die größte Ermutigung.

Der Seidene Schuh

Die Geschichte dieser Aufführung ist hinreichend bekannt. Wie ein Auriga, der mehrere Pferde zugleich lenkt, so handelten auch wir zu gleicher Zeit. 1941 hatte ich Claudel aufs neue um sein Einverständnis gebeten. Er hatte geantwortet: »Welch eine Freude! Und wie glücklich wäre ich, mit Ihnen zusammen zu arbeiten!« Aber ›Goldhaupt‹ verursachte ihm »Gänsehaut«. Und der ›Seidene Schuh?‹ Was für eine Arbeit! Könnten wir nicht mit ›Christoph Columbus‹ beginnen?

Ich, ich wollte alles mit einem Schlag, und ich versteifte mich auf den ›Seidenen Schuh‹. Desnos feuerte mich aus dem Hintergrund an. Als wir das Athénée-Projekt ausheckten, war Sartre einverstanden gewesen; jetzt war J.-L. Vaudoyer bereit, die »Comédiens francais«, die Schauspieler der Comédie, unter Druck zu setzen: Das Lager der »Modernen« war begeistert, das andere Lager verhielt sich ablehnend ...

Während ich alle Anstrengungen machte, den ›Schuh‹ durchzusetzen, durchlebte ich die soeben beschriebenen Qualen. Nun reiste ich – mit einem Ausweis über die Demarkationslinie (welche Ironie, sie verlief durch Tournus!) – nach Brangues zu Claudel. Fünf Tage zusammen mit dem Meister, in denen wir, wie zwei Kinder, das ganze Stück auseinandernahm, und das genügte: Ich kehrte mit einem Brief zurück, der das Einverständnis des Dichters enthielt, daß der ›Seidene Schuh‹ an zwei Abenden von je drei Stunden Dauer aufgeführt werden sollte.

Kurze Zeit davor hatte ich das Stück in Marseille am Funk »ausprobiert«: vier Sendungen von einundeinhalb Stunden. Bei dieser Gelegenheit hatten Madeleine und ich Gide getroffen, der nach Tunis flüchtete; damals überredete ich ihn, die Übersetzung von ›Hamlet‹, die er zwanzig Jahre vorher begonnen hatte, fertigzustellen. In Gides »Tagebuch« findet man dazu diese Notiz:

5. Mai 1942

»Am Tage vor meiner Abreise traf ich sie beide wieder. Sie luden mich zum Mittagessen ein in ein ausgezeichnetes Restaurant an dem Platz, wo die breite Avenue du Prado beginnt. Barrault bittet mich inständig, für ihn meine ›Hamlet‹-Übersetzung fertigzustellen; und ich setze ein so großes Vertrauen in ihn, daß ich sogleich mit der Arbeit anfangen möchte. Mit großem Vergnügen erfahre ich, daß er eng mit Sartre befreundet ist.«

Ich kam also triumphierend mit Claudels Brief zurück. Wieder über Tournus. Die Deutschen durchsuchen uns. Man findet meinen Brief, zerreißt ihn in kleine Fetzen und wirft sie in den Gang. Der Zug fährt weiter. Und während ich vor mich hinfluche, suche ich mit der merkwürdigen Ruhe, die man bei Verrückten findet, sämtliche Papierschnitzel zusammen – kein einziger fehlt. Der Brief ist heute eine Reliquie.

Jetzt hatte ich noch das »Comité de Lecture« zu überzeugen. Zwei Sitzungen sind vorgesehen. Da ich beabsichtige, das Stück nicht nur zu lesen, sondern zu spielen und die Regie zu erklären, bitte ich um eine Abweichung von der Regel: Wir werden nicht im Sitzungssaal um den traditionellen grünen Tisch herum sitzen und lesen, sondern im Künstler-Foyer. Die Mitglieder geben nach. Als erstes ziehe ich mein Jackett aus! Noch nie haben die Wände des würdigen Hauses eine solche Kühnheit erlebt. An diesem ersten Abend lasen wir drei Stunden: Der erste Teil des Stückes wird einstimmig angenommen, mit Ausnahme von einer Stimme (die eines hinreißenden Schauspielers, der großartig war im ›Schuh‹, aber, wie er gestand, absolut nichts kapierte).

Die Hälfte meines ›Schuhs‹ war angenommen. Die zweite Hälfte wurde einige Tage später abgelehnt. Alles begann wieder von vorne. Bevor ich wieder nach Brangues fuhr, rang ich dem Komitee im voraus das volle Einverständnis ab, gegebenenfalls das Stück auf einen Abend von fünf Stunden Spieldauer zu reduzieren. Fünf Stunden! Das war noch nie dagewesen! Und mitten in der Besatzungszeit mit der Ausgangssperre um zehn Uhr dreißig. Verrückt! Wir würden eben um siebzehn Uhr dreißig beginnen.

Das Komitee nimmt jedoch den Vorschlag an. Die Entscheidung ist definitiv. Ich fahre ab nach Brangues. Umsteigen in Lyon. Im Morgengrauen, das Bummelbähnchen bis Morestel. Dann ein Sechs-Kilometer-Marsch, die Brust voller Hoffnung und Zagen. Mit meinem ewigen Rucksack auf dem Rücken marschierte ich munter auf dieser lieblichen Straße voran, die sich um Pappeln, Weiden und durch Haferfelder windet. Im Rhythmus meiner Schritte berauschte sich Geist, ich sprach mit lauter Stimme, ich lachte, die Tränen stiegen mir in die Augen, daß das Leben so nah und mit allen Fasern zu spüren war. Ich bin eine überschwengliche Natur, das ist nun einmal so. Ein noch unwirklicher ›Seidener Schuh‹ umflatterte mich wie eine Möwe das Schiff, ein trunkenes Schiff, und »ich wurde zu einer fabelhaften Oper«*.

* Rimbaud.

Am Ende einer kleinen Straße: Das Gitter, dahinter erhebt sich, in ein Gewölbe von Platanen gefaßt, das mächtige Schloß. Hier hat sich der Meister verkrochen. Er ließ sich von mir überzeugen. Jetzt ging es nur noch darum, die Idee in die Tat umzusetzen. Das war weniger leicht. Ein Punkt war völlig geklärt: Honegger als Komponist war ohne Vorbehalt akzeptiert – ein zauberhafter Mensch; dieser Anfang leitete eine lange, fruchtbare Zusammenarbeit ein. Für die Bühnenbilder und die Kostüme wollte Claudel José-Marie Sert. Ich nicht: zu dekorativ, zu augenfällig »barock«. Mir schien, der Pinselstrich eines Rouault könnte diesem »Bewußtheits-Happen« Claudelscher Wortwahl entsprechen. Ich schlug ihn vor. Diesmal reagierte er überraschend:

»Um keinen Preis will ich diesen Schmierer, den ich verabscheue.«

Ich hatte ja bereits meinen Plan; aber in den »Hallen« hatte ich gelernt, daß man den Kunden weich machen muß, bevor man ihm die Ware anbietet. Wir gingen die Liste der Maler durch. Claudel, dessen Turelure-Aspekt manchmal an Père Ubu denken ließ, sagte zu mir:

»Wie schade, daß die Maler so wenig Phantasie haben! Sehen Sie sich Cézanne an. Er hat immer nur Äpfel gemalt!«

Humor hatte er mehr als genug.*

Als ich ihn soweit hatte wie einen Stier, der seine Ladung Banderillas erhalten hat, ging ich zur Estocada über und brachte ihn dazu, meinen Freund Lucien Coutaud zu akzeptieren.

Um dieses Abenteuer wirklich durchzustehen, brauchte ich nicht nur Talente um mich herum, sondern auch Freunde.

Seit das Komitee seine begeisterte Zustimmung gegeben hatte, war jedes Mitglied wieder in die gewohnte Streitlust zurückgefallen. Dreimal setzten wir den Probenbeginn an, dreimal kam kein Mensch. Ich saß da wie Charlie Chaplin mit seinem Brötchentanz. Desnos, der die Menschen kannte, sagte zu mir:

»Stürze sie in Unkosten!«

Mit Vaudoyers Komplizenschaft – er war bewundernswert zäh bei diesem »revolutionären« Unternehmen – hatte ich gleich zu Anfang verschiedene Teile der Dekoration bestellt. Als wir nun beim

* Unter Honeggers Atelier hatte ein Arzt für venerische Krankheiten seine Praxis. Einmal kommen wir beide an seiner Tür vorbei, Claudel deutet auf das Schild und zitiert aus ›Phädra‹ »Venus ist ganz und gar in ihre Beute verbissen«. – Der Direktor der Kunstakademie hatte Claudel um ein Thema für einen Wettbewerb in Malerei gebeten. Claudel schlug vor: Illustration des berühmten Verses von Racine: »Hippolyte – hingestreckt, farblos und ohne Gestalt . . .« Er schätzte Phädra . . . und den Wortwitz.

dritten Probentermin immer noch nicht anfangen konnten, forderte ich eine Sitzung des Verwaltungskomitees, aber zusätzlich unter Gegenwart der Hauptrollenträger. Es wurde eine stürmische Sitzung, bei der jeder seinen eigenen Geschmack im Namen der Interessen des »Hauses« verteidigte.

»Warum führen wir denn nicht ›Bichon‹ von De Létraz auf statt diesen Käse, der keinen Hund hinter dem Ofen hervorlocken wird?«

»Wenn ihr den ›Schuh‹ aufgebt, hau ich ab, und ich werde es überall ausposaunen, daß ihr ›gestorben‹ seid.«

»Also hört mal, einige Bühnenbilder sind ja schon fertig!« (Danke Desnos – du hattest richtig gesehen.)

Glücklicherweise verhielt sich die Mehrheit nobler. Und es wurde beschlossen, daß man innerhalb kürzester Frist diese enorme Maschinerie von dreiunddreißig Bildern herausbringen würde.

In der Zwischenzeit schrieb mir Claudel auf Interzonen-Karten: »Ich hätte gern Nachricht von Ihnen. Sollte ich etwa schon wieder mit einer Verschiebung zu rechnen haben?«

Das gleiche Tauziehen hatte er kurze Zeit vorher um ›Mariä Verkündigung‹ erlebt ...

Von diesem Tag an begannen die richtigen Proben.

Gewöhnlich ist es so: Wenn geprobt wird, verziehen sich die Bühnenarbeiter in ihren Aufenthaltsraum und die Schauspieler, die nicht an der Reihe sind, in ihr Foyer, um sich zu unterhalten. Wenn man nach und nach Techniker, Beleuchter oder Schauspieler, von Interesse oder Neugier getrieben, in den Zuschauersaal schleichen sieht, um der Probenarbeit zu folgen, dann darf man Hoffnung schöpfen. Genau das geschah beim ›Schuh‹. Die allgemeine Atmosphäre ließ vermuten, daß etwas im Gange war. Die Arbeit wurde immer pakkender. Die internen Probleme schienen erledigt. Hingegen gab es andere: Es fehlte an Holz, Leinwand, Stoffen ... Die Zeitungen der Besatzungszeit beobachteten uns haßerfüllt. Aufgrund dieser Schwierigkeiten mußten wir die Proben manchmal unterbrechen. »Je suis Partout«, eine Zeitung finsteren Angedenkens und mit dem finsteren Alain Laubreaux in der Redaktion (der Desnos' Tod auf dem Gewissen hat), schrieb:

> *»Sie warten auf die Ankunft Eisenhowers, um ihren ›Schuh‹ aufzuführen!«*

Andere meinten bereits: »Ein Glück, daß es kein Paar ist!« – Ich war unnachgiebig wie ein Besessener.

Eines Tages bekam ich einen ungewöhnlichen Besuch. Ein deutscher

Offizier wollte mich sprechen: Ein »kultivierter und höflicher Mann«.
»Der Kommandant hat bestimmt, daß Sie an der Oper das Werk von Werner Egk (ich erinnere mich nicht mehr an den Namen) inszenieren sollen.«
»Tut mir leid, aber ich inszeniere den ›Seidenen Schuh‹.«
»Und wenn Sie den ›Schuh‹ verschieben?«
»Dann werde ich meine Inspiration verlieren.«
»Aber wir mögen Claudel nicht.«
»Wir mögen ihn. Das können Sie uns nicht nehmen.«
»Wir können den ›Schuh‹ verbieten.«
»Das können Sie, aber das wird mich so entmutigen, daß ich nichts anderes mehr machen kann.«
»Sie können nach Deutschland gehen und dort arbeiten.«
»Ja, das können Sie auch durchsetzen.«
»Aber ich kam, um mich auf kultureller Ebene mit Ihnen zu verständigen.«
»Ich danke Ihnen dafür.«
Am nächsten Tag kommt Honegger zu mir:
»Du solltest diesem Herrn einen freundlichen Brief schreiben, er hat dich in Schutz genommen. Ihm hast du es zu verdanken, wenn du nicht abtransportiert wirst.«
Ich schrieb einen höflichen Brief an diesen Offizier, und wir probten ›meinen Schuh‹ weiter.
Die Arbeit ging voran. Claudel unternahm zehn Tage vor der Premiere die Reise nach Paris. Der erste Teil dauerte zweieinhalb Stunden. Wir spielten nur für ihn. Er war selig, und mit einem breiten Babylächeln rief er:
»Das ist ganz einfach genial.«
In der Pause fügte er hinzu:
»Also, die kriegen was für ihr Geld!«
Er war entzückt.
Der zweite Teil, der zwei Stunden dauerte, enthielt weniger gelungene Passagen. Vor allem die große Szene »im Hinterkastell«, in der Rodriguez und Prouhez einander endlich finden und sich durch ein sakramentales »Nein« für die Ewigkeit vereinen – statt durch ein »Ja« der Vermählung, das sie im Zeitlichen vereint hätte . . . Dieses Bild war für uns, im Theaterjargon gesprochen, ein richtiger »Knochen«. Es gelang mir nicht, die Szene zusammenzuschweißen, ihr den Rhythmus zu geben; ich konnte nicht einmal den Text behalten und Marie Bell ebensowenig.

›Scapins Streiche‹ 1

2 Sieben Jahre alt

3 1939

4 Barrault mit Mutter

n Film ›Hélène‹, 1936 5

'ontaine de Jouvence‹ 6

›La Fontaine de Jouvence‹

›Die Kinder des Olymp‹

9 ›Die Kinder des Olymp‹

10 ›Scapins Streiche‹

›Amphytrion‹ 11

›Der Prozeß‹ 12

›Der Kirschgarten‹ 13

14 Dullin in ›Volpone‹

15 André Gide

Louis Jouvet 16

Paul Claudel 17

18 ›Mittagswende‹

›Hamlet‹ 19

20 ›Lazare‹

›Nächte des Zorns‹ 21

›Scapins Streiche‹ 22

23 ›Occupe-toi d'Amélie‹

24 ›Der Belagerungszustand‹

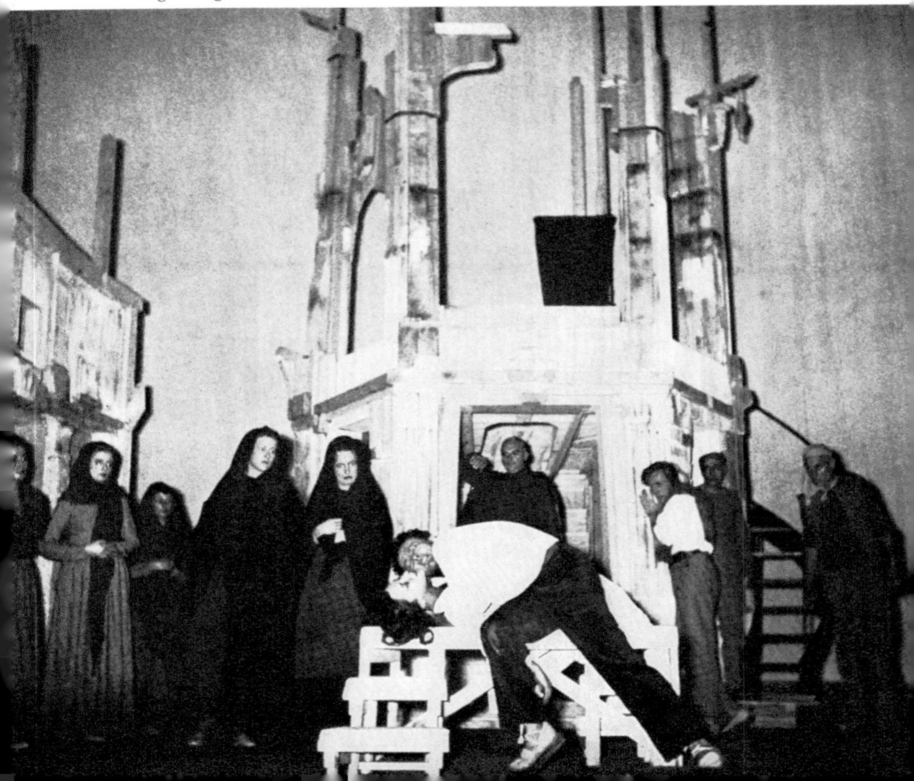

›Das Schloß‹ 25

26 ›Rabelais‹

27 ›Glückliche Tage‹, 1967

In der Theaterarbeit kommt immer ein Augenblick, wo das Stück zum Leben erwacht. Von da an zwingt es dem Autor, dem Regisseur, den Schauspielern seinen Willen auf. Achtet man nicht darauf, leistet es Widerstand. An dieser Stelle wehrte sich der ›Seidene Schuh‹. Ich bereitete Claudel darauf vor.
»Machen Sie einen Durchlauf, wir werden dann schon sehen.«
Der zweite Teil beginnt. Es läuft bis zu dieser Szene, wir stolpern – brechen ab.
»Sie haben recht«, sagt Claudel, »ich verstehe überhaupt nichts mehr von diesem Kauderwelsch.«
»Meinen Sie nicht Meister, daß man mit einem kleinen Strich . . .«
»Das sehen wir nachher. Bevor man den Zahn ausreißt, muß man versuchen, ihn zu heilen. Machen Sie weiter . . . «
Wir überspringen die widerspenstige Szene, und die Probe endet in der unwiderstehlichen Bewegung des Epilogs: »Erlösung den gefangenen Seelen.« Wenn ich an das Frankreich damals, zu diesem Augenblick, denke . . . Was für ein Text!
Wir setzen uns zusammen, gehen noch einmal kurz die Handlung durch: »Warum sollte jener Jesuitenpater aus dem Prolog, welcher der Handlung im Mittelteil einen neuen Impuls verleiht, wo der Schiffbrüchige antreibt, nicht noch ein drittes Mal intervenieren?«
Mehr war nicht nötig. Claudel zog sich eilig zurück.
Am nächsten Morgen, bereits um acht Uhr, ein Anruf im Theater.
»Der Meister hat die ganze Nacht durchgearbeitet. Er will Sie dringend sprechen.«
Wir verabreden uns für neun Uhr im Français. Er kommt etwas verspätet; er hat seine Abschrift in der Métro verloren und war noch mal nach Hause zurückgekehrt, um seinen Entwurf zu holen. Ich sehe noch diesen Greis von sechsundsiebzig Jahren, seine dünnen, weißen Haare, seine großen, blauen, tränengefüllten Augen. Wenn er bewegt spricht, klappert sein schlecht angepaßtes Gebiß wie beim Stepptanz. Was ich da vor mir sitzen habe, ist ein Liebender von zwanzig Jahren!
»Gottes Geist war über mir in dieser Nacht, ich schrieb unter seiner Eingebung. Hier, da haben Sie es, es gehört nicht mir.«
Tatsächlich weist der Entwurf fast keine Verbesserungen auf. Es ist offensichtlich, daß er im Sprechrhythmus geschrieben hat, denn die Worte sind nur durch ihren Anfangsbuchstaben gekennzeichnet. Ich stehe vor einem Fall von reiner Inspiration. Vor diesem – es ist wahr – göttlichen Moment, in dem der Künstler seinem eigenen Gebot entspricht und dank seiner totalen Aufmerksamkeit nur noch

zu gehorchen, ich würde sogar sagen, abzuschreiben braucht ... Am Vorabend hatte Claudel sein Werk verstanden: Zwanzig Jahre danach schloß er den Ring.
Sechsundsiebzig Jahre! Welche Kraft! Ein wahres Pferd! Marie Bell und ich spielen uns in Rekordzeit aufeinander ein. Wir fühlen uns förmlich angesogen vom Text.
Die drei letzten Tage vergehen wie im Fieber: Die Bühnenbilder kommen, Kostüme werden geändert, Beleuchtungsfehler korrigiert, das Orchester breitet sich aus ... Alles warf sich auf das Stück und nahm sich seinen Teil. »Es ist zu lang! Wir hätten kürzen müssen! Man kapiert überhaupt nichts mehr! Wir gehen einer Katastrophe entgegen!«
Die Zeitungen waren diesem Aufstand der französischen Seele alles andere als wohlgesinnt, sie warteten nur auf ihre Stunde. Etwas von einer geistigen Schlacht, einer nationalen Revolte bereitete sich vor. Jeder kannte die gaullistische Einstellung Claudels. Ich selbst beschränkte mich darauf, »meine Sache« zu verteidigen.
»Hetzt mir doch das Tier nicht so! Scheiße, Scheiße und nochmal Scheiße, laßt mich in Frieden!«
Im Parkett saß J.-L. Vaudoyer, tief im Sitz vergraben, und geschützt unter seinem unerläßlichen Plaid, blieb er völlig ungerührt. Madeleine genierte sich, wenn ich ihn beschimpfte, und sagte zu ihm:
»Verzeihen Sie ihm, er weiß nicht mehr, was er sagt.«
»Ach, solange er mich nicht verhaut!«
Der teure Mann! Ich weiß nicht, ob der ›Schuh‹ ohne ihn jemals herausgekommen wäre ...

»Die Ordnung ist das Vergnügen der Vernunft, die Unordnung aber das Entzücken der Imagination«,

heißt es in der Einführung zum ›Schuh‹. Mit Honegger zusammen hatten wir für die musikalische Eröffnung der Aufführung eine kunstvolle Unordnung ausgeheckt. Wir benutzten sogar die Sicherheitsvorschriften in dieser Epoche der Besatzung und Bombardierung. Die Musik wurde von einem Lautsprecher unterbrochen, aus dem es brüllte: »Im Falle von Fliegeralarm usw.«
Premierentag. Die Vorstellung beginnt am Nachmittag. Ganz, ganz, ganz Paris ist da. Von den Vergoldungen und Samtbezügen, den Statuen und der Feierlichkeit einmal abgesehen, erinnert mich das an ›Als ich im Sterben lag‹. Die sind mal wieder zum Verriß bereit. Und ich bin aufs Ganze gegangen: Pantomime (die Wellen), Nackt-

heit (die Negerin), Tollheit. Ordnung und Unordnung im Wechsel – zugunsten nicht der Vernunft, aber der Imagination.
Claudel sitzt in der zweiten Reihe. Direkt hinter ihm Valéry. Am Dirigentenpult: André Jolivet.
Das Orchester stimmt die Instrumente. *Genau* in dem Moment, in dem unser Lautsprecher einsetzen soll mit: »Im Falle von Fliegeralarm ... «, fangen sämtliche Sirenen von Paris an zu heulen. Richtiger Fliegeralarm! Das fängt ja gut an! Das Publikum steht auf, um in den Luftschutzkeller zu gehen. Claudel, der damals schon nicht mehr gut hört, hat nichts mitbekommen. Er erhebt sich, dreht sich um, winkt heftig mit den Armen und schreit:
»Nein, nein, nein, bleiben Sie da! Keine Sorge, das ist so inszeniert!«
Valéry gelingt es schließlich, ihm die wirkliche Situation klarzumachen. Nach einiger Zeit konnte die Vorstellung weitergehen und wurde zu einem Triumph. Beweis? Ich liefere nur einen, den Ausruf einer bedeutenden, damals führenden Persönlichkeit:
»Dieser Kerl! Er hat es geschafft!«
An diesem Tag wurde der Dichter Paul Claudel zum volkstümlichen Autor. Die innerste lebendige Kraft der Franzosen schien wieder aufzuerstehen auf ihrer Nationalbühne vor den Augen der Deutschen. Alle Schauspieler der Comédie, von Marie Bell angespornt, waren wie elektrisiert von ungewöhnlicher Sensualität und Vergeistigung. Es war der 23. November 1943 ... Im Winter spielten wir in der Kälte (es gab keine Heizung mehr) manchmal bei minus zwei Grad. Es kam vor, daß ich Marie Bell kneifen mußte, weil sie in ihrem Dekolleté einer Ohnmacht nahe war. Die Zuschauer kamen mit Dekken und applaudierten mit den Füßen, um die Hände nicht hervorziehen zu müssen.
Ich hörte, daß einige Jahre später in Köln, dieser im Krieg so entsetzlich zerstörten Stadt, nachdem endlich Friede war, das deutsche Publikum in Elend und Kälte auch den ›Seidenen Schuh‹ erlebte und die gleiche innerste Kraft in sich aufsteigen fühlte, die uns damals belebte. Wer will noch behaupten, das wahre Theater vermöge nicht die Menschen einander näher zu bringen? Liegt nicht etwas Bewegendes und Glanzvolles in diesen parallelen Reaktionen zweier Völker, die politische und finanzielle Machenschaften in die Katastrophe geführt hatten – während ihr ganzes Wesen im gleichen Rhythmus zu schlagen vermochte?
Am 11. Dezember 1943 schrieb mir Dullin:

»Alter Junge, lieber Freund,
ich weiß schon nicht mehr, wie ich Dich anreden soll! Du bist zu emanzipiert, als daß ich Dich wie früher anreden könnte ... Ich möchte Dich gern sehen und mit Dir über den ›Seidenen Schuh‹ sprechen ... Zur Zeit bin ich rastlos eingespannt in eine recht trübe tägliche Arbeit. Aber wenn ich Dir sage, daß mich die Inszenierung sehr berührt hat ... dann habe ich Dir das Wesentliche gesagt. Denn da ich das Werk kenne und liebe – ein Gesang im Geist –, eine Idee von seiner theatralischen Umsetzung habe, dann heißt das soviel wie: Alles, was Du da gemacht hast, entspricht genau dieser Idee, diesen etwas konfusen Bildern, die in meiner Phantasie aufsteigen. Ich habe also Deine Leistung, diesen Block, wie einen Schlag in den Magen empfangen, wie eine Arbeit unserer Familie. Wenn ich Dir ohne Sentimentalität sagen darf, daß ich zutiefst gerührt war ... Ich habe auch eingesehen, daß Du recht daran tatest, Dein Werk in diesem Haus aufzuführen. Ich verhielt mich ablehnend, als Du Dich durch die Mitgliedschaft gebunden hattest, ich fürchtete, daß Du für das Theater verloren seist, das sucht oder sich sucht, und nun hast Du das Gegenteil bewiesen. Es steht fest, daß man nirgends sonst eine solche Besetzung zusammenbringen kann für ein so schwieriges Werk, nirgends das kommerzielle Risiko eingehen und so ausreichende Mittel zur Verfügung gestellt bekommen kann. Du hast in jeder Hinsicht gewonnen. Denke nur immer daran, daß man im Theater nie gewonnen hat und daß man in dem Moment, wo man die meisten Freunde hat, die meisten Feinde gewinnt ...«

War ich der Hund gewesen – oder der Wolf? Sagen wir: der Wolf im Schafsstall. Was die Freunde und Feinde anbetraf, so hatte Dullin – leider! – nur zuviel Erfahrung, um nicht recht zu sehen.

François Mauriac vertraute mir die Inszenierung seiner ›Ungeliebten‹ an. Es war wieder ein Erfolg. Dann schlug ich ›Antonius und Cleopatra‹ vor, in der Übersetzung von André Gide, mit Marie Bell und Clariond in den beiden Hauptrollen; Jean Hugo entwarf, wie für ›Phädra‹, die Bühnenbilder; Jacques Ibert komponierte die Musik. Ich rief Decroux zurück, der sich bereit erklärte, die Kampfszenen mit mir zu inszenieren.
Ich beantragte auch die Einrichtung einer kleineren Bühne – im benachbarten Theater Palais Royal zum Beispiel – eine junge Co-

médie-Française, die unser Experimentiertheater hätte werden können. Hier schien es mir eher möglich, den poetischen Bereich zu entfalten, den ich einige Jahre zuvor entdeckt hatte: das totale Theater und die Poesie des Raumes.
War ich imstande, meine Vorstellungen – nunmehr durch meine jüngste Beschäftigung mit den Klassikern überprüft – in dieser Hochburg unserer Profession durchzusetzen? Hieß es nicht, die großen, universalen Traditionen der Griechen und Asiens wiederzufinden, wenn ich die Avantgarde mit dem Herkömmlichen vermählen wollte?
Ich bewunderte das technische Team des Hauses. Und ich arbeitete in brüderlichem Einvernehmen mit einem außergewöhnlichen Mann zusammen: René Mathis, dem technischen Direktor.
Meine Liebe zum echten Handwerk wurde immer größer. Es gab einzigartige Beispiele dafür an der Comédie. Dazu zwei Anekdoten:
Als die Dekoration für ›Die Ungeliebten‹ zum ersten Mal aufgebaut war, fand ich, sie verlagere das Gewicht des Mauriac-Stückes etwas zu sehr auf das psychologische Theater des 19. Jahrhunderts. Sie raubte ihm seine tragischen Assoziationen. Zu anderen Zeiten hätte man das neu durchdacht und noch einmal gemacht. Das kam leider nicht in Frage. Kein Holz, keine Leinwand, die Rationierung legte uns Grenzen auf. Ich sagte zum Bühnenmeister:
»Nun, dann bauen wir das Ganze schräg auf, das bringt eine ungewöhnliche Note hinein.«
»Aber Monsieur, die Bühne hat doch eine Neigung, die ganze Kulisse kracht zusammen. Die Vertikalen werden schief dadurch, unmöglich.«
»Wenn wir sie nur ein bißchen drehen, merken die Zuschauer nichts.«
»Aber ich werde es sehen, Monsieur.«
Nicht die Kulisse ließ ich zusammenkrachen, sondern ihr Metier, ihren Glauben, den Sinn ihres Lebens.
Ich rief daraufhin die ganze Technik zusammen, erklärte die Situation und stellte klar, daß ich die Berufsehre des Chefs voll und ganz respektierte. Trotzdem blieb er eine Zeitlang kühl. Eine gute Lektion!
Und noch eine Lektion: Ich wurde beauftragt, zu Ehren von Jean-Jacques Rousseau eine Dichterlesung für den Nachmittag zu organisieren. Wir brauchten einen Blumenstrauß, möglichst aus Feldblumen. Ich gebe ihn beim Requisitenmeister in Auftrag. Es vergehen einige Tage. Mit Rücksicht auf die schwierigen Zeiten fasse ich mich in Geduld. Immer noch keine Blumen in Sicht. Gewiß, die herrschen-

den Zustände konnten auch dem gewissenhaftesten jedes Berufsethos austreiben. Trotzdem wunderte es mich. Immer noch kein Bukett. Schließlich stürze ich in die Werkstatt:

»Also was denn Grumbert, wo bleibt denn nur das Blumenbukett? Das ist ja unerhört!«

»Monsieur, sehen Sie, ich mache es gerade fertig. Habe ich eine Mühe gehabt, um die Blumen zu finden, die Monsieur Rousseau mag!«

So war es im Hause von Molière, dem ich mein Gelübde abgelegt hatte. Ich bedauerte es nicht ... jedenfalls nicht allzusehr. Denn ich war gierig nach allem. Gallimard hatte mir auf Schleichwegen den ›Caligula‹ von Camus zukommen lassen. Wie glücklich wäre ich gewesen, das Stück inszenieren zu können, wenn die Comédie-Française ihr Werkstatt-Theater gehabt hätte!

Die Kinder des Olymp

Wir drehten weiterhin Filme. Madeleine filmte mit Gremillon. Christian-Jaque hatte mich für einen Film über Berlioz, ›Symphonie fantastique‹, engagiert.

Es war im Sommer 1942. Madeleine drehte im Süden ›Lumière d'été‹. Jean-Pierre und ich waren tatsächlich auf unseren Fahrrädern bis nach St. Tropez gekommen. Wir kampierten wieder in Pampelonne in einer kleinen Laube mitten zwischen Weinreben. In den Ferien ist das Frühstück meine Sache. Madeleine wurde nach Nizza gerufen, wo sich der gesamte französische Film in die Ateliers de la Victoria geflüchtet hatte. Madeleine nimmt also den Zug, und ich bleibe allein in St. Tropez zurück. Jean-Pierre kann ich guten Freunden anvertrauen. Es ist zehn Uhr abends, ich denke an morgen früh, Madeleine wird nicht ihr Frühstück bekommen. Ich packe es auf mein Rad und radle durch die Nacht. Hundertzwanzig Kilometer. Ganz früh morgens strecke ich mich im Hafen von Cannes auf einem Bootsdeck aus. Dann komme ich in Nizza, im Negresco an und genauso nachlässig im Äußeren wie zur Zeit von ›Hélène‹. Am Empfang schickt man mich zum Lieferanten-Eingang. »Das spielt keine Rolle. Bringen Sie Madeleine Renaud, wenn sie wach ist, dieses Frühstück und die Blumen ... Sagen Sie ihr, jemand erwartet sie unten.« Das übrige überspringe ich: Das ist eben unsere »Midinetten«-Seite, unsere romantische Ader!

Ich bleibe zwei, drei Tage in Nizza. Treffe Prévert und Clément.

Sie sind wütend. Ein Produzent hat gerade ihr Drehbuch abgelehnt. Wir trinken ein Glas auf der Terrasse eines Cafés an der Promenade des Anglais (wo mein Großvater einst zu promenieren pflegte). Prévert sagt zu mir:
»Hast du nicht eine Idee für einen Film?«
»Doch. Für den Tonfilm solltest du die Geschichte eines Mimen drehen; als Gegensatz zu einem sprechenden Schauspieler. Zum Beispiel: Deburau und Frédéric Lemaître.«
Deburan hatte, als er seine Frau verteidigte, ohne es zu wollen den Angreifer mit einem Stockschlag getötet (er war Meister im Stockschlagen). Das ganze »Milieu« vom Boulevard de Crime war zum Prozeß erschienen – nicht um den Freispruch, sondern um seine Stimme zu hören!
Ein Mime im Tonfilm? Boulevard du Crime? All das gefiel Prévert.
»Schreib' mir doch vier oder fünf Seiten darüber, ich mach ein Drehbuch daraus, und wir versuchen, es beim Film anzubringen.«
»Wenn dich das reizt, gebe ich dir alle Bücher, die ich darüber habe.«
Prévert, als echter Dichter, buchte das alles auf sein Konto und dachte sich ›Die Kinder des Olymp‹ aus. Er fügte Lacenaire, den Anarchisten, hinzu, von Marcel Herrand verkörpert. Brasseur war Frédéric Lemaître. Arletty und Casarès übernahmen die weiblichen Hauptrollen. Pierre Renoir spielte den »Chant d'habits«. Decroux, Margaritis, Joseph Kosma, Trauner, der Ausstatter, die Kameraden von der Oktober-Gruppe: unsere ganze Jugendzeit. Pantomime, Theater und Film waren endlich vereinigt für mich. Das ereignete sich im selben Jahr wie der ›Seidene Schuh‹, 1943. Ein gutes Gedenkjahr – eine echte Synthese des Lebens. Und das alles während der Besatzung! In Hinblick auf die mehr oder weniger harmonische Übereinstimmung zwischen unserer astralen Gestalt und den Rollen, die man verkörpert, glaube ich, daß mir Baptiste am nächsten stand. ›Der seidene Schuh‹ und ›Die Kinder des Olymp‹ waren Höhepunkte dieser einzigartigen Epoche – aber die Zeit der Prüfungen rückt heran.

Tod von Desnos

Desnos wurde von den Deutschen festgenommen und nach Compiègne gebracht. Er hätte sich herauswinden können, wäre nicht der

Haß gewisser Franzosen gewesen, die mit den Nazis zweifellos für seinen Tod verantwortlich sind. Wir hörten nichts mehr von ihm.

»Ich mag die Rue Saint-Martin nicht mehr,
Seitdem André Platard sie verlassen hat ...
Er ist mein Freund, er ist mein Kumpel.
Verschwunden eines Morgens,
Sie haben ihn mitgenommen, man weiß nichts von ihm ...
*André Platard hat die Rue Saint-Martin verlassen.«**

Jemand hat uns erzählt, daß er während seiner harten Gefangenschaft die anderen moralisch gestützt hat. Er, der wie ich nicht über die Straße zu gehen wagte aus Angst, überfahren zu werden! Man weiß wirklich nichts von den Abgründen des menschlichen Herzens. Als Folge von erlittenen Schlägen soll er einen Stern auf der Stirn getragen haben. Im August 1945 hielt es mich nicht mehr, ich wollte auf die Suche nach ihm gehen – da erfuhren wir von seinem Tod. Und auf eine merkwürdige Weise.

Am Ende des langen Marsches in die Vernichtung war die Kolonne irgendwo in Österreich oder in der Tschechoslowakei gestrandet. Desnos hatte unterwegs mitansehen müssen, wie man einen Kameraden niederschoß, der zu krank war, um noch weiterzugehen. Dieser Freund hatte ihm eine Schachtel anvertraut, und Desnos hatte versprochen, sie seiner Frau zu bringen. Die Freundschaft war ihm immer heilig. Als sie von den Russen befreit wurden, stahl einer der Soldaten diese Schachtel. Mit einem Schlag verlor Desnos jeden Lebenswillen. Er steckte sich mit Typhus an und siechte dahin. Zwei tschechische Studenten haben ihn bis zum Schluß gepflegt. Sie waren Anhänger des Surrealismus und hatten ›Nadja‹ von Breton gelesen! In diesem Buch ist eine Seite mit Fotos von Surrealisten, wie sie sich selbst mit ihrer Totenmaske vorstellen, darunter die von Desnos. Als die Studenten den Sterbenden auf seinem Bett liegen sahen, fiel ihnen das Foto ein, sie sehen in ›Nadja‹ nach: »Das ist er doch!« Sie kommen an sein Lager zurück, beugen sich zu seinem Ohr und sprechen seinen Namen aus. Desnos kommt zu sich und murmelt: »Mein morgendlichster Morgen.« – Sie taten alles, um ihn zu retten, nichts half.

Einige Monate später berichteten mir die beiden Studenten davon. Als ich immer noch schweigsam blieb, sprachen sie weiter – so wie

* Desnos: ›Gedichte aus dem Widerstand‹, 1942.

man, um einen Nahestehenden zu trösten, von einem Toten sagt, »er sah aus, als ob er lächelte, ganz friedlich ... er sah sehr schön aus« – und sie sagten noch: »Er hatte ein sehr schönes Skelett.«
Die Grausamkeit unserer Epoche. Unter solchen Vorzeichen wurde eine ganze Generation geformt. Desnos war fünfundvierzig Jahre alt. Nur wenige Tage später starb mein Großvater Valette an Altersschwäche.
Inzwischen war es zur Landung der Alliierten gekommen. Wir erlebten eine Woche lang die Befreiung von Paris: Die Glocken läuteten von allen Kirchtürmen – die Panzerwagen General Leclercs – die Mädchen rittlings auf den Kanonenrohren – der Marsch de Gaulles vom Etoile zur Place de la Concorde ... die Republik kehrte zu uns zurück mit der Anspruchslosigkeit einer Unterpräfektur, das fanden wir überwältigend.
Mit der Befreiung kam jedoch auch die große Abrechnung. Eine schmutzige Angelegenheit. Neid, Angeberei, Karrieresucht – es war scheußlich, entmutigend. Von Feindseligkeit umgeben drängt sich alles aneinander, man liebt sich, versteht sich, hilft sich, lebt von fundamentaleren Dingen. Sowie die Gefahr vorüber ist, wird man wieder verletzend, gierig, unnachsichtig, egoistisch. Ganz zu schweigen von dem lächerlichen Bild, das die Helden der letzten Stunde abgeben! Lassen wir das ... Frankreich ist endlich befreit!
Befreit und verwundet. Das Land mußte sich pflegen, mußte nachdenken, seinen Nutzen aus dieser harten Prüfung ziehen und neu beginnen. Wie de Gaulle sagte: Es gibt Frankreich, und es gibt die Franzosen. Jeder hatte dabei eine bestimmte »Idee von Frankreich« im Sinn. Nicht immer dieselbe, das ist das mindeste, was man sagen kann. Wenn eine Meute von Jägern und Hunden den Wald zertrampeln, verkriechen sich die Tiere in ihrem Bau. Ist nach dem Massaker die Meute am Horizont verschwunden, spitzt man die Ohren, die Schnauzen wittern, man macht drei kleine Sprünge, schüttelt sich – und alles stolziert in der Lichtung einher.
Die Comédie-Française spiegelte zu allen Zeiten das jeweilige Frankreich wider. Jetzt hatte jeder »eine bestimmte Idee« vom »Haus«. Und nicht jeder dieselbe. Während Frankreich seinen neuen Weg suchte und die Franzosen von allen Seiten die Alarmglocke ertönen ließen, begann die Comédie-Française ihren Weg zu suchen, und auch hier wurde Alarm geschlagen. Das sollte zu einer ernsten Krise führen.

Krise im Français. Unser Abgang

Molière hatte im 17. Jahrhundert eine echte menschliche Gemeinschaft geschaffen, eine wahre Republik der Schauspieler. Jeder hatte seinen Teil an Verantwortung zu tragen und ebenso einen Teil seiner selbst zu geben. Nach seinem Tod wurde diese private Gesellschaft von Schauspielern mit der »traditionellen« Truppe des Hôtel de Bourgogne zusammengelegt; und trotz deren Unbeweglichkeit behauptete sich die Molièrsche Konzeption. Die Gesellschaft der Comédiens Français blieb ein privates Unternehmen. Da im Verlauf der Geschichte jede Regierung – sei es eine royalistische, kaiserliche oder republikanische – der Gesellschaft die Auflage machte, das nationale Repertoire zu pflegen und der französischen Sprache zu dienen, war es nur gerecht, daß die Comédie Privilegien genoß. Sie bekam also ein Theater und eine Subvention. Bis zum Ersten Weltkrieg (pardon, wenn ich mich wiederhole) konnte die Privatgesellschaft ein ausgeglichenes Budget aufweisen. Die Subvention diente zur Begleichung zusätzlicher Belastungen, mit anderen Worten: der staatlichen Mission.

Ab 1914 steht das Budget im Defizit. Von nun an gewährte der Staat der Gesellschaft jährlich Zuschüsse. In einer auf Geldmacht basierenden Zivilisation steht die Unabhängigkeit des Geistes im direkten Verhältnis zur wirtschaftlichen Unabhängigkeit. Der Staat verhinderte den Bankrott der Gesellschaft der Comédiens Français, und dementsprechend verlor diese ihre Unabhängigkeit – zugunsten des Ministeriums, dem sie unterstellt war und das den Intendanten bestimmte. Nach und nach teilten sich die Meinungen. Die Comédie-Française hatte sich, nach Ansicht der Regierung, als Staatstheater zu verstehen. Nach Ansicht gewisser Mitglieder sollte sie, im Gegenteil, eine Privatgesellschaft bleiben. Eine Bemerkung von Mounet-Sully zum Intendanten Claretie bezeichnet genau die Situation: Claretie und das berühmte Mitglied der Comédie begegnen sich an der Theatertür, einer will höflicher sein als der andere:

»Nach Ihnen, mein lieber Sozietär.«

»Nach Ihnen, verehrter Herr Intendant.«

»Keinesfalls, ich bitte Sie. Kommen Sie.«

Schließlich sagt Mounet-Sully:

»Nach Ihnen, verehrter Herr Intendant. Ich bin ja hier zu Hause.«

Besser kann man es nicht sagen, das versteht sich von allein. Sich der Gesellschaft auf Lebenszeit zu verpflichten, bedeutet soviel, wie in ein Kloster einzutreten. Dieses Kloster hat infolgedessen einem

Glauben zu dienen und muß von einem gemeinsamen Geist getragen sein.

In der Zeit, als ich dieses Engagement annahm, hatte der Geist der Comédie-Française an Klarheit eingebüßt. Wir wurden noch nach den sogenannten Moskauer Statuten verwaltet: Sie waren einst von Napoléon während seines unglücklichen Rußlandfeldzuges beschlossen und unterzeichnet worden. Einerseits gab es Mitglieder – sagen wir Mönche, die darauf bestanden, ihre geistige Unabhängigkeit zu bewahren; das waren die fanatischen Mönche. Andere verzichteten leichten Herzens auf künstlerische Unabhängigkeit, um nur nicht mit Verantwortung belastet zu werden, die mit jeder Autonomie verbunden ist; das waren die Beamten-Mönche. Schließlich gab es welche, die es mit der Ordnung hielten, die ihre Unabhängigkeit an die Autorität eines einzelnen Mannes, in diesem Fall des Intendanten, abtraten, um dafür persönliche Beförderungen einzustecken; das waren die Soldaten-Mönche.

Im September 1945 beschloß die Regierung, die napoleonischen Statuten neu zu formulieren. Es war in der Tat höchste Zeit, die Comédie-Française zu reformieren und den Erfordernissen der Zeit anzupassen. Der mit dieser Angelegenheit beauftragte Minister vergaß nur eines: Die Comédiens Français waren eine Privatgesellschaft. Seit Vaudoyer hatten sich drei Intendanten in rascher Folge abgelöst. Ein vierter, André Obey, wurde ernannt. Eine gute Wahl: Ein bedeutender Autor aus der Richtung Copeau und Cartel, war im Widerstand gewesen, ein aufrichtiger, integrer Mann. Eine Kommission wurde gebildet, sie bestand aus hervorragenden Persönlichkeiten aus Kunst, Literatur, Wirtschaft – hohe Beamte. Vertreter der Gesellschaft waren eigentlich nicht darunter. Der Minister ernannte persönlich zwei »verständnisvolle« Mitglieder, die bereitwillig bei den Sitzungen der Kommission figurierten. Eine Anzahl von uns protestierte gegen diese verächtliche Art des Vorgehens.

Nach all den Wechselfällen des Kriegs und dem fortgesetzten Abgleiten in Richtung Staatstheater-Stil war die Comédie ein Kloster ohne Gott geworden. Nun wollte man es mit einer neuen Sendung versuchen, das war nur zu begrüßen! Doch mußte man den künftigen »Mönchen« auch die Freiheit zu einem neuen Gelübde lassen. Es wäre so einfach gewesen, die Gesellschaft der Comédiens Français zu beauftragen, in voller Unabhängigkeit ihre Repräsentanten zu wählen, die der Kommission sicher nützlich gewesen wären! Genau das verlangten wir. Und das wurde in der unzulässigsten Weise abgelehnt: verächtlich lächelnd und verärgert. Der Minister tadelte uns und schickte uns in unsere »Zellen«. Damit war der abtrünnige Mönch geboren ... Wir hatten uns auf Lebenszeit engagiert, man verlangte ein neues Gelübde von uns, wir forderten zumindestens die freie Wahl unserer Religion.

So traf die Regierung folgende Entscheidung: Nach Beendigung der Kommissionsarbeit würden uns die neuen Statuten vorgelegt werden. Für die Dauer von zwei Wochen sollten die Pforten – ausnahmsweise auch den »Lebenslänglichen« – offenstehen: Wer nicht zufrieden war, brauchte nur zu gehen. Eine Lösung, die an Abscheulichkeit nichts zu wünschen übrigläßt.

Die »bedeutenden« Persönlichkeiten taten mit gutem Gewissen ihre Pflicht und gingen nach Hause. Die neuen Statuten wurden bekannt gegeben. Und alles war scheinbar wieder in Ordnung. Der Minister konnte sich vergnügt wieder seinen Wahlvorbereitungen widmen. Wir waren neun an der Zahl, die von der offenen Tür Gebrauch machten.

Kein Grund zum Bedauern:

Die Kommission glaubte sich im Recht.

Die blieben, glaubten sich im Recht.

Wir glaubten uns im Recht, indem wir abgingen.

Wieder einmal war mein Schicksal, wie es Äschylos versteht, stärker. Wieder einmal »gehorchte« ich diesem Schicksal. Sechs Jahre an der Comédie-Française lagen hinter mir, ich hatte dieses Pfropfreis gläubig, leidenschaftlich empfangen, eine wohltuende Bereicherung. In meinem Innersten hatte ich diese Idee geliebt, die ich mir von einer Gesellschaft von Schauspielern gemacht hatte. Und ich begriff, daß mir auf Lebenszeit eine Narbe zurückbleiben würde, wie von Schmissen, die ein Gesicht männlicher machen. Von nun an hatten mein Schicksal, mein Double und ich für dieses Leben, das bisher ein Geschenk war, die Wahl selbst getroffen. Und wieder machte ich mich auf die Reise. Aber neue Kräfte beflügelten mich jetzt: Auf dem Rücken meines Pferdes trug ich Madeleine mit mir.

ZWEI

Der besondere Reiz des Theaters ist,
daß man mit Gaunern lebt, weil man von Gerechtigkeit besessen ist,
daß man mit Verrückten zugrunde geht, um gesund zu bleiben,
daß man mit Angsterfüllten zittert, um ein wenig Glück zu finden,
daß man beständig dem Tod ins Auge sieht, weil man nur das Leben liebt,
daß man unentwegt auf Reisen ist, den Koffer in der Hand, den Rucksack auf dem Rücken,
um zu versuchen zu verstehen,
und aus Furcht, eines Tages anzukommen.

ENTSTEHUNG UNSERER TRUPPE

Madeleine schenkte mir zum zweiten Mal ihr Leben. Diesmal ging es nicht wie 1937 darum, ihre Villa zu »verramschen«, Passy zu verlassen und ein Abenteuer einzugehen, das alles konnte die Grundfesten einer solide errichteten Existenz nicht erschüttern. Es ging vielmehr darum, mit einer ganzen Vergangenheit zu brechen. Ihr Leben war bisher schnurgerade verlaufen. Seit sie als kleines Mädchen in Royan eine Fabel vortrug, führte sie ihr Weg als Wunderkind ganz natürlich übers Konservatorium bis zum arrivierten Mitglied der Comédie-Française und bis auf den Gipfel der Hierarchie. Alles, was Madeleine zu tun hatte, war, diese Existenz durch ihre menschliche Wärme, ihr Talent und ihre Phantasie zu verschönern.

Und nun brach sie – noch einmal – mit allem, um sich auf eine unbekannte Zukunft einzulassen. Zwanzig Jahre Comédie-Française; »Sicherheit auf Lebenszeit«. Zwanzig Jahre Erfolg, Komfort, Erleichterungen aller Art schaffen doch eine Bindung und bewirken eine echte Anhänglichkeit für den Rahmen, der uns zwar einschließt, aber auch beschützt. Und es ist ja mehr als ein Rahmen, es ist eine Lebensform, die einen geprägt hat. Diese Wände in der Comédie, es waren ihre Wände, die Garderobe »gehörte« ihr, die Kollegen waren ihre Familie, dieses besondere Publikum war das ihre. Und doch bricht sie mit allem. Warum? Ich glaube, von allen Gefühlen einmal abgesehen, wir stimmten grundlegend überein und waren eine totale, kompromißlose Bindung eingegangen.

Ich sehe noch genau, wie der Sonntag des 9. Juni 1946 verlief. Ich hatte in der Nachmittagsvorstellung den Moron in ›Prinzessin von Elida‹ von Molière gespielt. Es war das letzte Mal, daß ich den Fuß auf die Bretter der Comédie-Française setzte. Ich war innerlich völlig zerrissen. Danach gingen wir hinaus durch die beiden Reihen der Statuen, die uns mit ihren weißen Augen anstarrten. Molière sah uns fortgehen . . .

Wir waren im Theater Marigny verabredet, um die Bühne zwischen der Nachmittags- und der Abendvorstellung zu besichtigen; es wurde gerade ›Arsen und Spitzenhäubchen‹ gespielt. Der Bühneneingang ist an der Seite, man steigt in den Keller hinunter, geht durch enge, schmutzige Gänge, und von dort hinauf zur Bühne.

Alles erscheint uns grau, armselig, verstaubt und unbewohnt. Wir bleiben schweigsam. Madeleine beginnt an meiner Schulter zu weinen ... zweifellos war ich dickköpfig – aber ich war auch unglücklich dabei. Ich wurde mir meiner Verantwortung bewußt. Die Türen der Comédie hatten zwei Wochen lang offen gestanden, jetzt waren sie wieder geschlossen. Ich muß sagen, André Obey hatte mir die Entscheidung leicht gemacht. Eindeutig riet er mir zum Rücktritt. Tat er es zu meinem Besten? Und weil mir außerdem zu Ohren gekommen war, daß viele Kollegen fürchteten, die Comédie könnte ein »Theater von Barrault« werden, bildete ich mir ein, er habe sich mit seinem Ratschlag nur etwas Ruhe verschaffen wollen. Tatsächlich wurde ich höflich vor die Tür gesetzt. Man hatte es mir zu verstehen gegeben ... immer dieser halbe Gehorsam, diese halbe Freiheit – Schicksal im Sinne des Äschylos.

In bezug auf Madeleine war man allgemein der gegenteiligen Auffassung, man fand, daß sie unrecht tat, mir zu folgen. Sie war es also, die den meisten Mut aufbrachte.

Simone Volterra sollte von ihrem Ex-Gatten das Theater Marigny übernehmen, und sie hatte mit uns Kontakt aufgenommen. Nach zwei oder drei Gesprächen waren wir uns im Prinzip einig geworden. In solchen Fällen beschleunige ich gerne den Vorgang. Zur Zeit des ›Seidenen Schuh‹ lautete Claudels und meine Devise: »Schlecht, aber schnell.« Ausgezeichnet für Leute, die keine Zeit in ihrem Leben verlieren wollen, denen das Flüchtige unserer Existenz bewußt ist und die von echter Bescheidenheit sind.

Das Marigny-Theater stellte uns jedoch vor einige Probleme. Die endgültigen Abmachungen hingen im Grunde von Volterra selbst ab, ich hatte ihn jedoch noch nicht gesprochen. Das Theater gefiel mir. Vor allem schien es mir »rentabel« zu sein. Wir hatten kein Geld, und wir mußten nicht nur vermeiden, uns in Schulden zu stürzen – wir mußten auch durchhalten. Zwölfhundert Plätze, keine allzu hohen Nebenkosten. Ich fühlte das Blut meines Großvaters in meinen Adern. Ich habe viele Seelen in meiner Brust, und das muß man schon sagen, der kleine Geschäftsmann in mir hat es nicht gerade leicht mit den anderen Verrückten, die in mir stecken. Unter diesen gab es einen, das war der Individualist, der mochte das Marigny, weil das Gebäude so frei steht und an kein anderes stößt. Und noch einer war dafür – der Bauer in mir –: Dem gefiel das Haus zwischen den Bäumen, »im Grünen«. Schließlich war auch der »Bourgeois« in mir mit dem Champs-Elysées-Viertel ganz zufrieden. All diese guten Gründe waren vom rein professionellen

Standpunkt damals leider gar nichts wert – dieses Theater hatte noch nie einen eigenen Stil gefunden, und dementsprechend war sein Ruf. Früher war es ein »Panorama«-Theater gewesen, das Panorama Poilpot. Vorübergehend hatte Offenbach seine Buffo-Opern hier dirigiert, aber die Operette hatte sich nicht gehalten. Dramen wurden selten aufgeführt – kurz, das Theater galt als wenig angesehen und ohne Atmosphäre.
Raimu erklärte mit seinem südlichen Akzent, er würde »nie im Wald spielen« wollen. Maurice Chevalier machte einen großen Bogen darum – und er kannte sich aus! Als die Entscheidung gefallen war, hatte ich Gelegenheit zu einer erbaulichen Unterhaltung mit Jouvet:
»Mir ist Angst um dich, mein Lieber. In diesem erledigten Theater wirst du auf die Nase fallen. Mit was eröffnest du überhaupt?«
»›Hamlet‹.«
»O je, o je! ›Hamlet‹ hat noch nie was eingebracht. Weißt du – Shakespeare und die Franzosen! Und dann das Gespenst! Die Pariser mögen keine Gespenster. Außerdem ist das Stück ja endlos!«
Er runzelt die Brauen, konzentriert sich angelegentlich auf seine Gedanken, wie man mit einem Gewehr zielt, schließlich sagt er:
»Besch . . .! Welche Übersetzung?«
»Gide.«
»Guter Schriftsteller. Aber kein Bühnenautor. Stürz' dich nicht in Unkosten, länger als zwei Wochen hältst du dich nicht damit. Und danach?«
»›Die falschen Vertraulichkeiten‹.«
»Marivaux! Spitzendeckchen. Madeleine ist gut darin, das weiß ich. Aber nur'n Veilchen. Versuche, 'ne alte Dekoration zu finden. Und nicht abendfüllend . . .«
»Ich nehme eine Pantomime dazu.«
»Dein Hobby, ich weiß. Vielleicht . . . Dank der ›Kinder des Olymp‹ . . . Aber nimm dich in acht, die Franzosen und die Pantomime . . . das ist was für die Italiener. Mit etwas Glück hältst du dich einen Monat damit. Danach?«
»›Nächte des Zorns‹ von Salacrou.«
»Kenn ich nicht. Wovon handelt es?«
»Von der Besatzungszeit. Der Widerstand . . . die Kollaborateure. . .«
»Zu spät oder zu früh. Halsbrecherisch, sage ich dir. Die Leute wollen nichts als diesen ganzen Alptraum vergessen, den sie hinter sich haben. Sehr nobel, aber kommt nicht an. Danach?«
»Danach? ›Der Prozeß‹ von Kafka.«

»Was ist denn das?«
Ich versuche, es ihm zu erklären. Sein Gesicht verfinstert sich, denn er hat mich gern, und er ist aufrichtig. Schließlich legt er eine Hand auf meinen Arm.
»Mein lieber Alter, ich will dir ja nicht den Mut nehmen, aber ich glaube, du setzt dich in die Nesseln. Wenn du eines Tages Hilfe brauchst, du kannst immer auf deinen großen Bruder zählen. Ein Rat noch: Schließ nicht auf lange Zeit ab. Mach dich auf 'ne Katastrophe gefaßt.«
Der Abschluß meines Engagements zog sich in die Länge. Simone Volterra besaß noch nicht die Vollmacht. Volterra war im Süden, auf seiner Besitzung in Juan-les-Pins. Auch er mochte keine Gespenster ... Inzwischen sollte im Marigny eine Operette steigen, ›Feder im Wind‹, wenn ich mich recht erinnere. Während dieser Zeit stellte ich »schlecht, aber schnell« mein Ensemble zusammen.
Madeleine und ich hatten zusammen mit Roger Blin eine Gastspielreise in der Schweiz gemacht mit ›Le Cocu magnifique‹ von Crommelynck. In Genf begegnete ich einem Mann im besten Alter: Leonard Cullotti. Ein vollendeter Theatermann, sowohl auf dem Gebiet der Verwaltung wie der Technik. Siebzehn Jahre lang hatte er mit Pitoëff gelebt, und seit dessen Tod 1939 hatte er sich lieber zurückgezogen. Ein reiner, kompromißloser Charakter. Ich brachte es fertig, ihn zur Mitarbeit zu überreden: Im Grunde galt seine ganze Liebe dem Theater, und er sollte das unter Beweis stellen. Wir kamen überein, daß er unser Verwaltungsdirektor wurde. Auch er brach mit seinem bisherigen Leben, um unser Abenteuer mitzumachen. Er kehrte zu seiner alten Liebe zurück und brachte außerdem »den Schatten Pitoëffs« mit. Auch für ihn übernahm ich eine beträchtliche Verantwortung! – Die meisten Schauspieler hatte ich inzwischen engagiert; ein echtes Repertoire-Ensemble, denn wir wollten, wie an der Comédie-Française, unser Programm alternieren. Das hatte es bis dahin bei einem Privattheater noch nie gegeben. Große, erprobte Darsteller gehörten dazu wie André Brunot, Pierre Renoir, Georges Le Roy, Pierre Bertin, Marthe Régnier. Kollegen auf der Höhe ihres Könnens stießen zu uns wie Régis Outin, Beauchamp, Marie-Hélène Dasté, unsere Maiène. Junge hoffnungsvolle Talente wie Jean Desailly, Gabriel Cattand, Jean-Pierre Granval, Simone Valère. Kurz, ich hatte im wahrsten Sinne des Wortes den Karren vor die Pferde gespannt. Um diesen sehr großen Verpflichtungen nachzukommen, war ich nach Brüssel gegangen, um von diesem ›Cocu magnifique‹ einen Film zu drehen, das Angebot dazu hatte ich durch

einen glücklichen Zufall bekommen. Wieder einmal hoffte ich, mit den Filmgeldern meinen Theaterstart zu ermöglichen.
Es war Sommer geworden. Madeleine war in der Normandie und hielt mich von dort telefonisch auf dem laufenden. Wenn an einem Tag die Hoffnungen aufs neue stiegen, fiel am nächsten Tag wieder alles ins Wasser! Ich kam von Belgien zurück, und statt das Geld mitzubringen, hatte ich »zu einem vorteilhaften Preis« (immer wieder der Großvater) zweitausend Meter crème-farbenen Samt bestellt – für die ›Hamlet‹-Dekoration, sowie ballenweise Baumwolle für den Bühnenhintergrund in ›Die falschen Vertraulichkeiten‹ und das Bühnenbild im Stil der Commedia dell'Arte für ›Baptiste‹.
André Masson – ganz wie zu Anfang von ›Numantia‹ – entwarf die Bühnenbilder für Shakespeare; Brianchon die für Marivaux, Mayo das Bild für die Pantomime. Honegger schrieb die Partitur für den Prinzen von Dänemark, Kosma die für ›Baptiste‹ nach einem Libretto von Jacques Prévert. Ausschließlich Freunde ... und immer noch keine Nachricht von Volterra!
Madeleine und ich hatten diese ganze Verantwortung auf uns genommen – und praktisch ohne Theater! Hingegen kündigte die Comédie-Française die Einrichtung zweier weiterer Theater an: Salle Richelieu und Odéon-Theater. Das eine für die Klassiker, das andere für die Modernen, für Experimente ... Macht und Mittel standen dort zur Verfügung! – Madeleine behielt tapfer ihr Lächeln von Reims, aber eines Morgens vertraute sie mir ihre Ängste an und machte eine schreckliche und erschütternde Bemerkung:
»Verstehst du, bis jetzt ist mir noch nichts von allem, was ich unternommen habe, danebengegangen.«
Wir lagen ausgestreckt nebeneinander, das Fenster stand offen. Draußen die ländliche Gegend und direkt in unserer Blickrichtung glänzte unter der Sonne ein prächtiger Birnbaum.
Schweigen ...
»Ich werde doch nicht hier sitzen bleiben und auf einen Birnbaum starren! Ich geh und rede mit Volterra.«
»Wohin?«
»Nach Juan-les-Pins.«
»Wann?«
»Heute.«
Sie war einverstanden. Ich reiste ab. Volterra empfing mich mit aller Freundlichkeit und Aufrichtigkeit. Wir kamen zum endgültigen Abschluß. Nach seiner Rückkehr aus den Ferien würden wir unterzeichnen. Ich kam zurück.

»In Ordnung.«
»Habt ihr den Vertrag unterzeichnet?«
»Ich habe sein Versprechen ...«
»...?...«
Glücklicherweise war Volterra ein Mann, der sein Wort hielt.
Der Eröffnungstermin wurde festgelegt, der 17. Oktober. Wir begannen Ende August mit den Proben, in unserer Wohnung ... wir unterzeichneten mit Volterra erst am 10. Oktober. Sieben Tage später stellte sich die Truppe öffentlich vor – mit ›Hamlet‹. Honegger hatte mir einen jungen Musiker von zwanzig Jahren vorgestellt, Pierre Boulez, er sollte die Ondes Martenot übernehmen. Boulez wiederum stellte mir für die Besetzung des Schlagzeugs einen seiner jungen Kollegen vor: Maurice Jarre.
In der Woche darauf, am 24. Oktober, gaben wir ›Die falschen Vertraulichkeiten‹ und ›Baptiste (die vollständige Pantomime aus ›Die Kinder des Olymp‹). An den Ondes Martenot ebenfalls Pierre Boulez.
Anfang Dezember war die Erstaufführung der ›Nächte des Zorns‹ von Salacrou. Das Bühnenbild machte Félix Labisse, mein alter Kampfgenosse aus den Anfängerjahren.
Diese drei Aufführungen wurden »alternierend« bis April 1947 gegeben. Dann machten wir eine kleine Gastspielreise in Belgien und in der Schweiz mit Marivaux und der Pantomime. Von dieser Tournee, über die noch vom Krieg zerstörten Straßen, will ich zwei Erinnerungen berichten.
Wir nahmen in Den Haag am 5. Mai im großen Rittersaal vor der Königin an den Feierlichkeiten anläßlich der Befreiung teil – wir trugen Gedichte unserer Freunde aus dem Widerstand vor; von Robert Desnos, Louis Aragon, Paul Eluard und Jacques Prévert. In Lausanne feierten wir auf recht bewegende Weise die hundertste Aufführung der ›Falschen Vertraulichkeiten‹. Am Abend zuvor präsidierte ich in der Universität bei der Inthronisation neuer Mitglieder der Gesellschaft »Belles Lettres«. In der Nacht kehrte ich, vom vielen Weißwein leicht schwankend, zurück. Jemand kommt auf mich zu und sagt: »Ramuz ist heute abend gestorben.« Ich liebte Ramuz sehr. Während der Dreharbeiten für den Film ›Farinet ou l'Or dans la Montagne‹, der 1937 nach einem seiner Romane entstand, hatte ich ihn näher kennengelernt. Es war in der Gegend von Sion, und dort hatte ich den ledernen Rucksack erworben, von dem ich mich seither nie mehr getrennt habe. Schon 1932 hatten Ramuz und ich Freundschaft geschlossen, als ich mit Marcel Herrand ›Die Geschichte vom Soldaten‹ spielte ... und nun hieß es: »Ramuz ist tot!«

Am nächsten Tag hatten wir unsere Kollegen nach Pully am Ufer des Genfer Sees eingeladen; unter der Laube eines Gasthauses gab es ein Fischessen und »Fendant« dazu, den vorzüglichen Weißwein der Gegend. Oberhalb von uns, auf dem Hügel in einem kleinen Dorf, ruhte Ramuz. Nach dem Essen bat ich den Wirt, mich einige Rosen aus seiner Laube pflücken zu lassen. Ohne Aufsehen entfernte ich mich von dem heiteren Kreis und kletterte mitten durch die Reben – »meine« Reben, denn überall auf der Welt sind die Reben »meine« Reben – hinauf ins Dorf. An der Haustür des Dichters stellte ich mich vor und brachte ihm die Blumen. Da ruhte er, das kräftig graue Haar fiel ihm über das Gesicht. Als ich wieder zur fröhlichen Runde hinunterstieg, verspürte ich ein Wissen um jene seltsame Mischung von Freude und Leid, von Leichtigkeit und Tiefe, von Tollheit und Weisheit, Angst und Trunkenheit, von Tod und Leben, wovon das Leben am Theater bestimmt wird.
Was ich damals im Atelier von Joinville, während der Dreharbeiten zu ›Hélène‹, Madeleine erklärt hatte – mein Verlangen nach einem Leben zu zweit, nach einer menschlichen Gemeinschaft, nach der Verantwortung für ein Theater – nahm jetzt Gestalt an. Wir hatten unsere Wahl getroffen, wir hatten recht und schlecht »die Segel gesetzt«, und unser Schiff stach in See!

Über die Begeisterung

Claudel schrieb einen Text für uns, hier ein Auszug daraus:

»Die menschliche Seele ist eine Sache, die Feuer fangen kann, sie ist sogar einzig dafür gemacht, und wenn ›der Geist über sie kommt‹, wie es heißt, dann empfindet sie eine solche Freude, entringt sich ihr ein solcher Schrei, daß nur das Wort Begeisterung genau diesem Zustand entspricht! Und während das stoffliche Feuer verzehrt, was es nährt, ergreift uns das geistige Feuer von allen Seiten – ich möchte es lieber ein wollendes, kräftiges Licht nennen – das, weit davon entfernt zu zerstören, neue Kräfte in uns entfacht, die hervordrängen, sich entfalten und in dem Aufruhr zusammen wirken! Hellwach und beweglich sieht der gleichsam gereinigte Geist der Idee, welche in ihm erwachte, alle erdenklichen überraschenden Mittel zu Hilfe kommen! ... Es ist weder die Vergangenheit, die vorsichtig voranschreitet ... noch

die Gegenwart ... Wer vermöchte zu sagen, was die Gegenwart ist, und sie festzuhalten, diese Unaufhaltbare? ... Die Zukunft ist es, welche die Ereignisse aufsaugt ... Besteht unser »Job« nicht im Entdecken? Mehr noch im Entdecken als im Erfinden? Und mehr noch im Sich-Erinnern als im Erfinden? ... Wie wenn man in eine Stadt, in der man einst gelebt, zurückkehrt, jedoch ein wenig die Orientierung verloren hat, so daß sich die Füße besser auskennen als die Augen ...«

Claudel wußte um den sechsten Sinn. Wir verstanden einander gut ...

KURZE PAUSE FÜNFUNDZWANZIG JAHRE DANACH

Das Leben muß Höhen und Tiefen haben, und die Schwierigkeiten, die sich überall einschieben, fachen das Feuer an und erhöhen die Freuden (Scapin).

Artaud hatte gefordert, das Theater in unser Leben zu tragen, ein Theater, das nicht mogelt; heute, scheint mir, wollen wir unser Leben ins Theater tragen und wollen gleichfalls ein Leben, das nicht mogelt ... Womit nicht mogelt? War es möglich, dank des Berufs kompromißlos zu leben? War es möglich, niemandem etwas schuldig zu bleiben? War es möglich, die Welt allein durch die Arbeit kennenzulernen?

Ich glaube, die fünfundzwanzig Jahre, die unsere Truppe bestanden hat, beantworten diese drei Fragen. Dieses Vierteljahrhundert voll Arbeit und Querschläge ist schlicht und einfach die Geschichte von zehntausend Francs. In diesem Zusammenhang denke ich heute oft an die Jüngeren. Sie haben allen Grund zur Hoffnung, auch heute noch, trotz der harten Zeiten. Es gibt immer einen Spalt, durch den man schlüpfen kann, um sein Brot mit einer glücklichen Arbeit zu verdienen.

Aus Brüssel brachte ich, wie gesagt, Geld im Wert von zehntausend Francs mit, dank des ›Cocu magnifique‹. Alles, was wir sonst noch hatten, wurde zusammengekratzt: Im Ganzen verfügten wir über 15 000. ›Hamlet‹ kostete zwölftausend; der Marivaux und ›Baptiste‹ achttausend. Zwanzigtausend wurden also gebraucht, es fehlten fünftausend. Niemand wollte sie uns umsonst leihen. Und von einem eventuellen Mäzen konnte schon gar nicht die Rede sein. Dabei kannten wir »tout Paris«! Wir mußten einen Kredit zu einem hohen Zinssatz aufnehmen. Dank des ersten Erfolgs konnten wir ihn nach einem Monat zurückzahlen. Es war unser Glück, daß wir im Verlauf von zwei Spielzeiten sechs Erfolgsaufführungen verzeichnen konnten: ›Hamlet‹, Marivaux und ›Baptiste‹, ›Nächte des Zorns‹, ›Prozeß‹ von Kafka, ›Amphitryon‹ von Giraudoux und eine neue Pantomime, ›Der Jungbrunnen‹, und schließlich ›Kümmere dich um Amélie‹ von Feydeau. Feydeau war damals durchaus noch

kein Zugeständnis an den Publikumsgeschmack! Das Stück lief parallel zum ›Prozeß‹ und drohte sich zu einem Skandal auszuwachsen. Ich erinnere mich noch gut an die ablehnende Haltung unserer älteren Ensemblemitglieder; glücklicherweise fand ich bei Gilles Margaritis eifrige Unterstützung.
Unsere erste Stellungnahme war klar und deutlich: Unsere Truppe? Ein internationales Theater, Sektion französische Sprache. Was wollten wir? Mit Hilfe des Alternierens ein Repertoire aufbauen.

Übers Alternieren

Das alternierende Programm ist nicht nur eine Quelle künstlerischen Reichtums, es bedeutet auch eine Form wirtschaftlicher Schutzmaßnahmen. Um ein Ensemble zu bilden, das den Anforderungen eines Repertoires genügen kann, müssen Schauspieler mit weitgefächertem Talent engagiert werden. Da sie von einem Tag auf den anderen verschiedene Rollen verkraften müssen, bleiben sie elastisch und machen Fortschritte. Ein Schauspieler, der heute eine Hauptrolle spielen darf, wird morgen auch eine kleinere Rolle übernehmen. Spielt er eine Hauptrolle, ist er froh, einen talentierten Kollegen neben sich zu haben, der auch dann sein Partner ist, wenn er selbst nur eine Nebenrolle hat. Dadurch entwickelt sich innerhalb eines Ensembles eine Vielfalt an Begabungen, ein einheitlicher Stil und eine gewisse Solidarität. So entwickelt sich das Niveau der Truppe weiter.
Finanziell gesehen kann man mit diesem System kein Vermögen gewinnen, da man den überschüssigen Gewinn der vorangegangenen Produktionen ständig in neue investiert. Dafür ist das Risiko geringer als bei einem En-suite-Theater; man setzt nicht alles auf eine Karte. Erweist sich eine Aufführung als Mißerfolg (und das kommt vor!), wird sie sogleich abgestützt von den früheren Kassenerfolgen, und die Einnahmen gleichen sich aus. Es gibt richtige »Zugpferde« unter den Stücken – ›Volpone‹ war es bei Dullin, ›Knock‹ bei Jouvet – und auch wir hatten einige solche. Ein schlechtgehendes Stück kann sich mit ihrer Hilfe noch einige Zeit auf dem Programm halten, man spielt es in immer größeren Abständen, und wenn es schließlich abgesetzt wird, haben alle vergessen, daß es ein Mißerfolg gewesen war. Das menschliche Zusammenleben am Theater ist wetterwendisch wie die Jahreszeiten.
Dazu hat Jouvet mir damals bei unserer denkwürdigen Unterredung

fundamentale Einsichten vermittelt, die ich oft genug am eigenen Leib erfahren sollte:
»Du wirst Erfolg haben – mit Werken, die du liebst, das wird dir Freude machen. Du wirst Mißerfolge erleben mit Werken, bei denen du selbst nicht sicher warst, aber die dich reizten; das ist dann bitter, wird dich aber in deinen Überzeugungen nicht erschüttern. Aber du wirst auch nachhaltige Reinfälle einstecken müssen – mit Stücken, die dir am Herzen lagen! Und überraschende Erfolge mit Werken, die dich im Grunde kalt ließen. Und das wird dich aus dem Gleichgewicht bringen ... Schließlich – und das ist das Allerschlimmste – wirst du Zeiten erleben, da kannst du dich zerreißen, und es kommt nichts an. Du triffst nur ins Leere. Auf ein absolutes Nichts – eine allgemeine Gleichgültigkeit. Dann bekommst du Angst.«
»Das nennt man in der Mathematik das Phänomen der Ruhelage?«
»Ja, das ist der Augenblick, wo das Pendel stillsteht.« Es ist in der Tat der schrecklichste Moment von allen.

Das Gesetz des Zirkus

So nenne ich die Verpflichtungen, die man seinem Beruf gegenüber zu erfüllen hat. Ich habe mit einem Abszeß im Hals gespielt oder mit so hohem Fieber, daß ich nichts mehr hörte und den Text meiner Partner von ihren Lippen ablas. Ich habe Madeleine erlebt, wie sie sich mit einer Leberreizung unter Schmerzen krümmte und anmutig ihren Auftritt in ›Falsche Vertraulichkeiten‹ durchstand. Sie hat sogar mit einem gebrochenen Fuß auf der Bühne gestanden. Einen unserer Schauspieler sah ich mit einem Meniskusriß spielen: Hinter den Kulissen mußten die Kollegen ihn tragen, aber auf der Bühne hielt er durch und konnte sogar gehen, nach seinem Auftritt brach er sofort wieder zusammen.
Diese Willensanstrengung mag sinnlos erscheinen für etwas, was schließlich »nur ein Spiel ist«. Gewisse junge Leute finden das heute blödsinnig und ergehen sich in völlig entgegengesetzten Exzessen: Sie wollen überhaupt nur dann spielen, wenn es ihnen Spaß macht. Eine totale Verachtung des Publikums kennzeichnet ihre Haltung, und sie spielen sie sogar aus, um sich deutlich zu distanzieren ... Für mich wird das »Gesetz des Zirkus« heilig bleiben.
Ich sagte es bereits – es kann kein Austausch stattfinden ohne den vorausgegangenen Akt der völligen Hingabe. Der Respekt vor dem Publikum ist beim Schauspieler ein Teil seiner individuellen Sitt-

lichkeit. Dieser Respekt ist ein Symbol, ein bezeichnendes Verhalten für menschlichen Respekt im allgemeinen und sollte überhaupt das grundlegende, universelle Gesetz sein.
Als Jouvet die Comédie des Champs-Elysées leitete, erlebte er eine Zeit der Unbeweglichkeit, jenes »Phänomen der Ruhelage«. Was er auch unternahm, er stieß auf keinen Widerhall. Es war eine harte Prüfung für ihn. Eines Abends will ihn der Inspizient zum Beginn der Vorstellung auf die Bühne holen, und Jouvet ist noch nicht einmal geschminkt.
»Wieviel sitzen im Saal?«
»Ich habe sieben gezählt, Chef!«
»Ich komme.«
Er tritt vor den Vorhang und erklärt, daß er total entmutigt sei und die Vorstellung absagen möchte. Die Eintrittskarten würden zurückerstattet.
»Keinesfalls, Monsieur!« sagt daraufhin eine Dame in der ersten Reihe. »Ich habe meinen Platz bezahlt, ich will kein Geld zurückhaben, bitte, spielen Sie! Und ich mache Sie darauf aufmerksam« (sie zeigte auf ihre Armbanduhr), »daß Sie Verspätung haben!«
Das Ensemble trat auf. Und Jouvet bewahrte dieser Zuschauerin für immer eine tiefe Dankbarkeit.

Bilanz

Im Verlauf von fünfundzwanzig Jahren hat unsere Truppe hundert Stücke herausgebracht. Hundert Werke von verschiedenstem Ausmaß, manche sehr lang, sehr schwierig, andere wieder kürzer und leichter.
Von diesen hundert Werken waren sechzig Uraufführungen. Die vierzig anderen verteilten sich auf zweiundzwanzig Klassiker (Molière, Shakespeare, Marivaux, Beaumarchais, Äschylos, Lope de Vega, Seneca usw.) und achtzehn zeitgenössische Hauptwerke wie ›Intermezzo‹ (Giraudoux), ›Amélie‹ (Feydeau), ›Kirschgarten‹, ›Le Bossu‹ (Feral), ›Pariser Leben‹ usw., die in gewisser Hinsicht als Uraufführungen betrachtet werden können.
Das richtige Gleichgewicht für ein modernes Theater sieht für mich folgendermaßen aus:
50 % Uraufführungen;
25 % bedeutende moderne Wiederaufführungen oder Neuaufführungen;
25 % Klassiker.

An der Wahl seiner Uraufführungen kann man die Vitalität eines Theaters beurteilen. An der Wahl seiner Reprisen seinen Charakter; und seine fundamentale Qualität an der Art, wie es den ewigen Anforderungen der Klassiker gerecht wird. – Immer wieder diese biologische Dreiheit: Energie – Freiheit – Beständigkeit.

Ich habe außerdem festgesetzt: Dieses »internationale Theater, französische Sektion«, wird wie ein Gut verwaltet werden, möglichst wie ein Mustergut. Mein altüberlieferter Atavismus trat in Aktion!
Ein solches Gut kann es sich leisten, Baumschulen zu unterhalten, Reserven von hoher Qualität, die die Pfropfreise liefern, doch gleichzeitig Ländereien mit Maximalertrag, die den finanziellen Bestand des Unternehmens sichern. In gleicher Weise würden wir einen echten Bestand von Nachwuchsschauspielern heranziehen, die sich mit den »alten« Könnern messen konnten, um diejenigen nach und nach zu ersetzen, die vorläufig noch im Vollbesitz ihrer künstlerischen Kraft den Ablauf der Arbeit garantierten. Eine Truppe ist nur dann wirklich lebendig, wenn sie drei Generationen umfaßt, die frei miteinander wetteifern; wenn sie von jugendlicher Kraft bis zur reifen Elite reicht. Immer wieder die Dreiheit. Die Praxis sollte uns recht geben. Bevor man seine Ideen und eine politische Strategie entwickelt, muß man lebendig sein. Und das Leben war letztlich unsere »Idee« und unsere »Strategie«. Darum mochte unsere »Linie« in den Augen gewisser Intellektueller unklar erscheinen.
Ich wollte ein lebendiges Theater aufbauen, ein Theater, das atmet, lebt und greifbar ist – das Gegenteil von diesen Restaurants mit einem Spezialgericht. Ein so abwechslungsreiches und komplexes Theater wie das Leben selbst. Immer inspirierte mich, ohne daß ich es wußte, das Muster der lebenden Zelle. Von Zeit zu Zeit wollte ich mich an einigen Klassikern versuchen und sie bei dieser Gelegenheit aufpolieren. Mein Sinn für Verifikation (›Numantia‹, ›Phädra‹) würde sich selbst bestätigen können. Und mit aller geistigen Freizügigkeit wollte ich den modernen Autoren dienen: das Gesetz des Austauschs. Ich wollte aber auch weiterhin experimentieren, auf Forschungsreisen gehen in unbekanntes Gebiet, Glücksfälle wie ›Als ich im Sterben lag‹ und ›Hunger‹ aufs neue erleben; deshalb trug ich mich mit der Idee von Kafkas ›Prozeß‹ ... Das waren meine »Vorschläge«.
Und schließlich wollte ich meine Versuche mit der Pantomime nicht aufgeben.
Unsere »Linie« war also ein »Zopf«. Ein Zopf aus fünf oder sechs

Strängen, denn auch die »Stilübungen«, die uns immer beschäftigten, gehörten zum Programm: das Vaudeville-Stück, wie ›Amélie‹*, das Melodrama mit dem ›Bossu‹, ›Pariser Leben‹, die Offenbach-Operette, die griechische Tragödie mit der ›Orestie‹ usw. All diese verschiedenen Genres waren mit denselben Ensemblemitgliedern zu bestreiten, wodurch diese um so vielseitiger werden würden.**
Eine Reihe von Mißverständnissen waren jedoch vorauszusehen: Zum Beispiel verstand ich mich einerseits ausgezeichnet mit Bertolt Brecht – ich traf ihn zwei- oder dreimal bei uns im Marigny oder in seinem Theater am Schiffbauerdamm in Ostberlin –, aber ich hätte große Schwierigkeiten, mich mit den Brechtianern zu verständigen, die allerdings eine »Linie« haben!
Und von all dem ganz abgesehen gibt es zwei Sorten von Künstlern: die Heißblütigen und die Kaltblütigen! Die einen sind nicht besser als die anderen. Alles hängt von den jeweiligen Neigungen und der instinktiven Wahl ab.

Zuerst schlossen wir mit Simone Volterra einen Vertrag auf sechs Monate ab. Dann für zwei weitere Spielzeiten. Schließlich für drei und so ging es zehn Jahre lang weiter. Die Abmachung lief auf Teilhaberschaft. Sie stellte, was man ein »bespielbares Haus« nennt: das Theater, die Technik und den Verwaltungsapparat. Und wir stellten das übrige: das Ensemble, eigene Techniker, ambulante Verwaltung, Bühnenbildner, Kostüme, Musik, Requisiten usw. Außer Léonard, der alles überwachte, hatten wir noch eine eigene junge Sekretärin, Marthe. Wir liebten sie wie eine Tochter; nach zwanzig Jahren gemeinsamen Lebens starb sie mit achtunddreißig Jahren an einer entsetzlichen Krankheit. Sie war schön, aufrichtig, tüchtig. Für die Truppe hätte sie sich in Stücke reißen lassen. Wie Léonard übrigens auch.
Pierre Boulez gehörte zu uns, auch er teilte über zwanzig Jahre unser Theaterleben. Eine weitere Gemeinsamkeit sollte sich noch einmal ergeben, als der »Domaine Musical« entstand.
Unser Verwaltungssitz blieb offiziell unsere Wohnung. Da ist er noch heute. Ich habe nie eine Lizenz als Theaterdirektor besessen. Die Korporation vergab mir lediglich eine Lizenz als »tourneur«, das heißt, eine Lizenz fürs »ambulante Gewerbe«. Wenn es heute zu

* Stanislawskij hat es immer bedauert, daß er sich nie an ein Vaudeville gewagt hatte.
** Es ist wunderbar, Jean Desailly an einem Abend in ›Pariser Leben‹ und am nächsten als Pyrrhus in ›Andromache‹ zu sehen!

einer Vollversammlung der Vertreter des Theatergewerbes käme, würden wir gemeinsam mit den Zirkusleuten die Zunft des »fahrenden Volkes« vertreten. Und das erfüllt uns in aller Aufrichtigkeit mit Freude. Ein Beweis dafür, daß unsere allererste Erklärung genau der Wahrheit entsprach.

Franzose bis ins Mark, habe ich mich immer als Weltbürger gefühlt.
»Französisch sein, wie man universell ist«, sagt Eluard und fügt hinzu:
»Seiner Zeit angehören, wie man einer Partei angehört.«*
Diese beiden Ansichten habe ich mir gänzlich zu eigen gemacht.

Nach Ablauf unseres ersten Jahres empfing ich eine moralische Belohnung, die meiner Eitelkeit schon hätte schmeicheln können. Ich erhielt das Angebot, an die Comédie-Française zurückzukehren – als Intendant! ... Es wäre keine gute Lösung gewesen. Und dann war es auch zu spät ... Unsere Zweisamkeit war zu einem autarken »Theater« geworden. Von nun an war es sinnvoller, durch unsere Arbeit eine Ergänzung zu der Aufgabe des Staatstheaters zu bieten.

Das Gesetz des Hechts

Wenn ich mich nicht täusche, berichtet André Gide in ›Stirb und werde‹ von einem Naturgesetz, das mich sehr beeindruckt hat. Wenn die Fauna eines Fischteichs nur aus Weißfischen besteht, drohen sie zu verkümmern und nach und nach einzugehen – aus Mangel an »Aggression«. Setzt man einen Hecht hinzu, »aktiviert« dieser ihre »Zirkulation«, und alle miteinander (einige Opfer ausgenommen!) werden wieder frisch und munter.
Helfen wir uns doch gegenseitig, indem wir, der Reihe nach, einer dem anderen ein Hecht sind. Ein »Aktivator«, wie Jacques Monod sagt.
Der Wettstreit, oder das Gesetz des Hechts.**

* Titelseite der L'Eternelle Revue Nr. 1.
** In der Zeit, als der junge Jacques Copeau das Vieux Colombier-Theater eröffnete, sagte Antoine, der ein hervorragender Theaterleiter war, einmal diesen großartigen Satz: »Geht nur ruhig über unsere Leichen!« Er wußte, daß in der Kunst wie im Leben immer alles neu begonnen werden muß.

DIE EPOCHE DES MARIGNY-THEATERS 1946-1956

Oktober 1946. Mühsam erholen sich Frankreich, Europa, die ganze Welt von dieser entsetzlichen Krise der Humanität. Welch ein Blutbad! Welche Zerstörung! Welche Gewissenskonflikte! Die unfaßliche Erfindung des Judensterns, die Ausrottung der Juden, eine Schande, die die Menschenehre in Frage stellt. Konzentrationslager, Verbrennungsöfen, Folterungen, Hiroshima, Coventry, Zerstörung statt Aufbau – all diese Schrecken überschatten das Leben der Nachkriegszeit. Dazu die Entbehrungen, die tiefe Angst eines jeden, ein dumpf bedrohtes Leben und als einzige Zukunftsaussicht ein langsamer und ungewisser Wiederaufbau. All das weckte ein eigenartiges Verlangen – keines, das von strahlender Gesundheit zeugt, sondern eine krankhafte Gier, die um jeden Preis um eine Regeneration der Kräfte ringt.

Während ich im vorangegangenen Kapitel die Situation der Comédie-Française schilderte, die inmitten eines besetzten Landes verhältnismäßig unbehelligt existierte dank ihrer jahrhundertealten Tradition, sagte ich mir: »Angesichts der Ereignisse um uns herum müssen wir wie wahre Monstren erscheinen, da wir scheinbar so gleichgültig blieben, so ausschließlich mit unserer Arbeit beschäftigt waren.« Die Wahrheit scheint mir ganz woanders zu liegen. Es sei denn, man war aktiv im Widerstand, ein Held im ›Maquis‹; es sei denn, man emigrierte nach London oder in die Vereinigten Staaten – von wo gewisse Leute ihre Ratschläge sandten, die leichter zu erteilen als zu befolgen waren. Was konnte der Großteil des Volkes schon tun, nachdem er einmal in der Falle saß? Bestand nicht die anständige Haltung gerade darin, aufrecht seinen Mann zu stehen und seine jeweilige Aufgabe zu erfüllen?

Trotz meines mir ständig anhaftenden Schuldkomplexes suche ich nicht nach einer Ausrede – ich denke hier an uns alle. War es nicht ein klarer Fall von »emotionellem Verhalten«, wenn wir weiterhin so taten, »als ob nichts wäre«? In diesem Zusammenhang zitierte gerade Sartre gerne folgenden Vorfall:

Als ein Bauer eines Abends vom Feld heimkommt, findet er seinen Knecht erhängt in seiner Scheune. Selbstmord. Sofort handelt er, schneidet den Körper vom Seil, macht Wiederbelebungsversuche.

Nichts hilft. Er ruft die Nachbarn. Abermals werden vergebliche Versuche angestellt. Er alarmiert die Feldgendarmerie. Der Gerichtsarzt konstatiert den Tod. Der Pfarrer trifft seine Vorbereitungen. Der Beerdigungstag kommt heran. Das übliche Zeremoniell – das ganze Dorf folgt der Prozession, und danach gehen alle nach Hause. Die Sache ist vorbei, das Leben geht weiter. Der Bauer nimmt seine Gewohnheiten wieder auf. Er beendet seine Mahlzeit und liest, zwischen zwei Schluck Kaffee, in der Zeitung: »Vor einigen Tagen fand der Landwirt Soundso, als er abends vom Feld heimkam, seinen Knecht erhängt in der Scheune auf.« In diesem Augenblick fällt der Bauer in Ohnmacht.

Während der Besatzungszeit blieb uns nur eine Zuflucht: unsere Arbeit. So ehrlich wie möglich zu handeln, das war alles. Sollte man jetzt, da der Krieg zu Ende war, in Ohnmacht fallen?

Von 1939 bis 1946 hatte es keinen Frühling gegeben.

Die Gründung unserer Truppe entsprach einem allgemeinen Bedürfnis nach Wiedergeburt. Heute sehe ich das ganz klar: Unser individueller Wunsch stand unbewußt in Übereinstimmung mit einem weit verbreiteten gemeinsamen Verlangen.

Hamlet

Was ist darüber zu berichten, das uns dienlich sein könnte?

Das Objekt, um das herum sich die Tragödie abspielt, ist ein Thron – die Macht. Und Hamlet setzt sich neben ihn auf den Boden. Der Prinz übernimmt selbst die Rolle des Narren. Immer wieder werden wir in meinen Inszenierungen auf das stoßen, was ich das »katalysierende Objekt« nenne, das bedeutsame, das antreibende Objekt, das den zündenden Funken des Werks überspringen läßt.

Musik. Eine Mischung von Life-Instrumenten und Bandaufnahmen. Lebendig wie die Schauspieler auf der Bühne: Boulez und Jarre begleiteten mit Martenot und Schlagzeug unser Spiel. In so einem Fall erreicht ein Instrument sein Maximum an Menschlichkeit. Die Trompeten und die übrigen Blechinstrumente waren mit den besten Solisten auf Band aufgenommen worden – eine vergleichbare Qualität ist mit normalen Interpreten gar nicht zu erreichen. Kein großer Solist würde bereit sein – jahrelang –, für fünfzehn Minuten geschlagene vier Stunden völlig unbeweglich auszuharren. Mit den

Life-Instrumenten war es mir möglich, meine Experimente mit organischen Klangeffekten weiterzuführen: Ohrensausen, Herzschlag usw.

Das Phantastische. Die »Abschußrampe« auf dem Theater sind Schweigen und Tod, die gleiche Ebene, auf der Lebende und Tote agieren. Ein »Gespenst« ist ganz einfach ein »ungewöhnlicher Lebender«; ein Lebender ist nichts anderes als ein Toter, der noch nicht den Zeitpunkt seiner Mutation erreicht hat. Beide bewegen sich im selben Raum. Keine opernhafte, hohle Stimme, sondern eine echte Präsenz, deren leise Stimme um so eindringlicher ins Ohr geht Kein künstliches Verlangsamen der Bewegung, sondern ein klares, dem Muskelspiel synchron verlaufendes Schreiten.

Das Zwiespältige. Ich sprach bereits davon. Die Stunde zwischen Tag und Traum, die Stimmung der großen Flußmündungen ... der Atem des Todes. Ein anderer Eindruck, den ich aus Dänemark mitnahm: ein welkes Blatt auf den Wellen. Das tiefe, milchige Blau der Ostsee, das Grau-grün der Dächer, der Sand der Strände.

Die symphonischen Bewegungen hatten mich schon bei Racine beeindruckt. Oft kann man die dramatische Handlung eines Werkes durch den Rhythmus der Orchestrierung besser zur Geltung bringen als durch psychologische Eindringlichkeit, denn wir müssen viel stärker auf die Brust als auf den Kopf des Publikums einwirken. Die Atmung reagiert auf alle Wahrnehmungen, der Kopf nur auf 15% (das war der Prozentsatz, dem Giraudoux zustimmte).

Die seelische Struktur Hamlets. Zwei Schläge erhält er, wie zwei Elektroschocks:
1. Seine Vision, die Begegnung mit dem Geist seines Vaters, die wir miterleben.
2. Der Schiffbruch auf der Reise von Dänemark nach England, bei dem Rosenkrantz und Güldenstern den Tod finden und den wir nicht miterleben.
Vor dem ersten Schock haben wir einen normalen Prinzen vor uns, mit einer Neigung zur Melancholie, dessen Tränen unter der Last seines Schmerzes versiegt sind. Nach dem zweiten Schock sehen wir einen Mann, dessen Seele durch die Erfahrung jenes zwiespältigen Zustands zwischen Leben und Tod geläutert wurde. Das »Zwischen Tag und Traum« des Friedhofs und das bedeutsame Objekt: Yorriks Schädel.

Zwischen diesen beiden Ereignissen ist Hamlet ein Doppelwesen: er ist ein »Anderer«. Nie ist er so luzide wie in den Augenblicken da er den Wahnsinn nachahmt. Nie ist er so sehr in Gefahr, nicht mehr in seinen Kreis zurückkehren zu können, wie wenn er mit sich allein ist.

Die Keuschheit ist nicht Impotenz, sondern sublimierte Sinnlichkeit. Das gestattet ihm, ein Gefühl reiner Freundschaft für Horatio zu empfinden und sich gegen die Sexualität seiner Mutter aufzulehnen. Der Ödipuskomplex bei Hamlet? Überlassen wir das den Psychoanalytikern oder den intellektuellen Spekulationen der Zuschauer. Dieser Aspekt ist jedenfalls ganz nutzlos für denjenigen, der versucht – wohlbemerkt ich sage: »versucht« –, diese Rolle zu bewältigen. Viel nützlicher ist hingegen, einen Begriff von der Keuschheit zu haben.
Schließlich ist der Hamlet von Belleforest nicht zu vergessen, den Shakespeare sicher gekannt hat und der auch Jules Laforgue inspirierte. Hamlet besitzt »politisches Verständnis«.

Geist der Renaissance. Ein Zyklus der menschlichen Entwicklung geht zu Ende. Ein neuer beginnt. Es ist noch nicht Nacht, und es ist noch nicht Tag. Das ist in »unserem Zeitalter« nicht anders als in dem des Äschylos und seiner ›Orestie‹. In Hamlet wird dies in einem wahrhaft genialen Augenblick durch die schmetternden Trompeten des Fortinbras angedeutet. Wir stoßen hier wieder auf die musikalische Komposition des Werkes. Im finstersten Augenblick der Tragödie taucht das Thema der voraufgegangenen Szene in der Ebene von Dänemark wieder auf. Im weißgrünen Umhang ist Fortinbras wie die Erscheinung des Engels vor dem Jüngsten Gericht; die Ankündigung der Wiederauferstehung des Lebens. Danach kommt es nicht mehr vor. Das Thema wurde in den Mittelpunkt der Tragödie gestellt – es bereitet die Sentenz der Schlußszene vor: die Rückkehr zum schöpferischen Leben.

»I do prophesy the election lights
On Fortinbras.«

Jedes Jahr, Ende Januar, bricht mitten im Winter für ein, zwei Tage ein trügerischer Frühling aus. Die Luft ist blaß-grün, die Sonne hellweiß; eine Vorahnung von erstem sprießenden Grün. Wenn Himmel und Natur vom Glanz dieses durchbrechenden Lichtes widerstrahlen, sage ich immer: »Das sind die Trompeten des Fortinbras.«

Das höhere Zögern. Durch dieses schmerzliche und reine Beben der Seele geht bei Shakespeare über den universalen Menschen hinaus:

»Und während du nur immer Rache suchst, bewahre dir deinen reinen Sinn.«

Es sei denn, er verfüge über sämtliche Dossiers dieses Kriminalprozesses – sonst aber wird Hamlet fünf Akte brauchen, will er sich seinen reinen Sinn bewahren.

Die falschen Vertraulichkeiten

Die Geschichte Frankreichs durchläuft einen Herbst. Die Aristokratie geht unter wie die Sonne des gleichnamigen Königs. Die Palette Brianchons spiegelt die Farben seiner Zeit: vergilbtes Gelb, das Braun von welken Blättern. Das Bürgertum ist wie ein Dünger, der den nächsten Frühling hervorbringt.
Vorläufig tanzt man noch »à l'italienne«. Der erste Zani: Dubois. Der zweite Zani: Harlekin. Araminte zeigt erste Anzeichen von Kommendem. Dorante wird Jakobiner. Im Augenblick ist er nur Haushofmeister.

»Das Schicksal eines Haushofmeisters! Das ist mir etwas Schönes!«
»Und warum sollte er kein Schicksal haben?«

Liebenswürdiger kann man die Französische Revolution nicht ankündigen.
Die Objekte. Wandschirme, hinter denen die Gesellschaft steckt, um zu lauschen. Ein Möbelstück: der Sekretär, ein symbolischer Gegenstand für Geld. Und alles das spritzig wie Champagner. Wie Italiener, die in den Weingärten von Suresnes gezecht haben. Pariserische Kunst.
Zusammenspiel. Die ›Falschen Vertraulichkeiten‹ muß wie Federball gespielt werden. Selbst wenn wir nicht auf der Bühne sind, stehen wir in den Kulissen bereit, den Ball im Flug zu fangen. Wie Feydeau sagte:

»Ich wickelte den Faden zum Knäuel, in Erwartung, daß er sich spannt.«

Baptiste

Nichts als eine kleine Anekdote: Für die Rolle des Harlekin hatte ich vorsprechen lassen. Zwei junge Leute behielt ich in engerer Wahl: Maurice Béjart und Marcel Marceau. Ich engagierte den schlankeren, geschmeidigeren Marceau. Hätte es sich um *Hellequin* – den Teufel der Commedia dell'Arte – gehandelt, hätte ich Maurice Béjart mit seinem unwiderstehlich diabolischen Blick engagiert. Später vertraute mir Béjart an, daß diese Wahl für seine Karriere entscheidend war. Was für ein Glück für ihn und für uns alle.*

Nächte des Zorns

Das Objekt. Schwer zu finden. Zwei Spielorte: das Innere eines Hauses und eine Eisenbahnlinie; und vor allem die Zeit der Lebenden und der Dialog der Toten. Das Alltägliche vermengt mit dem Abstrakten. Das Objekt fanden wir: Einen Fußgängersteg, der über die Schienen und den Schotter führt, anschließend dient er als Galerie im ersten Geschoß des Gemeinschaftssaales.
Einst hatte mich ein ungeheurer Einfall Jouvets für das Bühnenbild von Christian Bérard zu Cocteaus ›Höllenmaschine‹ beeindruckt. Im Augenblick, wo Jokaste und Ödipus die traurige Wahrheit erfahren, ließ er die ganze Dekoration vom Schnürboden herunterbrechen. Eine perfekte Übereinstimmung mit dem Zusammenbruch ihrer Existenz. Das Bild deckte sich mit dem Leben. An diese Lektion dachte ich zurück und ließ in dem Moment, wo die Lebenden getötet werden und die Toten auferstehen, das Bühnenbild Stück für Stück zerfallen, wie die absterbenden Teile ihrer Leiber.
Exzeptioneller Wert des Stückes. Die intellektuelle und moralische Ehrlichkeit Salacrous. Theater: Kunst der Gerechtigkeit. Im Augenblick, wo ich diese Zeilen schreibe, läuft ein Film in den Pariser Kinos: ›Le Chagrin et la Pitié‹. Er zeichnet jene Epoche in ganz der gleichen Weise nach. Salacrou hatte sich zu einer Zeit mit seinem »Engagement« hervorgewagt, als die Gemüter noch vom Fieber der »Libération« erhitzt waren. Seitdem sind fünfundzwanzig Jahre vergangen.

* ›Baptiste‹ von Jacques Prévert und Joseph Kosma blieb nicht unsere einzige Pantomime. Wir brachten auch ›La Fontaine de Jouvence‹ – Libretto von Boris Kochno, Musik von Georges Auric – heraus und ›Les suites d'une course‹ von Jules Supervielle, Musik von Henri Sauguet, Bild und Kostüme von Jacques Dupont.

Ich sehe noch, verloren auf der leeren Bühne, diesen metallenen Laufsteg, von wo die »Terroristen« ihre Vergangenheit als Zukunft erlebten und sich an ihre Zukunft erinnerten.
Von diesem Steg aus überfliegen wir nun die so fruchtbare Periode am Marigny und halten Rückschau für heute und morgen.

André Gide und ›Der Prozeß‹

›Der Prozeß‹ gehört in die Reihe meiner »Vorschläge«: er ist die Fortsetzung meiner Bearbeitungen von Faulkner und von Hamsuns ›Hunger‹. Die »Lust dazu« kam mir 1939. Bei unserer Begegnung mit Gide 1942 in Marseille hatte ich mit ihm darüber gesprochen. Er wußte damals, daß ich mit Sartre im Bunde war, und riet mir, die Aufgabe mit diesem durchzuführen. Aber 1946 kam das leider nicht mehr in Frage.
Während der Vorarbeiten zu ›Hamlet‹ hatten Gide und ich eng zusammengearbeitet, wir nahmen den englischen Text Wort für Wort durch. Wir verstanden uns glänzend. Gide besaß die Einfachheit der echten Professionellen.
Damals, als er mit dem »Front Populaire« liebäugelte, hatte er ein sozial volkstümliches Stück geschrieben: ›L'Interêt général‹. Er hatte es mir zu lesen gegeben. (Das war gleich nach ›Numantia‹.) Ich fand es ziemlich schwach, nicht auf der Höhe des Autors und sagte ihm meine Meinung mit der brutalen Offenheit meiner Jugend. Er hatte darauf eine Antwort gegeben, die mir eine Lehre war: »Sie haben vielleicht recht: *Ich habe mein Netz zu tief ausgeworfen.*« Wieviel Leute, die sich einem populären Theater verpflichtet fühlen, werfen »ihr Netz zu tief aus«! Während man es doch, um das Volk ins Herz zu treffen, nie hoch genug werfen kann! Man denke nur an den ›Cid‹! Das Volk besitzt die Reinheit und Kompromißlosigkeit der Kindheit, der wahren, der zweiten Kindheit, die man am Ende seines Lebens erlangen soll. Die Kindheit Gottes können die sagen, deren Denken gerne »Sprünge« macht – wie das Teilhard de Chardins und vieler anderer, darunter auch meins.
Ich hatte also vollstes Vertrauen zu Gide, und es gefiel mir, daß ich mich unumwunden ausdrücken und mich auf seinen mikroskopisch beobachtenden Blick verlassen konnte. Denn Gide verstand einen zu prüfen wie ein Gelehrter, mit der gleichen Zuneigung, die ein Biologe für seine Affen und Mäuse empfindet.

Zudem hatte ich, nach meinen Experimenten mit ›Phädra‹ und dem ›Seidenen Schuh‹, für meine »avantgardistischen« Forschungen Geschmack an authentischen literarischen Textvorlagen gefunden.
Ich schlug Gide also vor, mit mir zusammenzuarbeiten. Ich würde das »Drehbuch« schreiben (ich hatte da »eine Menge Ideen zu«, wie Claudel gesagt hätte) und er die Dialoge. Er bekam Angst wie jeder sorgfältig arbeitende Mensch und meinte, das Thema eigne sich mehr für den Film.
»Gerade weil eine filmische Bearbeitung sich geradezu aufdrängt, muß man sie unbedingt vermeiden, will man das Thema ernsthaft behandeln«, sagte ich.
Er mochte Schwierigkeiten; das reizte ihn, aber er zögerte noch. Ich schlug vor:
»Machen wir es doch so: Ich schreibe *mein Stück,* ich lese es Ihnen vor, und danach treffen Sie Ihre Entscheidung.«
Diesen Vorschlag nahm er an.
Eines Tages kam ich zu ihm und traf ihn im Bett an. Das Schlafzimmer war klein, die Heizung bestand nur aus einem Gasofen. Die Rationierung war noch nicht aufgehoben. Von der Decke hing eine Lampe. Bei ihrem Schein las ich ihm meine Version der Bearbeitung vor. Ich sehe ihn noch, wie er, seine Kappe auf dem Kopf, die Zigarette zwischen den Fingern, zuhörte. Genau in dem Augenblick, in dem Joseph K., von den Polizisten erwürgt, stirbt und murmelt: »Wie ein Hund« – löst sich der Deckenleuchter und bleibt, nur noch von der elektrischen Schnur gehalten, über meinem Kopf hängen! Gide schnellt erregt hoch und ruft:
»Das ist ein Zeichen, ein günstiges! Ich mache mit. Sie können auf mich zählen!«
Und so waren wir Verbündete für diesen »bösen Streich«. Ermutigung erfuhren wir kaum. Madeleine konnte sich nicht dafür erwärmen, sie fand die Sache langweilig. Roger Martin du Gard, für Gide sozusagen der literarische Beichtvater, riet ihm freundschaftlich davon ab. Trotz allem klopfte Gide regelmäßig an unsere Tür, um mir seine neuen Seiten vorzulesen – wir waren zwei junge Männer aus den ›Falschmünzern‹ . . .
Es versteht sich von selbst, daß wir vom Augenblick jener denkwürdigen Lesung an das Stück zusammen noch einmal neu schrieben. Mein Fehler ist, daß ich ständig übertreibe, seiner liegt in einer extremen Strenge oder gar Trockenheit. Wir kamen uns auf halbem Weg entgegen. Ich übergehe die Einzelheiten, die begeisternden und die tödlich beklommenen Momente. Labisse, stets in Hilfestellung,

wenn ich mich in persönliche Abenteuer stürzte, skizzierte einen Entwurf nach dem anderen für das Bühnenbild. Boulez und Kosma (o ja, auch sie wieder – so haben wir damals zusammengearbeitet!) steuerten ihre Mitarbeit bei.
Die Premiere fiel in die Eröffnung der zweiten Spielzeit; ein Schlag in den Magen. Zwei ungeahnte und fanatische Anhänger meldeten sich: Henri Bernstein und Paul Claudel. Letzterer schrieb übrigens im ›Figaro‹ einen Artikel, von dem sogar Gide beeindruckt war. Gide und Claudel waren seit langem schon feindliche Brüder. Claudel war ein bißchen eifersüchtig und erwähnte Gide nie in meiner Gegenwart. Gide hingegen fragte mich immer nach Claudel.
»Wollen Sie ihn nicht einmal treffen?« fragte ich ihn.
»O nein! Er würde sich bekreuzigen, wenn er mich sähe!«
Claudel ließ keine Nachmittagsvorstellung des ›Prozeß‹ aus. Da spielte ihm Gide einen Streich: Am Ende der Vorstellung ging er schnurstracks zu ihm hin, drückte ihm die Hand und sagte:
»Merci, Claudel, für das, was Sie über den ›Prozeß‹ geschrieben haben.«
Am nächsten Tag besuchte ich Claudel (ich spielte ein wenig die Rolle des Scapin zwischen den beiden Meistern). Er hatte sich noch kaum erholt von diesem plötzlichen Auftritt und sagte:
»Plötzlich sah ich dies ganz runzlige Gesicht einer alten Frau auf mich zukommen. Ich war dermaßen verdutzt, daß ich ihm meine Hand überlassen habe.«
Einige Monate später feierten wir auf der Bühne die hundertste Aufführung von ›Partage de Midi‹, und es war mir gelungen, sowohl Gide als auch Claudel als Gäste zu laden. Ich wollte sie unbedingt versöhnen. Diese Wiederbegegnung hatten Madame Claudel und ich gemeinsam »ausgeheckt« (ein Lieblingswort von Gide). Ich stand mit Gide am Buffet. Claudel saß, nicht weit, auf einer Polsterbank. Madame Claudel kommt auf uns zu:
»Guten Tag, Gide, warum gehen Sie nicht Paul begrüßen?«
Zu meiner großen Verblüffung sehe ich, wie Gide versteinert, sich leicht verbeugt und mit einem: »Madame!« sich entfernt.
In diesem alten Zwist kann ich also bezeugen, daß es von den beiden Gide war, »der Nachsichtige«, der *eine alte Freundschaft** nicht wieder aufleben lassen wollte. Ich war darüber sehr enttäuscht.

* Freundschaft? Vergessen wir nicht, daß Claudel 1905 – als er noch Konsul in China war – Gide die Druck-Korrekturen von ›Partage de Midi‹ anvertraut hatte.

Mit dem ›Prozeß‹ setzte ich meine alte Idee der Simultan-Bühne durch: mehrere Schauplätze ineinander verschachteln und verschiedene dramatische Situationen gleichzeitig darstellen. Ohne daß genaue Zusammenhänge bestünden, ergeben sich daraus doch Entfremdungen, die wiederum eine neue Situation schaffen, nämlich die wahre. Ganz wie Dalis weiche Uhr erschien auch im ›Prozeß‹ manchmal der Bühnenboden, insbesondere die Treppe, wie weich geworden. Ein Effekt, der natürlich durch pantomimische Mittel erreicht wurde.
Mein stark entwickelter Schuldkomplex kam reichlich auf seine Kosten in diesem Stück. Außerdem war es möglich, die Erfahrung der Klaustrophobie auf die Bühne zu transponieren. Das Ergebnis darf wohl als positives angesehen werden, denn es veranlaßte einen Theaterbesucher zu einer Bemerkung, die ganz gut das Ereignis charakterisiert: Beim Hinausgehen am Schluß blieb er auf der Schwelle des Marigny stehen, hob die Nase zum Himmel und murmelte: »Und zu all dem regnet's auch noch!«
Die Bühnenarbeiter waren von der Aufführung nicht sehr angetan. Diese Art Daseinsangst kam ihnen eher wie eine Spielerei vor. Nach einiger Zeit jedoch sagt einer von ihnen zu mir:
»Ah, Monsieur! Heute habe ich Ihren ›Prozeß‹ kapiert: Vier Stunden lang habe ich bei der Sozialversicherung warten und rumhängen müssen!«
Von da an rief er jedesmal, wenn er auf irgendeine Schwierigkeit stieß, aus: »Na, das ist ganz einfach Kafka!«
Diese Redewendung hat sich seither allgemein verbreitet.
Der Erfolg hielt an und nahm zu; mit den Snobs hatten wir von Anfang an nicht allzu sehr gerechnet. Und dennoch möchte ich denjenigen, die man landläufig als Snobs zu bezeichnen pflegt, meinen aufrichtigen Dank ausdrücken. Ich halte sie für sehr wertvoll für diejenigen, die auf der Suche sind. Die Snobs sind es, die uns helfen und uns stützen und ermuntern, solange die anderen noch nichts begriffen haben.
Kafka gesellte sich zum Kreis meiner intimsten Familie, zu Baptiste und Hamlet. Seinen Realismus des Ungewöhnlichen liebe ich, meine Imagination fühlt sich hier zu Hause. Wenn Joseph K. Leni auf den Knien hält und sie liebkost, gleiten seine Hände über einen normalen weiblichen Körper, doch sagt er, wenn er ihre kleinen Brustwarzen zwischen den Fingern hat: »Oh! Eine kleine Mißbildung!«
Das Ungewöhnliche an der *wirklichen* Leni ist aber, daß sie

Schwimmhäute zwischen den Fingern hat ... Ein solcher Realismus bekommt dann etwas Traumhaftes. Nur wenig fehlt, und der Traum wird zum Alptraum – aber alles muß sich in den Grenzen des Humors und der Angst halten, ohne jedoch die geringsten Konzessionen an romantisch-phantastische Verzerrungen zu machen in der Art des ›Dr. Caligari‹. Gelingt es, sich im strikt Wahren, Wirklichen, Alltäglichen aufzuhalten, bekommt die geringste Ungewöhnlichkeit etwas Erschreckendes.
Kafka macht keine »Sprünge«. Er gibt keine Antwort auf die von ihm gestellten Fragen. Die einzige Antwort, die man an seiner Stelle geben könnte, wäre, daß es sich bei ihm um das gleiche Freiheitsbewußtsein handelt, wie bei Äschylos, Sartre oder Monod: Er fühlte sich eingesperrt; es gab jedoch eine Tür, durch die er hinausgehen konnte – er wollte sie nicht benutzen. Seine Kritzelei beweist das sehr gut: die Balken sind nicht in sich geschlossen.

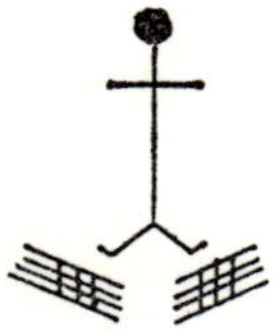

Ein weiterer Grund, ihn nicht nur zu bewundern, sondern ihn zu lieben: seine doppeldeutige Existenz.

»Solange der Mensch seine Unschuld nicht beweisen kann, wird er für schuldig angesehen.«

War ihm dieses Gesetz auferlegt worden? Oder hat er sich ihm nicht vielmehr aus einer persönlichen Neigung selbst unterworfen?
Ich wußte, als ich den ›Prozeß‹ auf die Bühne brachte, daß ich mir den Zorn sämtlicher »Hohepriester« Kafkas zuziehen würde, von den »Pfaffen« gar nicht zu reden. Max Brod jedoch war einverstanden. Und ich war überzeugt, Kafkas Andenken damit zu dienen. Zu diesem Thema habe ich einen Artikel geschrieben: »Cas de conscience devant Kafka«* (Gewissensfrage gegenüber Kafka). Auch als ich dem ›Prozeß‹ eine Bühnenbearbeitung vom ›Schloß‹ und von ›Amerika‹ folgen ließ, behielt ich noch ein gutes »Gewissen«. So ist es nun einmal.

* Cahier C. R. B., Nr. 50.

Kafka gibt eine präzise Vision unserer Epoche und versetzt uns im gleichen Augenblick in biblische Zeiten zurück. Er schlägt eine Brücke. Claudel, der mit Schriftstellern, ob sie nun Corneille oder Victor Hugo heißen, wenig Nachsicht hatte, sagte einmal zu mir: »Vor einem ziehe ich den Hut, das ist Kafka.«
Was mich betrifft, so neige ich dazu, mich völlig eins mit ihm zu fühlen ... Und ich sage mir oft – um dieses Leben weiterhin ertragen zu können – jenen Satz von Joseph K.:

»Nicht zu ernst nehmen!«

Was uns unwillkürlich zu einem anderen führt, zu:

Feydeau

Courteline sagt: »Neben einem Kretin als Dummkopf zu gelten, ist ein Vergnügen, das eines guten Franzosen würdig ist.« Dem könnten wir hinzufügen: »Nichts ist lustvoller, als in den Augen derer für verrückt zu gelten, die sich für normal halten.«
Ich mag alles, was mit einer Prise Tollheit gewürzt ist. Ich liebe Existenzen, die einen Narren in sich bergen. Ein Grund mehr zu glauben, daß die menschliche Natur einem Königreich vergleichbar ist. An die Seite des Königs, mitten zwischen sein Volk, gehört ein Narr.
Claudel besitzt seinen Narren. Kafka besitzt seinen Narren. Feydeau *ist* der *Narr*. Der Narr des Königs. Aber der König ist hier der Pariser Kleinbürger, der die Nächte »Chez Maxime« durchjubelt. Der Rentner im Jahre 1900.
Kürzlich wurde ein Intellektueller um eine Begründung für die Unsinnigkeit des Boulevardtheaters gebeten. Er antwortete: »Im Boulevardtheater haben die Leute keinen Beruf!« Abgesehen von »Kokotten«, »Polizeikommissaren«, »kleinen Dienstmädchen« kann ich auch bei Feydeau keine Berufe entdecken. Bei ihm gibt es lediglich das Metier, das *Ordnung* schafft. Ordnung im Drüsensystem, Ordnung im Haushalt, Ordnung in der Öffentlichkeit ...
Seine ganze Kunst besteht im »Verlassen des Kreises«, so wie's die Narren tun – aber durch die Tür der Absurdität.
Amélies Vater ist ein Wachtmeister, der sein Leben lang den Straßenverkehr geregelt hat. Amélie bekommt einen Blumenkorb zugeschickt. Die »Busenfreunde« Amélies fragen sich, wer den Korb wohl

geschickt haben könnte. Gleich danach läutet es. Wer ist es? Der Prinz von Palestrien! Sogleich treten beim Vater die Reflexe in Funktion – er hat für Ordnung zu sorgen! Alle Anwesenden haben sich hinter dem Blumenkorb aufzustellen, und er schreit dabei: »Zurücktreten hinter die Bäume! Zurücktreten!« Mit einem Schlag ist die Straße da, die Parade, der Regierungsempfang. Eine reine Transposition in die Poesie. Der Narr hat phantasiert.

»Die Absurdität an der Macht!«

Diese Metamorphosen sind der besondere Reiz an Feydeau. Mit ihm tritt die Logik selbst aus ihrem Kreis. Und das geschieht mit minuziöser Präzision, mit der Meisterschaft eines großen Könners, mit chronologischer Regelmäßigkeit, daß man ihr nur zu folgen braucht – der Logik des burlesken Wahns.

Das Genie Feydeaus war zum ersten Mal zur Zeit von J.-L. Vaudoyer erkannt worden: Die Comédie-Française hatte ein kleines Meisterwerk ›Feu la mère de Madame‹ in ihr Repertoire aufgenommen. Das war eine erste Anerkennung gewesen. Aber an seine großen Vaudevilles wagte man sich noch nicht heran. Die Compagnie Renaud-Barrault nahm neben Shakespeare, Marivaux, Molière und Kafka ›Occupe-toi d'Amélie‹ in ihr Repertoire auf. Das war riskant. Aber es zahlte sich aus, und wir sind stolz darauf, Feydeau zum Eintritt in die Gesellschaft der Klassiker verholfen zu haben. Denn es handelt sich durchaus um einen Klassiker: eine dichte Schreibweise, genaueste szenische Anweisungen, manchmal sogar Notenbeispiele. Feydeau war nicht minder anstrengend zu spielen wie eine Tragödie. Auch hier kann eine Aufführung nur mit Hilfe des Rhythmus durchgehalten werden. Wenn nur einer von uns nachließ, stürzte sogleich das ganze Gebäude zusammen. Wieviele Nachmittage haben wir auf Ausbesserungs-Proben verwendet!

Nichts geht über ein gründliches, an den Klassikern erprobtes Können talentierter Schauspieler, wenn es einen Feydeau zu inszenieren gilt. Man muß sagen, Madeleine war für Feydeau wie geschaffen. Auf der Bühne kennt sie nicht die geringste Scham. Alles ist natürlich und ursprünglich an ihr.

(Ich darf hinzufügen, das gleiche gilt im Alltag für sie. Ein Beispiel dafür: Eines Abends kommt sie nach Schluß der Vorstellung in die Garderobe und zog sich um. Ein Bewunderer kommt herein, sieht sie, entschuldigt sich und will gleich wieder hinausgehen. »Hat keine Bedeutung«, sagt sie, »bleiben Sie nur . . . ich sehe Sie gar nicht an!« Eine Bemerkung, die »aus dem Kreis tritt«, und zwar mit vollkom-

mener Logik. Man ist sich in der Tat seiner Nacktheit nur bewußt, wenn man die Person sieht, die einen betrachtet!)
›Amélie‹ ging durch die ganze Welt, wir brachten das Stück nach Buenos Aires, Rio, New York, London – wo es zu der Ehre kam, vor der Königin Elisabeth gespielt zu werden. Ihre Majestät wählte »das Stück, über das ihr Großvater so gelacht hatte«.
Dank sei gesagt der Kunst der Komödie. Sie verteilt Goldkörnchen des Glücks unter die Menschen. Aber wie grausam und schwer ist es, ihr zu dienen! Ich sehe noch, wie wir im zweiten Akt während der sogenannten »Bettdecken-Szene« hinter dem Bett in den Kulissen knien, schwitzend, verkrampft, voller Angst, daß auch nur das Geringste schiefgehen könnte – während jenseits der Rampe im Dunkeln die Zuschauer in schallendes Gelächter ausbrechen. Am Ende der Szene wird es hell, volle Beleuchtung, und Amélie ruft, noch atemlos: »Ach, was haben wir gelacht!« Und die Bühnenarbeiter wischen sich den Schweiß von der Stirn!

> *»Lachen wir, denn das ist gut«,* sagt Claudel. Und er fügt hinzu: *»Die Posse ist die auf die Spitze getriebene Form des Lyrischen und der heroische Ausdruck der Lebensfreude.«*

Erste Prüfung

›L'Etat de siège‹ *(Belagerungszustand)* war unser erster Mißerfolg. Für mich war es eine bittere Enttäuschung.
Ein Theatermann gewinnt erst dann sein endgültiges Profil, wenn er das Glück hat, sich mit einem Bühnenautor zu verbinden. Jouvet hatte Giraudoux. Pitoëff hatte sich mit Pirandello zusammengetan, Dullin mit Jules Romains und Salacrou. Der Hausautor der »Compagnie des Quinze« war André Obey. Trotz des ›Seidenen Schuhs‹ war ich noch nicht an Claudel gefesselt. Ich hatte durchaus das Verlangen danach, aber wir waren, äußerlich gesehen, nicht aus einer Generation. Wir würden kein unbekanntes Terrain gemeinsam erforschen können.
Sartre war mir entgangen. Mein Leben lang werde ich es bedauern, daß es nicht zu einer wirklichen Zusammenarbeit kam. Wir *hätten* uns verstehen müssen – vielleicht war es meine Schuld? Ich weiß es, ehrlich gesagt, nicht.
Ich hatte nun Camus kennengelernt, und das Interesse füreinander

beruhte, glaube ich, auf Gegenseitigkeit. Ich sprach bereits kurz von ›Caligula‹ im Zusammenhang mit der Besatzungszeit. Schon mit Artaud plante ich ein Camus-Projekt: Wir wollten Artauds Begriff, »Le Théâtre et la Peste« (Das Theater und die Pest) erhellen und ein Spiel nach Daniel Defoes Tagebuch ›Die Pest in London‹ für die Bühne schaffen. Dann kamen die schlimmen Jahre. Ich wollte den Weg fortsetzen, den ich mit ›Als ich im Sterben lag‹, ›Numantia‹, ›Hunger‹, ›Der seidene Schuh‹ und dem ›Prozeß‹ eingeschlagen hatte, und nahm deshalb – leider allein – den Plan mit der ›Pest‹ wieder auf. Der tiefere Sinn, wenn ich so sagen darf, oder die Seele dieses Vorhabens war die Reinigung des Seins durch die schonungslose Freilegung unserer dunklen Kräfte; eine Art Gang durch die Hölle – die ›Göttliche Komödie‹ …

Artauds poetische Gewalt lag mir im Sinn, doch gleichzeitig war ich mir der Grenzen meiner schriftstellerischen Fähigkeiten genau bewußt. Da erschien der Roman von Camus, ›La Peste‹. Das Projekt konnte also wieder aufleben. Camus war nicht ohne poetisches Flair. Und von höchster Intelligenz. Er hatte am Theater gearbeitet – der Schwerpunkt eines Romans liegt natürlich woanders als bei einem Bühnenwerk. – Ich bat Camus um eine Unterredung. Ich hoffte auf eine weitere glückliche Erfahrung, ähnlich wie sie mir mit Gide bei der Bearbeitung des ›Prozeß‹ zuteil wurde. Schließlich war der Unterschied zwischen Gide und Kafka nicht kleiner als der zwischen Camus und Artaud. Und außerdem: würde er einwilligen, gewänne das Thema an Aktualität. Denn inzwischen hatte der Krieg die Welt aus den Fugen gehoben. Die Menschheit hatte ihre Pest erlebt.

Camus sagte begeistert zu. Ich war überglücklich und sah mich bereits eine gute Wegstrecke meines Theaterlebens mit Camus zusammen. Camus war meine »Chance«. Wir verstanden uns ausgezeichnet. Zu dieser Zeit war er noch Mitglied der Redaktion der Zeitung ›Combat‹, eine Hoffnung der Nachkriegszeit.

Wir arbeiteten in Hochstimmung. Ich würde fast sagen, in aller Unschuld. Wir fühlten uns »auf dem aufsteigenden Ast«. Eine Ohrfeige genügte, um den Tod abzuwehren – ein permanentes Glücksgefühl erfüllte uns von der Ausarbeitung bis zur Probenzeit. Besser noch, eine permanente Freude. Freude, zu schaffen, ein Raumobjekt zu gestalten.*

* Wir vergnügten uns wie die Kinder. Um den Titel zu finden, dachten wir uns ein Spiel aus. Wir dachten an die Theaterbesucher und malten uns aus, daß der Titel auf diese Frage antworten sollte: »Zieh dich an, Liebling, wir gehen heute ins Theater: … ›Die Pest‹? Na, wirklich nicht. ›Le Bubon‹? … Nein!« Schließlich entschieden wir uns für ›Belagerungszustand‹.

Was die Form betraf, hatte ich Camus von bestimmten Experimenten überzeugen können, die meine vorangegangenen Versuche erweitern sollten. Das Ensemble konnte nicht besser sein, bereichert durch die beiden Talente Pierre Brasseur und Maria Casarès.
Honegger war wieder einmal im Bunde. Balthus entwarf wunderbare Bühnenbilder. Er schuf einen ganz außerordentlichen szenischen Rahmen, der vielleicht zu perfekt war; ein Objekt für sich, das noch heute für sich allein bestehen könnte. Die erste gefährliche Falle. Über eine andere wurden wir uns gar nicht klar: Unmerklich verschob sich das Thema von der metaphysischen Ebene (Defoe, Artaud) auf die politische (Camus, Hitler, Nazismus). Dieser Widersinn wurde zu spät offenbar, leider!
Die Greuel der Nazi-Konzentrationslager hatten nichts zu tun mit der Epidemie, die durch die Mächte des Bösen die Pest zu einer erlösenden Krankheit werden läßt. Hier lag, meines Erachtens, der eigentliche Grund unseres Debakels, der edelste auf jeden Fall! ›Belagerungszustand‹ war also ein Durchfall.
Und Tout-Paris rieb sich die Hände. Was denn, die Renaud-Barrault entdecken nach zwei erfolgreichen Jahren »ihren Autor«? Das wäre noch schöner. Man hob sie ja gern auf den Sockel, aber nur unter der Bedingung, daß man bei der erstbesten Gelegenheit das Vergnügen hatte, sie wieder herunterzuzerren.
Ich war meinerseits sehr unglücklich, daß uns das ausgerechnet bei einer Gemeinschaftsarbeit passierte. Camus war zutiefst enttäuscht, ja, verletzt. Wir blieben gute Freunde, aber eine Gelegenheit zu gemeinsamer Arbeit fand sich nicht mehr.

›Belagerungszustand‹ war nicht unser einziger Mißerfolg. Im Verlauf dieser zwanzig Jahre konnten wir einige verzeichnen, alle waren sie total. Oder wage ich zu sagen, »nachhaltig«?
Es war nicht unsere Bestimmung, in einem gemäßigten Klima zu leben. Die Nachkriegszeit brachte ihre Veränderungen mit sich. Dem ästhetischen Stadium von 1939 folgte das ethische (um es mit Kierkegaard zu sagen). Der individualistische und dichterische Bühnenstil des Cartel wurde vom sozial-kritischen Theater abgelöst. 1950 erscheint der große und wahre Dichter Bertolt Brecht auf unserer Szene, allerdings erscheinen auch die Brechtianer. Das Genre des »Künstlers« sieht sich durch die Intellektuellen »in Frage gestellt«, durch diese Apostel der Entfremdung und jeder Art von Theorie, die Brecht selbst – jedenfalls mit dem Berliner Ensemble – nicht applizierte.

Das Anliegen dieser »Köpfe« war durchaus von Bedeutung. Bislang hatten sich die Theaterleiter – von Firmin Gémier abgesehen, der das Théâtre National Populaire gründete – nicht »politisch« um ihr Publikum gekümmert. Auch hier gehorcht der Künstler noch dem Anspruch seiner Träume, seiner poetischen Welt. Sein Werk brachte er auf die Welt, wie man Kinder in die Welt setzt, komme danach was wolle. Je größer die Zahl der Aficionados, desto besser. Aber meistens wurde das gute Theater vor leeren Sälen gespielt.

Nach 1950 stellte man die Einheit von Zuschauerraum und Bühne her. Eine neue Verwaltungsstrategie entwickelt sich, Besucherorganisationen formieren sich. Autobus-Service gehört dazu und führt gelegentlich zu einem regelrechten Ansturm. Die Werbung hält ihren Einzug. Parteipolitik mischt sich ein. Die Intellektuellen werden durch ihre Schriften und durch gewisse einschüchternde Verhaltensweisen meinungsbildend. Sie haben das, was ich den Cid-Komplex nenne, anders gesagt: Sie glauben sich verpflichtet, wenn sie es auf jemanden abgesehen haben, die ganze Familie ausrotten zu müssen. Was mich betrifft, so hatte ich »vor dem Krieg« begonnen, ich war nicht »ihre Sache«. Ich hatte vor ihnen existiert, also brauchte ich nicht mehr zu existieren.

Ist man seiner selbst nicht sicher, greift man zur Politik der verbrannten Erde. Das ist einfacher, praktischer, weniger kompliziert. Wie hätten sie auch ihrer sicher sein können, da sie sich in die Welt des Theaters mit Hilfe des Verstandes einmischten und nicht, wie es sich gehört, mittels ihrer Sinne?

So sah sich das Theater einer fortschreitenden Politisierung ausgesetzt und in seiner Struktur von Wahlmethoden bestimmt. Die Menschen verbringen ihr Leben damit, anderen beizubringen, wie sie zu leben haben, ohne darum gebeten worden zu sein.

Wir hatten einige Male ihre Aktionen in Kauf zu nehmen. Sie kamen öfters »an unserer Palme rütteln«, um zu sehen, ob sie noch fest stand. In manchen Zeitungen bedachte man uns sogar mit Schlagzeilen wie: »Neues im Marigny – Barrault schlechter denn je.«

Ich hatte Jean Vilar – er war damals noch nicht der Leiter des T.N.P. – vorgeschlagen, bei uns den ›Ödipus‹ von Gide zu inszenieren. Sie nahmen es zum Anlaß, uns wegen ›Maguelonne‹ von Maurice Clavel zu beschimpfen, die wir im ersten Teil des Abends gaben. Wo fanden sich jedoch das wirkliche Wagnis und das Risiko in dieser Angelegenheit?

Als wir André Reybaz und seine junge Truppe brüderlich aufnahmen – sie spielten ›Faste d'enfer‹ von Ghelderode –, mußten

wir uns von ihnen wegen Kafkas ›Prozeß‹ den Vorwurf »Bourgeois« gefallen lassen. Das war alles sicher nicht sehr ernst zu nehmen, brachte uns aber doch jedesmal eine Berufsschädigung ein. Schließlich habe ich es in fünfundzwanzig Jahren immer wieder erlebt: wenn ich jemandem zu einer Ausdrucksmöglichkeit verhelfen wollte (was ich immer aufrichtig gerne tat), richteten sich die reaktionären Kläffer prompt gegen mich. Das ist eine traurige, aber wahre Tatsache. Nennen wir es die »Corrida« – wie sie für alle im öffentlichen Leben Stehende stattfindet.
Einmal, als Cocteau von Freunden geraten wurde, seine Bilder und Zeichnungen in einer Pariser Galerie auszustellen, antwortete er: »In Paris exposiert man nicht – man exponiert sich!«
In unserem Beruf kennen wir einen Schmerz, den es kaum woanders gibt. Jeden Abend muß alles von neuem begonnen werden! Ob das Stück geschmäht, ausgepfiffen, ausgebuht wurde; ob man selbst keinen Anklang findet – jeden Abend hat man sich also auf die »Bestrafung« einzustellen ... Warum resigniert man da nicht lieber und hört mit allem auf? Weil man manchmal – wenn man hartnäckig war – die Publikumsmeinung zu ändern vermag. Und so sagt man sich jedesmal, heute schaffst du es, und man macht weiter und leidet weiter.
Das Theater ist die beste Schule der Demut und ebenso die beste Schule des Willens. Auf der ganzen Welt gibt es keine größere Freude als über einen glatt gelaufenen Abend. Theater handelt vom »Weg zum Tode«; und jede Vorstellung ist ein Tod in der Arena, aus dem man als Sieger, die Ohren des Stiers in den Händen schwenkend, hervorgehen muß. Theaterspielen ist das lebendigste und deshalb das schönste Metier von allen; es kann zugleich das absurdeste sein – wie das Leben, wenn es entzaubert ist.
Durch das Experiment mit ›Belagerungszustand‹ hatte unsere Truppe die Mitarbeit von Camus eingebüßt – das war die eigentliche, tiefste Prüfung, der härteste Schlag. Der Rest ist im Grunde ohne Bedeutung.

»Der Mißerfolg stärkt die Starken«, sagt Saint-Exupéry.

Gleichzeitig mit dieser Arbeit, sogleich nach dem ›Prozeß‹, hatte ich mir wieder Claudel vorgenommen. ›Mittagswende‹ reifte in mir heran. Ich war sozusagen kurz vor der Niederkunft. Diesmal hatte ich Claudel zu »bezwingen« – jedenfalls »anzuflehen«, kurz, zu überzeugen. Eine schwere Aufgabe. Ich schrieb einen Brief, er gewährte eine Unterredung – und ich begab mich zu ihm.

Mittagswende

Es wurde eine entscheidende Sitzung. Die fast körperliche Vertrautheit miteinander war seit zehn Jahren von Tag zu Tag gewachsen und erlaubte uns endlich, die Karten auf den Tisch zu legen.
Er: Sie wissen, ich wollte nie etwas davon hören, daß ›Mittagswende‹ auf die Bühne kommt; damals habe ich sämtliche Exemplare der ersten Auflage aus dem Handel zurückziehen lassen. ›Mittagswende‹ war eine Prüfung, unter der ich in meiner Jugend so stark litt, daß ihre Wirkungen mich durchs ganze Leben begleitet haben. Noch heute ist die Wunde empfindlich. Nicht, daß ich wen auch immer auf der Welt schonen möchte – die Zeit glättet leider alles Gewesene –, aber gewisse innere Empfindungen wühlen mich immer noch auf. Was mich heute abhält, mich damit zu beschäftigen, ist vielmehr eine Art Scham: Ein Mann hat nicht das Recht, solche Schreie auszustoßen. ›Mittagswende‹ ist ein solcher Schrei. Das preiszugeben, würde mir das Gefühl geben, völlig nackt zu sein.
Ich: Ihr neuer Schmerz darf keine Rolle spielen. ›Mittagswende‹ ist der zentrale Punkt Ihrer Botschaft, der Schlüssel Ihres ganzen Werkes. So interessant es auch als Lektüre ist – sein Höchstmaß an Lebendigkeit erlangt es erst durch eine Aufführung. Sie sind es denen, die Sie verehren, und Ihren Anhängern schuldig. Auch wenn es ein Opfer für Sie bedeutet, Sie dürfen ›Mittagswende‹ nicht brachliegen lassen. Ein Brachland, das seinen Ertrag erst auf der Bühne bringen wird. Dieser Streit zwischen Fleisch und Geist kann physisch überhaupt erst erfaßt werden, wenn menschliche Wesen ihre Stimme, ihr Herz, ihre Gesten mitsprechen lassen.
Das authentische und zerfleischende Drama, das Sie nahezu fünfzig Jahre lang gelebt haben, können wir erst begreifen, wenn wir selbst diese Bürde der Sünde auf uns nehmen. – Ich habe mich Ihnen als Rodrigo verbunden – ich will Sie als Mesa nacherleben. Ich will den Weg nachvollziehen, der Sie in die Feuerprobe führte, wie ein Tongefäß in den Ofen geschoben wird. ›Mittagswende‹ ist der Schmelztiegel, in dem Sie und Ihr Werk gebrannt wurden und ihre echte Farbe gewonnen haben. Es ist das Stück Ihrer Metamorphose. Alles was in Ihrem Werk dieser Prüfung vorausging, strebt der ›Mittagswende‹ zu. Alles, was danach entstand, entspringt ihr. Sie beschließt den Ring Ihres dichterischen Abenteuers.
Und was befürchten Sie auf moralischer Ebene von der Aussage dieses Stückes, da es doch der Geist ist, der in diesem Kampf zwischen Fleisch und Geist triumphiert in »der Verklärung des Mittags«?

Er: Auf jeden Fall, diese erotische Frenesie im zweiten Akt, die mich erschauern macht, würde ich nicht mehr dulden.
Ich: Diese erotische Frenesie gehört nicht mehr Ihnen; diesen Schrei haben Sie ausgestoßen, er lebt ohne Sie, Sie können ihn nicht mehr ersticken.
Er: Ah! Sie glauben, das alles gehöre nicht mehr mir und ich litte wegen meines Alters keine Qualen mehr darum?
Ich: Eines Tages werden Sie nachgeben, und diese Freude werden Sie dann nicht mehr mir machen (Freude ist übrigens ein zu schwaches Wort in diesem Fall: ein ganzes wahres Leben vergeben Sie damit!), sondern Sie schulden das unserer Generation.
Er: Sie erschüttern mich . . . Kommen Sie in drei Tagen wieder.
Das war, wenn mich mein Gedächtnis nicht trügt, in großen Zügen der Inhalt unseres Gesprächs. Drei Tage später kam ich wieder.
»Da sind Sie ja, Sie Verführer. Sie haben gewonnen: ich gebe Ihnen ›Mittagswende‹.«
Ich bekam kein Wort mehr heraus, ich war benommen. Er fuhr fort:
»Ich muß gestehen, daß Sie das einem Dominikaner-Pater verdanken, den ich als meinen Führer sehr verehre; ich habe mich ihm anvertraut. Und er hat mir lebhaft zugeraten, Ihnen das Stück zur Aufführung zu geben. Es ist anscheinend von meinen Stücken dasjenige, das die meisten Bekehrungen ausgelöst hat.«
Ich bat um die Telefonnummer des Dominikaners und rief ihn sogleich an, um mich bei ihm zu bedanken, daß er so vorzüglich für ›Mittagswende‹ und mich plädiert hatte. – Tatsächlich übersandte mir Claudel einige Monate später, während wir die ›Mittagswende‹ spielten, einen Brief, dem er handschriftlich diese Worte hinzugefügt hatte:

> »Mein lieber Barrault,
> lesen Sie den beigefügten Brief. Ich glaube, er wird Ihnen ebenso viel Freude machen wie mir. Von ganzem Herzen und auf bald.«

Es war der Brief eines jungen Mannes, der von seiner Konversion berichtete: Er war zu Gott zurückgekehrt, nachdem er im Marigny das Stück gesehen hatte.

Je weniger Personen ein Stück hat, desto heikler ist die Besetzung. Richtig besetzt, ist es schon halb inszeniert. Für ›Mittagswende‹ hatten wir großes Glück. Neben Mésa – den ich bedenkenlos und ohne Diskussion selbst übernahm, dabei die ideale physische Erscheinung der Rolle vernachlässigend, die vielleicht nach jemand Stämmigeren, vom Visuellen her Sinnlicheren verlangte – hatten wir für die Rolle des Almaric Pierre Brasseur, der geradezu dafür gemacht schien. Doch alles hing von Ysé ab; diese Gestalt ist der Angelpunkt des Werks, wenn ich so sagen darf, und geheimnisvolles Werkzeug Gottes. ›Mittagswende‹ hat in Wahrheit nicht vier Personen, sondern fünf.

Zu diesem prachtvollen, ungestillten und entwurzelten Weib und ihrem willfährigen Ehemann, zu diesem Abenteurer, der dem verworfenen, vor Geiz und geistigem Egoismus ganz vertrockneten »kleinen Curé« die Leviten liest, muß man Gott hinzuzählen. Seine beständige Gegenwart macht aus diesem banalen Sujet, das, wie ›Bajazet‹, der Kolportage nahekommt, eines der bedeutendsten dramatischen Motive aller Zeiten. Wie ein Mann den Degen aus der Scheide zieht, so zieht Gott dieses Thema aus dem Zeitlichen heraus und schwingt es hoch in den Himmel.

Ysé sahen wir von Anfang an nicht anders als in Edwige Feuillère. Glücklicherweise nahm sie an. Es kam der Tag, wo ich sie zu Claudel begleitete, um sie vorzustellen. Er sieht sie. Betrachtet sie abwägend und prüfend wie ein Trainer einen Vollblüter. Und ist tief beeindruckt: »Edwige gleicht dem Modell . . .«

De Ciz, von den vier Rollen die weniger wichtige, wurde Dacquemine anvertraut; ich bewunderte die Glaubwürdigkeit, die der junge Schauspieler seiner ersten großen Rolle verlieh. Claudel fand ihn zu schön: »De Ciz«, schrieb er mir, »ist das männliche Insekt, von schwächlicher Erscheinung, aber sexuell sehr begabt neben seinem prächtigen Weibchen. Er braucht kein guter Schauspieler zu sein. Die äußere Erscheinung ist hier fast alles.« Dacquemine hatte sich lediglich anzupassen, was er mit maximaler Wirkung tat.

Labisse, der Freund seit meinen Anfängen, entwarf die Bühnenbilder, Christian Bérard bekanntlich die Kostüme. Wir brauchten uns nur noch an die Arbeit zu machen.

In Claudel hatte ich dieses Hauptdrama seiner ganzen Existenz wieder wachgerüttelt: »Es handelt sich um mein ganzes Leben, dessen Sinn ich nun zu begreifen versuche. Es handelt sich um viel mehr als Literatur. Wenn es mir gelingt, das, was ich fühle, Ihrem Herzen und dem von Feuillère zu übermitteln, werden sämtliche Zuschauer in Tränen ausbrechen . . . Wenn Sie schon nicht kommen können, können Sie mir wenigstens Feuillère schicken? Ich habe ein solches Bedürfnis, meine Seele in die ihre zu legen! Dies ist kein Stück wie andere . . . ich habe es mit meinem Blut geschrieben . . .«

»Harte Nacht, getrocknetes Blut raucht auf meinem Gesicht«, sagte Rimbaud.

Wieder von Leidenschaft für dieses Werk, das die Vergangenheit beschwor, erfaßt, wollte Claudel es umarbeiten. Sein Schaffensmotor setzte sich von neuem in Gang. Claudel liebte es, an seinen Werken »herumzubasteln« – als echter Dichter hatte er ursprünglich nur seinem *Trieb* gehorcht, jetzt versuchte er zu verstehen.
Wie meine ganze Generation hatte ich mich mit der ersten Version von 1905* beschäftigt. Seine Umänderungen versetzten mich in Unruhe. Würde ich das Werk, das mich in meiner Jugend begeistert hatte, bewahren können? Hatte ich aber andererseits das Recht oder ganz einfach Grund, mich der gegenwärtigen Auffassung Claudels zu verschließen?
Claudel begnügte sich übrigens nicht damit, sein Werk neu zu überdenken. Mit der bewunderswerten Feinfühligkeit des echten Theatermannes erkannte er in ihm sogleich mit einem immer neuen unverdorbenen Blick die technischen Unvollkommenheiten. Sofort korrigierte er sie mit einem Können, das ich immer bewundert habe. Ich zögerte keinen Augenblick, das zu akzeptieren, im Gegenteil, ich stimmte mit ihm völlig überein.
So arbeiteten wir während dieser vorbereitenden Periode auf zwei Ebenen, auf der technischen und auf der geistigen. Und so wie im Werk »die zwei Seiten des Buches« – so nennt es Claudel – gleichzeitig gegenwärtig sind, im Sichtbaren und Unsichtbaren, im Wirklichen und Unwirklichen, im Physischen und Metaphysischen, im Fleisch und im Geist – so zielte auch unsere doppelte Aktivität auf zwei Punkte: auf den minuziösen Ablauf des Werkes und auf seine tiefe Bedeutung. Claudel fand, mit Recht, den Schluß zu literarisch, zu ästhetisch, in seiner Lyrik zu rhetorisch.
Fünf Worte, schrieb er, charakterisieren den Ausgang: »Logik, Einfachheit, *Lieblichkeit,* Intensität, Geheimnis.«
Um 1900 war er vorübergehend von Wagner und Dostojewskij inspiriert worden, aber seit langem schon hatte er sich von ihnen entfernt. »Hingegen wissen Sie ja, daß ich früher einmal Beethoven studiert und viel von ihm gelernt habe hinsichtlich der Komposition.«
Ich fühlte mich gespalten: Ich liebte die Urfassung der ›Wende‹ des dreißigjährigen Claudel noch genauso wie früher, aber ich konnte mir nicht helfen – jeder seiner neuen Vorschläge war ver-

* ›Le Mercure de France‹ hatte sie soeben neu aufgelegt.

lockend. Im Grunde entsprach die Version, die wir spielten – und ein bißchen gegen seine Absichten – ziemlich genau der Original-Fassung, von technischen Änderungen abgesehen. Und insofern ist die überarbeitete Version, die er sechs Monate nach unserer Premiere veröffentlichte, sehr verschieden von der, die wir gewöhnlich spielen.*

Wie ein Speläologe erforschte er die unterschwelligen, ineinander verschlungenen Pfade von Fleisch und Geist und entdeckte dort einen neuen Schlüssel:

»Der Geist ... ja ... das bedeutet gleichzeitig aber auch Egoismus, Geiz, Härte, ›Trockenheit‹, Stolz, alles, was der liebe Gott auf dieser Welt am meisten verabscheut ...

Das Fleisch? Sicher – das ist Bedürfnis nach dem anderen, die Versklavung des anderen und die Unmöglichkeit, ihn zu erreichen. Etwas, was der Hölle ziemlich ähnlich ist.

Aber über dem Leib gibt es den Überleib – das *Herz,* das auch Leib ist, dieses Herz, das uns hervorgebracht hat und mehr weiß als wir selber. Gott hat es uns nur in die Brust gelegt, damit er sein Echo in der Brust eines anderen finde ...«

Wieder einmal war ich im Einklang mit ihm: Dem Geist übergelagert spüre auch ich durch *fleischliche* Perzeption die göttliche *Präsenz.* Die Empfindung von Göttlichem ist, bevor sie noch der Seele angehört, ein Teil des Tastsinns. Für mich ist die Berührungsfähigkeit ein körperlicher Sinn, der an das Mysterium reicht. Denn der Tastsinn unserer Augen, unserer Ohren, unseres ganzen Wesens, ist vor allem ein magnetisches Kraftfeld. »Wenn ihr unter einem großen Sternenhimmel genügend aufmerksam seid, werdet ihr etwas bemerken: daß die *Sterne Geräusche machen.*«

Claudel war seinerseits in einem ähnlichen vibrierenden Zustand; er kam fast täglich zu den Proben. Bei den »erotischen« Szenen verzog er schamhaft sein Gesicht (aber ich ließ mich davon nicht beeinflussen. Wir schlossen einen Handel ab, und ich sagte zu ihm: »Ich gebe Ihnen das Finale vom dritten Akt, aber Sie lassen mir den zweiten«). Er geriet außer sich vor Entzücken, sobald Gott nur seine Nasenspitze zeigte – unentwegt hatte er ausgezeichnete Einfälle.

Ich war meinerseits stets darauf aus – abgesehen von den Proben –, mich ganz mit Claudelschem Geist zu durchtränken. In Notre-Dame in Paris nahm ich an der Karfreitags-Zeremonie der »Ténèbres« teil, ich stand in der Nähe des Pfeilers, wo 1886 der junge Frei-

* »Unsere« Version ist in den gesammelten Werken enthalten. Verlag Gallimard, herausgegeben von Robert Mallet.

denker Claudel sein Bekehrungserlebnis hatte. Claudel, diesmal unter den Chorherren, saß in »seinem« Stuhl. Unter mächtigen Emotionen ließ ich dieses Zeremoniell an mir vorüberziehen, das ein zweitausendjähriges Bemühen bis zur höchsten Vollendung ausgearbeitet hat – dieses unerhörte Spiel mit den Kerzen, die nacheinander gelöscht werden, bis auf eine letzte Flamme – die wachende Seele der Welt –, die man hinter dem Hochaltar verbirgt, solange Christus tot ist. Am Schluß der Zeremonie sah ich Claudel vorbeiziehen. Ich blieb, von meinen Gefühlen gelähmt, unbeweglich stehen, und er erblickte mich an »seinem« Pfeiler ... Wir drückten uns schlicht die Hand. Schamhaftigkeit der Männer.

Unsere Arbeitswochen waren ein einziger Rausch. Während der letzten Proben machte sich jedoch eine allgemeine Nervosität bemerkbar. Es kommt der Moment, wo die Arbeit der Schauspieler »auf der Stelle tritt«, das ist dann der Zeitpunkt, alles zu »fixieren«; andernfalls droht die geleistete Arbeit auseinanderzufallen, an Kontur zu verlieren und total in eine sterile Atmosphäre »abzurutschen«. Eins schien jedoch klar, der Dichter dachte nicht an die Premiere, er hatte sich für die Ewigkeit in seine Geschichte hineingekniet. Ich mußte unbedingt sein Lager verlassen und in das der Schauspieler überwechseln. Ich verlor die Ruhe und geriet aus dem Gleichgewicht. Claudel aber setzte unerschütterlich seine Arbeit fort.

Mit den Nerven am Ende, sage ich zu ihm:

»Unter diesen Bedingungen kann ich nicht mehr weitermachen, ich breche die Probe ab.«

Langes dramatisches Schweigen. Dann höre ich die traurige Stimme eines bestraften Kindes:

»Sie setzen mich vor die Tür ... «

»Aber nein, Maître! Das nicht gerade.«

»Aber, Sie wollen, daß ich gehe?«

»Nun ja, das wäre mir lieber.«

Erneutes Schweigen. Er:

»Wie weit ist denn das, Saint-Philippe-du-Roule?«

»Oh, nicht weit. Ganz in der Nähe.«

»Also dann geh' ich. Richten Sie Reine aus (Reine ist Madame Claudel), daß Sie mich abholt.«

Ganz kleinlaut zog er ab. Ich war todunglücklich. Am nächsten Tag rufe ich um die Mittagszeit an:

»Ist mir der Maître nicht böse wegen gestern?«

Madame Claudel anwortet: »Nein gar nicht, aber er läßt Sie fragen, ob er nachher kommen darf?«

»Natürlich!«
»Ah gut, er hatte Angst, daß Sie es ihm wieder nicht erlauben würden ...«
Endlich waren die Kulissen fertig, wir lebten uns schnell darin ein. Das Anprobieren der Kostüme bei Piguet war, dank Bérard, eine reine Erholung. Christian Bérard wollte, daß Feuillère einen Sari trägt. Jemand wandte ein:
»Sari trägt man doch in Indien, nicht in China.«
»Ysé hat ihn dort unten gekauft, sagt Bérard.«
»Aber der Zuschauer weiß das nicht.«
Wie immer, wenn Bérard an etwas hängt und sich unbedingt durchsetzen will, beginnt er leise, wie ein kleiner verspielter Junge, zu singen: »Sie wird ihn trotzdem tra-a-gen! Sie wird ihn trotzdem tra-a-gen« – während er mit der Fingerfertigkeit eines Zauberkünstlers den Sari um Edwige drapierte und einen eindrucksvollen Effekt damit erzielte.
Der Tag der Premiere kam – wieder eine Schlacht, die gewonnen wurde. Claudel war natürlich im Zuschauerraum. Wegen seiner Schwerhörigkeit hatte er sich einen prächtigen Apparat verschafft, den er mit brutaler Ungeduld behandelte. Der arme Kasten überlebte keine drei Tage: Claudel hatte ihn gleich völlig kaputt gemacht. Er brauchte solidere Spielzeuge. Aber dieser Apparat bereitete uns an jenem Abend im ersten Akt eine üble Überraschung. Während Edwige und ich uns die große Liebeszene vorflüsterten – »Sagen Sie, daß Sie mich nicht lieben werden« – »Ich werde Sie nicht lieben, Ysé . . .« usw. –, hört man plötzlich im Saal ein gellendes Pfeifen. Es war natürlich Claudel, der »dieses Ding von einem unzulänglichen Apparat« malträtierte. Er ließ sich nie mehr damit blicken.
Claudel kam oft wieder, um das Stück zu hören. Jedesmal begrüßte er uns hinter der Bühne und war immer auf die gleiche Weise tief gerührt. Seine Augen waren immer gerötet. ›Mittagswende‹ war wie ein Spiegel für ihn. Er sah sein ganzes Leben darin wieder, sprach von Almaric wie von einer Person der Gegenwart: Wie dieser Mann ihn ein Glas Vermouth nach dem anderen trinken läßt, wie er ihm schlüpfrige Geschichten erzählt, wie er ihm Ysés Reize preist, ihm, dem armseligen »kleinen Curé«.
Eines Tages frage ich ihn: »Gehen Sie nicht Ysé begrüßen?«
Mit finster verschlossener Miene sagte er: »Dieser Frau habe ich nichts zu sagen!«
»Aber Feuillère?«

Da geht ein plötzliches Erwachen über sein Gesicht:
»Ah, Feuillère! Freilich, die ist wundervoll!«
Edwige Feuillère war eine unvergeßliche Ysé. Unsere Rollen verbanden uns in zärtlicher Freundschaft, die nie zerbrechen kann. Es gibt solche Rollen, die einen für immer verbinden. Auch Prouhèze und Rodrigo gehören zu ihnen.

Der Tausch oder der Geist der Flucht

Wie eine Forelle, die gegen die Strömung anschwimmt, so wollte ich das Abenteuer von Claudels dichterischem Schaffen in seinen verschiedenen Stadien nacherleben. Mein Endziel (ich bin dickköpfig) war ›Goldhaupt‹. Ihn dort aufspüren, wo er sich als junger Mann zwischen Nietzsche und Äschylos, Heidentum und Bekehrung wie in einer Fischreuse verfangen hatte. Was ›Goldhaupt‹ betraf, war Claudels Weigerung kategorisch. Ich schlug also einen anderen »Pfad« ein, verfolgte ihn durchs Dickicht des frühen Amerikas, sei es in der Maske des jungen ungezähmten Louis Laine, der wie Wasser dem Griff entgleitet, oder in der Maske des künftigen »P.D.G.«*; hier im ›Tausch‹: Sir Thomas Pollock Nageoire – »Gesegnet sei der Herr, der den Menschen die Dollars bescherte« – oder gar in der Maske der unwiderstehlichen »Verrückten« Léchy Elbernon, der jugendlichen, aber prophetischen Vorläuferin von Ysé, der Claudel noch nicht begegnet war;** und selbst in der Maske einer Tochter der Kirche, der Frau, die zu Gott führt: Martha.
Dieses Mal, so hoffte ich, würde er den Text nicht anrühren. Hatte er nicht in seiner Antwort auf meinen Antrag geantwortet: »›Der Tausch‹? ... Von dem nehme ich nichts zurück ... das Stück ist perfekt!« Vonwegen! Sowie er die Nase reinsteckt, will er alles umschreiben. Eine wahrhaft teuflische Arbeit entstand daraus: Er zerschlug alles, um alles neu zu machen.
Er schickte mir eine Manuskriptseite nach der anderen von seiner zweiten Fassung; ich antwortete mit einer dritten, die ich aus beiden zusammenstellte. Er gab nach für diese Stelle, wenn er mir jene dafür abhandeln konnte, und so fort.

* Président Directeur Générale = Generaldirektor, führende Persönlichkeit in der Wirtschaft (Anm. d. Ü.).
** So trägt jeder Dichter bereits von seiner Geburt an sein ganzes Geschick in sich, er braucht es nur noch zu leben.

So gut ich konnte, verteidigte ich den jungen Botschafts-Attaché von 1891 gegen den alt erfahrenen Patriarchen. Bestimmte Szenen wurden für immer verstümmelt; andere hingegen großartig aufgewertet. Die geniale Idee mit der Schaukel war im Verlauf dieser Arbeit wie ein zeugender Funke aus dem Werk hervorgegangen. Marthas Monolog, mit dem der dritte Akt beginnt, vermittelt eine Vorstellung von diesem Kampf, der qualvoll und zugleich ein Frevel war. An Stelle von Marthas Schmerz – in der ersten Fassung steht sie am Meeresstrand und schreit: »Gerechtigkeit« – schreibt nun eine neue Martha der zweiten Fassung einen Brief an ihren Pfarrer und erbittet: *Pardon*! – Eine wahre Katastrophe! Das ist ja Saint-Sulpice* in Reinkultur! Unannehmbar! Ich protestiere. Er antwortet mit einem weiteren Brief. Und was steht darin?

»Erinnern Sie sich nicht an das Buch, damals? . . . Diese Person, die so verzweifelt am Strand des Ozeans herumlief und schrie: Gerechtigkeit! Gerechtigkeit! Gerechtigkeit! – sie hätte besser daran getan zu schreien: Pardon! Pardon! . . . und ruhig noch die Hände dazu ringen können!«

Das ganze Leben des Dichters erscheint plötzlich in hellem Licht! Sein Abenteuer mit der Poesie ist in der Veränderung zweier Worte zu erfassen. In einem Satz liegt die lange Laufbahn von Claudels Leben beschlossen. Mit dreiundzwanzig Jahren schrie er: »Gerechtigkeit!« Mit dreiundachtzig sagt er: »Verzeih!«
Wir begannen mit den Proben. Die Schaukel half uns enorm. Claudel folgte lebhaft und interessiert unserer Arbeit. Stunden reinster Freude vergingen. Sowie er am Teig kneten konnte, war er in seinem Element. Als er Jean Servais** vormachte, wie einem alten, lüsternen Mann die Knie zu zittern beginnen, blinzelten seine Augen voller Bosheit, und das Wasser lief ihm im Mund zusammen. Sein ganzer Körper schüttelte sich vor Lachen, und die Zähne klapperten im Takt dazu.
Er war unser Mittelpunkt, ein Pfahl, und wir trabten um ihn herum wie Pferde an der Longe.
Aber das Datum der Premiere nahte. Am Tag vor der Generalprobe mußte ich ihn wirklich drum bitten, uns allein spielen zu lassen und vom Zuschauersaal aus zuzusehen. Darauf hatte er diese

* Repräsentative katholische Kirchengemeinde in Paris (Anm. d. Ü.).
** Servais übernahm die Rolle des Thomas Pollock, Germaine Montero die der Léchy Elbernom.

entwaffnende Anwort: »Oh, laßt mich doch heute noch unter Euch sein ... ich höre es ja zum letzten Mal heute!« Seine Taubheit hatte sich in der Tat verschlimmert. Wir plazierten ihn also im Schwerpunkt der Szene und spielten – tief bewegt – in Slalombögen um ihn herum ...

Ich spielte im ›Echange‹ die Rolle des Louis Laine und Madeleine die der Marthe, und das war, ich möchte fast sagen, auf wollüstige Weise unerträglich. Den Verrat, die Bösartigkeit und Rüpelhaftigkeit eines jungen Wildlings dem Wesen gegenüber darzustellen, das ich am meisten liebe auf der Welt, das versetzte mich in einen Zustand, den ich nur bei dieser Gelegenheit erlebt habe. Ich fühlte mich nicht nur nackt, sondern noch dazu gehäutet. Ich existierte weder im Leben noch auf der Bühne. Ein böser Wachtraum. Madeleine verspürte außerdem dieselbe Unstimmigkeit, und wir sprachen noch oft von dieser nicht-künstlerischen Pein, die wir damals durchlitten haben.

Der Erfolg von ›Echange‹ war getrübt durch den nur mittelmäßigen Erfolg von ›On ne badine pas avec l'amour‹ *(Man spielt nicht mit der Liebe,* von Musset). Das Stück sollte den Abend vervollständigen. Das war eine unglückliche Zusammenstellung von mir. Ich hatte übertrieben.

Nach ›Echange‹ setzte ich meine Attacke auf ›Tête d'Or‹ fort. Claudel ließ sich nicht erweichen. Ich erinnere mich an eine seiner Antworten in einem Telegramm; in meinem Brief hatte ich ihn um die »poetische Sturmflut« seiner Jugend gebeten. Er depeschierte ein einziges Wort: »Nein!« Kurz, aber bündig.

Nun wollte ich ihn mir ganz und gar einverleiben.

Begegnung mit Claudel

Schon seit langer Zeit spielte ich mit dem Gedanken, eine neue Form für das Theater auszuprobieren, die darin bestehen sollte, einen Menschen durch sein gesamtes Werk zu verstehen. Dieses »Ur«-Drama wollte ich in den Raum projizieren – durch die Kristallisation eines Lebens, wie sie sich in einem dichterischen Werk nachweisen läßt.

Für einen schöpferischen Menschen gibt es zwei Kategorien von Werken:

– solche, die wie reife Früchte von ihm abfallen,

– und solche, die ihn ein Leben lang nicht loslassen.

›L'Annonce faite à Marie (*Mariä Verkündigung*), ›Le Pain dur‹ (*Das harte Brot*), ›L'Otage‹ (*Der Bürge*) und ›Le Père humilié‹ (*Der erniedrigte Vater*) sind Stücke, die befreit worden sind. Die Nabelschnur wurde zerschnitten, sie leben ihr eigenes Leben. Es ist die Ernte.

Dafür blieben ›Tête d'Or‹, ›L'Echange‹, ›Partage de Midi‹, ›Le soulier de Satin‹, ›Christophe Colomb‹ dem Dichter verhaftet, und man fühlt es sehr wohl, daß hier das Abenteuer noch nicht zu Ende war. Ein langer Weg, der nicht enden würde.

›Madame Bovary‹ – eine »Frucht« Flauberts; ›La Tentation de Saint Antoine‹ (*Die Versuchung des Heiligen Antonius*) – sein unbewältigtes Drama.

›Terre des Hommes‹ (*Wind, Sand und Sterne*) ist eine Frucht Saint-Exupérys, ›La Citadelle‹ (*Die Stadt in der Wüste*) blieb an ihm hängen und für immer unvollendet.

Also zog ich wie ein Jäger aus, um Claudel aufzuspüren. Dann legte ich ihm meine Arbeit vor. Er schickte mir das Manuskript mit folgenden Worten zurück:

> *Ich mag diese Art von Theater sehr gern. Sie regt mich an wie eine Quelle. Das ist Theater im Werden in seinem spezifischen Ausdruck. Ein neuer Ausgangspunkt wird hier sichtbar, der uns allmählich die Grundlagen zu einem neuen Stil liefern könnte, der mit so manchen Dingen aufräumen würde.*

Ich steuerte einer neuartigen Form von Theater entgegen und ahnte nicht, daß dieser Weg mich später mit Sartre, Molière, La Fontaine, Saint-Exupéry, Rabelais, Jarry vertraut machen würde – ein Weg, der noch kein Ende gefunden hat.

Spitzfindige Intellektuelle haben mich oft deshalb getadelt. Was wollen sie – wenn es mir Spaß macht! Wer könnte mich daran hindern?

Das entwickelte sich bei mir – ähnlich wie bei manchen Verlegern – zu so etwas wie einer Serie:

»Begegnung mit den Franzosen« (»Connaissance des Francais«). Und warum sie nicht ausdehnen auf Analysen von Shakespeare, Nietzsche, Zéami, usw., um eine »Begegnung mit Menschen« herzustellen? Schließlich ist es mein Beruf.

Ein Werk vom flachen, bedruckten Papier in ein dreidimensionales Spektakulum zu transponieren, ist keine Verketzerung. Das sind doch zwei verschiedene Anliegen.

Es ist unser gutes Recht, uns ein Bild zu machen von wem wir wollen, solange wir die Verantwortung dafür übernehmen. In diesem Fall handelt es sich eben um »meinen« Claudel, »meinen« Rabelais, »meinen« Jarry. Sie sind nicht die Kompromittierten! Und ihre Priester, die akademischen oder pataphysischen* brauchen sich deswegen nicht anzustellen.
»Connaissance de Claudel« erzielte ausgezeichnete Erfolge. In Port-au-Prince auf Haiti mußten wir unsere Aufführungen wiederholen. Das größte Ruhmesblatt gewannen wir jedoch in Kanada. – Seit 1952 hatte sich das französisch sprechende Kanada emanzipiert, aber das wußte man noch nicht. Man weiß übrigens nie etwas. Claudel selbst hatte mir geschrieben: »Nehmen Sie sich in acht, dieses Land ist das Tibet des Katholizismus.« Und dabei war es Seine Eminenz, Kardinal Léger, Primas von Quebec, glaube ich, durch dessen Initiative zum ersten Mal in der Geschichte Kanadas der Klerus ein Theater betrat: Wir gaben in Her Majesty's-Theatre unsere »Connaissance«. Der Primas hatte mich sehr liebenswürdig in seiner Residenz in Montreal empfangen: Er saß auf seinem Thron und unter einem Baldachin – ich am anderen Ende des Teppichs auf einem Stuhl. Und bei dieser Gelegenheit hatte er mir die erfreuliche Neuigkeit mitgeteilt. Er erschien zum Theaterbesuch mit großem Gefolge, umgeben von seinen Bischöfen – das gesamte Parkett war von Geistlichen besetzt. An diesem Abend ließ der kanadische Klerus – dank Claudel – dem Theater seine Rehabilitierung zuteil werden. Wir haben den Film, der dabei gedreht wurde, aufbewahrt.
Für die »Connaissance« sind lediglich menschliche Mitwirkende erforderlich, sie ist also leicht zu transportieren auf Gastspielreisen, und wir haben sie so ziemlich überall gespielt.
›Tête d'Or‹ steckte mir indessen nach wie vor in den Knochen. Einen Augenblick lang glaubte ich, Claudel würde nachgeben. Er beschäftigte sich wieder damit und wollte natürlich alles überarbeiten. Er machte einen ernsthaften Versuch: die Geschichte sollte in einem »Stalag« spielen – seines Erachtens der einzige Ort, der ein Äquivalent darstellen könnte zu diesem materialistischen Gefängnis, in das er sich mit achtzehn Jahren vom Moloch des 19. Jahrhunderts eingesperrt fühlte. Unsere gemeinsamen Ideen über das Theater »im Werden« regten ihn an. Die Gefangenen sollten ›Tête d'Or‹ spielen und dergleichen. Der Versuch mißlang. Er gab es auf.

* Hinweis auf eine literarische Gruppe in Frankreich, die sich zum Helden und Protégé Jarry gewählt hat (Anm. d. Ü.).

Mir war das nur recht. Der Abstand war zu groß geworden zwischen dem Einundzwanzigjährigen, noch völlig unausgeglichenen und äußerst grausamen Claudel und dem fünfundachtzigjährigen Dichter mit seinem reich gefüllten Leben auf dem Buckel und mit dem einzigen Anliegen, zu Gott ein einfaches Verhältnis zu gewinnen.

Er schlug einen Kompromiß vor: »Ich überlasse Ihnen ›Tête d'Or‹, aber ich verlange, daß Sie es erst nach meinem Tod aufführen.«

Was blieb mir anderes übrig, als anzunehmen?

Das ursprüngliche Thema (das zentrale Thema seiner dichterischen Eingebung): grenzenlose Übersteigerung des Imaginären und Theater im Werden veranlaßten mich nun, seinen ›Christoph Columbus‹ in Angriff zu nehmen.

Christoph Columbus

In dieser Aufführung steckte etwas von einem Manifest. Sie ist mein ›Numantia 53‹.

Claudel hatte, im Auftrag von Max Reinhardt, eine Art Libretto für Darius Milhaud geschrieben, der danach eine aufwendige Oper mit großer Besetzung komponierte. Seit 1942 riet mir Claudel, diese Vorlage wieder aufzunehmen und als Schauspiel zu inszenieren. Ihm schwebte etwas in der Art wie der ›Seidene Schuh‹ vor. Das wäre zweifellos ein Irrtum gewesen: Beim ›Schuh‹ konnte ich mich von der Dichte des Textes tragen und leiten lassen – beim ›Columbus‹ war ich mit der Bearbeitung des Stückes auf mich selbst gestellt.

Ich kannte Darius Milhaud und seine einfache Art, er hatte mir oft genug seine Freundschaft bewiesen; als ich ihn nun bat, seine große Oper zu vergessen und eine Musik eigens für unsere dramatischen Zwecke zu schreiben, stieß ich auf keine Ablehnung: Er brachte dieses Opfer, und unser Erfolg war gesichert.

Die Schwierigkeit bestand darin, dieser lockeren Szenenfolge Gestalt zu verleihen. Aber der Umfang der Besetzung durfte die annehmbaren Grenzen nicht überschreiten – ich beschränkte ihn auf dreiunddreißig Mitwirkende.

Nachdem mein Puzzle auf dem Papier auseinandergenommen und wieder zusammengesetzt war, begann ich mit Milhaud zu arbeiten. Ich spielte ihm das ganze Stück Szene für Szene vor, wie auf einem

Schachbrett – ein Feld nach dem anderen; an den Stellen, wo ich Musik dazu »hörte«, habe ich ihm irgend etwas vorgesungen. Er stoppte die Sekunden, und danach besprachen wir Geist und »Mentalität« der Musik. Dank Darius Milhaud hat sie sich dann dem Werk wie eine lebendige Person eingefügt – sie hat tatsächlich mitgespielt.
Die Schauplätze wechselten so häufig, daß auf Bühnenbilder verzichtet werden mußte. Ich wollte einen einzigen Schlüssel für alles, ein magisches Objekt finden, das den übrigen Requisiten Leben einhauchen konnte. Einige notwendige Elemente, wie die Leinwand für die Filmprojektionen, die Tatsache, daß das Meer und der Wind ständig präsent waren, sowie die Caravelle des Columbus bewogen mich, einen symbolträchtigen Gegenstand zu wählen: ein Segel. Und wie die Musik sollte sich auch das Segel als ein »menschliches Wesen« im Kontext erweisen. Ich wollte, daß das ganze Theater: Dinge, Noten, Worte, Personen – menschlich an der Handlung teilnimmt.
Menschen und Gegenstände spielen miteinander: Die Menschen stellen Dinge dar, und Dinge stellen Menschen dar. Während der Mensch gewordene Gegenstand »sein Wort mitredet«, wird der Schauspieler seinerseits im Verlauf der Handlung zeitweise zum Element, ohne deshalb seine Rolle aufzugeben. Ein Beispiel: Die Wellen des Meeres (von Menschen dargestellt) spülen »einen alten, fast toten Seemann an Land«. Christoph Columbus steigt ins Wasser, um ihm zu helfen. Die beiden Darsteller des Seemanns und des Columbus müssen gleichzeitig das Element des Wassers und seinen Wellenschlag ausdrücken.
Der Schauspieler begnügt sich also nicht mehr damit, das menschliche Leben zum Ausdruck zu bringen, er verkörpert auch die Natur, die Elemente, die Dinge. Er ist Mensch und Environment zugleich. Er steht im Mittelpunkt des Lebens. Ein Schauspieler interpretiert nicht nur Menschen, sondern das ganze »Theater«. Er gehört zu den Menschen, gehört aber auch dem übrigen an. Als Mittelpunkt ist er das Leben selbst, in seiner Totalität ist er der Brennpunkt des Lebens.
In diesem Geist bot sich dieses »Manifest« dar. Der Geist von ›Numantia‹, aber auch von ›Als ich im Sterben lag‹ sprach aus mir.
Ähnlich wie bei ›Partage de Midi‹ und in gewisser Hinsicht auch beim ›Schuh‹ war ich mir über den Schluß noch nicht im klaren. War es darum, weil Claudel mir positive Lösungen vorschlägt, die so schwer anzunehmen sind? Oder weil er diese Lösungen erfindet, um das Mysterium des Lebens zu offenbaren? Möglich wäre es: Le-

ben, Tod, Überleben inspirieren die Dichter zu ätherischen, aber imaginären Lösungen. Und wie ich schon sagte, sie können den »Sprung« zu Hilfe nehmen. Das Theater, Kunst der Gerechtigkeit, ist unerbittlicher. Und Kafka hatte recht, es bei der Fragestellung bewenden zu lassen.

Diesmal war ich es, der einen anderen Schluß haben wollte. Ich bat Claudel um Hilfe und stellte seine Kraft der Eingebung auf die Probe; ich hoffte auf ein neues Wunder wie beim ›Schuh‹. Aber er anwortete mir: »Zu spät, Barrault, jetzt bin ich zu alt, meine innere Flamme ist nur noch ein kleines Licht.«

›Christoph Columbus‹ wurde bei den Bordeaux-Festspielen im Mai 1953 im Auftrag des jungen, sportlichen Bürgermeisters der Stadt, General Chaban-Delmas, uraufgeführt. Nach langer Arbeit in Paris übersiedelten wir also nach Bordeaux. Um die Einrichtung auf das dortige Stadttheater – ein prachtvolles Gebäude aus dem 18. Jahrhundert – abzustimmen, mußten wir praktisch wieder von vorne anfangen.

Von morgens bis zum späten Abend hielt ich die Truppe in Atem. Die Generalprobe dauerte bis in die tiefe Nacht. Um vier Uhr früh waren wir noch nicht fertig. Meine Kollegen waren am Ende ihrer Kräfte und ihrer Nerven. Das ist der Moment, wo sich das Tier allen Peitschenschlägen zum Trotz schlafen legt. Manche sah ich erschöpft auf den Versatzstücken sitzen, andere hielten sich stehend an ihren Requisiten fest, wie schläfrige Wachsoldaten an ihrem Gewehr. Die Musiker ließen die Köpfe auf ihre Instrumente niedersinken. Boulez gab lautstarke »Verdammt noch 'mal« von sich – die Ältesten hatten sich schlafen gelegt. Die Schminke war verlaufen, die Augen hatten tiefe Ränder ... Es war kein Vorabend von Austerlitz, sondern von Azincourt.

Ich unterbrach die Proben, und wir gingen ins Hotel zurück.

Ich fiel aufs Bett und konnte nicht einschlafen: »Unmöglich, daß du keine Lösung bis heute abend findest«, ging es mir im Kopf herum. Ich entspannte mich, bemühte mich, den Gedanken an die schwerwiegenden Entscheidungen abzuschalten. Und noch einmal ließ ich die ganze Aufführung wie einen schönen Traum an mir vorüberziehen. Schlief ich? War ich wach? Das einzige, was ich weiß, ist, daß mir morgens um sechs die Lösung einfiel. Wie eine Sprungfeder schnellte ich hoch in meinem Bett. »Los, gehen wir proben!« rief ich. Aber das ganze Hotel lag in tiefem Schlaf. All diese Leute ruhten, ruhten! »Wie kommen diese Idioten dazu zu schlafen, wenn in ein paar Stunden das Theater voll ist!« Durch diesen albernen Ausspruch kam ich zu mir und versetzte mich in beste Laune. Ich stand auf und notierte die neue Version. Wir arbeiteten den ganzen Tag. Die Aufführung fand statt. Die Truppe machte einen Sturmangriff, und Claudel feierte seinen Triumph. Wieder einmal konnte man sagen: »Auf eine schiefgegangene Generalprobe folgt eine gelungene Premiere.«

Tod Claudels

Doch leider – Claudel wurde alt. Nicht sein Kopf, gottlob, aber sein altes, vielerfahrenes Herz. Vor allem fühlte er es selbst. Er gab sich leiser, weicher. Wenn man ihn besuchte, hielt er einen unauffällig zurück. Das hatte ich schon einmal bei Charles Granval erlebt in den letzten Tagen vor seinem Tod, er war 1942 gestorben. Es kam immer seltener vor, daß Claudel sich plötzlich zurückzog und einen allein sitzen ließ, um einem guten Einfall nachzugeben. Er sah einen jetzt auch viel länger an. Noch immer erfüllten ihn Freude und auffahrender Stolz, aber es war spürbarer, wenn er jemandem nahe stand, ihn liebte.

Die Nachricht wurde uns um sieben Uhr morgens von einem Freund mitgeteilt. Ich rannte sofort ohne alle Umstände in seine Wohnung, es drängte mich mit aller Gewalt zu ihm.

Im verdunkelten Salon hatte man ein Bett aufgestellt. Claudel lag da, angezogen, sein Kruzifix zwischen den Fingern. Die Ähnlichkeit seiner Totenmaske mit jener Büste eines jungen römischen Kaisers, die seine Schwester von ihm als Achtzehnjährigem gemacht hatte, beeindruckte mich stark. Erstaunlich dieser Adel, dieser Friede, diese Schönheit. Doch sprechen wir nicht weiter von meinem Kummer, sondern lieber von Claudel.

Man sagte mir, der Tod sei während der Lektüre von Professor Mondors Buch über Rimbaud eingetreten. Der Tod hatte gewartet, bis der Ring sich geschlossen hatte. »Laßt mich in Ruhe sterben, ich habe keine Angst.« Dies waren, wie ich hörte, seine letzten Worte. Ich ging gleich wieder fort: Paris setzte sich bereits in Bewegung, und das Zeremoniell des Staatsbegräbnisses brach über die Familie herein.

»Oft sind wir schon hinweggegangen,
Doch diesmal ist's zum letzten Mal ...« (›Ballade‹ von Claudel).

Claudel wurde in die Krypta von Notre-Dame in Paris überführt, die Totenfeier fand bei bitterer Kälte auf dem Platz vor dem Portal statt. Es hatte geschneit. Durch ein allzu streng geregeltes Zeremoniell empfand man den schneidenden Frost und den eisigen Wind um so entmutigender. Der Platz war zu groß, der Katafalk so verloren, so weit entfernt von den Tribünen, zu viele Absperrungen hielten die Menschen zurück.

Ich hätte es gern gesehen, daß dieser Abschied von Claudel durch die Jugend vollzogen worden wäre. Daß das Volk von Paris sich hätte um seinen Sarg drängen dürfen. Ich hätte mir eine schöne Unordnung für dieses Staatsbegräbnis gewünscht, die nach Kirmes, nach Improvisation und warmem Blut gerochen hätte ... Nicht der Dichter, sondern der Gesandte und der »Académicien« wurden an diesem Tag bestattet.

Nach dieser offiziellen und ganz und gar stimmungslosen Zeremonie wurde der Verstorbene zurückgebracht. Sechs Monate blieb Claudel in der Krypta. Und im August waren es siebzig Jahre her, als er in dieser Kathedrale ein Zeichen der Doña Musica, der Tochter Gottes, empfangen hatte ... Das fand ich alles so entsetzlich.

Glücklicherweise blieb sein Werk. Im Gegensatz zu diesem finsteren Abgang erstand nun ein anderer Claudel. Man versteht, warum sich die Menschen Gespenster erfunden haben. Der tote Claudel machte einem neuen Claudel Platz.

Das war der Claudel, der mir 1959, als ich ›Tête d'Or‹ aufführte, zur Seite stand, und für ihn fand das eigentliche Begräbnis in Brangues bei Morestel (im Département Isère) statt. Madame Claudel und ihre Kinder baten mich, an seinem Grab die Abschiedsworte zu sprechen.

Es war Sommer geworden. Der Tag war prachtvoll, einer »jener Juni-, Juli- und Augusttage« wie sie Péguy liebte. Die in alle Welt verschickten Einladungen baten in die von Feriengästen bevölkerte Provinz, in sein Schloß nahe dem Rhônefluß. Ein klarer Himmel, eine strahlende Sonne und eine schöne grüne Natur besangen das Leben. Das erinnerte endlich an Claudel!

Das Schloß von Brangues tauchte auf. Ich erkannte die breite Platanen-Allee, die Läden der beiden Fenster von Claudels Arbeitszimmer waren jetzt geschlossen, wie oft hatte ich meinen alten Meister hier aufgestöbert. Wir begaben uns direkt zur Kirche. Unterwegs kreuzten die aus allen Richtungen herbeigekommenen Trauergäste unseren Weg: die offiziell Geladenen, die Verehrer Claudels, neugierige Sommergäste, Journalisten, Fotografen, was weiß ich.

Sobald ich die kleine Kirche betreten hatte, erkannte ich Claudels Seele wieder. Ganz ruhig wartete sie hier, endlich ihr Siegel zu empfangen.

Sein Körper lag unter Blumen begraben, und drum herum standen die Feuerwehrmänner des Dorfes in ihren Uniformen. Oberhalb des Portals drängte sich eine Gruppe von Dorfbewohnern, Männer und Frauen, um ein Harmonium. Jeder probte für sich seine Stimme. Das war endlich Improvisation! Die gutmütigen, echten Gesichter der als Feuerwehrmänner verkleideten Bauern verliehen der Zeremonie einen Anstrich von Wahrheit und zugleich von Operette. Das Stimmengewirr im Chor verbreitete eine Atmosphäre, die an den 14. Juli erinnerte. Im Innern der Kirche steckten hier und da kleine Fähnchen in den Wandverkleidungen, und die Wimpel der Feuerwehrleute vervollständigten das festliche Gepränge. Es fehlten nur noch Knallfrösche und Platzpatronen.

Die Kirche war viel zu klein, es gab ein großes Gedränge, und so blieben die meisten Leute draußen auf dem Platz unter den Bäumen, wo man auch ein schwarzverkleidetes Podium mit Mikrophon errichtet hatte.

Seitlich davon war die kleine Marienkapelle, nicht schön, aber von schlichter Einfachheit. Dort hatte ich Claudel oft beten sehen. (Jeden Morgen ging er dorthin.) Die Menge war aufrichtig ergriffen – endlich menschliche Wärme.

Am beflissenen, naiven »Habt-acht« der Feuerwehrmänner und dem Einsatz des ersten Chors – der wie durch ein Wunder klappte – bemerkte ich, daß Frankreich eingetreten war. In der Tat war die ganze Nation repräsentativ vertreten: das katholische Frankreich durch Kardinal Gerlier im großen roten Ornat und durch sein dunkleres Gegenstück, den Bischof von Belley – im Gefolge die Chorherren und Priester. Daneben das laizistische Frankreich: Edouard Herriot in der Robe des Académicien. Claudel liebte Herriot. Und dieser hatte sich trotz seines Alters, seiner Krankheit, seines tragischen Zustands nicht abhalten lassen. Er war gewiß eine offizielle Persönlichkeit, der zweite Mann des Staates, aber er kam auch als Freund.

War diesmal nicht alles vereint? Die Feuerwehrleute, der muntere Kirchenchor, der Kardinal, die Regierung, die Freunde, die Neugierigen, die Bauern, Claudels Frau, seine fünf Kinder, seine achtzehn oder neunzehn Enkel – alle waren zusammengekommen, um endlich das eigentliche Begräbnis des Dichters zu begehen. Und nichts blieb ihm erspart: Die Feuerwehrleute machten ihre Aufwartung, der

Chor sang mehr mit dem Herzen als mit der Stimme. *Und das ist viel schöner!* Die Meßknaben waren, wie sie sein sollten, und die Gemeinde verharrte in ehrfürchtigem Schweigen. Alle Poesie der Religion war spürbar.

Die beiden Prälaten schienen sich zu streiten, wer von ihnen die Absolution erteilen sollte. Eine reine Frage der Hierarchie, das war normal. Auch das gehörte dazu. Kardinal Gerlier ergriff ein Mikrophon neben dem Sarg und schnippte dreimal mit dem Fingernagel dagegen, um wie ein richtiger Profi zu prüfen, ob es eingeschaltet war, dann begann er zu sprechen.

In der Académie Française gehört es zur Tradition, daß zur Begrüßung eines neu aufgenommenen Mitglieds eine Rede gehalten wird, in der auf geistvolle und gerechte Weise dessen Fehler kritisiert werden. Das steckt man ein und goutiert es sogar ein wenig. Eine kleine Ohrfeige, en passant, auf die Wange des glücklichen Auserwählten und in Erinnerung an den Tag der eigenen Aufnahme.

Kardinal Gerlier, ein großartiger Verteidiger, ein hervorragender Redner und echter Mann von Geist, ein Prälat der Renaissance, hatte diese Tradition nicht vergessen; seine lobenden Formulierungen waren von einigen strengeren und kritischen Bemerkungen durchzogen, womit er recht deutlich machte, daß Claudel nunmehr in die himmlische Akademie aufgenommen war.

Zum Schluß machten wir mit dem Palmwedel in der Hand unsere Runde und versammelten uns vor der Kirche.

Die Menge hatte sich noch vergrößert. In der Mitte trugen sie Trauer, aber je weiter der Kreis sich zog, je bunter waren die Leute gekleidet: bedruckte Sommerkleider, Shorts, Sporthemden, weiße, blaue und braune Schirmmützen. – Diese Buntheit vermischte sich mit den schillernden Ziegeln der Dächer, dem nuancierten Grün der Blätter und allen Blautönen des Himmels.

Wir scharten uns um die schwarze Tribüne, und Herriot schleppte sich hinauf, um seinem Freund Adieu zu sagen. Er war bereits erschöpft und mußte mehrere Male, von einem heftigen Hustenanfall unterbrochen, innehalten.

Ich sollte am Grab an die Reihe kommen. Ich sah dem Augenblick mich wachsendem Entsetzen entgegen.

Danach hoben die Feuerwehrleute Claudel auf ihre Schultern, und der Zug setzte sich auf der weißen, staubigen, vor Hitze flimmernden Straße in Bewegung.

Ich hielt mich in einigem Abstand, um Claudel nicht aus den Augen zu verlieren. Jetzt ging es am Gitter vorbei. Der schöne schwarze

Hund des Friedhofwärters sah den großen Mann vorüberziehen. Claudel tauchte in den Schatten seiner großen, unerschütterlichen Platanen. Wie die Linien eines Stichs zeichnete er sich vor dem hellen Hintergrund des sorgsam verriegelten Schlosses ab. Den schmalen Pfad hinauf, der zum Ende des Parks führt, entschwand er dem Blick. Nun mußten wir warten, bis die Totengräber und Feuerwehrleute auf Karren die Kränze brachten und mit ihren Vorbereitungen fertig waren. Mein Herz schlug, der Kopf war mir heiß. Ich fühlte nichts mehr. Ich kam erst wieder zu mir, als ich mich vor derselben Menschenmenge, dicht wie das Blattwerk über mir, meines letzten Glaubensbekenntnisses für Claudel mit einer gegen meine Rührung ankämpfenden Wut entledigte.

Danach gingen alle auseinander und zum Mittagessen. Himmel, Erde, Menschen hatten Claudel geleitet. Er hatte sein wahres Begräbnis empfangen.

Madame Claudel – eine außergewöhnliche Frau, beispielhaft in ihrer Haltung, Würde und Aufopferung – hatte trotz der Umstände die Anordnung der Tafel mit ihren fünfundvierzig bis fünfzig Gedecken selbst übernommen.

Im Verlauf dieser Stunden in Brangues gab es keinen einzigen Augenblick, der steif, geheuchelt oder gewollt gewesen wäre. Das Mittagessen verlief ungezwungen. Man sprach, das Leben ging weiter. Man stand vom Tisch auf – die Enkel liefen auf den Rasen und begannen ganz *natürlich* Krokett zu spielen, so wie an anderen Tagen ... aber an diesem Tag vielleicht, um nicht zuviel zu denken. Andere begleiteten mich, als ich zum Grab zurückkehrte. Die Totengräber schoben – wie gute Handwerker – den Stein über die Gruft. Der Architekt, der ihn entworfen hatte, überwachte die Arbeit. Alle wußten, wie sehr Claudel eine ordentlich verrichtete Arbeit schätzte.

Die Kinder warfen einen letzten Blick in die Grube hinunter zum blumenbedeckten Sarg, bevor der Stein ihn endgültig bedecken würde, und das Kleinste zeigte mit dem Finger auf den leeren Platz neben Claudel und sagte ganz leise im natürlichsten Ton der Welt: *»Siehst du, da kommt dann Großmutter hin.«*

Gleich neben dem Grab erhob sich ein anderer kleinerer Grabstein, von derselben Art wie der große, wie ein Küken neben dem Huhn: das war das Grab eines Enkelsohns von Claudel, zu dessen Füßen er seinen Rosenkranz zu beten pflegte.

Bald war alles getan. Das einzige, was noch an Claudel erinnerte, waren diese eingegrabenen Worte:

Hier
ruhen die Reste
und der Same
von Paul Claudel

Und vor allem – oh, vor allem: ringsumher die Felder, die Bäume, das Kommen und Gehen der Landarbeiter, die hundertjährigen Linden, das Schloß voller Kinder und Enkel, die gelb werdenden Trauerweiden, an die der Dichter, am Ende seiner Wanderfahrt durch die Welt, seine Harfe gehängt hat:

»Und diese Pappel, schlank wie eine Kerze,
wie eine Tat des Glaubens, wie ein Akt der Liebe;
und da oben am Firmament dieser Stern (ist es nicht Mutter
Maria im Himmel?), der Planet, der den Tod besiegt«,

die wir unaufhörlich betrachteten ...
Seit jenem Tag kenne ich eine Art von Einsamkeit, die, fürchte ich, nie mehr vergehen wird.

Abwanderung einer Generation

Der Tod Paul Claudels im Januar 1955 beschloß den langandauernden Lauf einer großen Abwanderung. Innerhalb von drei Jahren, von 1949 bis 1952, verschwanden nacheinander die Männer aus meinem Leben, die mich mehr oder weniger geprägt hatten.
Oktober 1949: Jacques Copeau. Arteriosklerose im Gehirn hatte ihn nach und nach zu einem dahinvegetierenden Dasein verurteilt. Er hatte sich auf seine Besitzung in der Bourgogne zurückgezogen. Es war schmerzlich für uns zu sehen, wie dieser so intelligente Geist in plötzliche Umnachtung versank, um sogleich darauf wieder völlig klar zu sein. Copeau war nicht geisteskrank, sondern litt unter diesen plötzlichen Verdunkelungen. Am Abend seines Todes spielte Maiène, seine Tochter, bei uns im ›Prozeß‹.
Dezember 1949: Charles Dullin. »Nach langer schwerer Krankheit«, wie man sagt; eine Bauchspeicheldrüsensache. In Wahrheit war sie überhaupt nicht lange. Wir hatten damals gemeinsame Pläne: wir wollten ›Georges Dandin‹ von Molière – mit Pierre Brasseur – ins Repertoire des Marigny aufnehmen unter der Regie meines

Lehrers. Er mußte eine Tournee in Frankreich mit dem ›Geizigen‹ unterbrechen und wurde ins Hospital Saint-Antoine eingeliefert ...
Über den Tod Dullins »im Hospital« wurde viel geredet hinterher. Natürlich war er nicht reich, aber er besaß seine »geistigen« Kinder; Salacrou und ich kümmerten sich unter anderen um ihn. Und wo kann man heutzutage besser behandelt werden als in einem Städtischen Krankenhaus, zumal, wenn man Dullin heißt und einem vom berühmtesten Professor bis zur kleinsten Krankenschwester nur Verehrung und Respekt entgegengebracht wird?
Während einer meiner Besuche wurde er allerdings einmal schwach und verlangte, in eine Privatklinik verlegt zu werden. Salacrou und ich hatten eine Unterredung mit Professor Mondor, der eine fachgerechte Behandlung für vordringlicher hielt und uns riet, Dullin zu lassen, wo er war.
Danach bekam er ein Zimmer in einem kleinen Nebengebäude. So hatte er »seine Privatklinik«.
Als ich ihn zum letzten Mal sah, murmelte er im Halbschlaf:
»Hast du gestern gespielt?«
»Ja.«
»War viel Publikum da?«
»Ja.«
»Ah! Um so besser, um so besser!«
Und wenn wir uns noch so schneidig vor leeren Plätzen geben – so ist doch wahr, daß wir in dem Moment, wo wir uns für eine Theaterlaufbahn entscheiden, auf Menschen treffen wollen. Was wäre das allabendliche Lampenfieber anderes als der Kloß im Hals eines Verliebten vor einem Rendezvous?
Der Schauspieler ist ein Verliebter. Der Zuschauer spielt zuweilen die Rolle der koketten Geliebten. Dullin durchlebte noch einmal auf dem Totenbett diese Angst vor dem verfehlten Rendezvous. Die heute sein Schicksal beklagen, hätten besser daran getan, zu Lebzeiten seine Aufführungen zu besuchen. Der Nachruhm ist schön und gut! Aber eine Anerkennung für den Lebenden, für den »Gebenden« ist auch nicht zu verachten!
Am Sonntag darauf spielte ich ›Hamlet‹ in der Nachmittagsvorstellung. Madeleine ging Dullin besuchen. In der Pause bekomme ich ihren Anruf: »Es ist zu Ende.«
Die Vorstellung ging weiter. Ich höre mich, zwischen Ophelias Beine gelehnt, sagen: »Und mein Vater ist erst zwei Stunden tot.«
Grausames Spiel von Leben und Tod!
Als Dullin aus dem Hospital getragen wurde, vorbei an Kranken

und Pflegepersonal, Männern und Frauen, die an den Fenstern in gemeinsamer Ergriffenheit standen, entführte der Leichenwagen auch meine Jugend.

Danach war Mitte August 1951 Jouvet an der Reihe. Ich wurde aus Sankt Moritz zurückgerufen, wo ich mit Madeleine kurze Ferien machte. Pierre Renoir und seine Kollegen baten mich, die Grabrede zu halten.

Am Zoll ließ man mich ohne Verzug passieren – jeder wußte um die traurige Aufgabe, die mir bevorstand. Das Hinscheiden von Jouvet erregte beträchtliches Aufsehen. Es war der Schauspieler schlechthin, der mit ihm dahinging. Die Place Saint-Sulpice war schwarz von Menschen. Langsam rollte sein Sarg von der Rive Gauche bis zum Friedhof Montmartre, zu beiden Seiten standen die Passanten, die wußten, »wer vorbeifuhr«. Das Volk von Paris sagte ihm Adieu. Es war wie der Trauerzug eines Staatschefs, eines Staatschefs einer anderen Welt als der politischen.

Welche Magie besitzt das Theater! Ja, an diesen Augenblicken erkennt man die Wirklichkeit unserer Berufung: Freundschaft, Liebe und Tod. Wer wollte ihm jetzt noch die grenzenlose Freiheit der Wahl seiner Ausdrucksmittel vorwerfen? Die kleinen Vorbehalte, die man gegenüber mehr oder weniger gelungenen Aufführungen machte, sind vergessen, es bleibt nur noch die Erinnerung an den, der alles gab und alles empfing.

Jouvet war, vom Schlag getroffen, auf der Bühne des Athénée gestorben. So wie es in Vauthiers ›Le Personnage Combattant‹ heißt:

> *»Die Menschen haben ihre Werke hervorgebracht und haben sich in ihnen versteckt, um zu sterben – triumphierend oder verzweifelt, aber man mußte sterben, man mußte geben, man mußte einwilligen ...«*

Auch Gaston Baty sollte uns einige Monate darauf verlassen, er ist allmählich an Angina pectoris erstickt.

Eröffnet hatte diesen Zug der Toten im Februar 1949 Christian Bérard. Er starb mit siebenundvierzig Jahren. Im Mittelgang des Parketts im Marigny, bei der vierten Reihe, traf ihn vor seinem Bühnenbild für ›Fourberies de Scapin‹ (*Scapins Streiche* von Molière) der Schlag.

Als ich vor dem Krieg den ›Misanthrop‹ spielte, hatte mich Jouvet schwer kritisiert und gesagt: »Alceste ist nicht deine Sache, du bist

Scapin.« Also bat ich zehn Jahre danach Jouvet, bei uns ›Scapin‹ zu inszenieren, um die Rolle unter seiner Leitung studieren zu können. Ich gehe sehr gern in die Schule zurück und stelle mich in Frage. Wir machen ja auch täglich unsere Toilette, warum sollten wir uns nicht von Ticks und schlechten Gewohnheiten befreien, die man beim Arbeiten zwangsläufig annimmt? Jouvet hatte – unter Mitwirkung von Sauguet für die Musik und Bérard für Bild und Kostüme – hervorragende Arbeit geleistet. Und Christian Bérard hatte ihn noch übertroffen. Eine große Lektion für mich.

Ich sagte es schon, beim Theater muß man immer »den Karren vor die Pferde spannen«, sonst macht man schließlich nichts mehr. Während dieses Abenteuers hatte ich Gelegenheit festzustellen, daß man beim Theater noch ein anderes Sprichwort umdrehen kann: »Leute machen Kleider.« Und das ist nicht so erstaunlich, schließlich ist das Theater der Spiegel des Lebens.

Jouvet hatte die Rolle des Géronte Pierre Bertin anvertraut. Er kannte sie besonders gut, hatte er sie doch in seiner Jugendzeit am Vieux-Colombier selbst gespielt. So gab er uns auch die traditionelle Ausstattung weiter: den Sonnenschirm, die große Kette an der Geldbörse, das ganze Gehabe eines Greisenkörpers ... Auf solche Weise vererbt man der großen Theaterfamilie von Generation zu Generation die »Traditionen«. So entstehen auch die »Zivilisationen«, so wenig das den Verfechtern der verbrannten Erde auch gefallen mag. Jouvet machte also Bertin »fertig«; diesem gelang es nicht, die abgrundtiefe Bösartigkeit des Graubarts in den Griff zu bekommen – sein Körper widersetzte sich.

Bérard hatte zu mir gesagt: »Gib mir 1000 Meter grauen Stoff, und ich fertige die Kostüme direkt auf den Leib an.« Er hatte genug von Entwürfen mit Feder, Papier und Gouache. Menschenschweiß riecht besser.

Wir verabreden einen Termin für die Anproben und finden uns in der Schneiderwerkstatt ein. Nach wie vor meine treue Karinska. Bérard umwickelt Bertin mit dem grauen Stoff und bittet ihn, dabei ein bißchen seine Rolle zu spielen. Er zieht ihm die Schultern herunter, knickt ihm die Knie ein, läßt ihm die Taschen bis zum Boden hängen. Bertins Arme werden immer länger, eine Andeutung eines Buckels entsteht, und schon geht Bertin ganz gebeugt. Nach und nach erleben wir die psychische Verwandlung des Schauspielers. Bertin wurde in diesem ihn allmählich verschlingenden und verschnürenden Kostüm zu Géronte.

Jouvet hatte hinreißende Einfälle. Vor allem hat er die Posse auf die Ebene großer Poesie erhoben. Scapin, von Scaramouche inspiriert, in Schwarz und Weiß, wurde zum »Prinzen der Diener«. Jouvets Meisterschaft war eines Molière würdig. Er kümmerte sich kaum um den üblichen Kleinkram, mit dem sonst Regisseure beschäftigt sind, wie zum Beispiel die logische Abfolge von Auftritt und Abgang. Über ein Metier frei zu verfügen, heißt, sich davon loslösen zu können. Nach den Launen seiner Phantasie schlug die Inszenierung ihre Kapriolen, ohne auch nur für einen Augenblick unstimmig zu sein.

Ich glaube allen Ernstes, daß es auf der Bühne weniger darauf ankommt, wahrhaftig zu sein, als in sich stimmig zu spielen. Wie in der Musik, immer wie in der Musik. Jedes Werk stützt sich auf seine ihm eigene Tonart. Ob in Dur oder in Moll, dieser Imperativ muß eingehalten werden.

Diese Experimente an ›Scapin‹ mit Jouvet und Bérard waren für mich eine heilsame Erfahrung, eine große Lehre.

Auch das Tempo ist sehr wichtig. Ich machte es mir zur Gewohnheit, am Ende des ersten Aktes den Inspizienten nach der gestoppten Zeit zu fragen. Wenn wir drei Sekunden langsamer geworden waren, ließ ich durchsagen: wir müssen »anziehen«. Diese Arbeitsweise habe ich beibehalten.

›Le Personnage combattant‹, den ich zur Zeit spiele, dauert ohne Pause eine Stunde und vierundfünfzig Minuten. Jeden Abend stoppen wir die Zeit. Sie variiert etwa um dreißig Sekunden, kaum mehr. Aber es macht mir Spaß zu raten, ob ich schneller oder langsamer war. Ich irre mich selten.

»Oui, Monsieur, heute haben Sie eine Stunde, dreiundfünfzig Minuten, fünfunddreißig Sekunden.«

Oder aber:

»Heute haben Sie eine Stunde, vierundfünfzig Minuten, vier Sekunden.«

Und auf diese Weise gibt es ständig Veränderungen im Spiel. Man muß annehmen, daß die Empfindungen unterschwellig irgendwelchen geheimen Atmungsrhythmen gehorchen.

Nie habe ich die Bedeutung des Tempos besser begriffen als im ›Scapin‹: eine der anstrengendsten Rollen des Repertoirs. Der Blutdruck steigt von sechs auf sieben. Molière hatte nur noch achtzehn Monate zu leben, als er diese Rolle schuf und kannte sich aus in dem Beruf eines Schauspielers: Nach der berühmten Szene mit dem Sack wird die Person von Dienern getragen!

Wir waren in den letzten Probentagen. Zur gleichen Zeit spielten wir ›Mittagswende‹, Jouvet spielte seinerseits im Athénée. Die Beleuchtungsprobe mußte angesetzt werden. Wir einigten uns, es nachts zu machen. Bérard war während der Vorstellung von ›Mittagswende‹ in meiner Garderobe und zeichnete die Entwürfe für die Pakete. Es sollten seine letzten Zeichnungen sein.

»Sich beim Gastgeber bedankend und sein Bündel schnürend«, sagt La Fontaine.*

Als der Zuschauerraum leer war, baut die Technik die ›Mittagswende‹ ab und die Dekoration für ›Scapin‹ auf. Bérard setzt sich in den Saal. Neben ihm seine kleine Hündin, Jacinthe, die mit ständiger Aufmerksamkeit alles beobachtete und keinen Schritt von ihrem Herrn wich.
Wir waren also zu dritt, saßen vor diesem Bühnenbild und warteten auf Jouvet. Eine wunderbare Dekoration: grau mit einigen rosafarbenen Tupfen.
Bérard sagt zu mir: »Ich mag diese Dekoration, es ist Theater für Hunde.« – Er hatte das Bühnenbild Jacinthe gewidmet.
Plötzlich wird er unruhig, steht auf, geht ein paar Schritte, kommt zu mir zurück und fragt:
»Verändere ich mich nicht irgendwie?«
Tatsächlich war sein Gesicht blaurot angelaufen. Ich konnte ihm nicht einmal mehr antworten, da lag er schon im Mittelgang am Boden.
Telefon, Arzt, Ambulanz, Polizei. Nach einigen röchelnden Lauten war es zu Ende.
Jouvet trifft ein, sieht, was geschehen ist, und die Augen treten ihm aus dem Kopf. Mein alter Freund Doktor Fraenkel (aus der Da-da-Bewegung) will das Unmögliche versuchen. Man bringt Bérard ins Hospital Beaujon, um Wiederbelebungsversuche am Herzen durchzuführen. Jacinthe hatte ich in meinen Regenmantel gewickelt und auf den Arm genommen.
Fast zwei Uhr morgens. Ohne viel Hoffnung warteten wir auf das Ergebnis. Die Ärzte kommen zurück, sie hatten nichts mehr ausrichten können. Unser »Bébé« war in einem Hospital gestorben.
Nach den gesetzlichen Bestimmungen darf der Leichnam das Gebäude nicht verlassen. Die Polizeibeamten wollten deshalb, als sie uns so unglücklich sahen, dem Gesetz zuwiderhandeln unter der

* Der Tod und der Sterbende: »Ich wollte, daß man in diesem Alter / Aus dem Leben verschwindet wie nach einem Bankett / Sich beim Gastgeber bedankend und sein Bündel schnürend.« – Sein Bündel schnüren bedeutet sterben.

Bedingung, daß wir ihn aufrecht, wie man einen Betrunkenen stützt, hinausbrächten.
Wir halten Bérard unter den Armen und bringen ihn zum Ausgang. Der Polizeiwagen fährt uns zu seiner Wohnung, Rue Casimir-Delavigne. Wir klingeln am Tor. Der finstere Zug setzt sich wieder in Bewegung. Bérard passiert von zwei Polizisten begleitet den Torbogen. Wir rufen vor der Hausmeisterwohnung: »Christian Bérard«, wie sich's gehört. Und lassen ihn Stufe um Stufe die Treppe hinaufsteigen. Und ich habe immer noch die kleine Jacinthe auf den Armen.
Um vier Uhr früh hatten wir ihn angezogen. Die Polizisten, die sich sehr anständig benommen haben, sind gegangen. Kochno, sein Freund, blieb für die Totenwache.
Wir machten uns Sorgen um Jacinthe und beschlossen, ich solle sie mit mir nehmen. Ich zog den Regenmantel von Bérard an, und sie folgte mir brav; und so ging ich in der Morgendämmerung zu Fuß von der Danton-Kreuzung bis zum Trocadéro; denn ich hatte es wahrhaftig nicht mehr eilig, und ich würde Madeleine nicht aufwecken, um ihr das zu sagen! Seit ihrer frühesten Kindheit liebte sie ihren Vetter zärtlich.
Wohin gehen, wenn nicht zu wahren Freunden?
Ich läutete an Pierre Delbées Tür. Seit der Besatzungszeit bis zum heutigen Tage sind wir um ihn eine kleine unzertrennliche Clique.
Am übernächsten Tag, am 17. Februar, glaube ich, am Geburtstag Molières, wurde Bérard begraben. Dieses Mal ging's von Saint-Sulpice zum Friedhof Père-Lachaise. Ganz Paris war da. Tout Paris, das der Mondänen, der Ästheten und der Künstler, alle »Verrückten« und »Nachtschwärmer«, alle »Snobs«, alle »Aristokraten« und auch die einfachen Leute, das Publikum, das Volk, alle Schichten der Pariser Gesellschaft waren auf einmal für wenige Stunden in Tränen vereint.
Denn Christian Bérard wurde von allen geliebt, und sein Genie fand vom »Boulevard« bis zur Avantgarde einhellige Anerkennung.
Am selben Abend fanden sich dieselben Leute zur »großen Premiere« von ›Scapin‹ ein!
Das Gesetz des Zirkus: Wir mußten spielen!
»Gesetz des Zirkus« und »Gesetz des Lebens«: Als ich am Ende der Vorstellung, wie es der Brauch ist, die Mitwirkenden vorstellte*

* Französischer Theaterbrauch: Autor, Regisseur, Bühnenbildner, Komponist, Choreograph werden am Ende einer Premiere dem – geladenen – Publikum genannt, »vor dem wir die Ehre hatten, die Generalprobe abzuhalten«. Diese öffentliche Generalprobe ist die erste endgültige Aufführung und entspricht der Premiere an deutschen Theatern (Anm. d. Ü.).

und sagte: »Bühnenbild und Kostüme von Christian Bérard«, fiel plötzlich der Bühnenvorhang herab wie eine Guillotine und war nicht wieder hochzuziehen – die Hauptseile waren gerissen.
Auch das Theater wollte Trauer tragen.

Klassisches Repertoire und moderne Autoren

Nichts erhält ein Theater lebendiger, als wenn es Klassiker mit modernen Autoren konfrontiert: Racine mit Giraudoux, Äschylos mit Claudel, Feydeau mit Molière.
Wir haben nur wenige Klassiker inszeniert:

französische		*ausländische*	
Molière	3	Shakespeare	1
Marivaux	2	Ben Jonson	1
Racine	1	Äschylos	1
Musset	2	Lope de Vega	1

Sagen wir ein knappes Dutzend.
Von den 48 Werken, die wir zur Zeit des Marigny in unserem Repertoire hatten, waren 36 moderne Werke und 24 Uraufführungen.
Wir hielten uns also an die idealen Proportionen: 25% Klassiker, 75% Moderne, 50% Uraufführungen.
Dieses Programm verlief in alternierendem Rhythmus. Eines Abends kommt eine Dame an die Vorverkaufskasse, hört sich an, was unsere Kassiererin erklärt, und sagt: »Geben Sie mir die ganze Auswahl.« Ich habe das gern, wenn ein Theaterprogramm an eine Speisekarte denken läßt.
Trotz der wachsenden Schwierigkeiten und allen möglichen politisch-ästhetischen Diskussionen, in die uns gewisse intellektuelle Zeitungen verwickelten – von den konservativen und reaktionären ganz zu schweigen –, brachten wir mindestens zwei Uraufführungen im Jahr heraus: Salacrou – Kafka – Camus – Claudel – Bruckner – Jean Anouilh – Montherlant – Gide – Maurice Clavel – André Obey – Cocteau – Giraudoux – Georges Schéhadé – Ugo Betti – Christopher Fry – Georges Neveux – J. Supervielle – Jean Vauthier.
Und das sind nur die Namen der Uraufführungen, die unser Programm auszeichneten.

Malatesta

Ich verstand mich sehr gut mit Montherlant. Die Kritik war hart, für ihn wie für mich. Sie konnten sich nicht vorstellen, daß ein Condottieri nur einen Meter siebzig groß sein kann. Nach ihrer Meinung war ein Condottieri so etwas wie die Reiterstatue des Colleone.

Eine Begebenheit anläßlich der unerklärlichen Atmosphäre, die bei der Aufführung herrschte, gebe ich wieder:

In ›Malatesta‹ hebt sich der Vorhang über der leeren Bühne.* Hinter den Kulissen befinden sich der Held und sein Waffenmeister bereits im Gefecht; beide treten fechtend auf. Am Premierenabend geht der Vorhang wie vorgesehen auf, ich bin zusammen mit meinem Kameraden Beauchamp bereit zum klirrenden Auftritt. Genau in diesem Augenblick kam uns aus dem Zuschauerraum eine derartige »Kältewelle« entgegen, daß ich ausrief: »Die Esel sind gegen uns!« Und wirklich – wir mußten den ganzen Abend »rudern«.

Was ich an diesem Fall interessant finde, ist folgendes:

1. »Sie« waren schon gegen uns, bevor wir anfingen.

2. Noch gar nicht auf der Bühne, empfanden wir bereits durch die Wände diese Feindseligkeit wie eine Ohrfeige. So schöne Augenblicke es am Theater gibt – es gibt auch ganz verflixte Viertelstunden.

Pour Lucrèce

War das einzige Stück von Giraudoux, das nicht von Louis Jouvet »in die Welt gesetzt« worden ist. Ich bewahre eine tiefe Dankbarkeit für J.-P. Giraudoux und seine Mutter, die mir ihr Vertrauen entgegenbrachten.

Ein wunderbares Stück, das von einer unvergleichlichen Besetzung profitierte, insbesondere bei den weiblichen Rollen: Yvonne de Bray, Edwige Feuillère, Madeleine Renaud, Simone Valère. Bei den Männern: Servais, Desailly usw.

Dekoration von Cassandre – eine ziselierte Zeichnung. Kostüme von Dior: Vollkommenheit.

Die zweite Uraufführung neben ›Pour Lucrèce‹ war in diesem Jahr die von ›Christoph Columbus‹. 1953 war ein guter Jahrgang.**

* Bühnenbild und Kostüme waren von Andrëü.

** 1953 brachte ebenfalls die Eröffnung des Petit Marigny, die Gründung des Do-

Edwige trug zwei rote Kleider, Madeleine ein weißes. Bei der ersten Kostümprobe waren die beiden roten Kleider von Edwige atemberaubend gut. Hingegen waren die von Madeleine reine Sahnetorte. Christian Dior schickt jemanden in sein Atelier, um cremefarbene Shantungseide zu holen. Die Wirkung kann man erst richtig auf der Bühne beurteilen, je nachdem steigert oder zerstört sie alles. Dior drapiert die Seide um Madeleine. Diesmal schien es zu stimmen. Plötzlich werde ich unruhig.
»Und wenn wir nochmal Edwige daneben sehen könnten?«
»Aber ihre Kleider sind doch perfekt!«
»Ich bitte Sie sehr darum ... vorsichtshalber.«
Also gut, ich bekomme meinen Willen. Das eine der beiden roten Kleider stimmt nach wie vor. Das andere, in einem nur um Nuancen verschiedenen Rot ist auf einmal ganz unmöglich. Hängt es mit den winzigen Farbveränderungen zusammen, mit der Verschiedenheit der Stoffe, die nicht zusammenpaßten? Die zweite Robe von Feuillère mußte neu entworfen werden.
Diesen Vorgang nenne ich das Gesetz der Imponderabilien. Man hätte das unmöglich im Schneideratelier feststellen können: *Es war die Bühne, die ablehnte.*
Damals, als wir mit Bérard ›Amphitryon‹ von Molière inszenierten, mußten wir den Durchmesser der Säulen im Verhältnis zu ihren Höhen festsetzen. Ich hatte etwa zehn Karton-»Muster« herstellen lassen, deren Durchmesser um jeweils einen Zentimeter variierte.
Mit »Bébé« wurde immer gespielt, jedenfalls wurde immer so getan als ob.
Auf der Bühne sind also die zehn numerierten Pappsäulen aufgestellt. Wir standen im Hintergrund des Zuschauersaales mit dem Rücken zur Bühne, Papier und Bleistift in der Hand.
Wir drehen uns plötzlich um, und jeder notiert für sich die Nummer, die er am besten findet.
Wir hatten beide dieselbe. Unter den zehn Säulen *verlangte eine danach zu spielen.* Die anderen waren »Blindgänger« ... Das Gesetz der Imponderabilien.
Das Segel aus ›Christoph Columbus‹, das wir für die Uraufführung in Bordeaux verwendet hatten, schien zu groß für die Bühne

maine Musical und der ›Cahiers Renaud-Barrault‹ im Verlag Julliard unter der Leitung von André Franck. ›Les Cahiers‹ wurden ab 1958 von Simone Ben Mussa geleitet und von unserem Freund Claude Gallimard übernommen.

des Marigny. Es hatte 9 mal 9 Meter. Ich ließ ein neues anfertigen, diesmal 7,50 auf 7,50 Meter groß. Wir stellten es auf – es wirkte seelenlos.

»Egal, probieren wir noch mal das alte Segel!«

»Aber das ist doch bestimmt zu groß!«

»Versuchen wir's immerhin.«

Das erste Segel wird ausgespannt; und ich weiß nicht, wie es das anstellt, ob es sich kleiner macht – kurz, es bringt es fertig, zugelassen zu werden. *Es wollte spielen.* Auch hier stehen wir vor dem gleichen Phänomen.

Wer wagt da noch zu behaupten, die Dinge besäßen nichts »Menschliches«? Und deshalb habe ich zwei Freunde – einen alten ledernen Rucksack voller Flicken aus dem Jahre 1937 und einen alten zerlöcherten und verfransten Indianer-Poncho –, von denen ich mich nie trennen würde, es sei denn, sie trennten sich von mir. Ganz ehrlich, mein Sack und mein Poncho sind meine beiden Reisegefährten – warum sollte ich mich von ihnen trennen, wenn es auf die »letzte« Reise geht?

Ich verstehe die Männer, die sich mit ihrem Pferd begraben ließen. In Leningrad kann man sie im Kellergeschoß des Museums besichtigen. Und dann auch unser Verhältnis zu den Hunden! Dieses Gesetz der Imponderabilien, das die Bühne so gebieterisch beherrscht, existiert überall im Leben. Es ist die Aura des sechsten Sinns, ich glaube nicht, daß die Computer diesen schon besitzen. Das kommt vielleicht noch.

Leider zwingen uns heutzutage manchmal die wachsenden Existenzschwierigkeiten, auf dieses Gesetz zu verzichten. Der Leistungsgedanke und die Standardisierung, Konsum und Gadget zerstören die letzte »Noblesse«, die dem Handwerk die Lebensbedingungen gewährt. Und doch ist es dieses »Imponderabile«, das Zivilisationen schafft. Eine bestimmte Art, sich als Mensch zu geben; eine anspruchsvolle Höflichkeit dem eigenen Metier gegenüber – und die an das Geheimnis des Lebens rührt . . .

Ich werde nicht alle Produktionen am Marigny Revue passieren lassen; nur von zweien – vor der Gründung des Petit Marigny – sei noch die Rede:

Bacchus

Ein sehr schönes Werk von Cocteau, das Bestand haben wird. Denke ich an Jean Cocteau, kommt mir ein Satz von Péguy über das Volk von Paris in den Sinn: »Man sagt, es sei leicht, weil es prompt ist.« Cocteau hat bis zu seinem Tod nicht aufgehört, sich selbst zu vertiefen.

Nur ein einziger Schatten fiel auf die Premiere von ›Bacchus‹ – die deplacierte Reaktion von François Mauriac. Plötzlich schwang er sich zum Eiferer der katholischen Kirche auf, stand auf und verließ die Vorstellung. Es war lächerlich und von einem albernen Infantilismus. Ich verehre, weiß Gott, Mauriacs Werke und seine – fast möchte ich sagen: pompöse Haltung. Er ist ein genialer Polemiker, aber ich weiß nicht, wieso ihn an diesem Abend der Hafer gestochen hat!

Die Repetition oder Die bestrafte Liebe

Jean Anouilh und ich waren Schulkameraden im Collège Chaptal. Er im geisteswissenschaftlichen, ich im mathematischen Zweig. Er war immer wie aus dem Ei gepellt, ich gab mich gern schlampig ... Als er uns ›Die Repetition‹ zur Aufführung anvertraute, waren wir höchst erfreut. Er ist einer der größten Könner unserer Generation. Er kennt das Theater wie seine Westentasche, mit ihm zu arbeiten, ist ein Vergnügen: Seine Einfälle oder Einwände sind immer Volltreffer.

Aber welch ein zerquälter Charakter! Wenn er Sorgen hat, werden alle mit hineingezogen. Das ist fürchterlich. Ist das Gewitter vorüber – ist er von der Bildfläche verschwunden! Trifft man ihn wieder, ist er so charmant, daß man nur einen Wunsch hat: sofort wieder mit ihm zusammenarbeiten.

Paris, die Stadt, die ich so liebe, hat mich ebenso viel leiden lassen: Unser Verhältnis erinnert an das von Célimène und Alceste. – Wir brachten Anouilhs neues Stück mitten in der Saison 1950 heraus. Anouilh war der Autor, auf den man setzte. Wir standen auf der Höhe unseres Ruhms – gerade waren wir von einer erfolgreichen Tournee in Südamerika zurückgekommen. Am Premierenabend waren im Vorverkauf noch keine anderthalb Säle gesichert. So ist das grausame, kalte, gleichgültige Paris. Der Premierenabend war ensetzlich, eine wahre Katastrophe. Ich lief den ganzen nächsten Tag durch die Straßen, verzweifelt, wütend, weinend, entmutigt, am Rand der Nervenkrise. Am zweiten Abend spielten wir vor der Presse: Zollkontrolle. Unsere Stimmung war auf dem Nullpunkt. Jedoch, es wurde ein Triumph. Zwei Tage später war die Kasse ausverkauft. Auch das ist Paris!

»Welch hartes Metier ... aber welche ausgezeichneten Ergebnisse!« heißt es in einem Stück von Schéhadé.

Und so ist es keineswegs verwunderlich, wenn ich nach und nach lernte, eine neue Devise anzuerkennen: »Sich für alles begeistern und an nichts hängen.«

Domaine musical und Petit Marigny

So, wie der Rhythmus des Alternierens die Elastizität und die fortschreitende Entwicklung eines Ensembles begünstigt und ihm eine gewisse wirtschaftliche Selbständigkeit garantiert, so wird die Vitalität eines Theaters nur durch simultane Aufführungen an verschiedenen Spielorten gefördert. An der Comédie-Française hatte ich bereits die Notwendigkeit erkannt, der großen Bühne eine kleinere Experimentierbühne anzugliedern.
Es bestand die Möglichkeit, an das Gebäude des Marigny einen Saal für zweihundertfünfzig Plätze anzubauen. Nach sieben Jahren vermochten wir Simone Volterra davon zu überzeugen, und im Januar 1954 weihten wir Le Petit Marigny ein. Diese Einrichtung erlaubte uns gleichzeitig, Pierre Boulez zu helfen.
Wir hatten sehr bald die ungewöhnlichen Qualitäten unseres jungen Kapellmeisters erkannt. Die Intensität seiner Einsatzbereitschaft ließ darauf schließen, daß es ihn zu schöpferischer Tätigkeit drängte. Sein außergewöhnlich breit gefächertes musikalisches Können, sein vielseitiges Talent, eine gewisse Mischung von Unnachgiebigkeit und Humor, die wechselhaften Launen mal liebevoller, mal unverschämter Anwandlungen, ein ausgeprägtes und unwiderstehliches Temperament – all das hatte uns ihm nahegebracht und unsere Bindung an ihn verstärkt: Wir liebten ihn aufrichtig wie einen Sohn.
Mit dem Petit Marigny wurde auch der Domaine musical geboren. Auf dem Gebiet der zeitgenössischen Musik waren wir, in Frankreich jedenfalls, noch im Zeitalter der Katakomben. Boulez wollte die Ehre retten.
Der deutsche Dirigent Hermann Scherchen dirigierte die ersten Konzerte. Wir brachten die Erstaufführung von Strawinskys ›Renard‹. Durch Boulez lernten wir Schönberg und Webern besser kennen und entdeckten Berio, Stockhausen, Nono usw. Es waren denkwürdige

Abende, von Pfiffen und Beifall begleitet. Wenn ich heute in New York ein Konzert von Pierre Boulez besuche, schlägt mein Herz stolz wie das eines Vaters.
Ohne den Bruch vom Mai 1968 wären wir noch heute ein Gespann. »Sich für alles begeistern und an nichts hängen«: Ich begeistere mich nach wie vor für das Werk von Boulez, der heute seinen eigenen triumphalen Weg weiterverfolgt.*

Le Petit Marigny machte es uns möglich, neue Autoren ins Programm aufzunehmen: insbesondere Georges Schéhadé und Vauthier.
Ich bin in der Tat viel weniger an Neuheiten als an Qualität interessiert. Ist das ein Fehler? Ich habe keine Ahnung. *So ist es nun mal.* Einerseits basiert meine Ausbildung grundlegend auf technischem Können, andererseits hat mich mein professionelles Engagement immer wieder in wirtschaftlich schwierige Unternehmen verwickelt. Die »Baumschule« ist für mich weniger ein Ziel als ein Reservoir.
Das hindert mich nicht, von wesentlichen Neuerscheinungen angezogen zu sein. Ich hatte von Schéhadé ›Monsieur Boble‹ gelesen, und diese Poesie hatte mich sehr beeindruckt. Ich setzte mich mit Schéhadé in Verbindung. Wir inszenierten ›La Soirée des proverbes‹, ein bewundernswertes Werk. Im weiteren Verlauf unserer Zusammenarbeit sollten ›Histoire de Vasco‹ (im Théâtre Sarah-Bernhardt) und ›Le Voyage‹ (im Odéon) folgen. In meinen bewundernden Zuneigungen bin ich relativ konstant.
Nach der Uraufführung von Jean Vauthiers ›Capitaine Bada‹ vertraute mir der Dichter sein zweites Werk an: ›Le Personnage combattant‹. Und ich spiele es noch heute – fünfzehn Jahre danach; das spricht für sich.

In neun Jahren war es uns – auf Grund des Alternierens, bei gleichzeitiger Bespielung von zwei Bühnen, mit der engen Verbindung von Musik und Theater und unseren großen Auslandstourneen – gelungen, unsere Absicht zu verwirklichen: »Ein Theater mit internationalem Repertoire, Sektion französische Sprache« zu sein. Wie immer in unserem Leben wartete jedoch das Schicksal, getreu nach Äschylos, bereits an der nächsten Ecke auf uns ...

* Praktisch haben wir nie aufgehört, zusammenzuarbeiten. Namentlich konnten wir – Boulez am Dirigentenpult, ich für die Inszenierung – auf eine Initiative von Georges Auric hin (der damals die Pariser Oper leitete 1964 den wundervollen ›Woyzeck‹ von Alban Berg in einer hervorragenden Besetzung durch erste deutsche Sänger und wieder mit Masson als Bühnenbildner realisieren.

Zwei Werke spiegeln, wie ich meine, das Doppelgesicht dieser Marigny-Epoche wieder: Die ›Orestie‹ des Äschylos und ›Der Kirschgarten‹ – die eigenartigen Klänge des antiken Schlagzeugs und das kleine Orchester wandernder Musikanten, vier Geigen, eine Flöte, eine Baßgeige in Tschechows Stück ...

Die Orestie

Shakespeare, Claudel, die Maske, die Pantomime, das totale Theater, die kabbalistische Dreiheit, die Zufälligkeit von Reisebegegnungen, die Gegenwart von Boulez, die verschiedenen Formen der Sprache, von der Prosa über den Sprech-Gesang bis zum Gesang; der körperliche Trancezustand, die Magie des Tastsinns: Das alles brachte mich eines Tages soweit, daß ich mich an die ›Orestie‹ des Äschylos wagte.

Schon 1941, im Roland-Garros-Stadion, hatte ich einen ersten Versuch mit ›Die Choephoren‹ gemacht. Trotz der wertvollen Unterstützung durch Charles Münch und Honegger war mir diese Arbeit nicht gut gelungen. Damals, in der Besatzungszeit, war es verboten, abends im Stadion zu spielen. Wir wurden die Opfer der Junisonne. Theater ist eine Kunst, die das Mondlicht braucht. Es sind zuerst unauffällige Details, in die man sich verliebt, die kleinen Unterarme von Madeleine, die Szene mit Doña Siebenschwert und der im schönen Meer schwimmenden Metzgerin im ›Seidenen Schuh‹ ... und erst danach liebt man ein Wesen als Ganzes.

Und in Brasilien überkam mich das Bedürfnis, mich mit der ›Orestie‹ zu beschäftigen. In Rio hatte ich an okkultistischen Sitzungen teilgenommen. Eine weiße Magie, in welcher der Teufel keinen Platz hat. Indianische und afrikanische Geister »fahren« in den Gläubigen, und wenn er vom Geist besessen ist, beginnt eine Art innerer Dialog. Ich beobachtete drei Stadien des Trancezustandes, und das erinnerte mich sogleich an die Szene in ›Agamemnon‹, wo der Geist Apollons in Kassandra »fährt«. Auch hier fand ich drei Zustände, eine genaue Parallele.

In Bahia sah ich den Zeremonien der Candombles zu, die mich stark an die Zeremonie der ›Choephoren‹ erinnerte: wenn die »heiligen Mädchen« an Agamemnons Grab Orest zum Verbrechen anspornen.

Schließlich erlebte ich noch im brasilianischen Urwald die Makumbas, jene magischen Zeremonien, die, mit dem Teufel (Ishu) im Bunde, ursprünglich Rachebeschwörungen waren. Sie erinnern haargenau an die schwarzen Messen Klytämnestras inmitten ihrer Erinnyen.

Ich dachte an nichts anderes mehr als an die Trilogie des Äschylos. Bei einer Zwischenlandung in Dakar fielen Maiène und mir auf dem Marktplatz Gewänder auf, die nur mit Pflanzenfarben gefärbt waren – mineralische Farben gab es dort damals noch nicht. Das Imponderabile!

Sollte diese neue »Operation Orestie« überhaupt ihren vollen Sinn erhalten, mußte ich die Trilogie an einem Abend geben. Es gab eine schöne Claudel-Übertragung, der Dichter hatte sich damit zum Sachwalter seines »Meisters« gemacht. Das war schon eine gute Sache. Aber Claudels Sprache ist nicht nur mächtig, sie ist auch wortreich. Seine ›Orestie‹ hätte mindestens sieben Stunden gedauert. Und außerdem stammte die Übersetzung des Agamemnon aus seiner Jugendzeit, als er an ›Goldhaupt‹ arbeitete; die ›Choephoren‹ und ›Eumeniden‹ hingegen aus seiner reifen Zeit, aus der Epoche des ›Père humilié‹. Nebeneinandergestellt war der Stilunterschied auffallend; als sei der erste Teil von Bonaparte und die beiden anderen Teile von Napoléon geschrieben worden.

Der griechische Text hat eine viel kürzere Spieldauer. Ich bat André Obey, das Abenteuer zu wagen. Obey ist begeisterungsfähig, und er willigte ein.

Unter Mitarbeit mehrerer Hellenisten – einem Dominikanerpater, einem Lehrer der Sorbonne, einem griechischen Freund, der Äschylos auswendig kannte – unternahmen wir es, ungefähr ein Jahr lang, mit der Stoppuhr in der Hand, jeden Vers der Tragödie abzuklopfen. Wir hatten uns vorgenommen, gleichwertige Versmaße zu entwickeln. Wir nahmen eine haargenaue metrische Untersuchung der ›Orestie‹ vor und stellten uns ein ganzes Mosaik von Rhythmen zusammen, die den griechischen entsprachen; zum Beispiel nahmen wir für den Jambus sechsfüßige Verse, für den Anapäst Alexandriner, für den Trochäus acht- oder zehnfüßige Zeilen, für den Kretikus sechs oder neun Versfüße, für den Diochmiaken rhythmische Prosa usw. Dabei kontrollierten wir uns ständig mit der Stoppuhr.

Wir stellten eine ›Orestie‹ zusammen, die in viereinhalb Stunden spielbar war. Ein wenig kürzer noch als ›Der seidene Schuh‹!

Was den Chor anbelangte, so las ich viele gelehrte Bücher darüber. Nach Studien an griechischen Vasen und Bildwerken rekonstruierte ich den gestischen Ausdruck – und bemerkte nach und nach, daß unsere Gelehrten des 19. Jahrhunderts für die Gipsabdrücke des Parthenon empfänglicher waren als für die archaische Epoche.

Beispiel: In den gelehrten Büchern kann man lesen, daß den Griechen die Positionen des klassischen Balletts mit Ausnahme des Spitzentanzes bekannt waren, insbesondere die vierte »Croisée«. Ich hatte jedoch in Brasilien beobachtet, daß ein in Trance befindlicher Mensch sich um sich selber dreht und sich deswegen in der vierten »Croisée«-Position befindet.

Malerei und Bildhauerei geben den starren Augenblick wieder. Es handelt sich also weder um hieratische noch um anmutige Posen, wie uns Vasenbilder oder Reliefskulpturen glauben machen könnten. Eine Person, die in der vierten »Croisée«-Position dargestellt erscheint, ist de facto *in Trance* wie ein sich drehender Derwisch.

Und noch etwas wurde mir klar: daß Salamis eine noch wichtigere Schlacht war als Verdun oder Stalingrad. Sie symbolisiert die Trennung von Orient und Okzident. Äschylos war bei Salamis dabeigewesen.

Sein Werk gehört dem frühen Griechenland an, das noch Theater aus Holz besaß. Ich kann mir diese Epoche ganz gut vorstellen, wenn ich sie auch wieder mit Brasilien vergleiche: einige Marmorpaläste mitten unter Wellblechbaracken, ähnlich den Favellas in Rio.

Die Gesten wurden eher von afrikanischen Tänzen inspiriert als von Experimenten in der Art eines Loïe Fuller. Darin war ich mit Pierre Boulez, den ich gebeten hatte, die Musik zu schreiben, einer Meinung. Wieder machten Labisse und Maiène Bühnenbild und Kostüme. Alle drei hatten unsere Südamerika-Tournee mitgemacht und Candombles und Macumbas miterlebt.

Ich glaubte auch erkannt zu haben, daß Einflüsse quer durch Zeiten und Räume wirksam sein können. ›Die Orestie‹ ist eines der späten Werke von Äschylos. Zu dieser Zeit hatte Sophokles bereits einige Male den 1. Preis gewonnen. Sophokles, heißt es, ist der Erfinder der psychologisch motivierten Personen. In der ›Orestie‹ wird man aber feststellen können, daß eine Person wie Klytämnestra im Verhältnis zum Gesamtwerk des Dichters psychologisch hervorragend gezeichnet ist: Muß man daraus schließen, daß der alte Äschylos sich vom jungen Sophokles und dessen Erfolg beeinflussen ließ? Ich würde das durchaus und gerne glauben. Die Zeit hat mir nach und nach meine älteren Vorbilder genommen – wer anders als die Jüngeren könnten mich heute beeinflussen? Das hat sich mehrmals für mich so ergeben und zu meinem Besten.

Mit dieser hochinteressanten Arbeit konnte ich »das Wesen« der Schöpfungsdreiheit gründlich erforschen, welche drei Phasen des Handelns darstellt: Neutrum, Maskulinum, Femininum. Äschylos ist meines Erachtens der Dichter, der sich am stärksten im Einklang mit der Realität des Lebens befindet. In jedem dieser drei Stücke gibt es drei Phasen.

Die erste Phase ist lang und angsterfüllt. Die Zeit der Vorbereitung. Sie läßt an die achtundvierzig Stunden denken, die dem Gewitter vorausgehen. Die Luft ist drückend, Wolken ballen sich zusammen, ein frischer Wind kommt auf. Die Heimkehr des Agamemnon und Kassandras Auftritt. Das ist die Zeit des Neutrums, eine geheimnisvolle Zeit.

Plötzlich durchzuckt ein Blitz den Himmel, der Donner rollt. Es dauert nur einige Sekunden, und die blutüberströmten Leiber des Königs und der Sklaven werden auf die Bühne geschleudert. Das Gewitter hat sich entladen – die Geschichte empfing ihren Samen. Maskuline Zeit, eine kurzbemessene, tobende Zeit: der Funke der Zeugung.

Nach dem Gewitter beginnt die Schwangerschaft, ein heftiger, anhaltender, durchdringender Regen. Die Tat hat die Geschichte befruchtet. Jetzt muß die Frucht reifen: die feminine Zeit, der eine neue Phase der langsamen Vorbereitung folgt – die Opferspende der Dienerinnen am Grabe des Agamemnon. Ein neutrales Zwischenspiel, langsam, schwer, beklemmend.

Darauf die Ermordung der Klytämnestra.

Wiederum wird die Geschichte von einem blendenden Blitz, einem sich verströmenden Samen befruchtet – eine zweite maskuline Zeit.

Und dann die lange Verfolgung durch die Erinnyen: die weibliche Zeit der Schwangerschaft usw. Wird dieser organische Rhythmus nicht berücksichtigt oder gar das »Neutrum« und das »Femininum« zugunsten eines ausgedehnten »Maskulinum« verkürzt, erzielt man statt Aktion nur Intrige. Und das ist durchaus nicht dasselbe.

Das eine ist das Leben, das andere ist Agitation. Ein Theater des Intrigenspiels, der unerwarteten Ereignisse – das ist eine moderne Konzeption, die ihre Wurzeln verloren hat.

Später, als ich ›Zufall und Notwendigkeit‹ von Jacques Mond las, beschäftigte mich insbesondere der Abschnitt über die »Doppel-Helix«, und ich las mit Vergnügen, daß ein Element der Lebensfunktionen »Der Bote« genannt wird. »Der Bote hat eine recht kurze Lebenszeit«, heißt es da. Ich mußte unwillkürlich dabei an den Boten

in ›Agamemnon‹ denken. Wie im biologischen Leben trägt auch er genau das notwendige Element in das Leben der Tragödie. Wissenschaftlich mag das nur annähernd Geltung haben; dennoch glaube ich, daß hier eine »Ähnlichkeit« vorliegt.
Wir spielten mit Masken – eine außergewöhnliche Erfahrung. Weit davon entfernt, die Ausdrucksmöglichkeiten einzuschränken, läßt sie uns vielmehr unbekannte Instinkte entdecken und dient dem gesamten Körper als Sprungbrett vielfältiger Ausdrucksmöglichkeiten. Seitdem träume ich von einer modernen Tragödie, die ein Gegenwartsthema behandelt und mit Masken gespielt werden kann. Das wäre der einzige Fall, wo mir totale Nacktheit gerechtfertigt schiene. Wenn ihr euer Geschlechtsteil zeigen wollt, dann verbergt euer Gesicht.
Schließlich spielt die ›Orestie‹ ganz wie ›Hamlet‹ in einer Übergangszeit, in einer Zeit der Renaissance. Ein menschlicher Zyklus geht zu Ende, ein neuer beginnt. Die Sonne ist untergegangen, die lange Nacht der Erinnyen geht zu Ende, Athene erscheint im Morgendämmern und kündigt den neuen Tag an. Ein etwas zweifelhaftes »Happyend« ... Diesen Eindruck habe ich jedenfalls. Das Griechenland des Perikles und Platon ist, so will mir scheinen, keine sehr glückliche Entwicklung gewesen. Doch das übersteigt mein Verständnis und ist nur ein ganz persönlicher Eindruck. Versuchen wir nicht ewig, den Orient mit dem Okzident zu versöhnen?

Der Kirschgarten

Ich verzichtete absichtlich auf eine chronologische Abfolge bei der Rückschau auf die zehn Jahre des Marigny-Theaters. Parallel zu unserem Wirken in Paris traten wir auch international in Erscheinung. 1956 begaben wir uns wieder einmal »auf Reisen«, doch diesmal sollten wir nicht in unser »Nest« an den Champs-Elysées zurückkehren. Im Verlauf dieser arbeitsreichen Jahre hatte sich bei den Leuten die Vorstellung verfestigt, das Marigny sei unser Theater.
Simone Volterra – die Direktorin – wollte das nicht länger dulden. Sie erneuerte unseren Vertrag nicht mehr ... Ob wir nicht nachgiebig genug waren? Mir scheint, man hätte es in ganz beachtlichem Maße sein müssen ...
Kurz, als wir im Frühling 1956 von Orly Richtung Mexiko abflogen,

besaßen wir keinen festen Zufluchtsort mehr in Paris. Wir waren zu »strolling players« geworden. Nicht, daß uns das mißfallen hätte, aber immerhin ...
Wir hatten die fruchtbarsten, oder, wie man sagt, »die besten Jahre unseres Lebens« gegeben, und es war uns gelungen, ein wahres Theater zu erschaffen. Das mag vielleicht unbescheiden klingen, aber warum soll ich das nicht hervorheben? Es kam vor, daß ich die öffentliche Hand um finanzielle Unterstützung unserer Arbeit bat. Ein Minister hat mir einmal geantwortet: »Sie passen nicht in den Rahmen der uns interessierenden Fälle.« Ich besaß immer noch die Lizenz für ambulantes Gewerbe. So zogen wir denn unsere Straße weiter und führten unsere »Demokratie der Liebe« quer durch die Welt.
Ich betonte schon, daß Erinnerungen nur dann von Wert sind, wenn sie »gegenwärtig« bleiben. Wenn ich mich heute an unsere damalige Truppe erinnere, verspüre ich sogleich etwas von der Atmosphäre des ›Kirschgartens‹. Eine Familie und ein Haus. Das Haus, aus dem man verjagt wird. Die Familie, die Gefahr läuft, sich zu verlieren. Eine Vergangenheit muß vergessen werden, eine unsichere Zukunft liegt vor einem, und man muß leben. Jedes Mitglied des Ensembles verkörpert haargenau eine Figur des Stückes.
Den ›Kirschgarten‹ hatten wir zwei Jahre zuvor in unser Programm aufgenommen. Georges Neveux hatte eine hervorragende französische Bearbeitung erstellt. Französisches und russisches Temperament, was doch recht verschieden voneinander ist, harmonierten in erstaunlicher Subtilität miteinander.* Ich möchte fast sagen, daß wir den ›Kirschgarten‹ nie *gespielt*, sondern nur *gelebt* haben.
Als wir Premiere hatten, war unsere Truppe »erwachsen« geworden. Aber wird man überhaupt je erwachsen? Jedenfalls war sie körperlich voll entwickelt. Doch die Fragilität dieses Körpers, der ständig den Veränderungen des Theaterlebens und des Lebens überhaupt unterworfen ist, war uns auch bewußt. Jedesmal, wenn wir Tschechows Meisterwerk spielten, ereignete sich die Handlung des vierten Aktes nicht mehr auf der Bühne, sondern in den Kulissen.

(Auf der Bühne)
Madeleine: Anja, zieh deinen Mantel an.
Simone Valère: Wir gehen auf die Reise. Wir gehen auf die Reise!
Pierre Bertin: Meine Freunde, darf ich im Augenblick, wo wir dies

* Dieser Eindruck bestätigte sich, als wir Gastspiele in der UdSSR, in Leningrad und Moskau gaben.

Haus verlassen, schweigen? Kann ich all den Gefühlen, die mein Herz bewegen, Schweigen gebieten? . . .

Maiène: Nicht doch, nicht doch!

Desailly: Epikodow! Meinen Mantel!

J. P. Granval: Zum Kuckuck noch mal, los!

Madeleine: Ist alles Gepäck draußen?

Dominique Arden: Leb wohl, liebes Haus; leb wohl altes Leben!

J. L. Barrault: Sei gegrüßt neues Leben!

Madeleine und Pierre Bertin blieben allein auf der Bühne zurück. Sie weinten über ihr vergangenes Leben.

(In der Kulisse): He! Holla!

Madeleine (unter Tränen): Wir kommen!

Dann erscheint André Brunot, unser ältestes Ensemblemitglied im abgewetzten Anzug des alten Dieners Firss:

Das Leben ist vorübergegangen, als ob ich nicht gelebt hätte . . .

In der Kulisse hielten wir die Tränen zurück. Jeden Abend kam es uns vor, als würde unsere Truppe auseinanderfallen . . .
Ja, der Duft dieser gegenwärtigen Vergangenheit ist der vom ›Kirschgarten‹, vom »Kinderzimmer«. Im Verlauf von zehn Jahren hatte ich all meine älteren Kollegen verloren, war ich verantwortlich geworden; würde ich so weitermachen und überdauern können? Dies Wanderleben fortsetzen können?

WANDERLEBEN

»Die Welt durchfahren, dank unserer Arbeit.« Genau das ist unser Traum gewesen, als wir dieses »Internationale Theater, Abteilung französische Sprache« gründeten.
Der Schauspieler ist an einem leichten Seidenschal und an einem Handkoffer zu erkennen ... Ich reiste immer mit meinem Rucksack und meinem Poncho.
Wozu macht man sonst Theater, wenn nicht, um Menschen zu begegnen? In Kontakt treten, austauschen, teilnehmen – ein gegenseitiges Kennenlernen, um zu versuchen, einander zu verstehen.
In einer seiner Prosadichtungen heißt es bei Baudelaire:

Der Dichter erfreut sich des unvergleichlichen Vorzugs,
daß er sein kann wie er will, er selbst und ein anderer.
Wie jene ruhelosen Seelen, die einen Körper suchen,
kann er, wann immer er will, die Rolle eines jeden übernehmen.
Er, der sich der Menge zu verbinden weiß,
gelangt so in diese einzigartige Trunkenheit
der weltumfassenden Vereinigung,
er macht die Freuden und die Leiden zu den seinen,
die ihn die Umstände begegnen lassen.
Das, was die Menschen Liebe nennen,
ist sehr beschränkt, sehr klein und schwach,
verglichen mit dieser unsagbaren Orgie
der heiligen Prostitution der Seele, die
sich ganz hingibt, reine Poesie und
Nächstenliebe dem Unvorhergesehenen, das sich
zeigt dem Unbekannten, der vorübergeht.

Genauso ist, wie mir scheint, im wesentlichen ein Schauspieler beschaffen. Jedes Frühjahr, schon mit den ersten Schwalben, war es uns zur Gewohnheit geworden, in die Welt zu fliegen. Aber wir trugen anderes bei uns als nur unsere Flügel!
Ein Repertoire-Theater zieht auf Tournee wie ein Zirkus, zieht wie eine Armee ins Feld. Nichts darf vergessen werden, nicht die geringste Kleinigkeit: Kostüme, Strümpfe, Schuhe, Perücken, Bänder, alle möglichen Requisiten und Zubehör – alles, was auf der Bühne Be-

deutung, Gestalt gewinnt. Das kleinste Stück Holz, der winzigste Stoffetzen wird ein kostbarer Gegenstand. Manchmal blieben die Zöllner an der Grenze mit starrem Blick – »wie eine Ente« würde Rabelais sagen – vor einer ausgepolsterten Kiste stehen, die irgendwas altes Vergammeltes von irgendwas Unwahrscheinlichem enthielt.

Wir hatten also Inventarlisten in mehrfacher Ausführung dafür. Damals nahmen wir auch unsere komplette Beleuchtungsapparatur mit, unsere Scheinwerfer, unsere Kabel, unsere Tonanlage, unser Betriebsbüro in »Feldausrüstung«, meine tragbare Bibliothek. Ich fand die Freuden der Kindheit wieder, wenn ich mich halb Botschafter halb General fühlte.

Einmal, in São Paulo, hat man uns in ein unbenutztes Theatergebäude gesteckt, leer wie eine Scheune. Acht Stunden später hatten wir ein betriebsfähiges Haus. Diese Art von Organisation mag ich ganz besonders.

Léonard

Léonard erwies sich zu dieser Zeit als unersetzlich. Ich weiß, was ich sage, wenn ich Léonard als den Prototyp eines Theatermenschen bezeichne; ich meine damit, daß er ein »Fahrender« ist.

Von kräftiger, vierschrötiger Gestalt ist er zugleich der stärkste Bühnenarbeiter und der exakteste Verwalter. Er hat die Statur eines römischen Tribuns. Er ist ein Italiener aus Fiume, der Sohn eines großen Architekten und hatte anfangs Chemie studiert. Vom Dämon des Theaters gepackt, trat er der Truppe der Pitoëffs bei. Als Schauspieler, Bühnendirektor und schließlich als Stütze der Truppe, hat er siebzehn Jahre mit den poetischsten Menschen des Theaters verbracht. Ich sehe ihn vor mir, wie er die Abrechnungen macht oder Requisiten repariert und dabei auf seinen Knien und seinen Schultern, an seinen Rockschößen drei oder vier Kinder von Georges und Ludmilla hängen hat.

Ich hoffe sehr, daß Léonard bei uns die gleiche menschliche Wärme wiedergefunden hat, die ihn mit diesem berühmten Paar verband. Heute kann ich sagen, daß er ein Mitbegründer unserer Truppe war. Er hat nie ganz einen gewissen Akzent ablegen können, und ich vermute, daß er in einem Winkel seines Herzens die Sehnsucht, ein Schauspieler zu sein, bewahrte: Wenn einer unserer Kameraden

ihn schüchtern um eine Zulage bat, schickte Léonard ihn unverzüglich in seine Garderobe zurück und schrie ihn an: »Du solltest dafür bezahlen, daß du Schauspieler sein darfst!«
Die Truppe gab ihm den Spitznamen »Léonard de vingt sous« (Léonard zwanzig Pfennig).* Das hinderte ihn nicht, die Güte selbst und von starkem Gerechtigkeitssinn erfüllt zu sein.
Über zwanzig Jahre lebten wir wie Komplizen: Léonard ist mein liebster Kamerad und Mitstreiter. Niemand, außer Madeleine natürlich, kann sich die Sorgen und Ängste vorstellen, die wir miteinander geteilt haben.
Vor einigen Jahren hat er sich zurückgezogen; aber er streicht immer noch in der Gegend herum, und bei jeder Gelegenheit rufe ich ihn, und wir ziehen wieder gemeinsam auf Reisen.
Léonard ist wirklich das, was man einen Theatermenschen nennt. Die Straße, die Kisten, der Handkoffer, der Poncho – und schon sind wir unterwegs auf der Suche nach Menschen! ... Wo seid ihr, Menschen!
Der Dichter Georges Chennevières, den ich zu Beginn zitierte, schrieb anläßlich des Weltkrieges 1914 ein langes Gedicht mit dem Titel: »La légende du roi d'un jour« *(Die Geschichte vom König für einen Tag):* In unserem Leben, das quer durch die Welt führte, gibt es eine solche Seite: »König für einen Tag«. Wir haben Europa von Edinburgh bis Bukarest, von Warschau bis Neapel, die drei Amerikas, Japan, Sowjetrußland, den Mittleren Orient und Nordafrika durchreist. Mehrere Male rund um die Welt. Das ergab ein riesiges Album voller Erinnerungen. Blättern wir darin nach Belieben.

Florida

So hieß das Schiff, das uns zum ersten Mal 1950 nach Südamerika brachte. Zu diesem Zeitpunkt war unser Geldbeutel leer, obwohl wir mitten im Aufstieg waren. Diese Tournee ergab sich gerade im richtigen Augenblick. Minister Louis Joxe bot uns diese Aufgabe an, und wir sagten mit Begeisterung zu.

* Wortspiel mit Leonardo da Vinci: im Französischen Léonard de Vinci – Léonard de vingt sous (Anm. d. Ü.).

Wenn eine Schauspieltruppe aus lauter neugierigen Menschen zusammengesetzt ist, führt sie zu Recht ein Wanderleben. Für mich ist Neugierde das wahre Leben. Meine eigene verträgt sich ausgezeichnet mit meiner ängstlichen Natur. Haben Sie manchmal Katzen beobachtet, wenn sie ihre ersten Schritte in einem Wald wagen? Sie strecken ihre Pfoten so weit wie möglich von ihrem Körper weg, ertasten eine Berührung, springen zurück, legen die Ohren an, machen einen krummen Rücken, schleichen sich wieder an, versuchen es noch einmal mit der Pfote, und endlich, nach und nach, kommen sie voran. Ihre Neugierde ist größer als ihre Furcht. Sie geben uns ein Beispiel.

Was machten wir mit unserer Angst ohne die Neugierde? Die Neugierde rettet alles. Madeleine und ich, wir sind unheilbar neugierig. Dieses »noble Gefühl« teilten glücklicherweise die meisten unserer Kameraden mit uns. Und wenn wir unserer Neugierde die Fähigkeit zu staunen hinzufügen, die man sehr pflegen und entwickeln sollte, um ein junges Herz zu behalten, dann gehören wir zur Kategorie der »großen Stauner«.

So haben wir im Laufe unserer langen Lebensreise einen Klub der großen Stauner gegründet. Sollen doch die muffeligen Leute unter sich bleiben!

Die *Florida* war ein altes Schiff, das seine letzte Reise machte. Wir gingen in Marseille an Bord, für über drei Monate »Abwesenheit«. Rio, São Paulo, Montevideo, Buenos Aires.

In unserem Gepäck: das Material für neun Aufführungen, die Ausstattung für elf Bühnenwerke. Gewicht: über 24 Tonnen. Wir waren dreißig Schauspieler und Bühnen-Techniker. Labisse und Pierre Boulez waren mit von der Partie, ebenso ein alter Freund, Samy Simon, Pionier beim Rundfunk zur Zeit von Robert Desnos. Wir hatten uns verpflichtet, regelmäßig »Funkbriefe« nach Frankreich zu schicken, die über unsere wechselvollen Geschicke berichteten. Zu diesem Zweck nahmen wir den Monolog des Jesuitenpaters aus dem Prolog zum ›Seidenen Schuh‹ auf. Der Rhythmus der Claudelschen Sätze und die sich am Schiff brechenden Wellen ergaben einen überraschend harmonischen Zusammenklang.

Solche Reisen waren zu jener Zeit wahre Expeditionen. Der Krieg hatte die Menschen isoliert. Wir hatten nun die Aufgabe, lang zurückliegende Freundschaftsbande neu anzuknüpfen. Eine große Verantwortung. Wir mußten die Fußstapfen von Sarah Bernhardt und

Lucien Guitry wiederfinden und durch einen modernen Geist, durch einen ersten Ausfuhrversuch der Avantgarde neu beleben. Immerhin, es war auch noch die Zeit, wo Schauspielerinnen gleichzeitig die Pariser Mode überbrachten. Das ist seither durch die erleichterten internationalen Kontakte überflüssig geworden; und wenn Schauspielerinnen sich heute noch gut anziehen, so nur, um nicht unmodern zu wirken! Und was die Avantgarde betrifft, so finden wir als aufgeblühte Pflanze wieder, was einst gesät wurde.

Das Schiff hatte abgelegt. Sanft glitt es aus dem Hafenbecken in Marseille. Hinter uns senkten sich die beiden Hälften der großen Eisenbahnbrücke über der Wasserspur. Frankreichs Pforten schlossen sich. Jetzt begann das Abenteuer, dem nicht mehr zu entrinnen war. Dauer der Überfahrt: vierzehn Tage!

Es war meine erste Seereise; bisher war ich nur auf dem Schiff der ›Mittagswende‹ gereist, das mich – mit Brasseur und Feuillère! – nach China entführt hatte. Ich fand die gleiche Stimmung wieder und begann auf der Brücke wie »über einem atmenden Boden« auf und ab zu gehen.

Noch jetzt empfinde ich dieses Weitwerden des ganzen Seins, das sich dem gesamten Leben vermischt. Die Luft, das Meer, das Verantwortlichsein, die Zusammengehörigkeit einer Gruppe von Menschen, die nur noch einen einzigen Körper bilden ... Was man hinter sich läßt, was einen erwartet, jeder Augenblick des Tages, das Bewußtsein zu leben, eine »Erinnerung für morgen«, nichts versäumen zu wollen von dem, was sich bietet, vom letzten nadelscharfen Strahl der untergehenden Sonne bis zum regelmäßigen Verblassen des Polarsterns ... und das Kreuz des Südens, diese langsam auftauchende Erscheinung, auf die der schwankende Mast wie mit einem Finger weist. Die klamme Feuchtigkeit der Nacht. Die Nervosität, die man verspürt, eine Art Schwindel, der an Bergkrankheit erinnert.

Als Chef der Truppe war ich in meinem Element. Alle Schauspieler hatte ich in meiner Hand, sie konnten mir nicht entkommen. Im Speisesaal schlug ich einen »Arbeitsplan« an. Ich ließ sie proben, Gymnastik und Konditionstraining treiben. Entzückt von dem Abenteuer machten alle dankbar mit.

Bald begegneten wir Scharen von fliegenden Fischen und unserem ersten Hammerhai. Abwechselnd übernahmen wir die Wache. Jeden Morgen stiegen wir in die Kombüse hinunter und verschlangen die von den Matrosen zubereiteten Pizzas. Und wir empfingen die Äquatortaufe.

Nur eine unangenehme Pflicht hatte ich zu erfüllen. Über Funk aufgefordert, mußte ich Maiène mitteilen, daß man ihre Mutter, Madame Jacques Copeau, tot in ihrem Garten aufgefunden hatte. Ich liebte diese Frau, die ihr Leben lang eine bewundernswerte Persönlichkeit gewesen war. Das Gesetz des Zirkus.

Eines Abends – wir waren schon eine Weile an der Küste entlang gefahren, die ich ganz außergewöhnlich grün fand – sahen wir den Zuckerhut in der Bucht von Rio auftauchen, der von der Sonne wie mit einem Glorienschein umgeben war.

Da waren wir! Wir hatten Boden betreten!

Die Saison verlief wie im Traum, es ist wirklich kaum zu beschreiben. Dank des Abonnementsystems besuchte das Publikum über einen Monat neun verschiedene Vorstellungen. Wenn man die Empfänge noch mit in Betracht zieht, ist klar, daß nach einigen Tagen jeder jeden kannte. Nichts mehr von der Anonymität einer Gastspieltruppe. Für zehn- bis zwölftausend Personen wurden wir die »gewohnten Schauspieler«. Feste wurden veranstaltet. Wir besuchten Universitäten, Schulen und Hospitäler.

Die Brasilianer, vor allem die Frauen, verstanden außergewöhnlich gut französisch. Nachts ging ich in die Samba-Carrioca-Schulen, und ich lernte die Tänze vom Norden. Durch einen amüsanten Zufall importierte ich den »Frevo de Pernambuco« nach Rio, und das brachte mir die überschwengliche Freundschaft eines berühmten Brasilianers ein: Assis de Chateaubriant. Mit den Führern schlugen wir uns durch den Urwald, um die »Macumbas« zu erleben. Auf dem Rückweg machten wir Halt auf dem Gipfel des Corcovado, um die Sonne über der Bucht von Rio aufgehen zu sehen – wir waren nicht kleinzukriegen.

Ich erinnere mich an einen bestimmten Sonntag. Wir hatten eine zusätzliche Vorstellung von ›Les Fausses Confidences‹ und von ›Baptiste‹ für halb elf Uhr vormittags zugesagt! Zu ermäßigten, fast symbolischen Preisen. Um fünf Uhr morgens waren wir von einem Urwaldbummel zurückgekommen. Unser Brustbein vibrierte noch vom Tamtam, das uns die ganze Nacht ins Ohr gedröhnt hatte. Auf dem Platz vor dem Theater wimmelte es von Menschen. Wir gingen durch den Bühneneingang und sagten zum Pförtner: Wenigstens spielen wir nicht umsonst heute!

»Aber Monsieur, der Saal ist schon voll, die hier draußen warten auf die Plätze von denen, die vielleicht ohnmächtig werden.«

Am Ende stürmten sie die Bühne und rissen uns Teile unserer Kostüme vom Leib. Ihr großzügiges Temperament und ihre Spon-

taneität verwandelten das Theater in einen »Karneval« der Humanität.
In São Paulo war es ähnlich.
Ich werde nie die Stunde vergessen, die ich auf der Brücke in der Bucht von Santos verbrachte. Die Geräusche des Lebens. Das Meer und an seinem Ufer noch ein anderes, wogendes, das Meer der Bananenbäume; gleichzeitig versank unmerklich langsam eine glutrote Sonne . . .

»Adieu, meine schöne Sonne! Wir liebten einander sehr . . . und dann: dich gibt es nicht noch einmal!«

Auf einem Schiff beobachte ich insbesondere zwei Dinge: *einmal den Übergang vom Tag zur Nacht.* Mit Leidenschaft verfolge ich seinen lückenlosen Verlauf, doch nie ist es mir gelungen. Es gibt Augenblicke, wo die Luft stillzustehen scheint, sich nichts mehr regt und bewegt, ein Vorgeschmack der Ewigkeit; und plötzlich, wie durch einen Auslöser, ist etwas verändert, ist etwas anderes eingetreten. Der Tag hat sich um einen Grad geneigt, nach und nach sinkt er hinab, und Grad um Grad steigt die Nacht empor. In einem bestimmten Augenblick, wenn der letzte Zipfel der Sonne am Horizont verschwindet, erleben wir den Umschlag der Strömungen: aus dem vergehenden, noch leuchtenden Tag, der vor uns liegt, in die in unserem Rücken heraufsteigenden Nacht. Dann hüllt die Nacht uns in ihren Mantel.
Die Ankunft im Hafen – das ist das zweite. Mich beeindruckt immer wieder, wie langsam ein anlegendes Schiff sich dem Kai nähert. Ich kann in Ruhe und aufmerksam den Augenblick beobachten, wo Land und Schiff einander magnetisch *anziehen,* ohne sich schon zu berühren.
Von der Reling aus glaubt man zuerst, den Ausschnitt eines Bildes, wie auf einer Leinwand vor sich zu haben! Die Kais, die wimmelnden Menschen, die dahinter beginnende Stadt und dann, weiter weg, das Land, das den Hintergrund des Bildes ausfüllt: ein Bild in zwei Dimensionen. Dieses Gemälde nähert sich uns auf kaum wahrnehmbare Weise. Es wird größer, bleibt aber immer noch ein Bild, und plötzlich, ohne daß man es recht bemerkte, vollzieht sich der Übergang, wieder wie durch ein Auslösen: Man ist in das Bild *eingetreten.* Das Relief tritt hervor. Wir sind vom Abstrakten ins Wirkliche übergewechselt, vom Plan in die greifbare Sinnlichkeit, vom Traum in die vibrierende Realität.

Augen und Gehör nehmen das Schauspiel wahr, all unsere Sinne sind jetzt ganz auf das Leben gerichtet. Die beiden magnetischen Ströme sind aufeinander gestoßen und haben sich brutal ineinander verzahnt ... Man muß sich noch eine kleine Weile gedulden, bis das Schiff mit Tauen am Anliegeplatz festgemacht ist. An dieser Stelle, die Grenze und Übergang ist, entsteht das Theater.

In Montevideo leidet die Truppe jedesmal unter einer nervösen Depression. Nicht wegen des Empfanges oder wegen des Theaters. So wie die Brasilianer als unvergleichliche Tischgenossen die Orgie des Lebens zu feiern verstehen, so haben die Menschen in Uruguay das Talent zur Freundschaft. Es besteht zwischen uns sogar eine seltsame Verwandtschaft. Stammen nicht Isidor Ducasse, Comte de Lautréamont, Jules Laforgue, Jules Supervielle aus Montevideo?
Das Theater Solis ist eines der angenehmsten der Welt. Es ist ganz aus Holz, man glaubt sich ins Innere einer Violine versetzt. Und trotzdem hat es 1800 Plätze!
Der Wind, der über die rosigen Wasser der Hafeneinfahrt von Rio de la Plata streicht, das durchsichtige Licht, die fetten Wiesen, bevölkert mit Herden von Kühen, weiß und schwarz wie mit Tintenklecksen befleckt, all das ist schön, ist bezaubernd.
Aber auf dem Platz fallen die Blätter. Als wir von Frankreich abfuhren, ließen wir den Winter, den Frühjahrsregen hinter uns. Einige Tage später schwelgten wir in der Hitze des ewigen tropischen Sommers. Ein Sommer, der sich in Brasilien noch verlängert hat, heiß und verschwenderisch wuchernd. Und jetzt haben wir Juni. In Frankreich der schönste Monat, der reichste, der üppigste, der heiterste, der »aufsteigende«, und hier auf dem Platz, da fallen die Blätter. Herbst und Winter kündigen sich an. Man hat uns unseren Sommer gestohlen.
Und jetzt bemerkt man, daß sich die Sonne verkehrt hat! »Bei uns« sieht man sie von links nach rechts gehen. Hier von rechts nach links. Man läuft »auf dem Kopf«.
Hinzu kommt eine sich langsam bemerkbarmachende Müdigkeit. In Montevideo müssen wir einen neuen Anlauf nehmen. Die Schauspieler sind mißgestimmt, die Techniker sind überarbeitet, sie haben es satt. Eine Nachlässigkeit des Hirten, und schon ist der Krach im Stall. Dreimal haben wir diese Reise gemacht: Dreimal bin ich dem gleichen Phänomen begegnet.
Ach, wie gerne wären wir auf den Wasserwegen weiter ins Land

vorgedrungen bis zu den Fällen von Igazu und bis Paraguay! Aber beklagen wir uns nicht; selbst wenn man einen Kontinent nur streift, verspürt man etwas von seinem Duft.

Buenos Aires, das ist ein bißchen Paris. Die Rue Florida erinnert an unsere Rue Saint-Honoré. Wir spielen dort im Odéon-Theater.
Inzwischen ist es Winter geworden. Eine entzückende junge Frau schenkt mir zum Andenken einen von Mendoza-Indianern handgewebten Poncho.
Ich unternehme endlich meine Spazierfahrt mit einem kleinen Boot auf den unzähligen kleinen Kanälen, die das Land durchziehen. An den Ufern verfaulende Baumstümpfe. Von Zeit zu Zeit der meergrüne Rücken eines Fisches. Die Schönheit der Deltamündungen ... Alles ist flach wie der Wasserspiegel, winzige Schuppen auf hauchdünner Glasplatte. Wir sind unter dem Mikroskop Gottes. Der zwiegesichtige Übergang vom Leben zum Tod, vom schlammigen Süßwasser in die Salzlauge des Meeres, zur Kommunion der Heiligen. Ein melancholisches Gemälde, in die Farben eines Sonnenuntergangs am Horizont getaucht.
Wir stoßen auf ein anderes Meer: die Unendlichkeit der Pampa. Der Archipel der »Estancias« mit ihren Terrassen, an deren Ecken jeweils Kanonenrohre herausragen. Auf den Pfaden Skelette von Vieh, Pferden, Ochsen, Kühen, Opfer der Herdenwanderungen, die Gerippen von Schiffsleibern gleichen.
Die Tänze haben nicht mehr die erotische Zuspitzung wie bei den Brasilianern; sie sind hier von der sinnlichen Melancholie des Tangos oder der Zartheit des Taschentuch-Tanzes.
Das gleiche Abonnementsystem ermöglicht uns eine nähere Bekanntschaft mit der gleichen Gesellschaft. Vorträge an der juristischen Fakultät, Besuche und Gespräche mit jungen Theatergruppen. Die künstlerische Aktivität ist sehr intensiv. Gewiß, die Regierung Peron erleichtert nicht die Kontaktnahme. Eva Peron wird nicht mehr zur Vorstellung kommen. Ganze Kostümkörbe wurden aufgebrochen von ... ich weiß nicht wem! In Paris hatte man mir »geraten«, Kafkas ›Prozeß‹ besser nicht aufzuführen. Ich blieb entschlossen. Und Kafka errang schließlich die Palme. Am Galaabend der Premiere beglückwünscht uns ein junger Mann: Es ist der Außenminister.
Man rät uns, gewisse Passagen in ›Occupe-toi d'Amélie‹ zu streichen. Wir weigern uns. Und als der Fürst von Palestrien seinen »General« vorstellt:

»Ich weiß nicht, was er im Krieg anfangen könnte, bei einer Parade aber ...«

lachte das Publikum verstohlen.
Der letzte Abend war eine Sensation. Die Legende berichtet, daß das Publikum der Sarah Bernhardt die Pferde ausspannte und ihre Kalesche mit den Händen schob. Uns huldigte man auf die gleiche Weise. Der Autobus, der uns um ein Uhr mittags zum Hafen brachte, wurde von der Jugend geschoben, langsam fuhren wir, umringt von Zuschauern, bis zum Kai.
Über drei Monate lang hatten Léonard und ich nicht ein einziges Mal die Zeit gefunden, uns auch nur anzusehen. Wir waren erschöpft vor Müdigkeit, leer von allem, was wir gegeben hatten. Am Hafen angekommen, begegnen sich endlich unsere Augen, die Nerven gehen uns durch, wir fallen uns in die Arme, schluchzend vor Glück.

Auf der »Florida« wanderte ich auf und ab. Ich träumte von einem weltumfassenden Theater. Diese Idee hat mich nicht mehr losgelassen. Später, als ich mit der »Transatlantischen« fuhr, habe ich an dem Projekt weitergesponnen. Denn selbst die wasserdichten Schotts hatten etwas mit dem eisernen Vorhang gemeinsam, der die Bühne vom Zuschauerraum trennt. – Die meisten Weltstädte sind Hafenstädte: New York, Tokio, Rio, Buenos Aires, San Franzisco, London, Hamburg, Marseille, Beirut, Algier, Venedig, Athen etc. Mit einem Schiff von den Ausmaßen zwanzig auf zweiundzwanzig Metern kann man einen Zuschauerraum von achthundert bis tausend Plätzen schaffen. Außerdem noch Räume für Filmvorführungen, Ausstellungen, Konzerte, Modenschauen. Das Theater benutzt seine Maschinerie wie die Matrosen die Takelagen. Aus einem Schiff die wandernde Botschaft der Kultur eines Landes machen!
Ich habe mich immer so gesehen: wie ich die Welt durchreisend an meinem Lebensabend am Ende der 42. Straße in New York anlege, um mein französisches Banner aufzupflanzen ... Für die Städte im Landesinnern würden wir auf dem Schiff Zelte und Lastwagen mit uns führen, und von Santos ginge es hinauf nach São Paulo; von Mailand nach Berlin. Nachdem wir in Leningrad angelegt hätten, nach Moskau hin und zurück. Alle wissenschaftlichen und technischen, handwerklichen, intellektuellen und künstlerischen französischen Aktivitäten würden sich auf diesem Thea-

ter-Schiff zu einem einzigen Fest des Geistes und der Phantasie vereinen!
Das würde nicht mehr kosten als ein Nationaltheater. Und welche Wirkungen könnte man erzielen! Einer von den Träumen, um die es schade ist, daß man sie noch nicht verwirklichen kann. Aber warum sollte man heute nicht auf solche Art das wahre internationale Theater in allen Sprachen inszenieren.

Südamerika

Wir machten drei Reisen nach Südamerika.
Die zweite war 1954. In Argentinien drohte der Bürgerkrieg. Wir lernten danach Chile kennen. Nur Bolivien und Paraguay besuchten wir nicht.

Buenos Aires, 14. Juli

›Christoph Columbus‹ im großen Colón-Theater! Wir sollten zwei Vorstellungen geben, eine Nachmittagsvorstellung gratis, zur Feier des Sturms auf die Bastille, in der Hauptsache für Studenten reserviert, und anschließend eine Galavorstellung am Abend. Es war eine harte Arbeit. Ich höre noch Boulez den Takt schlagen und im Rhythmus dazu brüllen: »Und Scheiße, und Scheiße und tausendmal Scheiße.«
Am Vorabend wurde ich zum Stadtintendanten gebeten.
»Es scheint, daß Sie kommunistische Studenten eingeladen haben.«
»Wir haben alle Studenten eingeladen.«
»Es sind kommunistische Studenten darunter. Das wird zu Demonstrationen führen. Sie wollen doch nicht, daß man ›Barrault – Kommunist!‹ schreit.«
»Angesichts eines Stücks von Claudel scheint mir das nicht ganz angebracht. Wieviel Studenten sind es denn?«
»Man hat etwa ein Dutzend ausgemacht.«
»Das scheint mit recht wenig für ein so starkes Regime wie das Ihre.«
»Wir wollen Ihnen nicht befehlen, die Vorstellung ausfallen zu lassen, aber an Ihrer Stelle würde ich darauf verzichten. Wenn es Unruhen gibt, können wir keine Verantwortung übernehmen.«

»Herr Stadtintendant, wir wissen, was es mit Provokateuren auf sich hat, es wird besser sein, die Nachmittagsvorstellung ausfallen zu lassen.«
Eine große Anzahl von Studenten hatte sich eingestellt, einige kamen sogar aus Cordoba und Tucuman. Dichtgedrängt standen sie um das Theater und waren enttäuscht; aber unter der Hand erhielten sie Karten für die Abendvorstellung. Wir selbst verteilten sie unter ihnen.
Am Abend spielten wir vor einem überfüllten Haus ›Christoph Columbus‹. Im Chor heißt es an einer Stelle:

»Es ist besser, eine kleine Anstrengung zu machen, als alles zu verlieren!«

Santiago de Chile

Die Chilenen sind ein starkes männliches Volk, bäuerlich und intellektuell zugleich. Wir verstanden uns sofort mit ihnen. Ich machte nähere Bekanntschaft mit Pablo Neruda, den ich schon lange sehr bewunderte. Ich fand die Spuren von Jouvet und seiner Mitarbeiter wieder. Jouvet, der während des Krieges freiwillig ins Exil gegangen war, hatte viel gelitten. Liebeskummer. Der Tod von Giraudoux in Paris. Der Tod eines seiner ältesten Mitarbeiter, Romain Bouquet, ein charmanter Schauspieler, naiv und voller Poesie. Er ist in Santiago beerdigt worden.
War es wegen der Anden? Chile schien mir viel weiter von Frankreich entfernt zu sein als die Ostseite des Kontinents.
An diesem Tag war ich melancholisch gestimmt. Madeleine ließ mich allein ausgehen. Ich begab mich zuerst zum Friedhof; ein wundervoller Park, wo die Studenten zum Arbeiten hingehen. Ich fand die Urne von R. Bouquet, einer Zelle in einer Bienenwabe gleich, blumengeschmückt. Zwei Chileninnen erhielten das Andenken an »unseren« Kameraden. Dann suche ich in den Straßen mit den einstöckigen Häusern in der Nähe des Bahnhofs ein gewisses Restaurant, das Jouvet gern besucht haben soll.
Der Name eines Hotels sagt mir »irgendwas«: Ich denke, daß es hier sein muß. Ich klopfe. Man öffnet mir – es war ein Bordell. Zwei völlig verschlafene Mädchen kommen aus ihren verdrückten Betttüchern heraus und auf mich zu. Hier ist es nicht. »Das Restaurant ist etwas weiter in der Straße.« »Pardon!« Schließlich erreiche ich das Restaurant.

Da ist es. Ich betrete ein richtiges »französisches« Bistro. Die Wände sind mit den gleichen Plakaten bedeckt, wie man sie auf den Bahnhöfen in Frankreich sieht. Um das Andenken Jouvets hochzuhalten, hatte sich der Besitzer mit Bildern aus unseren Provinzen umgeben. Ein Photo von Jouvet thronte unter all diesen Reliquien.
Während ich etwas zu mir nahm, dachte ich an die große Familie der Schauspieler, die die Welt durchstreifen: Man tritt in die Fußstapfen seiner Freunde, ob sie vom eigenen oder vom Nachbarland stammen. Das Leben der Schauspieler ist ein wenig wie das Leben der Flugpiloten, ein wenig wie das der Forscher – in diesem Fall Erforscher des menschlichen Herzens.

Unser dritter Besuch wäre beinahe tragisch verlaufen. 1961 war eine Kette von Katastrophen. Die Tournee hatte wie gewöhnlich in Brasilien gut begonnen. Dieses Mal setzten wir unsere Reise direkt über Buenos Aires fort, um über Montevideo zurückzukommen.* Man hatte uns im berühmten Theater Cervantes aufgenommen.
Die erste Aufführung verläuft brillant. Am nächsten Morgen werde ich früh geweckt. Am Telephon sagt eine Stimme zu mir:
»Das Theater brennt.«
Dann wird wieder eingehängt. Ich halte das für einen schlechten Scherz, gehe aber auf jeden Fall vorsichtshalber mal hin. Tatsächlich renne ich hin! Wie ich hinkomme, sehe ich gerade noch, wie das Dach des Bühnenhauses zusammenbricht. Von unseren zwölf Tonnen Dekoration war nichts mehr vorhanden als eine riesige Grube mit einem großen Haufen von verkohltem Zeug.
Mein Chefelektriker trauert um seinen alten Freund: Unser tragbares Bühnen-Stellwerk, das wir seit fünfzehn Jahren überall mit uns herumgeschleppt hatten, schwamm jetzt im Wasser. Das Eindrucksvollste bei einem Brand ist der Widerspruch von Rauch und Wasser überall. In den finsteren Gängen watet man mit den Füßen durch wahre Bäche, stolpert über riesige Schläuche, als wühle man sich wie Gulliver durch den Bauch.
Die Katastrophe ereignete sich am Samstagvormittag. Dank der aufopfernden Hilfe unserer argentinischen Freunde wurden wir von unserem alten Odéon-Theater aufgenommen, und bis Montagabend hatten wir es soweit geschafft, daß wir unsere Aufführungen wieder fortsetzen konnten.
Das nächste war, daß Madeleine in einem schlecht beleuchteten Gang eine Stufe verfehlte und sich den Fuß brach. Sie spielte trotzdem

* Wenn meine Erinnerungen genau sind! Außerdem ist es unwichtig.

unter unsagbaren Qualen und so anmutig, wie man es immer an ihr gewohnt ist!
Nichtsdestoweniger nahm die Zeit in Buenos Aires ein schönes Ende: Der Abschiedsempfang war um so herzlicher, als man sich all der Anstrengungen bewußt war, die wir gemacht hatten. Madeleine verstieg sich, zum größten Vergnügen der Anwesenden, zu einer charmanten Bemerkung. Sie spricht von der gegenseitigen Begeisterung, von dem innigen Kontakt und dem ungewöhnlichen Einvernehmen, das uns seit mehr als zehn Jahren mit den Argentiniern verbindet, und sagt:
»Wieder einmal ist es uns gelungen, die Stadt zu entzünden!«

Nordamerika

Unser erster Besuch war im Jahr 1952.
Jouvet war ein oder zwei Jahre vor uns dagewesen. Er hatte ›Die Schule der Frauen‹ in einem Theater aufgeführt. Sein Erfolg ermutigte die französische Regierung zu weiteren Gastspielunternehmungen.
Wir hatten ein ganzes Spielzeit-Repertoire in einem großen Theater, dem »Ziegfeld«, zu bestreiten. Es umfaßte sechs Stücke und lief jeweils sechs Wochen lang. Es stand viel auf dem Spiel. Für uns war es ein echtes Vabanque-Spiel. Auf dem Programm: Marivaux, Molière, Hamlet – (auf französisch . . .), ›Der Prozeß‹ von Kafka, ›Occupe-toi d'Amélie‹, Jean Anouilh und die Pantomime aus ›Die Kinder des Olymp.
Wir kamen über Montreal und Quebec. Diese Reiseroute mag heute ungewöhnlich erscheinen, aber das war vor zwanzig Jahren! Mit dem Zug von Paris nach Glasgow, von dort weiter auf einem englischen Schiff. Am Abend wird ›Shake the bag‹ gespielt. Dann geht es den Saint-Laurent-Fluß hinauf. Es war Herbst, und der Ahorn färbte das Land golden.
Wir sahen Eichhörnchen.
In Kanada erreichten wir unser Ziel: Über den Auftritt der Priesterschaft im Her Majesty-Theatre berichtete ich bereits.
New York erreichten wir mit dem Zug. Sol Hurok, der berühmte Impresario, ein Freund von Schaljapin, begrüßte uns auf dem Hauptbahnhof. Wir steigen in eines der gelben Taxis, die wie große Käfer glänzen, und fahren los zur fünften Avenue. Und was sehe

ich in den Schaufenstern der großen Warenhäuser und Luxusgeschäfte? Nachbildungen von Baptiste! Der Ruf der ›Kinder des Olymp‹ hatte das Terrain vorbereitet, und Sol Hurok hatte das zu nutzen gewußt. Erwartete man denn so viel von uns? O ja. Es verschlug mir den Appetit.
Am Abend der Premiere war ein großer Empfang im Waldorf. Unser Botschafter und Mme Bonnet halfen uns in bewundernswerter Weise. Das Publikum war bezaubernd, so schien es uns jedenfalls. Sol Hurok jedoch war nach der Vorstellung kreidebleich. Ich verstand nicht recht, was passiert war. Nach dem Abendessen verschwand er, immer noch totenblaß. Mir war der Abend besonders geglückt erschienen. Die Begrüßung war äußerst charmant gewesen. Einige Minuten später kam Hurok frisch und mit geröteten Wangen zurück: Die Kritiken der ›Times‹ und von ›New York Herald‹ waren ausgezeichnet ... Wir hatten es geschafft! So ist das in New York, die ganze Saison entscheidet sich am ersten Abend.
Wir verbrachten unsere fünfzig Tage in zunehmender Begeisterung. Hurok hatte eine Bemerkung im Artikel von Walter Kerr ausgeschlachtet: »French can do everything!« Wir waren »Könige für einen Tag« geworden.
Unsere Truppe kehrte mehrere Male nach New York zurück. Mitten am Broadway spielten wir im »Wintergarden« ›The Pride of Paris‹. Wir spielten im City Center, wo wir mit ›Pariser Leben‹ von Offenbach ebenso hohe Einnahmen wie das Radio Center erzielten. Wir besuchten viele Universitäten. Ich werde noch darauf zurückkommen.
Jedesmal brachten wir von unserem Aufenthalt aus den USA unvergeßliche Erinnerungen mit. Das erklärt sich, glaube ich daraus, daß wir es ehrlich miteinander meinen. Das amerikanische Publikum ist in erster Linie sehr aufrichtig, es räumt den Theaterleuten Kredit ein. Enttäuscht man es, dann distanziert es sich und radiert einen aus seiner persönlichen »Geographiekarte« aus. Wenn es hingegen auf die gleiche Aufrichtigkeit stößt und wenn es Anregungen empfängt, die seine Neugierde erwecken, dann akzeptiert es einen und bleibt auch treu.
Was mich immer mit dem amerikanischen Publikum verbunden hat, ist sein junges Herz. Unsere letzte große Tournee nach Amerika machten wir mit ›Rabelais‹, sie liegt noch gar nicht so lange zurück. Aber bewahren wir uns das für den Schluß auf.

Mittelamerika (1956)

An einem Morgen gingen wir in Orly an Bord einer Superconstellation der Air France – sie trug den Namen »Le Parisien spécial« – und flogen über New York nach Mexiko.
Wir weihten damit eine neue Reiseroute ein: Mexiko, Peru, Ecuador, Kolumbien, Venezuela. Im Verlauf der Reise dehnte ich das Abenteuer bis zur karibischen See aus. Rückfahrt über Porto Rico auf dem Schiff »Antilles« (das wäre eine ideale »schwimmende Botschaft« gewesen, genau der Schiffstyp, den man dafür brauchte).
Alles ging gut, wir hatten tausenderlei Erlebnisse, es war eine unserer schönsten Reisen. Die hauptsächliche Bedeutung solcher menschlichen Begegnungen ist der gegenseitige Austausch. Wir empfangen ebensoviel, wie wir geben. Ich war mir des ungewöhnlichen Charakters gerade dieser Entdeckungsfahrt bewußt. Und ich wollte unbedingt – selbst wenn wir etwas Geld dabei verlieren sollten –, daß alle Kameraden davon profitierten. Ich hatte es daher so eingerichtet, daß unser Arbeitsplan von Zeit zu Zeit »Ruhepausen« von sechsunddreißig Stunden vorsah.
Berichten wir also nicht über unseren Erfolg, das Repertoire, die Vorträge, die Kolloquien, die offiziellen Empfänge usw. Ohne Frage war die Tournee ein Erfolg. Sprechen wir lieber vom Abenteuer, auch wenn wir gelegentlich aufs Theater zurückkommen.

Mexiko

Unsere Erde mag mehrere Wiegen der Menschheit kennen, aber zwischen dem Mittelmeer und der karibischen See entdeckte ich eine Menge Gemeinsamkeiten.
Die Mayas erinnern uns an die Griechen, an die Assyrer oder an die Perser. Die Azteken sind die Römer dieser Kultur. Die Tolteken lassen an die italienische Renaissance denken, und die Olmeken haben die Schlitzaugen der Asiaten.
Wenn man Mexiko bereist, bestätigt sich dieser Eindruck. Während der drei Wochen in Mexiko – wir spielten im Theater Bellas Artes, das allmählich in der Lagune versinkt – gab es reizvolle Gelegenheiten, die Tempel der Umgebung zu besuchen.
Zur Besichtigung von Teotihuacan hatte ich eine erstklassige Führerin: Dolores del Rio. Sie zeigte mir ebenfalls einen anderen außergewöhnlichen Ort: Notre Dame de la Guadeloupe.
Was ich an Mexiko mag, ist die gut gelungene Verschmelzung zwi-

schen indianischem und katholischem Blut. Aus ihr ging ein besonders kräftiger männlicher Menschenschlag hervor.
Die architektonische Schönheit der Tempel gibt noch einen Abglanz der hohen indianischen Kultur. Hier stößt man auf das ehemals geübte Menschenopfer. Niemals habe ich die Kraft des katholischen Glaubens so stark empfunden wie in Notre Dame de la Guadeloupe.
Dolores del Rio besitzt diese Kraft und diesen Glauben. Sie erschien mir überaus schön in dieser starken Einheit von Sinnlichkeit und Begeisterung.
Dank der Protektion unseres Botschafters George-Picot, den wir schon früher in Argentinien kennengelernt hatten, dank der guten Verbindungen unseres Kulturattachés und durch ein Entgegenkommen der mexikanischen Regierung wurde uns nach Beendigung der Spielzeit ein Sonderflugzeug zur Verfügung gestellt, damit wir Yucatan besuchen konnten. In Merida ist das Meer ganz warm. Wir besuchten Chichén Itzá und Uxmal. Wir waren im Herzen des Mayagebietes. Die Bauern bestellen hier den Boden nicht durch Umpflügen, sondern durch das Abbrennen. Es ist sehr eindrucksvoll, über diese verödeten Felder zu gehen. Unsere Augen sind an die gleichmäßigen Furchen auf unseren gepflügten Feldern gewöhnt; die Atmosphäre hier von Chaos und Verwüstung löst seltsame Empfindungen aus. Aber die Asche dient als Dünger; es handelt sich keineswegs um Barbarei, sondern um eine Art der Feldbestellung. Die Erdkruste über den Felsen ist viel zu dünn, die Pflugschar könnte nicht eindringen. Die Maya-Zivilisation war ebenso intelligent wie die der Chaldäer.
Ich empfehle jung verheirateten Paaren, ihre Flitterwochen im Land der Mayas zu verbringen (Chichén Itzá); sie dürfen sich nur nicht von den kleinen ovalen Spinnen stechen lassen, die einen innerhalb weniger Stunden ins Jenseits befördern können. Wir verbrachten einen Teil der Nacht bei Mondschein im Stadion von Chichén Itzá und lauschten den Gitarrespielern. Es war fast so bewegend wie ein Delphi.
Alles ist elegant in diesem Land. Das Maß aller Dinge ist die Wirbelsäule des Menschen. In Uxmal kontrastieren die abstrakten Muster der Maya-Epoche auf prachtvolle Weise mit den barocken Windungen der toltekischen Schlangen. In Yucatan war ich wieder zu einem kleinen aufmerksamen und schüchternen Kind geworden, und ich hatte das Gefühl, den fernen Vorfahren unserer »Weltbürger« zu begegnen. Ich würde gern dorthin zurückkehren.

Während dieser beiden Tage der Entspannung und der Selbstbesinnung hatten sich unsere Kameraden in alle Himmelsrichtungen zerstreut; die einen fuhren nach Acapulco, die anderen nach Palenk oder zu anderen Zielen. Wir trafen uns auf dem Flughafen von Mexiko wieder. Und jeder brachte seinen »Fang« mit. Wenn man vom Schauspieler verlangt, daß er die Menschheit in sich trägt, muß man ihm von Zeit zu Zeit auch die Möglichkeit lassen, sich Herz und Geist neu aufzuladen.

Ein Mariachi-Orchester spielte uns im Blumengarten des Flughafens zum Abschied auf, und wir gingen an Bord des »Milchmann«-Flugzeugs; so nennt man die DC 7, die uns nach Lima flog. »Milchmann«, weil sie überall Zwischenlandungen macht: Guatemala, Salvador, Nicaragua, Costa Rica und Panama. Bei jeder Landung gab es eine Stunde Aufenthalt.

Wir klebten buchstäblich an unseren Guckfenstern. Wieviel Schönheit in so kurzer Zeit! Man verliert jeden Zeitbegriff. Der Verein der »großen Stauner« hatte Herzklopfen vor lauter Freude. Bei jeder Landung hätte ich Lust gehabt, ins Landesinnere vorzudringen. Wenn die Türen geöffnet wurden, schlugen uns Hitzewellen und alle möglichen starken Düfte entgegen. Große grüne Wälder, Seen in allen Farben, schwarzer Rauch der Vulkane ...

Wir waren glücklich, unter diesen Umständen, wenn auch nur für einen kurzen Augenblick, unseren Fuß auf den Boden dieser kleinen gastfreundlichen Länder setzen zu können.

Peru

Bei der Abreise war Peru in unserem Programm nicht vorgesehen; nichts schien hier den Aufenthalt eines französischen Theaters zu rechtfertigen. Zum Glück war ein neuer französischer Botschafter ernannt worden: Monsieur Léon Brasseur, ein tüchtiger junger dynamischer Mann. Er machte bei einigen französischen Industriellen die Runde, die in Peru Projekte in Aussicht hatten (Straßenbau und Eisenbahnen) und sammelte milde Gaben, die uns den Umweg ermöglichten. Er hatte weiß Gott recht! Das wäre ein schöner diplomatischer Irrtum gewesen, wenn man uns über Ecuador reisen ließ, ohne daß wir das Nachbarland Peru besucht hätten!

Zu Anfang war die Rede von ein oder zwei Vorstellungen. Wir hielten uns dann neun Tage auf und spielten in Lima, nicht nur im Theater – einem reizenden Saal –, sondern auch in den Gärten der

Botschaft. Vor allem eine Abendveranstaltung wäre des Vizekönigs von Peru würdig gewesen. Die Parkanlagen der Botschaft umschließen ein herrliches Garten-Theater: Die Buchsbaumhecken sind so geschnitten, daß sich die Form einer Guckkastenbühne ergeben hat. Wir spielten ›Amphitryon‹ von Molière. Und die Buchsbaum-Anlage war so dicht, daß ich mich in sieben Meter Höhe aufrecht darauf halten konnte – die Flügel an den Füßen und den Schlangenstab des Merkurs in der Hand.

Der Botschafter hatte einen gewaltigen Baldachin errichten lassen. Die ganze Gesellschaft von Peru, an der Spitze Persönlichkeiten der Kirche, war geladen. Der Abend dehnte sich bis tief in die Nacht aus, und das Freundschaftsmahl wurde tüchtig begossen. Munter stießen wir mit den Bischöfen an – das war die große Aussöhnung zwischen Kirche und Theater.

Peru ist ein prachtvolles Land. Die Straße, die am Pazifischen Ozean entlangzieht, führt nacheinander durch ausgedehnte wüstenähnliche Gebiete und üppige Täler. Das Grün ist saftig, und die Felder sind fruchtbar. Hier liegen die Estanzias: enorme patriarchalisch regierte Besitztümer. Peru erinnerte mich zu dieser Zeit an eine Bastion der kastilianischen Aristokratie. Eine Estanzia war eigentlich kein Dorf, sondern eine Familie. Der Besitzer verfügte über eine absolute Macht. In seinem Büro bewahrte er die Militärpässe von allen Männern auf. Die Estanzia hatte sogar noch ihr Gefängnis. Abends jedoch tanzten und spielten »Herren« und »Diener« nach den Klängen der Gitarre miteinander. Dieses Bild bot sich uns jedenfalls während eines Empfangs, an dem wir teilnahmen.

Unter unseren »Staunern« war Maiène die aufgeregteste. Bei jedem mit Guano bedeckten Felsen, an jeder Straßenbiegung, bei jedem Blick in einen Garten stieß sie Schreie der Bewunderung aus.

»Oh! Was ist das für ein seltsames Tier?« schrie sie mit einem Mal.

»Aber, Mademoiselle, das ist ein Esel!«

Auch das große Staunen kennt seine Fata Morgana!

Wie in Mexiko hatte ich eine Ruhepause von achtundvierzig Stunden vorgesehen, die jedem erlaubte, sich ein wenig umzusehen. Sie wurde zu einem Ausflug nach Machupicchu über Cuzco benutzt. Madeleine, die sich nicht sehr wohl fühlte und sich für die überaus anstrengende Rolle der Célimène schonen wollte, opferte sich wieder einmal und blieb in Lima.

Die leichten Flugzeuge sind mit vier Motoren ausgerüstet: Es müssen hohe Bergketten überflogen werden. Wegen der Höhe (über 8000 Meter) atmet man Sauerstoff durch einen Schlauch ein. Trotz meiner

Klaustrophobie empfand ich keinerlei Beklemmung: Die Neugierde war stärker.
Landung in Cuzco auf einer Piste aus roter Erde in fast 4000 Meter Höhe über dem Meeresspiegel. Erste Bekanntschaft mit den Lamas. Die Stadt Cuzco ist wundervoll: halb von den Inkas, halb von den spanischen Konquistadoren geprägt. Von dort aus schlängelt sich eine kleine Bahn durch die Berge. Es geht etwas abwärts. Dann fahren wir wieder mit einer Art Lastwagen hinauf, bis zu den berühmten Ruinen. Überall auf dieser Strecke war ich von den Spuren der Inkas beeindruckt: breite Terrassen auf den Höhen von Machupicchu (ich erinnerte mich dabei an das großartige Gedicht von Pablo Neruda); ein Gefüge gewaltiger zyklopischer Steine unter Lianen und Orchideen am Abhang der Anden; unwahrscheinliche Steinblöcke und in einer Weise behauen, daß sie ohne Zement zusammenhalten und den stärksten Erschütterungen durch Erdbeben standhalten. Man spürt die Gegenwart von Giganten. Was die Formen betrifft, so hätte Picasso sie nicht besser machen können.
Als wir den holperigen Fußweg wieder hinunterstiegen, vernahmen wir die Gesänge der Indianer, es waren lustige Lieder. Dann kreuzten sich unsere Wege; es war eine Beerdigung. Sie trugen den Leichnam auf einer Bahre. Und ich bemerkte, wie die Füße des Toten im Rhythmus der Lieder und der schleppenden Schritte hin- und herbaumelten. Etwas wie metaphysische Heiterkeit hing in der Luft.

Venezuela

Das Flugzeug, das uns von Bogota nach Caracas entführte, überflog die Bohrtürme von Maracaibo. Während wir diese kleinen Eiffeltürme betrachten, die mit ihren tanzenden Flammen obendrauf direkt aus dem Meer herausragen, machen wir Bekanntschaft mit Venezuela. Dieses Land befindet sich in der Tat in einer besonderen Lage: Seine industriellen Unternehmungen tragen den Stempel von Wall-Street. Die Leute haben meist die Absicht, nur ein paar Jahre hier zu verbringen, um ein Vermögen zu verdienen. Gleichzeitig aber trifft man doch auf Spuren der alten Kultur: Ich habe mir eine Statuette dieser primitiven Kunst mitgebracht.
Der Flughafen liegt direkt am Meer; über eine Straße steigt man zu einem Felsen hinauf, wie zu einer Art natürlicher Eingangspforte. Von der Hochebene aus hat man einen Blick auf die Stadt Caracas, wo die kleinen alten Häuser nach und nach durch die modernen »Wohneinheiten« erdrückt werden.

So selbstverständlich sich der gegenseitige »Austausch« in Bogota angebahnt hatte, um hierzulande die Geschäftsleute zu gewinnen, mußte man doch beträchtlichen Charme entwickeln. Wieder waren die Frauen uns dabei eine unersetzliche Hilfe.
Wir kamen bald in engeren Kontakt mit einer Elite von sehr gehobenem kulturellen Niveau, die uns gewogen war. Ich traf meinen alten Freund Alejo Carpentier wieder, der uns damals die Musik für ›Numantia‹ komponiert hatte. Seit Jahren hatte ich ihn nicht mehr gesehen. Er war Kubaner und beim Rundfunk tätig. Er sollte Fidel Castros Kultusminister werden.
Wir residierten in einem protzigen modernen Hotel. Aus sämtlichen Ecken des Gebäudes, in den Gängen, im Speisesaal, im Schwimmbad, ja selbst in den Toiletten wurde man mit Bach, Mozart und Beethoven »berieselt«.
Die Stille existierte einfach nicht mehr, sie war durch das moderne Leben verdrängt worden. Es war die reinste Tortur.
In bezug aufs Theater hatten wir hier einen Kampf zu bestehen. Während sonst überall schon im voraus das Theater ausverkauft war, waren diesmal im Vorverkauf bis zum Vorabend der Premiere erst die Hälfte der Plätze vergeben.
Die Schlacht wurde gewonnen; aber es war uns ganz schön mulmig geworden. So weite Tourneen werden auf sehr schmaler finanzieller Basis durchgeführt; und wenn uns die französische Regierung auch ein Maximum an Unterstützung zukommen ließ, so blieben wir für unsere Geldangelegenheiten doch selbst verantwortlich. Für diese unvergleichliche Reise hatten wir mit den Ausgaben nicht gespart, ich war ziemliche Risiken eingegangen, und die Flugpreise waren zur damaligen Zeit astronomisch. Es durfte also nichts passieren.
Man gab uns zu Ehren erlesene Feste, z. B. um ein Schwimmbecken herum, oben hoch in den Bergen. Der Innenminister machte uns ein schönes Geschenk. Er mietete für uns eine Militärmaschine für eine besonders ausgefallene Expedition. Ich hatte noch einmal für meine Kameraden eine »Touristen-Pause« eingerichtet. Für drei Tage beurlaubte ich die Truppe. Die einen reisten nach Trinidad, die anderen erforschten die Umgebung. Wir wählten mit noch einigen fanatischen »Staunern« das Abenteuer. Das Flugzeug war eine DC 3: Wir starteten mit zwei »draufgängerischen« Piloten, einer kaltblütigen Stewardess, mit Whisky und Gitarren und einem Riesen-Strauß Gladiolen, deren Bestimmung mir beim Abflug nicht ganz klar war.
Zielpunkt: Canaima. Ein Zeltlager mitten im Urwald an den Ufern

des Caroni, wo der Orinoco einmündet, im Süden Venezuelas, nicht weit von der Grenze Britisch-Guayanas. Endpunkt der Reise: Die »Engels-Fälle« – der größte Wasserfall der Welt: Ein einziger Fall stürzt von neunhundert Meter Höhe in die Tiefe.

Canaima ist nur eine einfache Hütte. Zu beiden Seiten Schuppen mit Feldbetten. In freier Natur waren zwischen Bäumen einige Hängematten aufgehängt. Man teilte uns unsere Schlafstätten zu. Madeleine und ich sollten jeder eine Hängematte neben einem Litauer haben, der über uns wachen würde. Unsere anderen Kameraden wurden in dem Schuppen untergebracht. Für jeden ein einfaches Betttuch.

Eine Art Terrasse war aus Kieselsteinen aufgeschüttet. Von da standen den Abhang hinunter Kokospalmen, die ihre Wurzeln im schwarzen Wasser eines Sees badeten. Und was ist das, was leicht die Oberfläche des Wassers berührt? Es sind Schildkröten. In der Ferne drei Wasserfälle, die sich mindestens über einen Kilometer hinweg aus gut hundert Metern Höhe hinunterstürzen.

Die Feuchtigkeit ist so stark, daß die Piloten von Zeit zu Zeit die Motoren laufen lassen müssen.

Überall durchziehen Wasserläufe den Urwald. Mit Hilfe von Kähnen erreichen wir das andere Ufer des Sees. Und dann dringen wir ins Dickicht der Bäume, fast müssen wir unter den Zweigen kriechen. Ich weiche meinem Führer nicht von der Seite. Wir winden uns durch die Lianen, um voranzukommen. Er sagt mir:

»Setzen Sie genau Ihre Füße dahin, wo ich gehe.«

»Warum? Wegen der Schlangen?«

»Die sind nicht am Boden . . . die hängen eher an Bäumen.«

Von nun an habe ich ein Auge in die Höhe und das andere auf den Boden gerichtet. Es gelingt uns, bis zum Gipfel der Wasserfälle zu klettern. Von da erheben sich andere, höhere Klippen in den Himmel, und in der Ferne fällt majestätisch der »Engelssprung« herab. Ein Bild von unglaublicher Schönheit.

Der Abend vergeht mit Trinken, Gitarrespielen und Singen.

Nachts hindern mich die Geräusche des Urwalds am Schlafen. Tapfer, aber nicht verwegen! Gebrüll von Tigerkatzen. Glücklicherweise haben wir weder Pferd noch Ochse mit uns. Sie würden zerrissen werden. Nur der Mensch macht ihnen Angst. Sie haben so unrecht nicht.

Am nächsten Tag. Nachdem wir am Ufer des Sees unsere Toilette gemacht haben – (ich putze meine Zähne, indem ich das Wasser

schlürfe, so wie Kühe trinken) –, geht es auf neue Expedition mit dem Flugzeug.
Pierre Bertin hat genug, er bleibt im Lager. Wir haben kein Bewußtsein mehr für die Realität. Das Flugzeug startet für einen Zwanzig-Minuten-Flug durch Auftürmungen von Felsen, Wald, Wolken und Wasserfällen. Dann steigen wir wieder abwärts und landen mitten auf einer Wiese. Dieses Lager nennt sich Cabanaïen. Es war von den Franziskanern und Franziskanerinnen errichtet worden. Einige Paare leben hier, umgeben von einer »brüderlichen Kolonie« von Indianern. Da sie über Radio benachrichtigt wurden, haben sie ein herrliches Mahl für uns vorbereitet aus köstlichen Früchten und sicher auch anderen Dingen, aber ich erinnere mich nur an den Geschmack der Früchte.
Sie haben einen Jeep hier und nutzen die Kraft des Wasserfalls für eine Neonbeleuchtung aus!
Ich frage einen der Patres:
»Wenn das Flugzeug nicht wieder zurückkehren könnte, würden wir unser Lager wieder erreichen können?«
»Mit dem Jeep brauchten Sie mindestens acht Tage.«
Die Rückkehr verlief glücklicherweise gut. Ich habe eine kleine Kirche mitgebracht aus gebranntem Ton, von Indianern modelliert. Am Abend, während der Nachtwache bei Whisky und von Gitarre begleiteten Gesängen und dem Schreien der Tigerkatzen in der Ferne stattet uns ein Indianerhäuptling einen Besuch ab. Er weigert sich, unsere kleinen Schiffe ins Unterholz zu führen, weil ein großer Affe, eine Art Orang-Utan mit seiner Familie in der Gegend umherstreift. Wir bestehen nicht darauf.
In der Nacht wird Gabriel Cattand von einem Vampir halb ausgesaugt. Glücklicherweise trinken die Vampire ungeschickt. Ihr erster Biß anästhetisiert einen Teil seines Beines, aber als das Blut bis zum Hintern läuft, wird der Schläfer durch die Feuchtigkeit seines Strohlagers geweckt. Als er auffährt, ist der Vampir verschwunden.

Guadeloupe und Martinique

Die großen Tourneen wurden unter dem Patronat des Außenministeriums durchgeführt, und wir sollten ursprünglich in Guadeloupe und Martinique zwischenlanden, ohne zu spielen. Weil diese beiden Inseln französische Gebiete sind, unterstehen sie nämlich dem Innenministerium.

Ich hatte mir erlaubt, das Lächerliche dieser Situation klarzumachen, war aber auf die übliche bürokratische Routine, d. h. auf Ablehnung gestoßen. Danach besuchte ich eben den Präsidenten Monnerville, der von den Inseln stammt und der sich auch gleich mit den richtigen Stellen telefonisch in Verbindung setzte. Er antwortete mir:
»Für diesen Fall wenden Sie sich am besten an L'Odéon.«
». . . ?«
»Nun ja, an Monsieur Lodéon, den Senator von Guadeloupe (oder von Martinique, ich weiß es nicht mehr).«
So war es doch immerhin gelungen, einen Besuch von Pointe-à-Pitre, von Basse-Terre und Fort-de-France zu organisieren.
Zudem hatte ich nach unserer Ankunft in Mexiko den Botschafter von Haiti getroffen. Wir kamen überein, daß ich einen Vortrag in Port-au-Prince halten sollte, danach in Lima, Quito und Caracas. Vom haitischen Botschafter zum Botschafter auf Haiti hatten wir so eine regelrechte Tournee improvisiert. Ich gebe zu, ich war unersättlich.
Nun waren wir aufgebrochen nach den karibischen Inseln, nachdem wir unsere Kameraden wieder aufgelesen hatten, die mit den schönen Mädchen von Trinidad tanzen gegangen waren.
Wir lernten die wollüstige Anmut dieser Inseln kennen. Die unter die Haut gehende Sensualität des Biguintanzes. Chansons von Zungen und Lippen gesungen. Worte, denen man das »r« entzogen hat – sicher nur, weil sie zweifellos die Gedanken »kratzen« . . .
Wir wohnten in Bungalows an einem zauberhaft schönen Ort: »Der Schlund«, eine Luxusherberge, unter der Direktion eines neuen Freundes, Mario.
Von Guadeloupe's beiden Hüften heißt eine »Zuckerrohr«, die andre »Bananen«. Die Ichneumonen haben die Schlangen aufgefressen. Hier ist der einzige Ort, wo Adam und Eva nichts riskiert hätten!
In Basse-Terre, wo wir spielten, tanzte ich abends mit den farbigen Mädchen. Die feine Gesellschaft guckte mich deshalb schief an. Ich tat es mit Absicht, der Rassismus widert mich an.
Ich pilgerte zum Grab von Christoph Columbus – zu einem der zwei, drei oder vier Plätze, von denen es heißt, daß seine Gebeine dort begraben liegen.
Diese wenigen zauberhaften Tage gehen zu Ende; wir schaffen unser Material auf ein kleines Schiff mit Namen »Ile d'émeraude«. Der Kapitän und das Schiffchen – die Pfeife des einen wetteiferte mit dem Schornstein des anderen – waren geradewegs einem Zeichentrickfilm von Walt Disney entsprungen. Das Flugzeug bringt das

»Menschen-Fracht« nach Fort-de-France. Wir sollten dort am Stadttheater spielen, das ein Teil des Rathausgebäudes ist. Ein reizendes Theater von siebenhundert Plätzen, ganz in Holz, ein Theater, das dem von Deburau würdig war.

Während wir auf die Ankunft der »Ile d'émeraude« warten, durchstreifen wir die Gegend. Auf dem Platz eine Statue von Joséphine Beauharnais! Ich hatte mehrere Male in dem Stück von Sacha Guitry die Rolle des Bonaparte gespielt und schickte dem Autor in Gedanken einen Gruß. Nach dem sinnlichen Charme der Kreolinnen zu urteilen, muß Josephine eine faszinierende Frau gewesen sein.

Wir tanzen mit den Schwarzen im Rhythmus der »Stealband« ... aber von der »Ile d'émeraude« ist noch immer keine Spur zu sehen. Der Tag der Premiere ist gekommen ... noch immer nichts am Horizont. Ich verbringe meine ganze Zeit auf den Kais des kleinen Hafens. Ein alter Segler war klar zum Ablegen, um den Platz unserem Schiff zu überlassen, sobald es ankam, aber wann bloß? Das alte Schiff hat einen Zirkus an Bord. Ein Elefant ist am Hauptmast angebunden. Seine großen Ohren flattern wie Flügel im Wind.

Vier Uhr nachmittags! Um neun Uhr ist die Vorstellung! Es wird dramatisch. Weit in der Ferne ein kleiner schwarzer Punkt, eine kleine Rauchwolke. Kein Zweifel, das ist die Pfeife Kapitäns Popey.

»Also, los, kleiner Elefant, mach' uns Platz!«

Man bringt mir die Nachricht, das Publikum stehe bereits vor dem Theater Schlange.

Anlegen, Ausladen. Der Saal hatte sich inzwischen gefüllt. Es gab nur eine Rettung: Vorhang auf und das Publikum beim Aufbau der ›Fausses Confidences‹ zusehen lassen!

Diese Entscheidung bot sich von selbst an: Hier in Guadeloupe sind wir mitten ins französische XVIII. Jahrhundert zurückversetzt. Die Leute sprechen die Sprache von Marivaux. Wie in ›Die Kinder des Olymp‹ hängen Trauben von Zuschauern über den Balkonbrüstungen.

Haiti

Die Regierung von Haiti hatte uns eine DC 3 geschickt, aber der Flughafendirektor von Fort-de-France untersagt uns den Start: Das Flugzeug ist zu schwer beladen.

»Haben Sie ein anderes Flugzeug?«

»Ja, ebenfalls eine DC 3. Wir können Sie Ihnen für morgen mittag bereitstellen. Um welche Zeit?«

»Nicht zu früh. Ich werde die Truppe hierlassen und mit der Technik schon abreisen, ersparen wir den Schauspielern die Anstrengung.«

»Ich gebe Ihnen dennoch den Rat, nicht zu spät abzufliegen wegen der Zyklone, die sich nachmittags erheben.«

»Bestimmen Sie selbst die Startzeit. Und wieviel kostet es?«

»800 000 Francs.«

»Okay, 800 000 Francs.«*

Ein wahres Millionärsleben! Kein Wunder, daß wir dann keinerlei Gewinn mitbrachten! Aber die beiden Gefühle, die mich jetzt beherrschten, waren anderer Art: einmal, dem geistigen Renommee meines Landes einen guten Dienst zu erweisen; und zum anderen, »Erinnerungen für immer« zu sammeln.

Ich reise also ab mit dem Gepäck und der Technik, Léonard übernahm die Organisation. Madeleine würde am nächsten Tag mit der Truppe abfliegen.

In Haiti – seit 1804 von Frankreich unabhängig – ist man derartig französisch geblieben, daß man »clübe« statt »club« sagt. Hier war der Höhepunkt der Reise. Wir mußten, wie ich schon erwähnte, die Claudel-Aufführungen verdoppeln. Wir wohnten in einem entzückenden Hotel. Wir badeten im Schwimmbecken und nahmen unsere Drinks, die »Flamboyants«, im Wasser zu uns. Wie Hollywoodstars! Jedenfalls so, wie man sich das vorstellt. Nachts tanzten wir Cha-cha-cha, oder nahmen an den Séancen des Vaudou-Kults** teil, oder wir sahen uns die Hahnenkämpfe an.

Beim Einkaufen jedoch rempelten uns gewisse »Schwarze« haßerfüllt an. Als wir mit ihnen französisch sprachen, besänftigten sie sich etwas, blieben aber mißtrauisch . . .

Am Tag nach unserer letzten Vorstellung machten wir einen Sprung mit dem Flugzeug nach Port-Haitien, um uns von dort zu Pferde zur Zitadelle von König Christophe zu begeben. Das war ein lustiger Ausflug. Alle Mitglieder der Truppe im Gänsemarsch auf den kleinen Gebirgspferden, die wir nur laufen zu lassen brauchten.

Herrlich. Eine Landschaft, verfallene Hütten, wie auf den Kupferstichen und oben, mitten unter den alten Geschützen und Kanonenkugeln, das Versteck des Königs Christophe.

Nach der Rückkehr erlebten wir unseren letzten Empfang. Unser

* »Alte« Francs (Anm. d. Ü.).

** Afrikanischer Kult, von den Schwarzen nach Amerika importiert (Anm. d. Ü.).

Gastgeber war schön wie eine Ebenholzstatue: ein Gott. In seiner Gesellschaft befand sich ein kanadischer Kardinal – weil die amerikanische Kirche nur einen französisch sprechenden Kirchenmann auf diese Insel entsenden kann. Drei Jahrhunderte französischer Geschichte waren im Salon vereinigt. Der kanadische Kardinal parlierte wie ein Seigneur aus dem XVII. Jahrhundert; die Prominenz von Haiti sprach ein pures Französisch aus dem XVIII. Jahrhundert. Und wir, wir bemühten uns, im bestmöglichen modernen Französisch mitzukommen. Das war ein Wetteifern von Imperfekt und Konjunktiv! Die ganze Grammatik kam dran.

In einer Ansprache dankte uns ein angesehener Bürger dafür, daß wir uns zu einem Besuch entschlossen hätten, »im, wie *unser* großer Giraudoux sagt, imaginären Frankreich ... « Ich finde, Frankreich sollte den Menschen aller dieser sogenannten fremden Länder einen doppelten Paß anbieten, allen, die für unsere Sprache optiert haben, sei es als Nationalsprache oder als erste Wahl-Sprache. In der gleichen Sprache denken, bedeutet das nicht, die gleiche Sensibilität besitzen? Beweist es nicht die gleiche Geisteshaltung? Bedeutet es nicht, unter den gleichen Impulsen der Seele das Leben erfahren? »Das intimste Wesen eines jeden Vokes, seine tiefste Seele ist vor allem in seiner Sprache,« sagt Michelet. Das rechtfertigte doch gewiß einige Erleichterungen bei der Zollkontrolle?

Für unsere Rückkehr nach Frankreich mußten wir uns auf der »Antilles« in Saint-Jean-de-Porto-Rico einschiffen. Madeleine und ich versuchten, »ein Zeichen zu setzen«, und gaben hier einen Vortragsabend. Nur wenige Leute besuchten ihn. Mit Ausnahme von einigen Personen erschien uns das Gros des Publikums kaum davon »berührt«, es ging sie nichts an. Ich sehe noch diese eng aneinandergedrängten Holzhäuser von recht armseligem Aussehen, die auf Pfählen im Wasser standen, die Dächer von Fernsehantennen gespickt. Von der portoricanischen Flagge abgesehen waren wir ganz einfach in einer US-Kolonie. Ich habe nie recht den Geist der »Kolonisten« verstanden und ebensowenig den »wirtschaftlichen Kolonialismus«.

Während uns das Schiff nach Marseille bringt, wird mir bewußt, daß ich mich noch nie so sehr als Weltbürger und gleichzeitig ganz als Franzose gefühlt hatte. »Französisch sein, wie man universell ist« – immer wieder diese Devise. Diese Reisen gaben mir ein neues Vaterland: Die Erde, und gleichzeitig verwies mich jedes Land, das ich durchreiste, auf das Bild meines Mutterlandes. Ein gepriesenes Bild. Ich erkannte, in welchem Maße die französische Kultur ein internationaler Besitz ist, dessen Sachwalter die Franzosen sind. Sie tragen daher auch die Verantwortung dafür. Nie bin ich bei denen, die wir besuchten, mißgünstigen Blicken begegnet: Sie schienen mir im Gegenteil froh zu sein, daß dieser »gemeinsame Besitz« anständig verwaltet wird. (Ich schließe natürlich gewisse politisch ferngesteuerte Äußerungen aus.)

Es war mir klar geworden, daß man in der Welt vor allem deswegen französisch lernt, um Descartes und die Enzyklopädisten, unsere Dichter und die Französische Revolution zu verstehen. Die letztere wird für immer das Symbol der Freiheit und der Emanzipation des Menschen bleiben. Ja, die Welt machte mich immer mehr zum Franzosen und zum Menschen dieses ganzen Planeten. Sie hat mir meinen Atem erweitert. Doch gleichzeitig zog sich mir das Herz zusammen, als wir uns Marseille näherten: Ich kehrte in die Familie zurück, eine Familie von meinem Blut, aber ... trotz allem, eine Familie!

Da wir noch immer kein Theater in Paris gefunden hatten, mußten wir wieder für ein Jahr hinausziehen über die Straßen, durch Meere und Lüfte, quer durch die Welt. Wir machten eine Europa-Tournee und unternahmen unseren zweiten Besuch in Amerika. Ich sehe uns noch im Januar 1957 in Kanada bei 40° Kälte – und im Juli, in Beirut, bei 60° Wärme ...

In New York tat uns Dag Hammarskjöld eine große Ehre an. Er hatte uns dazu »ausersehen«, das Theater in die UNO einzuführen. Er bat uns, im großen Sitzungssaal zu spielen, und er wählte den ›Misanthrope‹. Wir stellten die Büste Molières auf die Rednertribüne, umgaben uns mit schönen Wandteppichen aus der Zeit Ludwigs XIV. und spielten um unseren »Schutzpatron« herum, so als ob er es wäre, der den Text sprach. Es hörte sich ganz schön saftig an, was Molière in der UNO vorzubringen hatte:

»Überall finde ich nur feige Schmeichler,
Ungerechtigkeit, Gier, Verrat, List,
Ich kann es nicht mehr ertragen ...«

Hammarskjöld war hellauf begeistert. Er hatte uns sein Büro als Garderobe zur Verfügung gestellt.

Die Rolle des Theaters ist zu vergleichen mit der des Narren im Verhältnis zu seinem König. An den Freiheiten, die sich der Narr erlauben darf, kann man die Macht des Königs ermessen. Hat der König Angst, trägt der Narr den Maulkorb.

In unseren Tagen ist die Menschheit König, sie hat die ganze Macht.
Und wenn die Menschheit die totale Freiheit des Ausdrucks auf dem Theater zuläßt, dann wird das ein Zeichen dafür sein, daß die Menschheit die Macht verdient!

Wir setzten unsere Proben für ›Histoire de Vasco‹ von Georges Schéhadé fort; das Stück wurde in Zürich herausgebracht, danach in Lyon und beim Festival in Baalbek gespielt. Außerdem bereitete ich eine Bearbeitung von Kafkas ›Schloß‹ vor.
Was unsere Tourneen in Europa betrifft, so rissen sie überhaupt nicht ab, und wenn ich sie zusammenrechne und die Jahreszahlen nicht berücksichtige, komme ich zu folgendem Resultat:
Wir besuchten: in Italien 14, in Deutschland ein gutes Dutzend, manche mehrmals.
In Polen: Zwischen Franzosen und Polen besteht eine besondere Verwandtschaft. Unsere beiden Länder sind nicht nur zwei Völker, sondern zwei Nationen. Durch ihre bedrängte geographische Lage kannten sie im Lauf ihrer Geschichte vorwiegend »raumgreifende« Nachbarn. Mut, Glaube, Intelligenz und Widerstandskraft haben den Charakter beider Völker geprägt. Daran erkennen sie sich, das schafft Bindungen. – Polen hatte, als wir dort reisten, noch kaum seine grauenvollen Leiden überstanden, und unser Aufenthalt in Warschau, Posen, Breslau, Kattowitz, Krakau war erschütternd. In Polen erfuhren wir 1958 von der Rückkehr General de Gaulles an die Macht.
Wir besuchten außerdem Rumänien, das so lateinisch ist; die Tschechoslowakei mit ihrer so intellektuellen Lebendigkeit; und natürlich Österreich, Holland, Belgien, die Schweiz, die nicht anders ist als Frankreich. Ich bewahre Griechenland und Jugoslawien für später auf und auch England, wo wir schließlich sechs- oder siebenmal waren. Davon werde ich noch berichten. Zu viele Seiten brauchte es, um über alle Einzelheiten, jede Begegnung, jeden Austausch zu berichten. Erinnerungen, die nie verlorengehen.

Im Oktober 1957 landeten wir endlich wieder einmal in Paris. Dieses Wiederfinden dauerte zwar zwei Spielzeiten lang, doch erfuhren unsere Tourneen deshalb keine Unterbrechung. Für uns kam es jedenfalls auf das gleiche heraus, unsere Tourneen gingen über Paris, etwas anderes war es nicht . . .

Im Theater Sarah-Bernhardt

A.-M. Julien stellte uns für einige Monate das Theater Sarah Bernhardt zur Verfügung. Wir hatten in Lyon, in der Schweiz und im Libanon mit ›Geschichte von Vasvo‹ Erfolg geerntet, und das veranlaßte uns, die Spielzeit mit diesem schönen Stück von Schéhadé zu eröffnen. Eine Gelegenheit, nach über einem Jahr Abwesenheit wieder unseren »teuren« Kritikern zu begegnen.

Wenn Schéhadé heute fast nicht mehr schreibt, wenn er es vor allem vermeidet, in Frankreich aufgeführt zu werden, so trägt allein die französische Kritik die Verantwortung dafür. Ich habe niemals eine solch strenge Beurteilung eines Mannes begriffen, der ein ebenso gefälliges Französisch schreibt wie Supervielle... Dahinter steckt nichts anderes als Xenophobie, eine niederträchtige obendrein.

Für mich ist, wie gesagt, jeder Mensch auf Erden, der das Leben französisch denkend erfaßt, beobachtet und neuschafft, ein Mensch von meinem Blut. Schéhadé ist ein echter Dichter. Nichts Weichliches haftet ihm an; er brüllt zwar nicht, aber er sticht empfindlich zu wie ein Insekt. Und wenn er verbindlich bleibt in seiner Revolte, so ist sein Unterfangen nichtsdestoweniger das eines Revolutionärs.

Aber primitive Geister erfassen eben nur das Gebrüll und die simple Rohheit. Politische Argumente kamen hinzu – wir wurden angegriffen, die Zuschauer beeinflußt. Paris nahm uns den ›Vasco‹ übel, den andere Länder soeben gefeiert hatten.

Daraufhin brachten wir ›Das Schloß‹ nach Kafka heraus. Die Kafka-Puristen protestierten lauthals, und es gab deren immer mehr; unter anderem jene, die »ihren« Kafka in der Aufführung vom ›Prozeß‹ entdeckt hatten ... Meines Erachtens bekamen wir jedoch mit unserer Bühnenversion (in Zusammenarbeit mit Pol Quentin) die doppeldeutige Welt Kafkas immer besser in den Griff. Trotzdem war ›Das Schloß‹ nur ein halber Erfolg.

Das Sarah-Bernhardt* ist ein aufwendiges Theater, wir verloren eine Menge Geld. Konnten wir so weitermachen? Unser Schiff war leck an allen Seiten.

In solchen Fällen muß man die Löcher stopfen. Wir dachten an ein Meisterwerk der populären Theaterliteratur. Früher hatten wir einmal den ›Buckligen‹ inszeniert, und diese melodramatische »Stilübung« war uns gut gelungen. ›Madame Sans-Gêne‹ von Victorien

* In der Zwischenzeit umgebaut und umgetauft in Théâtre de la Ville (Anm. d. Ü).

Sardou ist noch besser »gewickelt«, wie man sagt, als der ›Bucklige‹, und wir sahen Pierre Dux für die Regie vor. Er nahm an. Die Rolle der Sans-Gêne bekam einen neuen Zug durch die Besetzung mit Madeleine. Amélie, Maitresse Napoléons! – Es wurde ein Triumph.
Unser Schiff glitt wieder über ruhiges Meer. Die Seenot war überstanden.
Damals hatte ich Gelegenheit zu folgender Beobachtung: Camus erhielt den Nobelpreis. »Geschieht ihm recht!« sagte Sartre; die beiden standen damals auf Kriegsfuß miteinander. Jedermann freute sich über diese hohe Auszeichnung für Camus. Die schwedische Gesandtschaft gab einen riesigen Empfang. Wir waren eingeladen. Und den ganzen Abend lang machte ich mir den Spaß, mich zwischen der Pariser Intelligenz zu bewegen – zwischen den eintausendfünfhundert vollkommensten, raffiniertesten, aufgeklärtesten Geistern, die das Denken von morgen bestimmen, die die Fortentwicklung der Menschenrasse garantieren.
Keiner unter ihnen hatte ›Vasco‹ oder ›Das Schloß‹ gesehen. Alle waren sie zu ›Madame Sans-Gêne‹ geströmt.
Madeleine, Dux und die Kollegen hatten unsere Compagnie gerettet. A.-M. Julien hatte nun andere Pläne für sein Theater, und so brachen wir auf und gingen wieder auf Tournee.

Eine Reise um die Welt

Die französische Regierung hatte uns gebeten, einen neuen Reiseplan zu entwerfen. Dies waren die Etappen: Paris – Hamburg – der Nordpol – Anchorage – Tokio – Osaka – West-Japan, Nagasaki – Hongkong – Saigon – Bangkok – Neu-Delhi – Tel-Aviv – Jerusalem – Haifa – Athen – Belgrad – Zagreb – Sarajewo – Ljubljana – Venedig – Paris.
Dauer: ungefähr drei Monate. Das heißt, im Grunde »eine Reise um die Welt in achtzig Tagen!«

Anchorage

Am 15. April 1964 reisten wir ab. Lauter neue Länder stehen auf unserer Abschußliste. Wir werden von den Zen- und Shinto-Tempeln zur Synagoge und ans Heilige Grab kommen, von Byzanz zum delphischen Apollo, von Apollo zu Karl Marx! Eine Rundreise zu den Göttern!

In den Straßen und an den Läden werden unsere Augen die Ideogramme Nippons erblicken, türkische, hebräische, griechische und serbische Lettern, angereichert um einige Varianten. Wir werden nicht mehr an Schriften vorbeireisen, sondern an Zeichen.

Im Februar schon sind unsere Dekorationen per Schiff abgegangen. Die zwei Tauben, die in ›Christophe Colomb‹ von Claudel mitspielen (Claudel, einst französischer Botschafter in Japan, hatte einen tiefen Eindruck von diesem Land bewahrt), sind ebenfalls expediert worden und müssen seit drei Wochen irgendwo bei einem Tierarzt unter Beobachtung sein.

Zwei Bühnenprogramme haben wir vorgesehen. Das zweite werden wir unterwegs im Mittleren Orient aufnehmen.

Das Flugzeug, ein Super-liner, wird unser letztes Propeller-Flugzeug sein. Ich bewahre eine gewisse Anhänglichkeit für diese Maschinen, vorwiegend für die Langstrecken-Typen. Sie rochen so nach Abenteuer.

Es war also Karfreitag, und wir starteten für eine Strecke von zweiunddreißig Stunden! Bis zur Landung in Hamburg reichen die magnetischen Ströme noch bis Paris zurück, die Geräusche, die Stimmen, die wir lieben, unser Haus. Der Faden, der uns mit Frankreich verbindet, dehnt sich, ohne zu reißen.

Nach Hamburg (es ist Mitternacht, als wir für einen siebzehnstündigen Flug wieder starten) beginnt das Abenteuer erst richtig. Die Maschine macht sich langsam auf den Weg Richtung Nordpol. Tag, Nacht und Sonne spielen Versteck miteinander. Wir werden einen Tag unseres Lebens verlieren, indem wir von Freitag direkt auf Sonntag überspringen. Man nennt das eine »date line«.

Als wir die Gletscherhaube überflogen, fühle ich mich von einer Angst gepackt, die ich bisher nicht kannte. Die Erde ist nur noch ein Schädel, ein alter schmutziger Schädel. Das ist das Nichts. Das Abbild des Todes. Der gleiche triste, geborstene Untergrund, dasselbe Grau wie wir es von alten Schädeln auf unseren Friedhöfen kennen, die von haardünnen Linien und feinen Rissen durchädert sind. Ja, ein noch zerbrechlicheres Bild: eine vom Staub matt gewordene Gipslasur.

Schädel, alter Schädel
ihr Öl ist zu schmutzig für deine Flamme

Dann Nacht überall, dann, doch wozu ...
Damm Donation Dammhirschkuh, Damm Donation Dammhirschkuh
Dann Nacht überall, dann ... doch wozu ...
Damm Donation Dammhirschkuh, würdige Donatio

(Jules Laforgue)

Unerwartet kommt ein kränklicher und zaghafter Tag auf und läßt die verschlafenen Gesichter erbleichen. Vor uns eine pergamentene Sonne, die es nicht einmal schafft, sich ganz zu zeigen.
Man serviert uns ein Frühstück, und wieder wird es Nacht. Man reicht uns Champagner. Drei Stunden vergehen, da werden wir auf einmal von hinten beleuchtet. Wieder ist es die Sonne, diesmal ist sie dunkelgelb, an unser Flugzeug angebunden wie eine Kupferpfanne am Katzenschwanz. Man bringt uns ein cellophanverpacktes Tablett mit Speisen und Getränken. Der Tag, ein totgeborenes Kind, vergeht. Noch ein Glas Champagner. Haben wir Samstag oder Sonntag?
Die Unordnung hat sich der Zeit bemächtigt. Zweideutigkeit von Leben und Tod.
Jetzt erscheint die Sonne wieder auf der linken Seite. Ein schwächlicher Schimmer, nicht als Tag zu bezeichnen, erfüllt einige Zeit das Flugzeug. Deshalb dürfen wir jetzt wieder ein Frühstück haben.
Und diese Gletscherhaube, was wird aus ihr? Oh! Da sind Berge. Hohe Berge, bedeckt mit rosigem Schnee. Das ist Alaska. Wir sind drüben, auf der anderen Seite. Die Sonne ist immer noch matt, aber sie wirkt ganz jung diesmal. Die Luft ist durchsichtig, rosig, blau, blaßgrün. Wir kommen nahe am McKinley-Massiv vorbei, 6300 Meter hoch. Und hier ist nun Vegetation. Wälder.
Wir landen in Anchorage an einem frischen, hell leuchtenden Morgen. Die Gegend ist wundervoll, kristallklares Licht, verlockende Bergketten: Hier werden Bären gejagt und leidenschaftlich Fische gefangen. Die Temperatur ist verhältnismäßig mild. Anchorage atmet Freiheit, Pioniergeist und Abenteuer. Man möchte gern einige Zeit hierbleiben, aber die Zwischenlandung geht zu Ende, wir reisen weiter nach Tokio: ein neuer Flug von dreizehn Stunden.
Es ist Ostern. Jesus ist auferstanden, und Buddha erwartet uns. Ich rücke mit meiner Überraschung heraus und verteile Schokoladeneier an die Truppe, die Passagiere und die Crew. Auf der rechten Seite: die Behringstraße, danach Treibeis, vom Frühling aufgebrochen. Man serviert uns das Abendessen!

Und nun sind wir über dem Pazifik. Die japanische Erde taucht auf. Die Reise ist praktisch in wenigen Stunden zu Ende. Der Kommandant hat mich liebenswürdigerweise in sein Cockpit eingeladen. Dieses Japan, dessen Name mir wie ein Traum klang, ist endlich in seiner Wirklichkeit vor mir; und mit ihm die ganze Verantwortung für unsere Tournee. Wir müssen in kaum drei Monaten in vierzehn Städten spielen. Vierzehnmal heißt es, sich zusammennehmen, Augen und Ohren offen halten und von der ersten Minute der Ankunft an einen guten Kontakt herstellen. Vierzehnmal muß alle Müdigkeit abgeschüttelt werden, die einem noch von der vorhergegangenen Stadt anhaftet, muß eine neue Jungfräulichkeit, Frische und Begeisterung aufgebracht werden, die wir der neuen Stadt entgegenzubringen haben. Vierzehnmal müssen unsere Techniker die benötigten vierzehn Tonnen Material einpacken und wieder auspacken. Wir führen alles mit uns bis zum kleinsten Löffel. Nichts darf verlorengehen: keine Tasse, kein Paar Strümpfe, keine Handschuhe, Ringe, Portraits. Diese ganze Verantwortung, die da auf uns wartet, spüre ich auf meinen Schultern lasten.

Plötzlich in Cockpit und Kabine eine Sintflut, überall rinnt Wasser herunter. Allgemeines Gelächter der Crew – Erstaunen meinerseits.

»Das ist immer so«, sagt mir der Kommandant. »Das Flugzeug taut auf. Während wir absinken, schmilzt das Eis . . . Sehen Sie da hinten diese Rauchschwaden. Das ist Tokio.«

Wir sehen Dschunken. Auf dem Meer schwimmen Placken von Algen; mit ihrer schraffierten Oberfläche präsentieren sie sich uns als erste japanische Holzschnitte.

Japan

Seit dem Tag, an dem ich mich dem Theater verschwor, hat mich die japanische Kunst angezogen. Die Dynastien der Schauspieler, das Wissen um den Körper und den Gebrauch der Stimme, ihr Sinn für eine gewisse Langsamkeit der Bewegungen, die Intensität ihrer Konzentration, die Kunst der Maske, überhaupt alles, was sie an Ausdrucksmitteln des menschlichen Wesens verwenden – das alles bildete für mich ein maßgebliches, erstrebenswertes Ideal.

Natürlich ist es ausgeschlossen, das Gefühlsleben eines Asiaten innerlich nachzuvollziehen. Aber ohne unserer westlichen Veranlagung untreu zu werden, können wir uns zumindest auf dem Weg über die Form auf seine angeborenen Veranlagungen einstimmen. Wenn wir den Stil des Nô-Spiels analysieren, erinnert es uns dann nicht an die archaische griechische Kunst? Der »Shite« ist der Schauspieler, der die Maske trägt. Der unmaskierte »Waki«, sein Gegenspieler, entspricht dem Chorführer. Im einen wie dem anderen Genre gibt es einen Chor und Instrumente. Auch die Aufeinanderfolge der Szenen ist verwandt.

Einst haben sich die beiden Temperamente ergänzt. Erst in verhältnismäßig modernen Zeiten hatte man beide voneinander distanziert. Später, nach Salamis zur Zeit Platons, hat sich diese Teilung einer einzigen »Menschheits«-Zelle in zwei Zellen, in Orient und Okzident vollzogen.

Bei den kontemplativen Yoga-Übungen handelt es sich, glaube ich, darum, die Welt zu vergessen, um sich selbst zu finden. Man sagt dann, alles sei Illusion.

Beim aktiven Yoga, scheint mir, geht es darum, sich selbst zu vergessen, um mit der Welt eins zu werden. Man sagt dann, alles sei Allusion, Hinweis.

Es gibt keinen Antagonismus; es gibt vielmehr zwei verschiedene Energien, wie es die männliche und die weibliche gibt, die einander nicht entgegengesetzt, sondern notwendig sind. Männlich nenne ich das, was gibt und zeugt, und weiblich, was empfängt und gebiert.

Das Neutrale nimmt wahr.

Pardon, wenn ich mich noch einmal wiederhole: Jedes menschliche Wesen hat die drei Elemente dieser Dreiheit in sich. Und die Menschheit umfaßt genau wie ein einzelnes Wesen ebenfalls diese verschiedenen Temperamente.

Die erfinderische Geschichte hetzt die einen gegen die anderen auf, als seien es Rivalen und Feinde. Da aber ihre Bestimmungen nicht dieselben sind, können sie nicht Feinde sein. Man benutzt sie einfach zu falschen Zwecken, das ist es.

Im Laufe dieser so abwechslungsreichen Reise konnte ich diese beiden Strömungen ununterbrochen wahrnehmen.

Wir verbrachten nur einen Monat in Japan, und wir arbeiteten im Übermaß. Wir konnten uns also nicht eingehend mit den Dingen beschäftigen, aber wir konnten sie aufnehmen. Ich erinnere mich an dieses Zen-Mahl in einem Tempel in Kyoto. An meine innere Andacht am Grab des Meisters der Teezeremonien, Rikyu. Ich liebe die beiden symbolischen Elemente der Shinto-Religion: Schwert und Spiegel. Ich würde sie ohne weiteres als die Attribute des Schauspielers übernehmen. Das Schwert, das von der Bühne in den Zuschauerraum dringt – dessen Spiegelbild es gleichzeitig ist. Ich liebe die Teezeremonie. Und ich liebe vor allem die Kunst des Blumenbindens.

Aus drei Zweigen wird das Grundbeispiel dieser Buketts komponiert: der größte muß aufrecht zum Himmel (Shin) weisen; der kürzeste neigt sich der Erde (Gyo) zu, der mittlere stellt den Menschen (So) dar, der Himmel und Erde verbindet.

So erinnert das kleinste Blumenbukett daran, daß der Mensch der Mittler zwischen Geistigem und Irdischem ist.

Wie du die Erde saugst, Alter,
. . .Und wie du dem Himmel entgegenstrebst,
Wie du dich ganz zusammenballst,
Im Druck seines Odems . . . Gestalt aus Feuer!

(›Goldhaupt‹, Baum-Szene)

Diese drei Phasen der Mitteilung finden sich in der Stimmführung der Schauspieler wieder. Aus der Wurzel ihres Seins reißen sie gutturale, rauhe, erdige Töne; die Stimme steigt, modelliert, verfeinert sich und endet im Gesang der Kopfstimme.

Wir, die wir nur wenige Töne in der Stimme haben, wie auf einer Rohrpfeife, sind am Anfang etwas überrascht, und wir lächeln gar darüber. Aber man kann sich fragen, welche dieser Tonleitern lächerlicher ist?

In Nara, Tokio und Kyoto verspürten wir in den Tempeln – wo wir ständig unsere Schuhe ausziehen mußten – die Aura einer authentischen und antiken Kultur.

In Osaka spielten wir in einem Theater mit mehr als viertausend Plätzen. Wir hatten ›Hamlet‹, ›Les Fausses Confidences‹, ›Baptiste‹, ›Misanthrope‹ und ›Christophe Colomb‹ auf dem Programm.

Der Zug, mit dem wir von Tokio nach Osaka fuhren, hielt in Yokohama. Das war vielleicht eine Überraschung, als ich auf dem Bahnsteig meine Tauben in den Armen des Bahnangestellten sah! Ich stieg aus, nahm ihm den Käfig aus den Händen, sagte ihm ›danke‹ und kehrte in mein Abteil zurück. Er hatte überhaupt keinen Einwand gemacht.

Ich möchte beinahe sagen – vielleicht täusche ich mich? –, daß die Japaner im Fernen Osten mir so vorkommen wie die Deutschen in Europa.

Zur Vorbereitung auf unsere Ankunft hatten sie unser Repertoire in den Lehrplan der Schulen und Universitäten aufgenommen. Die Texte dazu waren zweisprachig herausgegeben worden. Das Fernsehen

hatte Auszüge daraus mit einer Fülle von Erklärungen gesendet. Kein Wunder, daß die Theater voll waren. Die Zuschauer folgten der Vorstellung mit dem Text auf den Knien. Sie kannten keine Gleichgültigkeit. Eine solche Aufnahme ist gut mit der des deutschen Publikums zu vergleichen.
Niemals habe ich so viele Bühnenarbeiter auf einer Bühne gesehen; und seither überhaupt nie mehr so viele Menschen an allen Ecken und Enden. Wenn eine ganze Kinderschar mit ihren kleinen schwarzen Uniformen wie ein Schwarm von Staren über eine Ausstellung herfällt, ist das wirklich eindrucksvoll. Wenn Züge ankommen, ist kein Gedanke daran, gegen den Strom der Menge schwimmen zu wollen!
Der Aufbau für unsere Aufführungen ging also in einem furchtbaren Gewühl vor sich. Und was ganz ungewöhnlich war – der Chefbeleuchter war nicht zur Stelle. Wir verlieren Zeit. Ich rege mich auf und mache meinem Ärger Luft. Unsere Beleuchtung steht mit knapper Not bis zum Beginn der Vorstellung. Trotzdem geht alles gut. Am nächsten Tag will ich diesen Beleuchter sprechen, um mich mit ihm auszusöhnen.
»Oh, Monsieur! Den werden Sie nicht sehen.«
»Warum, ist er so böse?«
»Nein, Monsieur, aber weil er gestern im Unrecht war, hat er sich zur Strafe den Kopf rasiert. Und so will er sich nicht zeigen.«
Ich habe inzwischen diese Geschichte unseren französischen Beleuchtern erzählt, sie haben große Augen gemacht.

Osaka ist der Sitz des »Bunraku«, das ist ein Puppen-Theater. Genauer gesagt, ist es Theater mit Puppen. Es stammt aus alten Zeiten, wurde aus dem Marionettenspiel entwickelt und hat seinen endgültigen Stil im 16. Jahrhundert gefunden.
Das Spiel geht folgendermaßen vor sich: Der Rezitator der »Jorugi«-Balladen sitzt auf einer Seite der Bühne und erzählt die Handlung, während die Puppe dazu »lebt«. Die Puppe ist ungefähr einen Meter groß und wird auf sichtbare Weise von drei Männern gehandhabt. Der Puppenlenker hat sein Gesicht unbedeckt, er hält die Puppe mit der linken Hand in Brusthöhe und lenkt mit der rechten die Bewegungen ihres rechten Arms. Sein erster Helfer, schwarz gekleidet und den Kopf schwarz verhüllt, bewegt den linken Arm der Puppe. Ein zweiter Helfer, gleichfalls schwarz gekleidet und verhüllt, beschäftigt sich mit dem Kleid, der Körperhaltung und den Beinen der Puppe.

Drei Menschen sind also dem Zuschauer sichtbar, während sie diese Marionette bewegen.

Der Rezitator, der »Jorugi«, ist ein phantastischer Schauspieler. Er ahmt alle Stimmen nach, die im Spiel vorkommen, und durch ein unerhört synchron geführtes Spiel gerät der Zuschauer nie in Zweifel über die jeweilige Person der Handlung.

Man muß gesehen haben, wie der Puppenlenker seine Marionette hält: Brust an Brust, Herz an Herz. Er beobachtet sie mit zugleich nachsichtigem und strengem Gesicht. Er wacht über sie, wie Gott über uns wacht. Sie – fein, lebhaft, geschäftig – macht den Eindruck, als vertraue sie sich ihm völlig an. Sie glaubt an ihn, wie wir an Gott.

Seine dicke Hand in grauen Handschuhen hat er durch den Ärmel des kleinen Wesens gesteckt, und so bewegt er mit seinen Fingerspitzen von ihrem Handgelenk aus alle Bewegungen der Finger, denn alle Fingerglieder dieser kleinen weißen Hand sind unabhängig voneinander.

Der Puppenlenker ist stumm, gewiß, aber sein ganzer Körper diktiert seinen Willen diesem Wesen, das zuhört und agiert, von einem Geschick dirigiert, das vor unseren Augen Gestalt annimmt.

Das ist schlicht und einfach metaphysisches Theater. Das ist greifbar gewordene Poesie – durch die konkrete Präsenz von Natürlichem und Übernatürlichem. Die Puppe ist der Mensch. Der Puppenlenker ist Gott. Die Helfer sind die Boten des Schicksals. Mit unvergleichlicher Anmut und Poesie wird diese Puppe von einer übernatürlichen Trinität belebt. Ist es die Dreiheit? ...

Das Bunraku ist für mich die höchste Form der Theaterkunst. Aus ihm entwickelte sich das Kabuki. Der Schauspieler hat hier die Stelle der Puppe eingenommen, das Manipulieren wird dadurch überflüssig. Die Götter sind beiseite geschoben, der Mensch wird Zentrum und will sein Schicksal bewältigen. Die Metahypsik hat verloren zugunsten der Virtuosität; trotz des genialen Könnens der Schauspieler glaube ich jedoch festgestellt zu haben, daß die Grundprinzipien in gewisser Hinsicht verflacht sind.

Wir hatten Gelegenheit, eine Aufführung desselben Stückes in beiden Theaterformen zu sehen. Beim Spiel mit den Puppen war der Eindruck intensiver, grausamer, totaler, absoluter, glaubhafter.

Das *Nô*. Die Langsamkeit des Spiels läßt an die Schwerkraft der Erde denken. Ich, mit meiner Vorliebe für das bedeutsame Objekt – ich war starr, als ich den Fächer sah, den der »Shite« in der Hand hält.

Der Fächer ist wie das Denken. Das Denken öffnet sich langsam und stoßweise. Dann beginnt es zu vibrieren. Es drückt sich gleichzeitig mit der Stimme aus, Lichtgeflimmer in der Sonnenhitze.
Eine knappe Geste, der Fächer – der Gedanke – klappt zu.
Die Art der schnellsten Vorwärtsbewegung ist das Gehen. Es gibt so viele Dinge um uns herum aufzunehmen, daß man meint, es ginge zu schnell. Man weiß nicht mehr, wohin man sehen soll! Man möchte den Schritt verlangsamen. Im Nô gibt es soviel Dinge zu beobachten, daß man absolut nicht den Eindruck von Langsamkeit, sondern den des »Zuviel« hat. Während eben noch der »Shite« aus der Entfernung meine Aufmerksamkeit auf die Vibrationen seines Fächers lenkte – als könnte ich damit in seine Seele dringen –, habe ich nicht bemerkt, daß er sich unmerklich um sich selber drehte. Und wenn der Fächer sich schließt und mich wieder »entläßt«, entdecke ich, daß dieser Astralkörper sich um 45° gedreht hat.
Das ist das Geheimnis des Nô. »In unserem Theater«, sagt Claudel, »kommt *etwas* vor; im Nô kommt *jemand* vor.«
Was den »Austausch« betrifft, so war ›Christoph Columbus‹ von Claudel für die Japaner eine besondere Erfahrung. Der Stil unseres Spiels, so westlich er ist, ist dem ihren sehr verwandt. Das kommt daher, daß Claudel durch ihr traditionelles Theater beeinflußt worden war, und außerdem aus meinen Träumen, die schon immer auf ihre Theaterpoesie gerichtet waren.
Für uns ist dieser Stil modern. Er könnte ausgezeichnet auf Themen der heutigen Zeit angewendet werden. Wie etwa im ›Prozeß‹, ›Belagerungszustand‹, ›Als ich im Sterben lag‹ und ›Hunger‹. Bei den Japanern war es hingegen zwischen dem traditionellen Theater und dem modernen Theater zu einem Bruch gekommen. Darunter leiden sie ... wenigstens war es 1960 während unseres Besuches so; damals war das Vorbild ihres modernen Theaters das angelsächsische. Sie konnten sich nicht vorstellen, daß man die traditionellen Mittel des Nô, des Kabuki und Bunraku auch auf aktuelle Sujets anwenden könne.
Durch unseren ›Christoph Columbus‹ bekamen sie eine Ahnung davon, daß man durchaus zwei Epochen miteinander verbinden kann, die durch ein Niemandsland von mehr als nur einem Jahrhundert getrennt sind. Über diese Frage diskutierten wir mit ihnen. Und viele dachten voller Sehnsucht an ihre eigene große Theatertradition und träumten davon, den traditionellen Stil mit modernen Tendenzen zu verbinden. Unser Stil zu spielen, sagten sie uns, habe ihnen Mut und Hoffnung gegeben.

Die Bucht von Hongkong verdient ihren sagenhaften Ruf. Man landet mitten im Wasser auf einer weit auslaufenden Piste. Die chinesischen Stewardessen mit ihrem an der Seite aufgeschlitzten Rock lassen lange Beine erblicken und bringen unsere Jungen zum träumen.
Der Kommandant der Air France hat beim Start die Erlaubnis erhalten, mit uns die Bucht zu überfliegen. Die chinesischen Hausboote! Schwimmende Wohnviertel. Hier würde ich gerne ein paar Tage zubringen.
Bei der Zwischenlandung in Saigon ist es erstickend schwül: lebhafter Verkehr, dichtes Gedränge, eine Atmosphäre wie in einem Dampfbad. Dann kommt Bangkok. Vier unserer Kameraden, die den zweiten Teil der Tournee nicht mitmachen, haben uns gebeten, sich von uns absetzen zu dürfen. Verständlicherweise möchten sie gern auf eigene Kosten Angkor besichtigen. Wir wünschen ihnen gute Reise, und sie verschwinden in der Nacht.
Nach Ortszeit muß es ziemlich spät sein, denn der Flughafen wirkt verschlafen. Die Zeit vergeht langsam. Die Luft ist milde draußen, und wir begeben uns auf eine Terrasse, wo die Reisenden in Liegestühlen und riesigen niedrigen Holzsesseln ergeben vor sich hindösen. Niemand spricht mehr etwas – die Müdigkeit macht sich bemerkbar. Nirgends etwas Lebendiges, außer diesen großen, brummenden Insekten, die mit infernalischem Lärm über die Piste bis an den Fuß der Terrasse rollen, dann langsam eine Drehung um den Signalgeber machen, der sie mit seiner Fahne einweist – ein winzig kleiner Dompteur, der die Elefanten tanzen läßt.
Das Pfeifen der Turbinen zerreißt einem das Trommelfell; es ist aber nicht schrill genug, ein dunkelhäutiges, schnarchendes Wesen neben mir aufzuwecken, einen Reisenden, der mit offenem Hemd und bloßen Füßen daliegt wie ein besiegter Krieger.
Regelmäßig erschüttert ein langer rollender Donner die Atmosphäre, und eines dieser feurigen Monstren startet über die Piste in irgendeine unbekannte Richtung.
Wenn ein Wesen schläft, scheint alles um es herum tot zu sein. Als einziges Lebenszeichen bleibt das Atmen und in regelmäßigen Abständen ein leichtes Magenknurren. Und ähnlich schläft um uns herum die ganze Erde. Sie scheint wie betäubt, fast tot zu sein. Nur der in gleichmäßigen Intervallen, aber immer wieder unerwartet dröhnende Lärm der Flugzeuge, die sich von der Erde losreißen.

und das entnervende Pfeifen derer, die landen und neue Energie auf dem Flugfeld tanken, lassen uns spüren, daß noch nicht alles tot ist.

In diesem Moment, während ich mich in mein Schicksal ergebe, fühle ich mich nicht mehr an einem bestimmten Ort, sondern auf der von Nacht umhüllten Erde. Oben, am nächtlich schwarzen Himmel, sind alle Fackeln entzündet. Das ist die Stunde Gottes. Der Augenblick, in dem man seinen Atem hört.

In den Häfen der Meere ist die Unendlichkeit eine Horizontale. Hier ist das Meer über uns, und die Unendlichkeit verliert sich vertikal im Äther. Der Matrose sticht in See und läßt seinen Blick in die Ferne schweifen. Hier zwingt uns die Lust zur Abreise, den Blick in die Höhe zu richten.

Zwischen den leuchtenden Konstellationen und diesem durchs Dunkel begrenzten Stück Erde erscheint der Raum leer. Von Zeit zu Zeit taucht ein kleines Licht auf in diesem Nichts, zwei voneinander entfernten Leuchttürmen vergleichbar, zwei auseinanderstehenden Augen; und wie durch plötzliche Urzeugung entstanden, taucht ein metallischer Riesenvogel auf. Einzig diese fliegenden Maschinen weisen darauf hin, daß die übrige Welt noch lebt. Unser Schläfer – er schnarcht weiter, regelmäßig, gottergeben, menschlich ...

Die Zeit verrinnt, wir haben Verspätung. Schon zwei Uhr, wir sollten längst abgeflogen sein. Einige unter uns bewegen sich etwas, der langsame Ablauf der Zeit wird tastbar.

Molière, was du uns alles tun läßt!

Und dennoch bin ich zutiefst glücklich im Scheitelpunkt unseres Abenteuers. Japan ist jetzt weit. Überall um uns herum geheimnisvolle Länder, Indien, Thailand, Ceylon, die wir nicht sehen können. Aber diese Zwischenlandung wird mir die Erinnerung an eine sehr schlichte und ehrliche Betrachtung hinterlassen: an mein Gebet in Bangkok.

Israel

Am Ende einer Reise von zweiundvierzig Stunden treffen wir schließlich mitten in der Nacht in Tel-Aviv ein. Immer wieder müssen wir uns bei derartigen Expeditionen nach der Ortszeit richten.

Israel verdient es, daß man einen guten Monat dort verbringt; wir werden nur zwei Wochen hierbleiben. Man wird sich eben doppelt so schnell umsehen müssen. Trotz einer gewissen Fehlorganisation in der Unterbringung der Truppe, die manche von Müdigkeit überwältigte Kameraden verärgert, finden wir uns bald im Rhythmus des Landes zurecht. In Tel-Aviv spielen wir im Saal des berühmten Habimah-Theaters. In Haifa werden wir in einem Kino untergebracht. Ebenso in Jerusalem, jedoch viel komfortabler. Drei Bereicherungen klingen bis heute noch von diesem Aufenthalt in mir nach:

– der beispielhafte Mut der Israelis;
– meine Begegnung mit dem Urchristentum;
– die geographische Lage dieses Landes, wo unter dem Zeichen des Ewigen gleichzeitig Hoffnung und Tragödie gären.

Ich glaube, es heißt in der Heiligen Schrift: Dies Land wird dem gehören, der es fruchtbar machen wird.

Und dies ist dem israelischen Volk gelungen. Gedeiht nicht überall der Anbau von Orangen, Zitronen, Pampelmusen, Wein und Getreide, wurde nicht die Entwicklung von Bewässerungssystemen und die Aufforstung betrieben? Das Caesarea der Antike taucht heute wieder unterm Wüstensand auf.

> *»Lange blieb ich in Caesarea,*
> *Ein liebenswerter Ort und wo mein Herz euch wohl*
> *bewundert hatte«* (›Bérénice‹, Racine).

Israel ist ein Volk in Waffen, wie Frankreich zur Zeit der Schlacht von Valmy. Und wie könnte es anders sein, wenn man von allen Seiten bedroht und zum äußersten gereizt wird?

Und gleichzeitig ist es ein Volk mit Maurerkelle und Pflug. Durch die Ironie des Schicksals trägt der Wind den Sand aus Ägypten herüber und droht das Land ständig zu verwüsten.

Hier herrscht ein unaufhörlicher Kampf gegen Menschen und Natur. Die Israelis sind dadurch überempfindlich geworden. Wer wäre es nicht nach dem, was sie in Jahrhunderten erleiden mußten, nach der mörderischen Ausrottung ihres Volkes im Verlauf des grauenvollen Krieges. Ihr Mut ruft Bewunderung und Respekt hervor. Trotz ihrer direkt unter der Haut sitzenden Aggressivität muß man sie lieben, identifiziert man sich mit ihrer Sache.

Doch leider werden damit die grausamen Prüfungen der palästinensischen Bevölkerung nicht bewältigt, an deren Leiden man genauso teilnimmt. Das Problem übersteigt die bloße Gewissensfrage; es scheint fast unlösbar.

Es kommt mir so vor, als träfe ich hier wieder auf die zwei großen Strömungen der Menschheit, die, statt sich einander zu ergänzen, wie sie es eigentlich tun sollten, ihre Unterschiede gegen einander behaupten: aktiver Yoga – kontemplativer Yoga. Orient und Okzident.

Die so verfeinerte arabische Zivilisation ist der Vorposten kontemplativer Menschlichkeit, die aus dem Orient kommt und in Palästina mündet. Die israelische Zivilisation ist der Vorposten aktiver Menschlichkeit, sie ist dem Okzident verbunden und mündet, in umgekehrter Richtung, ebenfalls in den See Genezareth. Seit Jahrhunderten treffen die beiden Wellen an diesem Ort aufeinander und bilden einen Strudel.

Und deshalb ist der gegenwärtige Konflikt der gleiche wie der, von dem schon die Bibel berichtet. Seit Jahrtausenden hat sich nichts geändert.

Es scheint sich hier längst nicht mehr um einen Petroleum-Streit zu handeln – es ist, glaube ich, der einzige Fall in der Welt – obschon dieses Problem natürlich existiert in diesen Ländern ...

Gibt es eine Lösung dieses Problems? Am Tage, an dem die Menschheit imstande sein wird, diese beiden Strömungen verwandelnd zu versöhnen, wird sie endlich der Hoffnungen würdig sein, die man auf sie setzt.

Hat Christus es nicht versucht? Man kennt sein Leben bis zu seinem neunten Lebensjahr und weiß dann erst ab seinem dreißigsten Lebensjahr wieder etwas über ihn. Dazwischen liegen einundzwanzig Jahre. Im Orient ist das die Zeitspanne der Initiation. Wäre es nicht denkbar, daß er sich in dieser Zwischenzeit von der ganzen Menschheit durchdringen ließ und versuchte, sie in sich auszusöhnen? In meiner Liebe zu ihm stelle ich mir das gerne so vor.

Eines Tages richtete ich an einen Mönch diese, zugegeben, »dumme« Frage:

»Was hat er während dieser einundzwanzig Jahre gemacht?«

» ... na ja, er war Zimmermann!«

Das Geheimnis bleibt.

Meines Erachtens wollte er der Liebe zum Siege verhelfen. Prompt hat man ihn umgebracht. Man wollte keine Aussöhnung. Und man will auch immer noch nichts von denen wissen, die gekommen sind zu vereinen, statt zu entzweien.

Wir besuchen den Kibbuz von Eingev, östlich vom See Genezareth. Inmitten von Grün, von Früchten, Bananen und gelblichen Bewässerungskanälen lernen wir eine wunderbare Gemeinschaft kennen. Ist das der wahre Kommunismus?

Zwischen dem See und den steilen Klippen, welche die Grenze zwischen Jordanien – oder Syrien – bilden, liegt nur ein Streifen von fünf Kilometern Breite. Ein fruchtbarer Streifen wie eine Oase.
Oberhalb der Felsen erstreckt sich ein wüstenähnliches Plateau. Hebt man den Kopf, kann man wie von einem Balkon die arabischen Wachposten erkennen; hingekauert, das Gewehr auf den Knien, warten sie auf den Schießbefehl.
Unten bestellen die Juden ihre Obstgärten. Sie sind tüchtige Bauern, Handwerker, Erfinder. Sie haben dies Land fruchtbar gemacht, sie verdienen es.
War das Geldgeschäft im Laufe der Jahrhunderte ihr Hauptgewerbe geworden, so deshalb, weil es das einzige war, was ›die Christenhunde‹ und die anderen ihnen zu betreiben erlaubten. Ich habe Shylock gespielt und habe genau diese Wut gefühlt, und Shakespeare ist ein ehrenwerter Mann.

In Jerusalem empfängt uns Ben Gurion. Ein eindrucksvoller Mann: die Mischung von einem Weisen und einem Heiligen.
Von den Dächern des Klosters Notre-Dame-de-France, das sich auf israelischem Boden befindet, entdeckt man das jordanische Jerusalem. Es ist nicht mehr möglich, sich dorthin zu begeben. Vor drei Jahren, als wir in Baalbek im Libanon spielten, konnten unsere Kameraden noch hinüberfahren. Politik, Politik!
Der Ort erschüttert einen um so mehr, als seine Ausmaße so winzig sind; kaum eine Herzkammer der Welt, aber man spürt den Pulsschlag.
Der letzte Freitag ist spielfrei. Wir machen mit dem Auto einen Ausflug. Unser Führer, Pater Roger, ist einer der wenigen katholischen Priester, die ermächtigt sind, durch Israel zu führen. Wir wandeln in zeitlicher Folge auf den Spuren Jesu; von Nazareth bis zum Berg der Seligpreisungen. Ein unvergeßlicher Tag. Das Dorf der Maria Magdalena; Kapernaum; und dort Jesus im Tempel; das Elternhaus Petri; das kleine Dörfchen, wo der Sohn der Witwe wiederauferstand; und dort wird Saul ohnmächtig durch die Prophezeihung der Zauberin; hier ist Jonathan umgekommen ... Der Jordan, in dem Kinder baden. Bei der Auffahrt zum Berg Tabor scheint jeder Esel, dem wir begegnen, von einem geheimnisvollen Schatten begleitet zu sein. So kommen wir durch viele Orte, die in der Bibel beschrieben sind, und das versetzt mich in einen seltsamen Zustand ...
Der See Genezareth liegt zweihundert Meter unter dem Meeresspiegel. An einem Abhang über dem See, inmitten wohlgeordneter Re-

benhänge ist der »also genannte Ort«, der Berg der Seligpreisungen. Der Pater liest uns die Bergpredigt wieder vor (hundertfünfzig Meter unter dem Meer also!). Die Wahrheit steigt aus dem Brunnen . . . Wir verharren in Schweigen. Ein von ewiger Gegenwärtigkeit gefülltes Schweigen.

Bei Sonnenuntergang fahren wir durch Kana. Das Dorf scheint unversehrt geblieben zu sein; die Mädchen von Kana tragen das Wasser noch auf ihrem Kopf, aber die Tonkrüge von einst sind jetzt Blechkanister.

In der Dämmerung zeichnen sich die vom Abendrot entflammten Hügel ab, die Nazareth umgeben. Die Anhöhen der Stadt sind durch Siedlungen im Stil unserer sozialen Wohnbauten verpfuscht: Solche Siedlungen sind überall gleich und verderben den ganzen Erdball. Großraumplanung, die jeder Individualität, jeder Eigenart das Mark entzieht – ein Jammer.

Das alte Nazareth ist glücklicherweise erhalten. Wir dringen in die Höhle vor, wo die Verkündigung stattgefunden hat. Es war Nacht jetzt. Der Pater muß den kleinen Ordensschwestern vom Orden Jesu, Schülerinnen von Pater de Foucauld, bestimmte Briefe überbringen.

Wie Pilger, die um Asyl bitten, klopfen wir an das große Holztor. Eine junge Schwester, schön und zart, Glück ausstrahlend, öffnet uns die Tür. Wir treten ein. Im Hof kann ich durch die Dunkelheit einen Brunnen erkennen, aus dem Pater de Foucauld sein Wasser schöpft. Nicht weit davon hört man in einer erleuchteten Küche drei Schwestern lustig singen, sie kochen eine Suppe, die gut riecht. Ihre heitere Armseligkeit macht mich neidisch: Welch geistiger Reichtum umgibt sie! Welch ein Sieg über das Dasein! Welch eine Lösung haben sie für sich gefunden! Ich verspüre ein Bedürfnis, mich zu sammeln und sondere mich von der Gruppe ab. Am anderen Ende des Hofes steht eine winzige Kapelle, an den nackten Wänden erkenne ich ein schlichtes Kreuz. Nur das Licht der Kerzen flammt in der Nacht. Ich bete für alle, die ich liebe. Meine Gefühle kann ich nicht beschreiben, Scham hindert mich, von diesem Moment zu berichten.

In Japan zog Buddha mich in seinen Bann. Hier ist es Moses, der sich offenbart, ich habe Jesus wiedergefunden. Und morgen wird mir Apoll von Delphi erscheinen: Ja, es ist eine Tournee der Götter!

Dieser kurze Aufenthalt bewirkte in mir eine kleine Konversion. Ich erfuhr etwas Ähnliches, wie das, was ich 1940 zur Zeit der Evakuierung für mein Land empfunden hatte; etwas sehr Persönliches und Privates. Eine Art Erleuchtung. Es fällt mir schwer, mich in diesem Augenblick klar auszudrücken. Vielleicht ist dies letztlich nicht der rechte Ort?

Versuchen wir es immerhin. Als ich auf die Welt kam, war ich französischer Staatsangehörigkeit; 1940 bin ich zum Franzosen geworden. Nach meiner Taufe gehörte ich dem katholischen Glauben an, jetzt war ich zum Christen geworden. Ergebnis: Ich nähere mich der Quelle und entferne mich von der Kirche; welche Religion, Philosophie oder Ästhetik es immer sei, ich nähere mich dem, was mir daraus entgegenquillt. Vom praktischen Gebrauch, von dem, was die Menschen aus diesem Quell zu ihrem Nutzen ziehen, entferne ich mich. Ich bin für das dynamische Hervorbringen, nicht für die praktische Umsetzung.

Ich verbinde mich diesem Wesen, das mir in den kleinsten Zeichen des Lebens das Verlangen nach absoluter Liebe und das Geschenk des eigenen Ich nahebringt – um der menschlichen Situation gewachsen zu sein, und das in jedem Augenblick, im kleinsten, unbedeutendsten Moment.

Das »Große«, das ist für die Kirche. Das ist erdrückend, beklemmend, erstickend. Das »Kleine«, das ist das, was uns entspringt – durch *Ihn*. Ob Gott oder Mensch ist unwichtig. Man hat mich nicht mit den entsprechenden Antennen ausgestattet, um physisch zu wissen, was ein Gott ist; aber in mir, im besten Teil meines Selbst, fühle ich jeden Augenblick *die wirkliche Anwesenheit* dieses Wesens – und das ist *Er*.

Von nun an werden wir zu zweit frei sein, wie ein menschliches Paar, denn wir sind die Vereinigung von zwei Wesen, die »zu zweit« in Freiheit handeln.

Ich möchte zur Kommunion in die Messe gehen; aber die Messe in den Kirchen, sonntags, bei Hochzeiten oder Beerdigungen lassen mich immer unbefriedigt. Das ist nicht gut, wenn es sich ausgerechnet um ein Mahl handelt – um »das Mahl« des Herrn.

Das bezieht sich nicht ausschließlich auf die christliche Empfindung: Diese Kraft, »über sich hinaus wachsen« zu können – die genaugenommen die »Gnade« ist –, sie wird von den menschlichen Gesellschaften aus Gewinnsucht mißbraucht und zu »Kirchen« umgeformt, um ihre Herrschaft zu befriedigen.

Erkannte Descartes sich wieder in seinem Kartesianismus?

So sehr ich Brecht mag – den Brechtianern mißtraue ich. Das gilt gleichermaßen für Freud und Marx.

Hat die Erstickung des »Prager Frühlings« etwas mit kommunistischen Ideologien zu tun? Nein. Es ist eine Kirchenangelegenheit.

Mißtrauen wir dem Geist der Kirche. Er schützt die Pharisäer.
Ich liebe »Ihn«. Und ich fühle mich seiner recht unwürdig. Nicht aus Unterwürfigkeit, aus Scham oder falscher Demut, sondern weil wir niemals genug für die Liebe tun, und weil »Er« es doch fertigbrachte. Wer nimmt's damit auf?
Genauso ist es, wenn ich mich als Franzose fühle; so wie eine Pflanze, die sich einer bestimmten Art zugehörig fühlt und nicht einer anderen.
Wenn ich so gerne durch die Welt reise und Verbindung suche mit allen Menschen der Welt, so ganz sicher deswegen, weil ich versuchen möchte, sie zu verstehen, ihre Sache zu meiner zu machen, ihre Leiden und ihre Freuden zu teilen und mit ihnen gegen die Angst und Einsamkeit zu kämpfen; aber auch, weil ich in ihnen den Wunsch verspüre, *daß ich in ihren Augen ganz und gar ich selbst sein möge.* So als zwängen sie mir ein Engagement auf zu einer Antwort, die ich ihnen schulde. Es handelt sich dabei weder um Grenzen, noch um Reisepässe oder Fahnen, es handelt sich um eine bestimmte Sorte Mensch, die auf einem Stückchen Erde wächst zwischen

Dem Ozean und dem Rhein,
*den Alpen und den Pyrenäen.«**

Afrikaner, Asiaten, Amerikaner und Europäer haben mich zu einem »aus meinem Land« gemacht, und ihnen habe ich Rechenschaft abzulegen.
Das ist gleichzeitig *meine* Religion.
Meine Zweifel tauchen vor allem dann wieder auf, sobald ich mich Marseille, Le Havre oder Orly nähere ... Denn da wimmelt es von »Kirchen«, religiösen, regierungsfreundlichen, politischen und intellektuellen. Achtung, Freunde! Es wimmelt von neuen Katechismen, neuen Erziehungslehren, die euch zu dressierten Tieren machen wollen. Fordert eure Selbstverantwortung. Mißtraut den Kirchen, denkt an den Hasen und werdet keine Kaninchen ...

Und der Hase versucht zu entwischen, indem er über die Furchen hinweg einen Haken schlägt ...

Panurg macht's genauso. Rabelais nennt das: »Navigation«.
Ich liebe Rabelais, Villon, La Fontaine, Verlaine. Ich liebe Artaud, Dullin und Jarry.

* François I.

Claudel verstand das gut. Während der zwanzig Jahre gemeinsamer Zusammenarbeit hat er mir niemals die »Gretchenfrage« gestellt. – Indessen, es gibt einen wichtigen Unterschied zwischen Kirche und Orden. Ich habe eine Schwäche für die Mönche.

Athen

So wie mich das Schiff in ›Mittagswende‹ das Meer gelehrt hatte, dieses Meer, das ich dann an Bord der »Florida« wiedererkannte, so haben mir Homer, Äschylos, die griechischen Tragiker, Pythagoras und Heraklit Griechenland gezeigt: Von diesem Griechenland hatte ich mir eine bestimmte Vorstellung gemacht, die ich sogleich wiedererkannte.
Der Ausfall der Türkei – wegen einer Studentenrevolte konnten wir nicht ins Land – bescherte uns ein »Loch«, drei freie Tage. Die Truppe war am Ende ihrer Kräfte. Durch den dauernden Wechsel des Klimas und der Ernährung, durch schlaflose Nächte, die langen Stunden mit steifen Gliedern in den Flugzeugen waren wir allen Ernstes ziemlich angeschlagen. Der Organismus war im Laufe der Reise in Unordnung geraten.
Nach unserer Landung in Athen mußten wir als erstes eine Pressekonferenz über uns ergehen lassen, die mir sehr westlich vorkam: intelligent, unterkühlt, kritisch und blasiert. Wir taten geduldig unser Bestes, diese Zollschranken des »Kennenlernens und des Geistes« zu passieren; dann nahmen wir Urlaub von allen unseren Kameraden: »Erholt euch, und habt was davon!« Sie hatten es weiß Gott verdient, ein gutes Stück griechischer Antike mitzubekommen.
Und Madeleine und ich, wir waren nun hin- und hergerissen zwischen Müdigkeit und Neugier. Die Neugier siegte.
Erstes Ziel: Delphi. Alle Augenblicke dröhnte es in mir wie eine Trommel. Der kleinste Samen, den meine Lektüre in mich gelegt hatte und den meine Vorstellung zum Keimen gebracht hatte, brach plötzlich an jeder Straßenkreuzung wie unter der Wirkung eines gewaltigen Frühlings in mir auf. Meine Begeisterung platzte aus allen Nähten, und eine mythologische Natur drang mir aus allen Poren. Ich wurde Baum, Vogel, Tier oder Sphinx.
Wir fuhren durch Eleusis und bogen nach Theben ab; an einer Stelle, wo sich vier Wege kreuzten, schrie ich:

»Da hat Oedipus Laios getötet!«

Der Chauffeur des Mietwagens sagte mir, daß es genau hier war.

Delphi empfing uns mit seinen Adlern vom Dienst und seinen obligatorischen Donnerschlägen. Ich wurde verrückt ... nicht vor Glück, sondern vor Verbundenheit mit den Dingen. Das Theater, die Tempel, die Stelle, wo die Pythia weilte. Wir bemerkten sehr wohl, daß wir uns an einem der radioaktivsten Orte der Welt befanden. Der »Nabel der Welt« ist im Museum und gut plaziert wie ein Mittelpunkt im Zentrum seines Umfangs.

Das umwerfendste Erlebnis war für mich das Stadion. Neben dem Stein, in den die fünf Olympiaringe eingraviert sind, hielt uns Schweigen in Bann. Und welch ein Schweigen! Gefüllt von Leben, Zeit, von gegenwärtiger Vergangenheit! Die Athleten liefen nackt wie durchsichtige Schatten dahin. Genau über uns zog ein weißer Adler seine Kreise. In unserem Rücken erhob sich jäh das felsige Gebirge. Und darunter vor uns ausgebreitet glitt nach einem kleinen Eichenhain, ein Meer von Ölbäumen bis ins andere Meer hinab.*

Noch ein Tag tiefer Vereinigung. Noch ein Bekehrungserlebnis.

Vielleicht bin ich zurückgeblieben, aber ich glaube immer, daß von einem bestimmten Niveau des Geistes an sich alles völlig gleicht. Es gibt nur noch unsere Erde, Natur und *Mensch:* sie sind wie ein Ganzes.

Am Tag darauf fuhren uns Freunde durch das Tal von Argos nach Epidaurus. Der Mann am Steuer war ein Theaterregisseur – ich hatte einen alten Kumpel vom Atelier wiedergetroffen: den Schauspieler und Bühnenbildner Georges Vakalo. Alle redeten miteinander, und der Wagen durchquerte den Peloponnes.

In einem bestimmten Moment frage ich unseren Chauffeur:

»Sagen Sie, sind wir nicht an Mykene vorbeigefahren?«

»Ja, pardon, ich dachte an was anderes.«

»Ist nicht da oben links der Palast des Agamemnon?«

»Ja, ja, ich kehre um.«

Ich kannte mich aus wie zu Hause.

Und dann durchschritten wir das Löwentor ... Auf dem Gipfel des Berges wartete noch immer der Wächter auf die Nachrichten aus Troja ...

Das Theater von Delphi ist ein kleines Versuchstheater von 2500 Plätzen. Das von Epidaurus, mit einem Fassungsvermögen von 14000 Plätzen, reizt mich weniger. Hier habe ich einen kuriosen Blumenstrauß gepflückt, der immer noch hält und den ich sorgfältig aufbewahre.

* Ebene von Amphissa bis zum Hafen von Itea.

Die Theatersaison hatte begonnen. Sie wurde zum vollen Erfolg. Da wir mit einem charmanten, aufmerksamen, aber schwierigen Publikum rechneten, ließen wir »alles aus dem Kasten«.
Als wir nachts in dem alten Plaka-Viertel Leberspießchen verschlangen und tüchtige Schlucke vom Rezina, dem geharzten Wein, nahmen, den ich so mag, dachten wir, wieder etwas zu Kräften zu kommen. Die völlige Übermüdung, unsere wilden Ausflüge, die lebhaften Emotionen in diesem Land, die besonderen Anstrengungen, die wir machten und die wir unbedingt aufbringen mußten, um diese spezielle Schlacht zu gewinnen; die Krankheiten, die wir jetzt verspürten – Kreuzschmerzen, Fieber, Schüttelfrost, völlige Erschöpfungen und nahezu gelähmte Beine –, hatten uns am Ende den Rest gegeben.
Es blieb uns noch eine letzte Runde durchzustehen: Jugoslawien, bevor wir über Venedig nach Paris zurückkehren würden.
An einem bestimmten Morgen, um sieben Uhr früh, drängte sich die Truppe in einen Autobus, dazu ein Haufen Gepäck: Eine Herde von Schauspielern, Nachtgespenstern, merkwürdige Amüsierbrüder, abgestumpft durch die Orgie des Lebens. Wir waren nur noch eine einzige verschlafene Masse.
Die Tournee der Götter ging weiter: nach Buddha, Moses, Jesus, Apollo und all den anderen . . . erwartete uns jetzt Karl Marx.
Der Bus fuhr Richtung Flughafen. Madeleine, schon eingedöst, warf einen letzten Blick auf die Akropolis, und mit einer jener Gesten, um die nur sie weiß, eine Geste, die sie der ganzen Anmut des achtzehnten Jahrhunderts entleiht, murmelte sie: »Adieu, Venedig!«
Sie wußte absolut nicht mehr, wo sie war.

Jugoslawien

Nach den Gärten in Japan, den Oasen in Israel, nach der südländischen Dürre Griechenlands hatten wir das Vergnügen, in der Nähe von Belgrad mitten in frischgeschnittenem Heu und hohem Gras, saftigen Kastanien- und blühenden Lindenbäumen zu landen. Wir befanden uns wieder auf dem Land, wo lebendiges Laub wächst, grünt, gilbt, fällt und stirbt, die Erde düngt, um zart und jung wieder zu sprießen. Laub, das benetzt.
Der magnetische Kontakt mit unseren Landschaften war wieder hergestellt. Trotzdem, jedesmal, wenn wir in Belgrad waren, fanden wir das kontinentale Klima drückend, nämlich politisch gespannt. Die algerische F.L.N. unterhielt hier ihr Hauptquartier.

In Sarajewo kamen wir ins Gebirgsklima: Gewitter und Regen. Gewisse politische Militärs wollten uns den Sozialismus einbläuen, indem sie uns mit den Fingern essen ließen ...
In Zagreb stand das Barometer auf Schönwetter. Wir wurden brüderlich durch eine hohe Persönlichkeit der Stadt empfangen, einen jungen, charmanten und offenherzigen Mann. Die Einladung fand in einem alten aristokratischen Palast statt. Die Räume, die Möbel, die Gegenstände waren gewissenhaft instand gehalten und bewahrten den Platz, den sie einst gehabt haben mußten. Ein überaus starker Eindruck. Man wagte nicht zu sprechen, setzte sich kaum auf den Stuhlrand. Es fehlten im Grunde die Herren des Hauses.
Und die, welche uns empfingen, konnten gar nicht sympathischer sein. Schwierigkeiten der Revolutionen. Könnte das Theater nicht auch da etwas zur Verständigung der Menschen untereinander beitragen?
In Ljubljana endlich zog uns »die Vielgeliebte« durch ihren Charme, den Natur und Menschen dort gemeinsam haben, in ihren Bann.
Wir trafen im Inneren ein und desselben Landes auf sehr verschiedene Menschen. Alle besaßen indessen die gleiche Begeisterung, die gleiche Liebenswürdigkeit. Dieser Aufenthalt sollte auf wunderbare Weise unsere lange Reise beschließen. Die Säle waren übervoll, die Theaterkenntnisse des Publikums beachtlich, die Begegnungen mit den Künstlern ungezwungen. Mit Freude verausgabten wir die uns verbliebenen Kräfte. Der Vorrat an Liebe, den wir auf die Tournee mitgenommen hatten, wurde in Ljubljana, unserer letzten Station, bis zur Neige geleert.

Der letzte Abend war gekommen. Ich konnte es kaum fassen. Über zwei Monate hatten wir hundert Stunden im Flugzeug verbracht, fast 60 000 km zurückgelegt – eineinhalbmal um die Welt! Wir hatten vierzehn Städte besucht. Unfälle, Krankheiten und materielle Verluste hatten wir vermieden und die tausend Zwischenfälle, die immer eintreten und eine Aufführung gefährden können.
Je näher die letzte Vorstellung heranrückte, um so mehr redete ich mir ein, diesmal würde irgend etwas schiefgehen. Und je weniger Willenskraft unsere Bemühungen kosteten, um so empfindlicher wurden meine Nerven.
Für diese letzte Vorstellung spielten wir den ›Misanthrope‹. Während der ganzen Vorstellung flüsterte mir ein dämonischer Quälgeist unausgesetzt ins Ohr: »Du schaffst es nicht mehr. Deine Nerven gehen dir durch. Du wirst noch vor dem Ende in die Knie gehen.«

Während der Pause war es entsetzlich; ich fragte alle Augenblicke, ob es nicht Zeit war, weiterzuspielen. Mir war ganz schwindelig davon. Noch eine Stunde, und ich würde endlich die ganze Last vor mir streifen können, die ich seit dem Abflug von Orly ununterbrochen getragen hatte.
Schließlich strömten mir auch die letzten der neunhundert Verse des Alceste aus dem Munde, der Vorhang fiel, und ich bedankte mich. Ich weiß nicht mehr genau, bei wem ich mich zu bedanken hatte, aber ich tat es trotzdem.
Wie es der Brauch war, brachte man uns Blumen auf die Bühne. Ein Bukett für jede Dame, dann eines für die Herren und noch einen Tisch, ganz mit Blumen und Geschenken bedeckt.
Und das war noch nicht alles: Man überraschte uns mit einem vergoldeten Lorbeerkranz, an dem eine Schleife befestigt war, auf der die Farben Frankreichs und Jugoslawiens vereinigt waren. All das bewirkte Vorhang auf Vorhang und nahm kein Ende. Da kam aus dem Orchestergraben, wo Stühle für die Zuschauer aufgestellt waren, eine Blume geflogen, noch eine und noch zehn weitere, und auch vom Balkon fielen welche herunter. Das Publikum hatte sich nach und nach erhoben und warf seine Blumen, und die Bühne war davon übersät. Wir mußten vor Verwunderung ziemlich linkisch und schüchtern wirken. Der ganze Saal dröhnte vom Applaus, und gleichzeitig blieb über dem Orchestergraben eine Zone der Stille ausgespart – für die Blumengeschosse. Ich war beeindruckt von diesem gleichzeitigen Publikumslärm und dem leisen Rauschen der Blumen.
Célimène, die japanische Babys zum Lächeln gebracht hatte, erhielt ihre Belohnung in Ljubljana ...
Noch aufgewühlt von diesem Empfang, gingen wir spät in der Nacht zu Bett. Unsere Aufgabe war erfüllt. Es blieb uns nur noch, über Venedig nach Orly zu fliegen, dann hatte diese Reise um die Welt auf der Suche nach dem Menschen ein Ende.
Diesen Menschen, ob japanisch, jüdisch, griechisch oder jugoslawisch, haben wir überall gefunden, und er war der gleiche überall: Ein Wesen, das über den Tod nachgrübelt, das von der Einsamkeit geängstigt ist und sein ganzes Leben lang ein Kind bleibt.

Palais-Royal

Schon seit langer Zeit hatte mir Pierre Bertin geraten, ›Pariser Leben‹ von Jacques Offenbach zu inszenieren. Warum schließlich auch nicht? In unserem Ensemble gab es hübsche Stimmen. Die Uraufführung des Werks war, mit Ausnahme von zwei Frauenrollen, von Schauspielern und nicht von Sängern gespielt worden. Offenbach ist meine große Liebe. Und hatte mir mein Freund Dr. Schweitzer nicht anvertraut, daß er, als er in Straßburg Musik unterrichtete, regelmäßig das Studium Offenbachs verlangte, um bei den Schülern den Sinn für Rhythmus zu fördern?

Eine Operette oder eine Buffo-Oper hatten wir noch nie versucht. Und außerdem erinnerte mich das an meinen Großvater – wenn er bei Tisch diese Melodien sang . . .

›La Vie Parisienne‹ hatte seine Uraufführung im Théâtre du Palais-Royal erlebt. Ein ganz bezauberndes Theater. 1941, als ich von der Comédie-Française weggehen wollte, hatte ich sogar an den damaligen Direktor, Quinson, geschrieben, weil ich das Palais-Royal mieten wollte. Inzwischen war Madame de Létraz die Besitzerin dieser Bühne, die ganz neu hergerichtet worden war. Wir schlossen auf zwei Jahre ab. Nie zuvor war ich so glücklich über einen Vertrag; das Theater ist zwar ein bißchen klein, aber es ist die reinste Pralinenschachtel. Es liegt in einem historischen Viertel. Es ist Paris. Und Paris ist meine Stadt.

Finanziell gesehen war die Sache eine Tollheit. Wenn wir nicht hundertprozentige Besucherbeteiligung erreichten, gingen wir glatt dem Ruin entgegen. Das war übrigens nicht alles. Ich war ja fest entschlossen, weiterhin das Alternieren zu praktizieren. Und was plante ich? – Seit unserem Abgang vom »Français« war im »Maison de Molière« der ›Seidene Schuh‹ aus dem Repertoire verschwunden. Ich einigte mich mit Madame Claudel und ihren Kindern. Wir würden den ›Schuh‹ im Palais-Royal spielen. Auf dieser winzigen Bühne? Wie denn? – Und nicht nur den ›Schuh‹! Wir wollten die Uraufführung eines jungen Autors herausbringen: ›Le Tir Clara‹ von Roncoroni.

Genausogut könnte ich versuchen, ein Regiment in einem Fiaker von 1900 zu verstauen! Es war Wahnsinn, ich gebe es zu.

Also gut! Aber wo proben? Wir verfügten über keine geeigneten Lokalitäten, und das Palais-Royal mußte erst noch ausgebaut werden. Auf unsere Kosten selbstverständlich. Diese Bühne kam uns teuer zu stehen.

Der alte Ballsaal, »Le Tabarin«, war seit einiger Zeit geschlossen. Dorthin flüchteten wir uns für die Proben. Prouhèze und Rodrigo von Claudel bekamen ihre Stichworte von Gardefeu und Metella auf der Tanzfläche des Tabarin! Claudel, Meilhac und Halévy vertrugen sich glänzend! »Strolling Players« waren wir, sogar in Paris.

Auf ›Pariser Leben‹ verwandten wir eine ebenso minuziöse Arbeit wie auf ›Die Orestie‹ von Äschylos. Wir übten Gesang, wir übten die Cancan-Tänze. Ich hatte einen ganz fabelhaften Tänzer engagiert: Roger Stefani. Er war einzigartig in seinem Fach, im Cancan. Vor einigen Jahren hat er sich das Leben genommen; wir haben nie genau erfahren, warum.

Unser neuer Kapellmeister war André Girard. Pierre Boulez hatte sich nach unserem erzwungenen Weggang vom Marigny in der »Salle Gaveau« niedergelassen. Ich sage »niedergelassen«, denn automatisch vergleiche ich uns mit Vögeln. Und zwar in sämtlichen Bedeutungen des Wortes:

Die Vögel machen den Eindruck, als hätten sie kein Gehirn.
Die Vögel werden getötet, gebraten, und ihre Knochen werden abgenagt.
Die Vögel sind nützlich, sie fressen Insekten.
Manche unter ihnen, die Aasgeier zum Beispiel,
ersetzen die öffentliche Abdeckerei.
Ja, aber die Vögel picken an unseren Kirschen.
Die Vögel werden gejagt.
Jedoch singen sie auch und haben ein schönes Gefieder.
Die Vögel sind grausam.
Die Vögel bringen Glück.
Es gibt Nachtvögel, die sagen die Zukunft voraus.
Es gibt weise Vögel. Und Vögel, die den Frühling bringen.
Schließlich wäre die Natur ohne Vögel doch recht traurig.
Wie eine Menschheit ohne Theater . . .

Der Vorhang im Palais-Royal hob sich also an einem Novemberabend 1958 über einer Voliere mit Vögeln, die aus allen Richtungen Offenbachs Operette sangen. Waren es die Spatzen von Paris? Jean-Denis Malclès hatte ihnen die Federn bunt bemalt. Wir waren eigentlich eher Vögel von fernen Inseln.

Mitten unter der bunten Menge machte ich schreckliche Augenblicke durch. Es war wie bei der Premiere von ›Scapin‹: Ich hatte am selben Morgen meinen Bruder Max beerdigt.

Max litt seit einigen Jahren an multipler Sklerose. Es war ein langes, qualvolles Leiden. Am Ende lag er in einer Klinik in Bordeaux und wollte mich sehen. Wir hatten ein herzzerreißendes, liebevolles Gespräch miteinander, das mir unerträglich war. Für ihn nicht, hoffe

ich. Es liegt eine Gnade im Tod. Er sprach zu mir über Mama, über Bob (mein Onkel war einige Monate zuvor gestorben). Er würde sie jetzt wiederfinden, sagte er.
Und am Morgen dieser Premiere hatten wir ihn in der Tat neben der Mutter auf dem Père-Lachaise begraben; auch seine beiden Kinder, Alain und Marie-Christine waren dabei ... Ich war wieder sein kleiner Bruder, Jean-Louis, geworden. Unser Leben lang waren wir eng verbunden gewesen. Auf dem Sterbebett nannte er mich noch einmal »meine Nénette«. Nun gab es keinen mehr, der diesen Kosenamen verwenden konnte ...
Das Gesetz des Zirkus.

Die Premiere von ›Pariser Leben‹ war einer der glanzvollsten Abende, die unsere Truppe je erlebt hat. Ein einhelliger Triumph. Das Publikum, das aus dem Theater strömte, tanzte und sang in der Rue Montpensier. Der Zuschauersaal war gerammelt voll, die Musiker quetschten sich im Orchestergraben, auf der Bühne drängelten sich die Schauspieler – das Palais-Royal platzte aus den Nähten. Die »Tollheit« war gelungen. Und sie ging weiter.
Drei Monate später brachten wir den ›Seidenen Schuh‹ heraus. Wegen Platzmangel hatte ich mir eine andere Inszenierung ausgedacht. Catherine Sellers übernahm die Rolle der Doña Prouhèze. Marie Bell, meine liebe Marie Bell, die eine so hinreißende Prouhèze gewesen war, verzieh es mir nicht. Ich begreife sie, denn ich weiß, wie weh es tut.
Am Premierenabend fielen mir die wenigen von uns gebrauchten Versatzstücke auf den Kopf, und ich rief mir innerlich zu: Das ist die Strafe, das ist die Strafe.
Claudels Poesie war stärker als alles andere. Das Publikum strömte in die Aufführung.
Und unsere Tollheit war immer noch nicht zu Ende. Wir brachten ›Le Tir Clara‹ heraus und nahmen das Stück ins alternierende Programm. Der Durchschnittsbesuch lag über 100 %!
Jean Anouilh mag solche intimeren Theatersäle. Er kam in engeren Kontakt zu uns. Kurze Zeit zuvor hatte er ein Filmdrehbuch über Molières Leben geschrieben. Die Produzenten waren im letzten Moment ausgestiegen. Er gab mir das Skript zu lesen. Wir beschlossen, »den Film« für die Bühne einzurichten. Das Experiment reizte mich sehr. So entstand: ›La Petite Molière‹ (Mademoiselle Molière). Das Werk wurde zur Uraufführung im »Mai de Bordeaux« 1959 bestimmt.

Zum dritten Mal arbeiteten wir jetzt für das Festival von Jacques Chaban-Delmas' Stadt. Nach ›Christoph Columbus‹ hatten wir dort unsere ›Orestie‹ herausgebracht.
Im Palais-Royal konnten wir nicht proben, da war kein Platz.
Mit Mühe konnten wir uns dort mit all unserem Material bewegen.
So suchten wir diesmal auf der Bühne der »Gaieté lyrique« Zuflucht. Und die Tollheit hielt an.

Beinahe wurde eine Katastrophe daraus. Ich hatte mir überhaupt keine Schranken mehr auferlegt.
Marionetten und Schauspieler spielten zusammen.
Wir numerierten schon gar nicht mehr die Szenen – das Ganze war eine Abfolge von »Überblendungen«. In Paris kamen wir nicht einmal mehr zu einem kompletten Durchlauf.
Ich schickte in letzter Stunde alle nach Hause, und wir überarbeiteten noch einmal die Vorlage.
Schließlich schafften wir es in Bordeaux im letzten Moment.
Die Kritiker aus Paris, die zum Festival gekommen waren, nahmen ›La Petite Molière‹ wohlwollend auf. Das war ein gutes Omen – für die Erstaufführung in Paris . . . aber warten wir ab!

Als General de Gaulle an die Macht zurückgekehrt war, wurde André Malraux in seiner Eigenschaft als Staatsminister mit der Bildung eines Ministeriums für kulturelle Angelegenheiten beauftragt.
Er hatte viele Neider. Böse Zungen behaupteten, er bringe »ein Ministerium durcheinander, das noch gar nicht existiert«. Nichts konnte ihn jedoch aufhalten. Er war entschlossen.
An einem bestimmten Tag waren wir von einem langjährigen Freund, Charles Gombault, zum Mittagessen gebeten worden. Unter den Gästen befand sich André Malraux. Es war übrigens ein Essen im kleinen Kreis. Malraux hatte ich, glaube ich, vor dem Krieg zum letzten Mal gesehen. Während der Unterhaltung stellte ich zu meiner Überraschung und inneren Befriedigung fest, daß er unsere Arbeit ständig verfolgt hatte.
Madeleine Renaud und er saßen nebeneinander. Plötzlich sagt er zu ihr:
»Und nun, sagen Sie mir, liebe gnädige Frau, wann übernehmen Sie das Odéon-Theater?«
»Aber wann Sie wollen, Herr Minister.«
Und damit hatte er das Théâtre de France gegründet.

Was wäre geschehen, wenn ich all diese »Tollheiten« nicht begangen hätte? Hätte Malraux uns gebeten, dieses moderne Nationaltheater zu schaffen, wenn wir uns mit dem Erfolg von ›Pariser Leben‹ begnügt hätten? War es nicht im Gegenteil ein Anzeichen dafür, daß es unsere unüberlegten Wagnisse waren, die einem de Gaulle und einem Malraux gefallen hatten?
An Tollheiten habe ich immer geglaubt. »Über sich hinauswachsen«, sagt Teilhard de Chardin; und heißt das nicht, in einem bestimmten Moment aus seinem eigenen Kreis heraustreten?
Die Begeisterung, die Claudel so liebte, versetzt uns in eine Art von schwerelosem Zustand, der an jenem »Über-sein« die Tollheit bedeutet.
Im Zeitlupenrhythmus bei Mondschein tanzen, den Himalaya bezwingen, eine Zehntelsekunde schneller sein im Hundertmeterlauf, einen neuen Trapezakt fertigbringen, die Wohnung verbrennen, einer Idee zuliebe sich nach Westen einschiffen, wenn man nach Osten gelangen will; sich ruinieren, um eine neue Rosensorte zu züchten, sich das Ohr abschneiden, um ein neues Bild zu malen, keinen Schlaf mehr finden, um ein Gedicht zu vollenden, sich ein Leben lang einschließen, um mit Gott zu sprechen, sich als Ketzer verbrennen zu lassen für die Ehre der Menschheit, sich allmählich zu Tode hetzen, um »Komödie zu spielen« – all das ist Tollheit.
Aus dem Kreis heraustreten heißt, das Leben in Farbe tauchen.
Für normale Menschen ist das Leben grau.
Manchmal – das stimmt – kann man nicht mehr zurückkehren in den Kreis, wie van Gogh, wie Artaud.
Oft wird man nur mit Ungerechtigkeit oder mit Undank belohnt, wie Christoph Columbus.
Manche brechen erschöpft zusammen, wie Molière, wie Jouvet, wie Bérard.
Teilhard de Chardin, den ich soeben zitierte, unterscheidet drei Arten von Menschen: Die Müden – die Genießer – die Feurigen. Auch hier die Dreiheit.
»Für die Feurigen«, sagt er, »bedeutet Leben ein Aufstieg, eine Entdeckung. Für sie ist nicht nur interessant zu sein, sondern *über sich hinauszuwachsen.* Unerschöpflich ist das Sein, wie ein Wärme- und Lichtzentrum, dem man sich immer mehr zu nähern vermag.«
Und er fügt hinzu: »Man kann diese Menschen bespötteln, sie als naiv oder störend bezeichnen. Sie sind es aber, die uns gemacht haben, und aus ihnen wird die Welt von morgen hervorgehen.«

Klub der Stauner, Klub der Feurigen – man hat es mit einem Klub der Tollen zu tun.

Eben im Augenblick werde ich mir klar darüber, daß meine »Tollheiten« recht armselig waren!

Was tut's, wenn mir das alles als Ideal, als Leitlinie vorschwebt?

Unter den damaligen Umständen jedenfalls »zahlte es sich aus« – wie man im Sport sagt.

Die Epoche des Théâtre de France war angebrochen.

THEATRE DE FRANCE
ODER VON ›GOLDHAUPT‹ ZU ›GOLDHAUPT‹
September 59 – September 68

Die Epoche des Théâtre de France ist, zumindest in der Erinnerung der anderen, überschattet von den Ereignissen im Mai 1968. In der Tat hatten wir zu diesem Zeitpunkt eine harte Prüfung zu bestehen. Ich werde später noch ein kleines historisches Resümee davon geben. Aber die Zeit hat die Dinge inzwischen geklärt. Bleiben wir also unserem Gegenstand treu, und behalten wir von dieser Vergangenheit nur das, was bis in die Gegenwart schwingt. Dann stellt sich sogleich die Freude wieder ein, und ich finde die Begeisterung wieder, die mich damals erfüllte.

Unsere Truppe hatte jetzt dreizehn erfüllte Jahre hinter sich. Die Zeit am Marigny war von überschäumender Vitalität gewesen. Sie hatte uns die Gründung eines *Repertoire-Theaters* ermöglicht. Und ich sage das vielleicht ohne Bescheidenheit, aber in aller Objektivität: Niemals hatte es das in der Geschichte des* Theaters auf Seiten der Privattheater bisher gegeben.

Zudem hatte sich dieses Repertoire-Theater im Verlauf unseres Wanderlebens einen internationalen Ruf erworben. Unsere Truppe stand auf der ganzen Welt in gleichem Ansehen wie unsere National-Theater, wie die Comédie-Française und das Théâtre National Populaire.

Von den fünfzig Werken, die wir produziert hatten, waren etwa gut dreißig noch aufführungsbereit. Unsere letzte Spielzeit war – mit ›Pariser Leben‹, der Neuinszenierung vom ›Seidenen Schuh‹ und ›La Petite Molière‹ von Anouilh – eine unserer glänzendsten gewesen. Unser Kurs stieg also weiter an.

Davon abgesehen, das Theater Palais-Royal war, trotz seines unleugbaren Charmes, ein zu kleiner Rahmen für unsere Truppe. Früher oder später hätten wir auf dieser Bühne unsere Aktivität beschränken müssen.

Die Regierung General de Gaulles war noch jung. Minister André Malraux, Beauftragter für Kultur, plante bereits die große Reinigung der Pariser Fassaden. Zweifellos hielt er es auch für nötig, das alte Odéon von innen zu säubern.

* französischen (Anm. d. Ü.).

Da er in uns über ein tadellos funktionierendes, aber heimatloses Repertoire-Theater verfügte, lag doch der Gedanke nahe, uns das Odéon zu übergeben und das Ganze Théâtre de France zu nennen? Und das schlug er uns in der Tat vor. Er »verstaatlichte« unsere Truppe. Und warum habe ich spontan angenommen? Aus zwei Gründen, und ich nenne sie, ohne zu zögern: weil es Malraux war; und weil wir gerne dienen.
Immerhin, es war hart, diese »moralische Anstalt« mit dem Namen »Compagnie Renaud-Barrault« einfach auf die Seite zu schieben. Und es war vielleicht auch ungerecht und undankbar. Übrigens legten wir sie sozusagen nur auf Eis, ohne sie eigentlich aufzulösen. »Man kann nie wissen«, riet mir meine bäuerliche Vorsicht.
Es war ein Risiko, sich auf etwas »Offizielles« einzulassen. Könnten wir nicht am Ende davon verschlungen werden? Würden wir, als Théâtre de France, in den Augen der Leute als »Akademiker« dastehen? War das Ganze nicht vielleicht eine Falle, das Vorspiel irgendwelchen »Verrats«? Was sagte mein Double, was sagte der Anhänger unbedingter Freiheit dazu?
Aber vor mir stand Malraux und hinter ihm de Gaulle. Ich schätze Männer, die eine gewisse Dimension besitzen.
Man muß das Leben mit offenen Armen empfangen, nicht feilschen, das wäre kleinlich. »Sich geben, um alles zu empfangen.« Fraglos riet der »Dominikaner« in mir, ohne Überlegung anzunehmen.
»Schaffen, schaffen, schaffen. Wer gibt mir die Kraft zum Schaffen?«
»Wer gibt mir die Kraft zum Schaffen?« flüsterte mir Goldhaupt zu.
Angesichts dieser Gunst des Zufalls, wie ihn Äschylos sieht, entschied ich über unser Schicksal. Madeleine teilte auch dieses Mal meine Auffassung. Man mußte eben sehen, wie man klarkam, und wie gewöhnlich drauflosarbeiten ... schlecht, aber schnell. Von nun an lag es an uns, jedem Hinterhalt auszuweichen.
Dennoch, unsere Gemeinschaft war beunruhigt. Pierre Bertin zum Beispiel kannte das Odéon gut genug, er hatte in seiner Jugend hier gespielt. Er kannte die Schwierigkeiten. Und unsere jüngeren Kollegen fürchteten den Verlust dieses freien abenteuerlichen Lebens, das den Reiz unserer Truppe ausmachte. Andere waren noch hellsichtiger und sahen neue finanzielle Schwierigkeiten auf uns zukommen.
Und wieder war es Malraux, den ich vor mir sah. Neun Jahre lang dauerte das Théâtre de France, und nie hat er versucht, mich zu beeinflussen oder mich zu zwingen. An seiner Seite Männer wie Gaëtan Picon und seine Mitarbeiter, Biasini unter anderen, die meine Neigungen und meine Bestrebungen teilten.

In geistiger und künstlerischer Hinsicht war diese Epoche unserer Truppe als Théâtre de France eine reine, fröhliche, erfüllte Zeit. Wie hätten sonst Männer wie Ionesco, Roger Blin, Billetdoux, Bekkett und Genet, Frauen wie Marguerite Duras, Nathalie Sarraute sich uns anschließen können?

In finanzieller Hinsicht war diese Zeit von notorischen Schwierigkeiten gekennzeichnet, und wir hätten uns wirklich beinahe ruiniert. Das Leben war viel gefährlicher als zu unserer »Privattheater«-Zeit. Meist glaubt man, weil wir subventioniert wurden, hätten wir ein bequemes Leben gehabt. Ganz im Gegenteil! Während wir am Marigny mit 60% Rentabilität unser Budget ausgleichen konnten, gelang es uns mit einem Durchschnitt von 72% in neun Jahren nicht am Théâtre de France.

Das Odéon ist eines jener Schlösser, das heutzutage von seinem Konzessionär nicht mehr unterhalten werden kann. Die Vertragsform, auf der wir basierten, existiert heute übrigens nicht mehr. Sie war zudem schlecht ausgearbeitet und steckte voller Widersprüche in bezug auf die beiden verantwortlichen Ministerien: das der Finanzen und das für kulturelle Angelegenheiten. Die Vertragsbedingungen wurden erst drei Jahre später unterschrieben.

Ich war der Leutnant gewesen, den der Hauptmann zum Sturmangriff kommandiert. Im übrigen hatte die Entscheidung von André Malraux Neid und heilige Entrüstung ausgelöst. Lange Zeit mußten wir gegen erbitterte Feindschaft ankämpfen. So, wie man uns bemitleidete, als wir ohne Theater waren, so nahm man es uns jetzt übel, daß wir eines bekommen hatten. Das ist Paris.

Seit dreizehn Jahren war vom Odéon nicht mehr die Rede gewesen; es fungierte ja als zweite Bühne der Comédie-Française. Sowie wir es Théâtre de France taufen wollten, erhob sich eine Welle des Protests. Was, das liebe alte Odéon?

Um die aufgebrachten Geister zu beruhigen, bestand ich bei Malraux darauf, es »Odéon-Théâtre de France« zu nennen. Er willigte nur ungern ein, Konzessionen mochte er nicht.

Aus reiner Höflichkeit machte ich einer führenden Persönlichkeit des Finanzministeriums einen Besuch. Dieser Herr empfing mich sehr liebenswürdig und machte mir eine Menge Komplimente über die »kulturelle« Vergangenheit unserer Truppe; er fügte hinzu:

»Offen gesagt verstehe ich nicht den Grund Ihres Besuches. Für mich sind Sie nur ein *Projekt* von Monsieur Malraux, der seinerseits nur ein *Projekt* von Monsieur de Gaulle ist.«

Die Atmosphäre war, wie man sieht, recht gespannt. Noch nie in meinem Berufsleben hatte ich mich auf ein solches Abenteuer eingelassen, ganz sicher das riskanteste. Und die ehrwürdige Reputation des Odéon machte die Dinge nicht gerade einfacher.

Das Odéon

Dieses Theater wurde 1780 von den Architekten Peyre und de Wailly für die Comédiens Français gebaut. Die Rue de l'Odéon trug damals den Namen Rue du Théâtre Français. 1784 fand auf dieser Bühne die Uraufführung von Beaumarchais' ›Le Mariage de Figaro‹ (*Der tolle Tag)* statt. Das war ein denkwürdiger Skandal. Wir sollten noch andere erleben.

Während der Revolution kam es unter den Schauspielern des Odéon zu einer Spaltung in Royalisten und Revolutionäre. Die letzteren näherten sich unter Talma den Anlagen des Palais-Royal und gründeten die jetzige Comédie-Française. Die anderen kamen in Schwierigkeiten und landeten sogar im Gefängnis.

Das Théâtre Royal, von zwei großen Statuen von Marat und J.-J. Rousseau flankiert, wurde in Théâtre du Peuple und schließlich in Théâtre Egalité umgetauft.

1795 erhielt das Haus unter der Direktion von Poupart-Dorfeuille und nach vielen Erschütterungen den Namen Odéon. Was war seine Bestimmung? Hier eine zeitgenössische Aussage:

> *Das Odéon ist eine Institution, die die Aufgabe hat, eine neue Generation von Bühnenkünstlern zu prägen und nicht nur Schauspieler, sondern auch Tragödien- und Komödiendichter, kurz alle Talente zu mobilisieren, die das Theater Frankreichs bereichern können.*

Unter Napoléon I. verlor das Odéon seinen Namen, es hieß jetzt Théâtre Impérial. Unter Ludwig XVIII. war es wieder das Théâtre Royal. Unter Napoleon III. das Théâtre de l'Impératrice.

Von 1946 bis 1959 war es die Salle Luxembourg*.

In den Zwischenzeiten war es regelmäßig wieder das Odéon. Man mußte das wahre Théâtre de France daraus machen.

Wie man sieht, hatte dieses schöne Haus eine sehr bewegte Geschichte. Seine Bestimmung schien jedoch klar zu sein: Förderung, Kreation,

* Das Odéon-Theater liegt am Jardin du Luxembourg (Anm. d. Ü).

Jugend; ein Theater, das am Anfang seiner künstlerischen Aktivität steht. Diese Bestimmung bringt Skandale und Erschütterungen mit sich. Es liegt genau an der Straßenkreuzung »Danton« und wird bei politischen Umtrieben immer als erstes in Mitleidenschaft gezogen. Ein von Wunden gezeichnetes Haus.
In bezug auf den finanziellen Erfolg ist festzustellen, daß – abgesehen von ein oder zwei Direktoren, deren Ehrgeiz über das Stadtviertel nicht hinausgegangen war – alle Männer, die anderthalb Jahrhunderte lang der eigentlichen Mission des Hauses treu bleiben wollten, Konkurs gemacht haben. Sogar die größten, Antoine, Gémier usw.
Wieviele Stiche gibt es noch von dem vernachlässigten Odéon-Gebäude! »Ratten haben sich jetzt dort eingenistet, weil sich keine Katze mehr blicken läßt« usw.
Als Malraux mich mit dieser »Heldentat« beauftragt, ist der Platz davor verwaist, die Fassade ist schwarz geworden, die Galerien sind leer. Von Zeit zu Zeit kommen Leute an die Kasse und verlangen eine Fahrkarte nach Sceaux. Sie verwechseln das Odéon mit dem Vorortbahnhof »Luxembourg«!
Innen sieht es anders aus: es wimmelt von Bühnenarbeitern. Gut die Hälfte muß ich entlassen, eine unangenehme Aufgabe. Aber andernfalls wäre das Werkzeug nicht zu gebrauchen – das gibt selbst die Gewerkschaften zu.
Eine Lizenz als Direktor habe ich immer noch nicht, dafür aber alle Sorgen eines solchen.
André Malraux und ich wählen für die feierliche Eröffnung ›Goldhaupt‹.
Meinen ›Goldhaupt‹, den ich mir seit 1939 wünschte! Zwanzig Jahre Geduld und Traum. André Masson – der noch immer an jedem schwierigen Neu-Beginn meines Lebens teilnahm – ›Numantia‹ 1937, ›Hamlet‹ 1946 –, entwarf Bühnenbild und Kostüme für ›Goldhaupt‹ 1959. Boulez bearbeitete die unvollendete Partitur von Honegger und führte sie zu Ende.
Alain Cuny, Terzieff, Catherine Sellers waren die Hauptdarsteller.
Am 21. Oktober 1959 findet die Uraufführung von ›Goldhaupt‹ statt unter der Schirmherrschaft General de Gaulles, Präsident der Republik, und in Anwesenheit der gesamten Regierung.
Paris knirscht bereits mit den Zähnen.
Die Kritik greift uns an.
Die Studenten besuchen die Vorstellungen.
Es bildet sich eine Clique von »Fans«.

Wir haben das Stück fünfzigmal aufgeführt, und ich kenne einige junge Zuschauer, die es während dieser Zeit einunddreißigmal gesehen haben!
Die Einnahmen sind mittelprächtig; aber wir kommen auf 50% Rentabilität. In moralischer Hinsicht war es ein großer Erfolg, in finanzieller nicht unbedingt eine Katastrophe.
Unser alternierendes Programm wird durch das Repertoire der Truppe ergänzt: ›Fausses Confidences‹, ›Baptiste‹, ›Kirschgarten‹, ›Christoph Columbus‹, ›Occupe toi d'Amélie‹: die guten alten »Zugpferde«. Und vor allem brachten wir als zweite Erstaufführung ›La Petite Molière‹ von Anouilh heraus, womit wir im letzten Mai in Bordeaux großen Erfolg gehabt hatten. Wir setzten also nicht ohne Grund unsere Hoffnungen auf dieses Stück. Die Premiere war am 11. November 1959 – drei Wochen nach ›Goldhaupt‹. Dieselbe Kritik, die uns im Mai mit Lob überschüttet hatte, macht uns diesmal fertig. Wohin sind die Zeiten entschwunden, als Paris noch jede Aufführung unserer Truppe mit Beifall belohnte? Dieses Mal muß das Théâtre de France von Malraux einen Mißerfolg einstecken.
Der Kampf findet nicht mehr auf der Bühne, sondern im Saal statt, hinterlistig, böse, haßvoll und schmutzig. Eine richtige Psychose. Wir machen weiter.
Ich setze eine dritte Uraufführung aufs Programm: ›Die Nashörner‹ von Ionesco. Malraux gesteht mir seine Befürchtungen ein; nicht die Qualität des Stückes, aber sein Avantgarde-Stil enthalte ein Risiko, vielleicht ginge ich zu weit damit für die erste Spielzeit. Ich nehme das Risiko auf mich.

> Ich erinnere mich noch heute lebhaft eines Nachmittags, an dem uns bei der Probe die Nachricht von Camus' Unfalltod erreichte. Ich sehe noch Ionescos Gesicht vor mir, er war bis zur Panik erschüttert. Der Tod, sein alter Feind, steht vor ihm. Wir brechen die Probe ab. Unmöglich, weiterzuarbeiten ... Die Familie der Theaterleute hat einen ihrer Angehörigen verloren.

20. Januar 1960. Premiere von ›Nashörner‹. Allgemeiner Verriß. »Ionesco arrangiert sich, der Ton ist verstaubtes altes Odéon.« Man rümpft die Nase. Man findet es langweilig und blaß. Kurz, die guten Argumente, die zerstören: Ah, das ist nicht mehr der Ionesco von früher.* Sieh mal an, jetzt hat er eine Botschaft usw. Mit

* »Als man ihn vor leeren Reihen spielte.« Mit all den Leuten, die die frühen Ionesco-Stücke im leeren Theater besucht haben, könnte man zweifellos ein ganzes Jahr lang die Oper füllen.

religiösem Eifer wird Ionesco attackiert, weil er nicht mehr genug Avantgarde ist ... Was Barrault anbetrifft, der »macht auf jung« usw.
Heute wird ›Nashörner‹ von denselben Kritikern als eines der besten Stücke von Ionesco bezeichnet ...

So war das Verhältnis von Paris und Théâtre de France während der ersten Spielzeit. Bissigkeit und Groll legten sich erst gegen Ende des dritten Jahres.
In der Zwischenzeit gaben wir ›Julius Cäsar‹ in der großartigen Ausstattung von Balthus. Wieder eine negative Aufnahme. In diesem besonderen Falle hatte ich, das gebe ich zu, schwerwiegende Fehler gemacht. Die Kritik war verdient.
Hingegen war uns ›Le Voyage‹ von Schéhadé, ein interessantes Stück, durchaus gelungen. Es wurde ebenfalls heruntergerissen, die Kritik war so entmutigend – so parteiisch, ich möchte sagen, von törichter und unangebrachter Xenophobie durchsetzt.
›Guerre et Poésie‹, ein bemerkenswerter Theaterabend, den ich mit Pichette zusammengestellt hatte – Vilardebo, ein junger hochbegabter Cineast arbeitete mit daran –, hätte beinahe einen Bürgerkrieg ausgelöst. Es war zum Zeitpunkt des Algerienputsches!
Als Max Ernst zusagte, das Bühnenbild für ›Judith‹ von Giraudoux zu machen – eines der größten Werke, wenn nicht das stärkste des Dichters –, erwähnten die Zeitungen nicht einmal den Namen des Malers!
André Masson erhielt den Auftrag, das Deckengemälde im Zuschauerraum neu zu gestalten: Plötzlich bekundete alle Welt eine bewundernde Zuneigung für J.-P. Laurens ... der früher einmal die Dekke ausgemalt hatte.
Ersten Erfolg brachten zwei Aufführungen: ›Die Geisel‹ von Brendan Behan in der Regie von Georges Wilson und mit unserer geliebten Arletty; und ›Der Kaufmann von Venedig‹, Regie Marguerite Jamois, mit Sorano in der Titelrolle. Sorano starb ein Jahr darauf ganz plötzlich im Alter von einundvierzig Jahren! Ein schwerer Schlag für unsere Zunft.
Endlich legten sich die Stürme mit ›Das Dunkel ist Licht genug‹ von Christopher Fry in der französischen Übersetzung von Philippe de Rothschild; ›Andromache‹ war ein Sieg; ›Fußgänger der Luft‹ von Ionesco* wurde zwar diskutiert, aber günstig aufgenommen. Die »Parteiischen« waren müde geworden.

* Mit dem Bühnenbild von Jacques Noël – wie für ›Die Nashörner‹ – wie für ›La Petite Molière‹. Jacques Noël ... ein echter Komplize!

Drei Spielzeiten hatten wir gebraucht, um zu starten. Von da an ging's bergauf. Wir näherten uns einer Schönwetterzone.
Die Übersetzung von Jules Supervielle für ›Wie es euch gefällt‹ erwies sich als geglückt; Regie führte J.-P. Granval. Die dritte Inszenierung des ›Seidenen Schuh‹ mit Geneviève Page und Samy Frey in den Hauptrollen wurde zum Triumph.
Dann trafen wir ins Schwarze mit ›Glückliche Tage‹ von Samuel Beckett in einer Aufführung von Roger Blin.
Schließlich ›Der tolle Tag‹ von Beaumarchais, Bild von Pierre Delbée und Kostüme von Yves Saint-Laurent. ›Il faut passer par les nuages‹ (*Man muß durch Wolken gehen*) von Billetdoux; ›Ganze Tage in den Bäumen‹ von Marguerite Duras.
Wir hatten unseren Tribut gezahlt. Paris erkannte das an, das Spiel war gewonnen. Vier Jahre hatte das gedauert.
Die Uraufführungen ernteten jetzt ebensoviel Erfolg wie die Werke aus dem Repertoire, mit denen wir alternierten: ›Amphitryon‹, ›Die Orestie‹, ›Der Prozeß‹, ›Hamlet‹, ›Mittagswende‹, ›Intermezzo‹ (mit dem zauberhaften Bühnenbild unseres treuen Freundes Brianchon), ›Le Chien du jardinier‹ und ›Fourberies de Scapin‹.
Außerdem gingen wir auf Gastspielreisen (1960 nach Japan, 1961 nach Südamerika, 1962 in die UdSSR, 1963 nach Italien und Deutschland, 1969 nach Kanada, in die USA – zum dritten Mal – nach England, Rumänien, in die Tschechoslowakei, Österreich usw.) Das trug dazu bei, das Théâtre de France zu jenem internationalen Theater französischer Sprache zu machen, von dem wir seit bald zwanzig Jahren träumten.
Die ganze Welt erkannte uns an. Wir hatten einen gewissen Grad der Erfüllung erreicht. Aber das war teuer bezahlt worden und hätte auch ein weniger starkes »Nashorn« als mich zur Strecke bringen können. Von Zeit zu Zeit erinnerten mich die zuständigen Abteilungen des Ministeriums daran, daß ich mein künftiges Programm meinem Minister vorzulegen habe. Ich übersandte eine kurze Aufstellung, die Malraux mir mit der folgenden Randnotiz zurückgab: »Einverstanden, Sie sind dran!« Das war alles. Ein vollkommenes Einverständnis.
Er wußte, wie sehr wir zu kämpfen hatten; wir wußten, wie unbeirrt er zu uns hielt.
Eines Tages stellte mich General de Gaulle vor eine knifflige Aufgabe. Er wünschte, *inkognito* eine Aufführung des ›Seidenen Schuh‹ zu besuchen. Keinerlei Begleitmannschaft – ein schwarzer Citroën hält vorm Eingang. Ich stand an der Treppe, um ihn sowie Ma-

dame de Gaulle zu empfangen. Er war in Zivil. Wir winden uns durch die hereinströmende Menge hindurch – manche sehen sich um nach dem ungewöhnlich großen Herrn –, und in dem Augenblick, wo die Leute ihn erkennen, geht der Vorhang hoch.
In der Pause kam er auf die Bühne, um das Ensemble zu beglückwünschen, und am Schluß verschwand er durch einen Hinterausgang, wo ihn sein Citroën erwartete. Ich höre ihn noch sagen: »Beeilen Sie sich, Yvonne!«
Er schätzte Claudel außerordentlich und machte einmal die treffende Bemerkung: »Dieser Claudel hat immerhin was auf dem Kasten!«
Das ist ein Urteil! Das nenne ich, den Nagel auf den Kopf treffen. Bei dieser Gelegenheit möchte ich Blaise Cendrars' gedenken – der hatte auch »was drauf«.
Zu dieser dritten Inszenierung des ›Seidenen Schuh‹ muß ich sagen: Nichts ist schwieriger als eine Neuinszenierung. Man ist darauf angewiesen, von einem starken Werk getragen zu sein. Vom ›Schuh‹ habe ich schließlich vier Inszenierungen gemacht! Die vierte war für das antike Theater in Orange.
Einige Worte über die Methode, nach der ich das Stück beim dritten Mal adaptierte. Das Experiment in ›Christoph Columbus‹ mit dem Segel-Objekt als Bedeutungsträger ermutigte mich zur weiteren Suche in diese Richtung; ich wollte ein Objekt als Katalysator des gesamten Werks. In Bahia (Brasilien) hatte ich die barocken Altäre in den portugiesischen Kirchen bewundert. Das war ganz Claudels Seele. Außerdem hatte ich gelernt, daß ein Theaterstil durch den Ort inspiriert wird, wo die Schauspieler spielen. Der Stil des Elisabethanischen Theaters ging aus dem Hof einer Herberge hervor. Der Stil der mittelalterlichen Simultanbühne entstand aus dem Kirchenvorplatz. Das Bühnenelement des japanischen Nô gleicht der kleinen Insel, die ich in Nara sah. Sie ist durch eine Landenge mit dem Festland verbunden. Der Stil Vilar im T.N.P. ist geprägt vom großen Hof des Papstpalastes in Avignon. Und der des antiken Theaters ergibt sich aus den natürlichen Stufensitzen an den Felshängen.
Ich fragte mich also, welches der natürliche Spielort für den ›Seidenen Schuh‹ sein könnte. Meine Wahl fiel auf einen Kirchenaltar.

»Wenn ich mich dem Bösen unterwerfe, soll es mit einem hinkenden Fuß geschehen.«
»Wenn ich die Barriere, die du errichtet hast, überschreiten will, soll es mit einem gestutzten Flügel geschehen«, sagte Prouhèze.

Man kann nicht umhin, die Sünde zu begehen, daher verlangt sie vom Sünder, sich ihr ganz auszuliefern. Der Claudelsche Sünder hofft aber zugleich, auf Hindernisse zu stoßen, die ihn an der eigenen Befriedigung hindern. Leidenschaft im Kampf mit dem Engel.
Der Altar bedeutet die Ordnung, zerschlägt man jedoch den Altar, befriedigt man das Chaos der Leidenschaft. Der Altar besteht also aus mehreren Teilen. In manchen Szenen trennt man sie voneinander und gibt sich leidenschaftlicher Unordnung hin. In anderen Szenen werden die Teile zusammengesetzt, und die Ordnung ist wieder hergestellt.
Mit drei Altarstücken, zwei Treppen und einem drehbaren Sockel konnten wir alle Kombinationen der dreiunddreißig Szenen des ›Seidenen Schuh‹ durchführen. Es genügte, jedes Mal einige leichte Requisiten hinzuzufügen, um den Ort zu präzisieren.
Der Rhythmus wurde auf diese Weise viel besser eingehalten, und so konnten wir auch einige Szenen wiederaufnehmen, die früher gestrichen worden waren, vor allem die mit dem »Doppel-Schatten«, die Claudel sehr vermißt hatte.
Auf meine Rolle des Rodrigo hatte ich verzichtet. Wieder einmal verspürte ich den Schmerz der Trennung von gewissen Bühnenfiguren. Den Schauspielern geht es ähnlich wie den schöpferisch Tätigen, die sich von manchen ihrer Werke trennen können, andere ihr Leben lang mit sich herumschleppen: Es gibt Rollen, die man leicht aufgibt, andere haften uns weiterhin am Leib.
Ich weiß, was Marie Bell zu leiden hatte, als sie sich von Prouhèze, die sie so wundervoll gestaltet hatte, trennen mußte.
Wir haben einen grausamen Beruf. Und je mehr wir ihm unser Leben weihen, desto härter ist die Grausamkeit zu ertragen. Grausamkeit und Leben sind eins.

Der kleine Saal

Am Ende dieses jahrelangen Kampfes fingen wir an, das Odéon wirklich gern zu haben. Wir hatten so dafür gelitten und uns so angestrengt, daß es *unser* Theater geworden war.
Wir dachten an unser früheres Petit Marigny und kamen auf den Einfall, mit Hilfe eines Zeltdachs aus Glasstoff den Zuschauersaal des Odéon schnell auf kleinere Dimensionen umgestalten zu können. Wir behielten nur die Zuschauerplätze im Orchester und im ersten

Rang bei: etwa 650 Plätze. Ein wahres »Théâtre Royal«. Und mit einer unerhörten Atmosphäre; sie war ideal für bestimmte Stücke, die ich als »Staffelei«-Werke bezeichne. In diesem »Format« brachten wir Becketts Meisterwerk ›Glückliche Tage‹ heraus.
Roger Blin, den ich um die Inszenierung von ›Divines Paroles‹ von Valle Inclán gebeten hatte, gab Madeleine ›Glückliche Tage‹ zu lesen – sie war auf Anhieb begeistert.
Drei Monate hindurch arbeiteten Beckett und Roger Blin »an ihr«, so wie Naturforscher sich mit dem Leben der Insekten beschäftigen.
Unter der Leitung eines Regisseurs ist Madeleine die Gehorsamkeit in Person. Hat sie einmal Vertrauen gefaßt, liefert sie sich mit Haut und Haaren aus.
›Glückliche Tage‹ brachten wir zuerst in Venedig heraus, dann in Jugoslawien und zur Eröffnung des »kleinen Saales«.
Es wurde ein Ereignis. Vier Tage vorher hatte unser neuer ›Seidener Schuh‹ seinen Triumph gehabt.
»Beckett macht Claudel zunichte«, sagten die einen. »Ein Festival der Verworfenheit«, sagten die anderen.
Schauspielern sagt man nach, sie übertreiben . . . Was soll man erst von den Kritikern sagen? Seit vierzig Jahren höre ich dieselbe Leier – »Gähnende Langeweile . . . der arme Herr Soundso . . . zu meiden wie die Pest . . . « Oder aber: »Das Theater ist soeben geboren worden . . . etwas anderes wird man nicht mehr sehen wollen . . . «
Tatsache ist: ›Glückliche Tage‹ ist ein Meisterwerk. – »Theatermusik« in seiner Perfektion, ein straffes Knäuel von Wissen um den Menschen. Diese Sonate für eine Frau ermöglichte es Madeleine, einen neuen Abschnitt in ihrer Karriere zu beginnen.
Als junges Mädchen spielte sie die jugendliche Naive: Cécile und Rosette.* Als junge Frau war sie Jaqueline im ›Chandelier‹ von Musset und Araminte in ›Die falschen Vertraulichkeiten‹. Dann setzte sie zur zweiten Karriere an mit Liuba in ›Kirschgarten‹. Mit Winnie begann eine dritte, dank Beckett und Blin konnte sie vor uns einen ganzen Sack voll Menschlichkeit ausschütten. Und von unserer Madeleine in komischen Rollen habe ich noch gar nicht gesprochen . . .
Es kommt selten vor, daß eine Schauspielerin im Lauf ihrer Karriere viermal das Rollenfach wechselt. Ich glaube übrigens, daß es sich bei Madeleine gar nicht so verhält; denn sie ist im Grunde auf kein Fach festgelegt. Ihr Fach ist das menschliche Wesen, wie es ist.
Colette – auch jemand, der den Nagel auf den Kopf trifft – hat

* ›Il ne faut jurer de rien‹ und ›Mit der Liebe spielt man nicht‹ (Musset).

einmal einen Brief an Madeleine geschrieben. Ich zitiere eine Stelle daraus – selbst auf die Gefahr hin, Madeleines Schamgefühl zu verletzen. Ich übernehme die Verantwortung:

»Wenn Sie spielen, weiß man nicht sogleich, was an Ihnen so verzaubert. Man sagt sich: Es ist wohl die Stimme. Oder ein Ausdruck des Gesichts. Vielleicht auch ein schöner Arm oder die Rundung der Schulter. Oder sollte es die Seele sein?«

›Glückliche Tage‹ bedeutet ein wichtiges Datum für uns alle: Der eigentliche Charakter des Théâtre de France fand seine Bestätigung. Er inspirierte François Billetdoux zu einem seiner größten Erfolge ›Man muß durch Wolken gehen‹.
Die Uraufführung fand im großen Saal statt. Eine ungetrübte Erinnerung. Ein lebendiges Werk, das wir immer noch in unserem gegenwärtigen Repertoire halten.
Marguerite Duras vertraute uns ›Ganze Tage in den Bäumen‹ an. Und diese Uraufführung fand im kleinen Saal statt.

Das Kleine Odéon

Das Odéon wurde zu einem gefügigen Instrument. Wir wollten es noch gefügiger haben und deshalb ein zweites, noch kleineres Theater darin einrichten: einen Saal mit 150 Plätzen. Ein Foyer, das doch zu nichts mehr diente, wurde mit der verständnisvollen Hilfe des Hausarchitekten Vassas und nach den Ratschlägen unseres Freundes Zerfuss umgebaut. So entstand »Le Petit Odéon«.
Jetzt konnten wir dreidimensional spielen und dabei eng beieinander bleiben. Theater ist ein buntes Durcheinander, man muß alle seine Räume dermaßen mit Menschlichkeit anfüllen, daß man sich immer etwas beengt fühlt. Sobald in einem Theater nur eine Wandfläche nicht »vermenschlicht« ist, sickert der Tod ein und verbreitet seine Kälte an der Stelle. Das Leben eines Theaters ist ein Wettlauf mit dem Tod. Von nun an konnten wir mit diesen drei verschiedenen Bühnen, diesen drei Dimensionen, alle Register ziehen.
Nathalie Sarraute eröffnete das »Petit Odéon« mit ›Le Silence‹ *(Das Schweigen)* und ›Le Mensonge‹ *(Die Lüge)*, zwei Stücke, fein und stechend wie Insekten.
Im »kleinen Saal« gaben wir Beckett, Ionesco, Pinget; und Erstlingswerke von Autoren wie Jean-Pierre Faye, ›Hommes et Pierres‹ *(Men-*

schen und Steine) oder ›La Révélation‹ (*Die Offenbarung*) von R.J. Clot.

Im »großen Saal« spielten wir ›Der tolle Tag‹ und ›Barbier von Sevilla‹ von Beaumarchais. Sogar ›Numantia‹ nahm ich wieder auf.

Ich hatte die Tragödie von Cervantes für das antike Theater in Orange neu inszeniert; auf Vorschlag von M. Biasini, dem Mitarbeiter von Gaëtan Picon, spielten wir dort drei Spielzeiten nacheinander.* Es war ein nachhaltiger Erfolg, und die Presse war einstimmig dafür gewesen. Als ›Numantia‹ in der gleichen Konzeption im Théâtre de France aufgeführt wurde, war es auf einmal völlig anders!

So gerechtfertigt mir leider der Mißerfolg von ›Julius Cäsar‹ schien, so unverständlich blieb mir bis heute die strenge Kritik an ›Numantia‹. An diesem Abend »waren sie wohl schlecht aufgelegt«, während »sie« in Orange guter Stimmung gewesen waren – was soll's, wird man sagen. Und doch hat es seine Bedeutung.

Wozu machen wir Theater, wenn nicht, um Menschen zu begegnen? Warum also soll zwischen ihnen und uns eine Barriere errichtet werden? Das Theater ist eine Hexenkunst. Und die »Mundpropaganda« funktioniert.

Ist eine Aufführung mißlungen, irrt sich das Publikum nicht und bleibt allmählich aus. Warum aber von Anfang an eine Vorstellung in Mißkredit bringen, wenn sie dem Publikum vielleicht gefallen könnte? Wer besitzt schon das angeborene Wissen um sensuelle Dinge?

›La Petite Molière‹ und diese neue ›Numantia‹-Inszenierung erlitten durch den schlechten Einfluß der Kritik eine Einbuße ihrer möglicherweise längeren Spielzeit.

Die Kritiker tragen seit zwanzig Jahren eine schwere Verantwortung für die Ratlosigkeit, die gegenwärtig an unseren Theatern herrscht. Ob es sich um extreme Avantgardisten oder konservative Auf-der-Stelle-Treter handelt – Künstler und Zuschauer wissen nicht mehr, wo sie ihr Heil finden sollen.

In seinem letzten Lebensabschnitt wagte ein Mann wie Jouvet sich nicht mehr zu rühren. Er wiederholte immer wieder: »Sie werden uns verreißen.«

Haben sie nicht die letzten Jahre von Dullin verdüstert?

Haben sie nicht Claudel einige Monate vor seinem Tod in Verzweiflung getrieben, als in der Comédie-Française ›Mariä Verkündigung‹ uraufgeführt wurde?

* Wir brachten ›Hamlet‹, den ›Seidenen Schuh‹ (in der vierten Inszenierung), den ›Kaufmann von Venedig‹, ›Amphitryon‹ (Molière) und ›Numantia‹.

Hatte sich Cervantes nicht zu seiner Zeit vom Theater abgewandt? Und Racine, hat er nicht seine dramatische Produktion eingeschränkt und mit einunddreißig Jahren geschrieben:

»Alle diese Kritiken sind das Werk von vier oder fünf kleinen glücklosen Autoren, welche selbst niemals die Neugier des Publikums zu erregen vermochten. Ständig warten sie auf eine Gelegenheit, ein gelungenes Werk angreifen zu können. Keineswegs aus Eifersucht. Aus welchem Grund wären sie denn eifersüchtig? Sondern in der Hoffnung, daß man sich die Mühe mache, ihnen zu antworten und sie aus dem Dunkel zu ziehen, worin ihre eigenen Werke sie für den Rest ihres Lebens belassen hätte« (Vorwort zu ›Bérénice‹).

»Monsieur Victor Hugo ist jetzt sechsunddreißig Jahre alt. Und man muß festhalten, daß sein Name immer mehr an Bedeutung verliert ... « (Der berühmte Kritiker Gustave Planche).

»Mit welchem verbindlichen Werk vergleichst du denn dein Werk, wenn du damit zufrieden sein willst?« sagt Saint-Exupéry.

Ich weiß, daß fortgesetztes Lob nicht guttut; daß gewisse Kritiker uns eher anspornen. Aber schließlich und in aller Aufrichtigkeit stelle ich mir doch die Frage, ob die Bilanz positiv ist.
Heutzutage wird nur gepredigt, was neu ist, was »einen Schock provoziert«, »ein Ereignis auslöst«. Man weiß nicht mehr, wo das »Gute« liegt. Nicht mehr, für wen noch für was man arbeitet. Unsere ganze Zunft ist verwirrt wie ein angespanntes Pferd, dem man Hü und Hott zugleich zuruft.
Glücklicherweise stellt sich das Verlangen nach Theaterspielen immer wieder ein, macht sich ein Bedürfnis danach immer wieder spürbar – arbeiten wir immer weiter »aus Verzweiflung«.
Im Grunde ist das die einzige Art, seinen Träumen nachzujagen. Seit meinen ersten Anfängen habe ich diesen Reichtum gespürt, der im Leben »aus Verzweiflung« liegt. Ich spüre ihn noch heute. Trotzdem, an manchen Premierenabenden habe ich vor Wut schon geweint.
Dann zitiert mir Léonard unweigerlich auf italienisch das Sprichwort: »Die Hunde bellen, die Karawane zieht vorüber.« Für das Leben der Karawane, der »ambulanten Leute«, sind die Kritiker manchmal von größerem Übel als bellende Hunde.
Mehr und mehr wünschten Madeleine und ich, daß das Théâtre de

France zu einem Brennpunkt des Theaters würde, offen für Anregungen anderer Regisseure. Wir hatten bereits Marguerite Jamois, Georges Wilson eingeladen; Roger Blin und Jean-Pierre Granval übernahmen oft eine Inszenierung. Bourseiller machte die Regie für Kafkas ›Amerika‹. Jacques Charon, Barsacq kamen zu Gastregien. Später dann Lavelli, der italienische Regisseur De Lullo, Jean-Marie Serreau, P. Chabert, Laurent Terzieff. Auf Maurice Béjart komme ich in kürze zu sprechen. In unserer Vorstellung sollte das Théâtre de France eine nationale und internationale Bühne werden. Zu diesem Zeitpunkt entschieden wir uns, ›Les Paravents‹ von Genet herauszubringen.

›Les Paravents‹

Für die Inszenierung hatte ich dem Autor Roger Blin vorgeschlagen. Bühnenbild und Kostüme: André Acquart. Klangeffekte: José Berghmans, unser Kapellmeister.

Ich informiere Gaëtan Picon und André Malraux: Sie sind absolut einverstanden. Nicht der geringste Einwand. Das vom Algerienkrieg inspirierte Stück ist gefährlich. Es kreist um ein brennendes Problem, schwingt sich aber alsbald auf und wird sehr schnell zu einem *Epos des Elends und des Todes*.

Noch heute halte ich ›Les Paravents‹ für eines der bedeutendsten Theaterwerke des 20. Jahrhunderts. Es besitzt die Dimension der besten Werke von Shakespeare. Hier ist nicht der Ort, auf Einzelheiten einzugehen: Man könnte ein ganzes Buch über ›Les Paravents‹* und das poetische Können von Genet schreiben.

Der Skandal, den das Stück auslöste, ist bekannt. Im Vorgefühl des von uns eingegangenen Risikos hatte ich in den »Cahiers«, in der Nummer über Genet, einen Artikel veröffentlicht. Hieraus einige Auszüge:

> »Skandal und Provokation«
> Es gibt zwei Arten, einen Skandal zu verursachen. Erstens: Der Skandal wird von »den anderen« wegen des Künstlers, das heißt wegen des geschaffenen Werkes ausgelöst; oder – das ist der häufigste Fall – das betreffende Werk ist das Produkt einer unbefange-

* Vgl. Lucien Goldmanns Aufsatz: »Die Revolte der Literatur und der Kunst in den fortgeschrittenen Zivilisationen«. – Zu: L. G.: *Kultur in der Mediengesellschaft*, Frankfurt 1973 (Reihe Fischer F 35), (Anm. d. Ü.).

nen, unbewußten Aufrichtigkeit, die einem besonders originellen Temperament angehört.
Zweitens: Der Skandal ist vom Künstler selbst geplant, indem er sein Werk mit der Absicht geschrieben hat, die anderen zu schokkieren. Dieser zweite Fall ist ein betrügerischer Vorgang, denn hier wird versucht, ein simples Kalkül für Unbewußtheit und Originalität auszugeben.
Der wirkliche Künstler trachtet niemals danach, einen Skandal auszulösen. Er entdeckt vielmehr plötzlich zu seinem eigenen Erstaunen, zu seiner eigenen Überraschung und Verblüffung, daß er »Skandal macht«, während er doch nur dem nachgab, was für ihn durch eine eingegebene Vision evident war.
Weder Villon, noch Baudelaire, noch Mallarmé oder van Gogh, und wieviel andere, haben den Skandal gesucht. Ihr Genie war skandalös – in den Augen der anderen. Dennoch passiert es, daß der Künstler provoziert, ohne das den Skandal fördernde Terrain ausdrücklich zu wählen. Provokation ist – allem Anschein zum Trotz – etwas anderes als Angriff. Zumeist ist sie ein Gegenangriff. Ein Gegenangriff, der sich in einem Schrei der Entrüstung äußert ... der provoziert. Vor allem ist es die menschliche Existenz – manipuliert durch die Gesellschaft und insbesondere durch die Gesellschaft der »ehrbaren, anständigen Leute« – die vor lauter Provokationen strotzen. Doppelte Moral, doppeltes Recht, böser Wille, Heucheleien, Betrug, Kalkül, falscher Edelmut, falsches Mitleid, falsche Gefühle, ein ganzer Karneval von Figuren, den die anderen spielen, um sich darin zu entladen: Strenge des bornierten Militärs, demütigende Barmherzigkeit der Frommen, blinde Gerechtigkeit des Gesetzes; Spinnengewebe der Ordnung, Fallstricke der Wohltätigkeit, Komödie der Erinnerung, Maskerade der Fahnen, Klebrigkeit der falschen Solidarität usw. Die »ehrbaren Leute« provozieren uns unaufhörlich von der Wiege bis zum Grabe.
Ohne den Skandal auslösen zu wollen, aber im Namen einer bestimmten Gerechtigkeit – um Dinge sozusagen zurechtzurücken und vor allem, weil man restlos genug hat – wehrt man sich durch einen Schrei, der jene Provokation zurückweist. Und löst damit eine weitere aus.
Prompt erfolgt die verblüffte Reaktion durch die Sekte der »ehrbaren Leute«. Sie verlangen – da sie das Bewußtsein ihrer eigenen Schändlichkeit schon längst verloren haben – im Namen der Ordnung, *ihrer* Ordnung, nach Urteil und Strafgericht.

Wer von beiden hat angefangen?
Die menschliche Verhaltensweise, die in der Kunst darin besteht, die Provokation denen ins Gesicht zu schleudern, die uns täglich und versteckt provozieren, ist die mutigste, die achtenswerteste; sie ist auch die heikelste.
Als Resultat einer »heiligen Entrüstung« kann sie nur heilsam und duldsam sein. Wollüstig und selbstgefällig hingegen wird sie verletzend sein. Der zum äußersten getriebene Künstler durchbricht seine Schranken und bedient sich der provozierenden Aktion wie ein Tier, das seine Jungen verteidigt – ein Mensch, der sich seiner Haut wehrt.
Eben dieser Zustand legitimer Verteidigung rechtfertigt seine Handlungsweise. Er denunziert mit seinem Schrei den Betrug der Gesellschaft, die Lüge und Heuchelei. Und in dieser Herausforderung liegt der Adel aller provozierenden Kunst, weil sie nämlich von Liebe, ausschließlich von Liebe diktiert wird.
Die Provokation kennt nur dies Ziel: dem Leben zu dienen. Sobald sich Genüßlichkeit, boshaftes Vergnügen, persönliche Kraftentfaltung, private Neigungen und versteckte Hetze in ihr zeigen, gehen Adel und Legitimität verloren – anstelle von Liebe steht Perversität.
Das gleiche wie für die Provokation gilt für den Skandal. Es gibt den heilsamen Skandal, der durch Unbefangenheit oder Entrüstung ausgelöst wird, und den verderblichen, der aus Berechnung oder unlauteren Motiven hervorgerufen wird.
Auf dem Theater gibt es ein Gefühl, das noch heiliger ist als die Freiheit, das ist der Respekt vor dem Menschen.
Die schwierige Aufgabe eines Theatermannes besteht darin, in bezug auf sein menschliches Verhalten im Bereich seiner Kunst eine vollständige Freiheit zu bewahren, ohne den *Respekt vor dem Menschen* zu verletzen.
Unser menschliches Verhalten auf der Bühne scheint sich daher zwischen zwei Feuern zu befinden: zwischen der Freiheit, alles zu sagen, und dem menschlichen Respekt, der uns verbietet, wahllos alles zu sagen. Nur im Hinblick auf die *Gerechtigkeit* ist uns ein Weg möglich, die beiden Imperative miteinander in Einklang zu bringen. Die Gerechtigkeit, die das Leben ins rechte Maß rückt, den Betrügern das Maul stopft, die Leidenschaften reinigt und Maßlosigkeit kontrolliert. Das ideale Königreich der sublimierten Kindheit.
Wir bringen ›Les Paravents‹ von Jean Genet zur Uraufführung.

Ein persönliches Urteil über Jean Genet steht uns nicht zu. Unsere Rolle ist ihrem Wesen nach ausschließlich vom Theater bestimmt; und in Anbetracht dessen ist Genets Bedeutung unumstritten. Sein Thema? Er geht von der Tragödie in Algerien aus, doch rückt er bald davon ab, indem er das Problem auf allgemeiner Ebene weiterentwickelt. Genet schont weder das eine noch das andere Lager. Er bleibt dem Kolonialismus sowie dem Neo-Nationalismus gegenüber nüchtern. Denn das Opfer des Kriegs ist immer *das Elend.* Vor ihm richten die einen wie die anderen überall ihre »Wände« auf aus Egoismus, aus Gemeinheit, aus Gier, aus Eitelkeit, Lüsternheit, unreinen Motiven. Das ist das Elend, das immer in Stich gelassene, immer preisgegebene.

Die Aufführung und die Besetzung waren sehr gut. Unsere großartige Maria Casarès, Germaine Kerjean, Paule Annen, Madeleine, Alric Amidou, Cattand ... alle miteinander. Blin hatte das Stück schonungslos inszeniert. Während zehn oder elf Aufführungen kam es zu keinem Zwischenfall. Alles schien gutzugehen. Bei der zwölften Vorstellung gab es einen gut organisierten »Überraschungs-Angriff«: »Paras«, Fallschirmjäger, sprangen vom zweiten Rang herunter; Handgemenge, Blut auf der Bühne, Tränengasbomben, eiserner Vorhang. Das Gros des Publikums ermöglichte durch seine entschiedene, ruhige und ungewöhnlich einsichtige Haltung, daß wir die Vorstellung fortsetzen und zu Ende spielen konnten.
Das passierte im April 1966. Während der dreißig darauffolgenden Vorstellungen kam es fast jeden Abend zu Zwischenfällen. Die Gruppe »Occident« (von der extremen Rechten) veranstaltete Vorbeimärsche auf der Straße. In der Nationalversammlung wurde eine Interpellation eingebracht. Malraux plädierte mutig für uns. Der Polizeipräfekt, Monsieur Papon, verteidigte die Freiheit des Theaters; und das, obwohl die Polizisten, die er uns zum Schutz des Publikums schickte, eine »Schwäche« für die Demonstranten zu haben schienen – jedenfalls einige von ihnen ...
Im September wollte ich das Stück für abermals dreißig Vorstellungen wieder aufnehmen. Ich hoffte, daß sich die Geister bis dahin beruhigt hätten. Aber es ging wieder los. Kleine Brandbomben, Säcke mit Nägeln, Wurfgeschosse mit Glühbirnen, Gips und Ratten ... Das Publikum blieb ungerührt.
Wir waren nicht einmal gezwungen, unsere Vorstellung zu unterbrechen. Immer konnten wir bis zum Ende durchspielen. Und das dank eines entschlossenen Publikums. Die Leute glauben heute, weil

es so viele Demonstranten gab, sei das Stück nicht angekommen. Das Gegenteil ist wahr. 90% der Zuschauer standen auf unserer Seite, waren für ›Les Paravents‹ und die künstlerische Meinungsfreiheit. Nur 10% taten alles, um Unordnung zu stiften, damit die Polizei schließlich die Aufführung verbieten würde.
Die Regierung de Gaulle und Malraux bewies damals durch ihre Entschlossenheit, daß in Frankreichs Demokratie das Theater nicht der Zensur unterworfen war. Merken wir uns das Datum: 1966.
Im folgenden Jahr fragte mich mein Freund Laurence Olivier, als wir uns bei der Weltausstellung in Montréal trafen, wie ich das fertiggebracht hätte. Er selbst wollte im englischen Nationaltheater (Old Vic) ein Stück herausbringen, das von Lord Chamberlain (der Zensur in England) untersagt werden könnte.
Ich konnte nur auf die humane Einstellung der damaligen führenden Männer, de Gaulle und Malraux, verweisen. Noch nie war einem staatlichen Theater so viel Freiheit zugestanden worden. Die Angelegenheit fand – und das kann nachgewiesen werden – internationalen Widerhall. Das Resultat gewann exemplarische Bedeutung.
Es war vielleicht zu schön, um anzudauern – leider! Aber das Pariser Publikum hatte seine Zustimmung gegeben.

Seither habe ich nachgedacht, wie man sich als Direktor eines Staatstheaters zu verhalten hat. Ein staatliches Theater soll nicht ein Theater der Regierung, sondern das der *Nation* sein. Seine Produktionen müssen, in politischer und sozialer Hinsicht, die politische und soziale Struktur der Nationalversammlung widerspiegeln.
Ein Beispiel: Gegenwärtig besitzt die Regierungsmehrheit 40%. Der Rest verteilt sich auf die oppositionellen Parteien. Die genaueren Proportionen sind mir im Augenblick nicht gegenwärtig, aber es scheint mir gerecht, daß ein staatliches Theater das Parteienverhältnis prozentual in seiner Produktion zum Ausdruck bringt, also 40% kommunistische, 20% Zentrumsmeinung und mit dem Rest die Meinungen der extremen Linken und Rechten.
Staatliche Theater, die sich darauf beschränken, dem Geist der Regierung zu dienen, sind Theater eines totalitären Staates, wie immer sie sich auch nennen mögen. Staatliche Theater, die nur die Opposition zum Ausdruck bringen, sind usurpatorisch.
Im Jahre 1966 konnte der Bürger der französischen Republik auf unseren Plakaten lesen:

Der Seidene Schuh	Paul Claudel
Andromache	Racine
Man muß durch Wolken gehen	Billetdoux
Glückliche Tage	Samuel Beckett
Der Barbier von Sevilla	Beaumarchais
Ganze Tage in den Bäumen	Marguerite Duras
Die Wände	Jean Genet

Im übrigen sind die ›Paravents‹ kein politisches Stück. Es handelt sich um ein auf die Menschheit bezogenes Werk, um einen anarchistischen Schrei: In erster Linie ist es das Werk eines Dichters.
Als Antwort auf die zahlreichen Anschuldigungen, die ich mir gefallen lassen mußte, habe ich oft die folgende Geschichte erzählt:

> Wir sind in Villefranche-sur-Saône (bei Lyon). In einer Kirche aus dem 15. Jahrhundert im gotischen Flamboyant-Stil erwischt ein Gendarm eines Tages nahe beim Taufstein ein junges Mädchen, wie es sich von einem Bock »nehmen« läßt. Vor Verzückung zeigen ihre Augen nur noch das Weiße. Skandal! – Man steckt das Mädchen in eine Erziehungsanstalt. Man bringt den Bock auf seine Wiese zurück. Man treibt mit Hilfe von Weihwasser den Teufel aus der Kirche. Niemand hat bemerkt, daß seit fünf Jahrhunderten ein paar Meter oberhalb des »Skandals« ein gemeißelter Wasserspeier genau die gleiche Szene darstellt. In fünfhundert Jahren ist kein Mensch auf die Idee gekommen, den Stein herunterzuschlagen. Warum?

Kunst ist ihrem Wesen nach Revolte: Revolte gegen den Tod, Revolte gegen die Pharisäer aller Schattierungen, Revolte gegen sich selbst.
Kunst existiert, weil wir uns unaufhörlich in Frage stellen, uns jeden Abend töten müssen, um jeden Morgen neu und jungfräulich zu erwachen. Kunst ist revolutionär – sonst ist sie keine Kunst.
Das Zivilisationsniveau eines Volkes läßt auf das Ausmaß seiner Freiheit schließen, das seine Regierung den »schönen Künsten« zugesteht, auf den Geist der Toleranz.
Ich gebe indessen zu – und das ist der Grund, weshalb ich mich so sehr gegen politische Strategie wende –, daß diese Freiheit von den Oppositionsparteien allzu oft de facto zu nichts anderem als zu einer Parallel-Regierung, zu einer antizipierten Macht benutzt wird. In diesem Fall fällt alles in dieselbe Repression, in dieselbe Mittelmäßigkeit zurück. Niemand auf der Welt *verdient* heute noch die Republik. Das ist das Desaster.

Die Angriffe gegen uns waren entsetzlich. Gewisse Kritiker gingen so weit, uns zu denunzieren. Sie riefen tatsächlich die Polizei zu Hilfe. Das erinnerte mich an etwas:

»Tier der Apokalypse!
Abfallträger der Humanität!
Durch Unbarmherzigkeit ebenso gefährlich
Wie durch seine skandalösen Reden.
Weder Furcht vor Gott noch Respekt vor Menschen,
Wirft es wahllos Verleumdung
Über jedes Verdienst.
Oh Schande für gute Sitten und öffentlichen Anstand!«

Putherbe, der Ankläger von Rabelais, und noch einige andere kamen mir in den Sinn.

»Seine Seele unterscheidet sich in nichts von Hunden und Ferkeln« (Calvin).

Und ich spreche nicht einmal von dem, was Molière zur Zeit seines ›Tartuffe‹ erdulden mußte!

Von jenem Tag an bekam ich Lust, Rabelais zu dienen. Am 1. Januar 1967 hatte ich mich – als Angehöriger einer »staatlichen Einrichtung« – zu früher Stunde im Palais de l'Elysées eingefunden, um dem Präsidenten der Republik meine Neujahrswünsche zu überbringen. Nach den üblichen Reden begibt sich die hohe Gesellschaft zum Buffet. Da werde ich gerufen: »Monsieur le Président möchte Sie sprechen.«
Mit gemischten Gefühlen, halb befangen, halb gefaßt, nähere ich mich de Gaulle.
»Sagen Sie mal, Barrault, Sie haben ja in letzter Zeit viel von sich reden gemacht.«
»Die anderen haben über mich geredet, Monsieur le Président de la République, aber das lag nicht in meiner Absicht.«
»Glauben Sie, daß es der Mühe wert war?«
»Ich bin glücklich, daß Sie mir diese Frage stellen, mein General. Ich glaube in der Tat, daß dieses Werk von niemand besser verstanden werden kann als von dem Mann, der sich für den Widerstand geschlagen hat, gegen menschliches Elend, gegen Ungerechtigkeit und der für die Entkolonialisierung gekämpft hat.«
»In diesem Fall, mon cher Maître, sollen Sie sich stärken.«
War's ein Todesurteil? War's ein geheimes Einverständnis? Schön

schlau, wer das sagen könnte. General de Gaulle traf ich nie mehr wieder.

Am Abend der letzten Aufführung von ›Les Paravents‹ war André Malraux im Zuschauersaal. Hinterher besuchte er mich in meiner Garderobe und bekräftigte seine Bewunderung für dieses Werk. Ich dankte ihm noch einmal für seine mutige Unterstützung. Dann ging er. Auch ihn sollte ich nicht mehr wiedersehen.

Zur gleichen Zeit – ich habe keine Lust, das Datum zu präzisieren – müssen gewisse Veränderungen in der Haltung der Regierung eingetreten sein. Boulez zerstritt sich mit Malraux. Gaëtan Picon und sein Team wurden aus ihren Funktionen entlassen ... vielmehr sie demissionierten ... Ich begreife das nicht. Ich kann nur sagen, sie waren nicht mehr da, und ich bedauerte das. Irgend etwas hatte sich geändert. Was? Ich hatte keine Ahnung.

Das alte Odéon erfüllte jetzt wieder seine ursprüngliche Bestimmung: Theater der Jugend, Theater der Moderne, Theater der Auseinandersetzung. – Als das Theater der Nationen nicht mehr wie bisher unter der Leitung von A. M. Julien und seiner Mitarbeiter im Sarah-Bernhardt-Theater bleiben konnte, willigte ich ein, die Leitung zu übernehmen.

Für das Theater der Nationen luden wir sowohl die Avantgarde als auch die bedeutendsten Truppen der Welt ein: Bunraku, Nô, Katakali, Deutschland, UdSSR, Polen (die ersten Inszenierungen von Grotowski), England, die Metropolitan Opera, die Inszenierungen Strehlers (Italien), das Living Theatre von Julian Beck, erste Einladung an das junge und dynamische Internationale Theaterfestival in Nancy unter Jack Lang usw.

Das Théâtre de France – Théâtre des Nations wurde eine französisch-internationale Hochburg, wo Studenten und berühmte Ensembles sich begegneten.

Ein internationales Kartell wurde gegründet. Das Theater der Nationen erhielt ein neues Gesicht. Es sollte, nach unser aller Wunsch, kein Theater bleiben, das zu Gastspielen einlädt, sondern eines, das selbst schöpferisch ist. Genau das ist es zum heutigen Zeitpunkt offiziell geworden. Aber schon 1967 haben wir die Basis dafür gelegt.

Ich richtete das erste Werkstatt-Theater ein und betraute damit meinen großen Freund Peter Brook. Ich fand einen Saal für ihn in den Gebäuden der Gobelin-Manufaktur von Paris. Über Sinn und Aufgabe verständigten wir uns. Er würde zum ersten Mal auf der Welt ein internationales Ensemble bilden und damit eine Aufführung von Shakespeares ›Sturm‹ vorbereiten. Den Ariel sollte z. B. ein Japaner spielen.

Zusammen mit Claude Gallimard und Simone Benmussa, Herausgeberin unserer »Cahiers«, dachten wir uns aus, jeden Dienstag im Odéon Gratis-Vorstellungen zu geben. Ein junges Publikum »jeden Alters« drängte sich dazu.

Wir hatten ein universelles Theater im Auge. Doch während dieses wunderbare Abenteuer täglich mehr an Höhe gewann, wurde ich das Opfer persönlicher Ängste.

In diesem profanen Monasterium fühlte ich mich noch selbst zum Prior werden.

Im Krieg um ›Paravents‹ war ich von erstaunlichen Menschen verteidigt worden. Insbesondere von dem Pfarrer einer großen Kirchengemeinde in Paris und von einem General mit vier Sternen. Beinahe hätte er unsretwegen den fünften nicht erhalten. Er hat ihn dann glücklicherweise doch bekommen. Ich hätte mir das nie verziehen, denn er war fabelhaft, ein echter Kämpfer. Er hatte früher ein Kommando gehabt – in der Fremdenlegion. Ich habe ihn oft wiedergesehen, diesen General, er hat sich mir anvertraut, und ich habe mich gut an seine Stelle versetzen können: »Als ich Leutnant war«, sagte er, »da war ich glücklich, da lebte ich mit meinen Männern zusammen. Als Hauptmann, als Major, da ging es noch. Aber sobald ich Oberst war, begann ich, den Kontakt zu meinen Männern zu verlieren. Als General war ich völlig von allem abgeschnitten, ich habe sehr darunter gelitten ... sie hatten sich von mir entfernt.«

Außerdem hatte Léonard mich verlassen. Er hatte um sein Recht auf den Ruhestand nachgesucht. Das war ein großer Kummer für mich. Marthe, unsere Sekretärin, unsere »Tochter«, war unter schrecklichen Umständen gestorben. In all dem äußeren Erfolg zerbröckelte unser Familienunternehmen immer mehr.

Als Ersatz für Léonard hatte ich mein verantwortliches Ministerium gebeten, mir Félix Giacomoni, einen literarisch interessierten Beamten, zur Verfügung zu stellen. Ein ergebener, integrer Mitarbeiter, ein etwas schwieriger Charakter, aber von tadelloser Haltung. Giacomoni hatte meine Verwaltung neu geregelt und auf den Stand einer ministeriellen Administration gebracht. Ich verstand überhaupt nichts mehr. Diese Branche ist mir ein Buch mit sieben Siegeln.

Nehmen wir noch die Komplikationen hinzu, die sich laufend aus den unentwirrbaren Soziallasten ergaben; da war ich völlig verloren. In meinem polyglotten Theater blieb für mich einzig die Sprache der Verwaltungstechnik eine Fremdsprache. Dabei mochte ich diese Seite der Verwaltung im Theaterleben immer recht gerne.

Kurz, je gefestigter die Position des Théâtre de France und des damit verbundenen Theater der Nationen wurde, um so einsamer fühlte ich mich.

In gleichem Maße wie sich ein Unternehmen vergrößert, entwickelt und ausweitet, muß sich auch der finanzielle Etat erhöhen. Das tat er aber nicht.

Sollten wir nun zu Einschränkungen gezwungen sein – sozusagen auf Expansion verzichten –, oder sollten wir hartnäckig die Vorwärtsentwicklung weiter verfolgen und dabei Gefahr laufen, in ernste finanzielle Schwierigkeiten zu geraten?

Jedes Jahr setzten wir *im voraus* unsere Ministerien von unseren wachsenden Schwierigkeiten in Kenntnis. Diese Warnungen blieben ohne Widerhall.

»Erhöhen Sie die Ziffern Ihrer Einnahmen!«

»Sie können nicht höher liegen. Unser Rentabilitäts-Durchschnitt liegt jetzt bei 75%. Das ist ein Maximum für ein alternierendes Repertoiretheater.«

»Dann reduzieren Sie Ihre Aktivität!«

»Das wäre bedauerlich. Unser Instrument verlangt im Gegenteil nach maximalem Einsatz.«

Das Problem wurde unlösbar. So irrte ich weiter allein durch das Labyrinth von Verwaltung und Finanzen.

Während dieser dritten Periode am Théâtre de France mußte ich eine tiefe Enttäuschung einstecken mit ›Heinrich VI.‹, erlebte ich aber zwei große Befriedigungen mit ›La Tentation de Saint Antoine‹ und dem ›Saint-Exupéry‹-Abend und einen Sieg mit der Wiederaufnahme von ›Goldhaupt‹.

›Heinrich VI.‹

Dieses Werk von Shakespeare liebe ich besonders. Es ist ein Jugendwerk, alle Themen des Dichters sind hier bereits gestellt. Ein überladenes Stück, das den Übergang vom Mittelalter zur Renaissance vollzieht. Der ganze Shakespeare steckt darin.

›Heinrich VI.‹ wollte ich in ähnlicher Weise wie den ›Seidenen Schuh‹ und die ›Orestie‹ behandeln. Ich arbeitete die drei Teile zu einer vierstündigen Aufführung um. Bühnenbild von Acquart. Kostüme von Marie-Hélène Dasté. Musik von Miroglio. Von einigen Zugeständnissen abgesehen, die ich besser gestrichen hätte (»Gefräßigkeit« war immer meine schwache Seite), war ich befriedigt von dem Ergebnis.
Ich benutzte zum ersten Mal Auftrittsrampen quer durch den Zuschauersaal. Und Simultan-Schauplätze. Das Ensemble mischte sich unters Publikum. Ich trieb den von mir erstrebten Stil – Theater im Werden – weiter voran denn je.
Es gab einige sehr starke Momente. Ich war überzeugt, gewisse Ideen – keine neuen, aber solche, die mir zwanzig Jahre lang vorgeschwebt hatten – beweisen und erhärten zu können. Wir waren glücklich mit dieser Arbeit, die eine enorme Anstrengung verlangte, und wir waren voller Hoffnung.
Das Stück ist ein typisches Produkt der Renaissance. Im Verlauf dieses Abends wechselten wir vom mittelalterlichen Hexenglauben (der Jeanne d'Arc-Sequenz) zum volkstümlichen Elisabethanischen Theater (der Jack Cade-Sequenz), um schließlich über seine grausame Variante (der York-Sequenz) da zu münden, wo »das Monstrum«, Richard III., geboren wird.
Die Summe eines menschlichen, sich erneuernden Zyklus'!
Wir ernteten nichts als Kränkungen und derbe Verweise. Die Kritik verriß die Aufführung. Das beeinflußte Publikum zeigte sich gleichgültig. Ich war tief getroffen. Einige Kameraden begannen mich damals wie zur Zeit von ›Belagerungszustand‹ anzusehen. Diese bittere Erinnerung ist mir bis heute geblieben. Dabei hatte ich bei ›Belagerungszustand‹ gewisse Schwierigkeiten, die sich für Camus und mich ergaben, begriffen. In diesem Fall, bei ›Heinrich VI.‹, begriff ich überhaupt nichts mehr. Ich bin nach wie vor der Meinung, daß diese Inszenierung, trotz einiger nicht ganz gelöster Passagen, zum Besten gehört, was ich geben kann.
Man verliert das Vertrauen. Wenn unsere Empfindungen die gleichen und unsere Antriebe unverändert heftig bleiben und unsere Vorstellungen so klar sind wie eh und je, dann fragt man sich, ob sich nicht vielleicht die Fähigkeit der Realisierung verändert hat. Nicht begreifen ist entsetzlich.

›Die Versuchung des Heiligen Antonius‹

Schon seit langer Zeit versuchte ich, Maurice Béjart, den ich sehr bewundere, an mein Theater zu ziehen. Béjart ist über den Weg des Tanzes zu einem großen Theatermann geworden. Ich machte ihm mein Angebot und er sagte mir:

»Seit meiner Jugend möchte ich einen Traum verwirklichen, aber das werden Sie unmöglich akzeptieren.«

»Nun, sagen können Sie es ja.«

»Ich möchte ›Die Versuchung des Heiligen Antonius‹ von Flaubert fürs Theater adaptieren.«

»Das trifft sich gut, ich auch, seit zwanzig Jahren! Ich habe sogar ein paar Entwürfe gemacht. Machen Sie es doch bei uns.«

»Würden Sie den Antonius spielen?«

»Und ob, ja! Unter Ihrer Regie! Ich werde wie ein Schüler arbeiten, das verspreche ich Ihnen.«

Ich sagte es bereits mehrmals – ich stelle mich gern selbst in Frage, lasse mich gern mal gründlich »überholen« von Künstlern, an die ich glaube.

Von den ersten Probenminuten an hatte ich vollkommenes Vertrauen. Im allgemeinen mag ein Autofahrer es nicht gern, wenn ein anderer an seinem Steuer ist, man sitzt daneben und macht unwillkürlich alle Gesten des Chauffeurs mit, man bremst und kuppelt. Diese Reflexe hörten bei der Arbeit mit Béjart sofort auf. Alles, was er spürte, verspürte ich auch. Ich brauchte mich also nur mit meiner Rolle zu beschäftigen.

Unterstützt von Wogenskys und Martha Pans Bühnenbildern, von Germinal Casados Kostümen und den musikalischen Arrangements von Pierre Henry vollbrachte Béjart eine großartige Leistung.

Der Erfolg war beachtlich und meine Freude ungetrübt.

In meiner eigenen Kunst kenne ich nur Entrüstung und Zorn. Entrüstung, wenn eine Aufführung, mit der ich unzufrieden bin, gelobt wird; Zorn, wenn ein Kollege mir mit einem guten Einfall zuvorgekommen ist, an den ich selbst nicht dachte, das heißt also, Zorn gegen mich selbst.

Im Fall von Béjart empfand ich nur Begeisterung und Freude; er realisierte, was ich liebte, er trieb das Theater voran in die Richtung, die ich wollte, er bestätigte das, worauf ich meine Hoffnung setzte. Ich konnte einfach glücklich darüber sein. Und ich war es auch. Béjart war Flaubert treu geblieben, wußte aber die durch das Thema gestellten Fallen zu vermeiden: Man durfte sich nicht durch eine

ungezügelte Phantasie zu rein dekorativem Überschwang hinreißen lassen, sondern mußte sich im Gegenteil zwingen, diese halluzinierende Poesie streng in eine abstrakte Quintessenz umzusetzen. Ein Satz bei Flaubert liefert den Schlüssel: »Nicht die Perlen machen das Collier, sonder der Faden.« Das war Béjart gelungen. Durch eine bemerkenswert sichere Auswahl der Mittel verstand er es, mit großer Reinheit, allein durch die Bewegungen von Menschen im Raum, jenen Faden aufzuspulen, den Flaubert mit den Mitteln eines Schriftstellers gesponnen hatte.
Die Rolle des Heiligen Antonius war mein Hamlet mit fünfzig Jahren. Ich würde ihn gern wieder spielen. Aber was ist in unserer Epoche schon von Bestand? Wie kranke Leute mögen wir nur noch die Abwechslung.
Die Spielzeit 1967 lief auf vollen Touren. Erwähnen wir neben Béjart noch Lavelli, dem mit ›Medea‹ von Seneca eine perfekte Inszenierung gelang. Casarès war großartig in der Titelrolle. Edwige Feuillère, Madeleine, Simone Valère und Claude Dauphin feierten Triumphe in Edward Albees ›Empfindliches Gleichgewicht‹.
Schließlich produzierte ich für meine *Sammlung* ›Connaissance‹ einen Abend ›Saint-Exupéry‹.

Saint-Exupéry

In Kanada wurde in diesem Jahr eine große internationale Ausstellung unter dem Titel »Terre des Hommes« organisiert. Zu diesem Anlaß lieferte ich einen Beitrag über Saint-Exupérys menschliches Abenteuer.
Dieses Spektakel zur Eröffnung des Theaters am Platz der Künste in Montréal – eine Gemeinschaftsproduktion mit unseren kanadischen Kollegen – war fürs Petit Odéon gedacht. Dort liefen inzwischen die beiden Stücke von Nathalie Sarraute. Tatsächlich spielten wir den Saint-Exupéry zuerst in Paris (im Februar 1967) ein und debütierten am 1. Mai damit in Montréal.
Dank der Zuvorkommenheit von Air France konnte ich unseren kanadischen Freunden ganze Arme voll Maiglöckchen mitbringen. ›Der kleine Prinz‹ überreichte sie ihnen als Glücksbringer auf der Bühne.*

* In Frankreich beschenken sich Freunde am 1. Mai mit Maiglöckchen (Anm. d. Ü.).

Ein Lebenszeichen. Zufällig machte ich den Flug Orly-Montréal mit Didier Daurat, dem Chef von Saint-Exupéry! Er erzählte mir während des Fluges von Mermoz, Guillaumet, von Saint-Exupéry. Wir saßen im Cockpit, und mir wurde klar, in welchem Grad die Familie der Piloten für uns Wanderschauspieler zur zweiten Familie geworden war. Dieses »theatralische« Abenteuer stimuliert mich immer noch mit überraschender Intensität. Welche Unterstützung! Welche Gemeinschaft ist unter Menschen möglich!
Die menschliche Lebensbahn ist wie eine Flugbahn. Ich hatte die Menschlichkeit Saint-Exupérys in ihrer Gesamtheit auf der Bühne dargestellt. Niemand spielte ihn leiblich, jeder Schauspieler behielt seine Persönlichkeit bei. Aber er war um uns; seine Gegenwart erfüllte den Raum, stellte die Bindung her. Wir waren jeder ein Teilstück von ihm. Eine solche szenische Aufgabe zu verwirklichen, ist sehr interessant. Für mich war es die ideale Einübung für mein Rabelais-Spektakel, an dem ich ständig arbeitete, so wie für den später folgenden Jarry.
Auf einer Seite der Bühne ›Der kleine Prinz‹, auf der anderen der Herrscher aus dem Wüstenstaat in der ›Zitadelle‹*. Zwischen diesen beiden sind drei Gruppen:
1. Die Frauen.
2. Die Verwaltung, die Generäle: die Passiven, die Unbeweglichen.
3. Die Piloten, die Bordmechaniker: die Aktiven.
Diese unterschiedlichen Aspekte des *Menschen* tragen wir alle in uns. Und so ging das Thema schließlich über den Einzelfall Saint-Exupéry hinaus. Der eigentliche Gegenstand des Abends war wirklich diese menschliche Lebensbahn.

Die sieben Lichtpferde

Stellen wir uns diese Lebensbahn einmal in einem anderen Bild vor: als werde ihre Spur von sieben Pferden in ihrem Lauf durch das irdische Licht gezogen.
Man wird als Kind geboren. Man stirbt als Kind. In der Zwischenzeit wird das Kind zum Mann. Und dieser Mann lebt ein Leben. Und dieses Leben beschreibt eine Bahn. Die Dauer des Flugs zählt nicht so sehr. Was zählt, ist die Dichte, die Perfektion der Reise.

* Deutsch auch: ›Die Stadt in der Wüste‹ (Anm. d. Ü.).

Der Mensch kann die Startpiste wählen, die Abflugstunde, die Fluggeschwindigkeit, die Zwischenlandungen, die Bedeutung des Flugs und sein Ziel, die Hindernisse bei der Landung. Ermahnung: erst zu landen, wenn das Ziel erreicht ist und nicht vorher! . . .

Und das ist die Lebensbahn eines Mannes:

Der springende Funke der Berufung.

Die Einführung in den Beruf.

Die Hinwendung zur Menschenliebe.

Die Zeit der Entwicklung.

Die individuelle Prüfung.

Die kollektive Prüfung.

Die Wandlung des eigenen Ich. (Die sich wiederholen kann.)

Dies sind die sieben Lichtpferde, die den Wagen unseres Lebens ziehen. Vorsicht! Das ist nicht etwa eine Reise über verschiedene Poststationen, wo die Pferde gewechselt werden, sondern eine ständige Vermehrung. Ist das erste Pferd einmal gewählt, kommen die anderen hinzu, und weiter geht der Lauf im gleichzeitigen Galopp.

Die Berufung zum Beispiel muß in uns jeden Morgen wie ein Funke neu entspringen bis an das Ende unseres Lebens; sonst bricht alles übrige zusammen.

Und wie sollte man, wenn man sich nicht mehr mit seinem Beruf identifiziert, fortfahren können, sich dem Leben und den Menschen zuzuwenden, wie das Verlangen nach »Erweiterung des Selbst« verspüren? Und wenn dies Verlangen erlischt, wie sollte man das Leid kennenlernen, ohne das man sein »Selbst« nicht zu wandeln vermag?

Sieben galoppierende Pferde gleichzeitig zu beherrschen, das ist zweifellos keine Kleinigkeit. Es sei denn, daß es ganz einfach ist . . .

Die Berufung

Das Kind lernt das Leben kennen. Es lernt seine Eltern, Freunde, das Lernen, Bücher, Spiele kennen. Als junger Mann lernt er Berufe, Abenteuer, Illusion, Verzweiflung, Träume kennen. Er setzt sich damit auseinander, er *reibt* sich an allem – und plötzlich entspringt ein Funke daraus. Er entflammt sich: Die Berufung gewinnt Gestalt, und der *Trieb* erwacht. Das ist das erste Pferd: jung, feurig, jungfräulich.

Der Beruf

Der Beruf wird den Trieb in Liebe verwandeln, wenn der Beruf nicht zur Last werden soll.
Man verbindet sich mit seinem Beruf, wie man sich mit einer Frau verbindet. Das Verhältnis zum Beruf ist ein sinnliches.
Es ist also wichtig, sich mit ihm zu identifizieren, in ihm aufzugehen, zu ihm selbst zu werden. Worauf der Beruf sich richtet, ist erst in zweiter Linie von Bedeutung. Der Beruf hat einen Wert an sich.
Einen Beruf saugt man in sich auf.
Dank seines Berufs kann der Mensch über sein Leben hinaus weiterleben, durch das, was er geschaffen hat; so wie er über sein Leben hinaus in seinen Kindern weiterlebt.
Und schließlich garantiert der Beruf dem Menschen seine Menschenwürde.
Der Beruf ist es, der uns mit den Dingen verbindet. Dieses zweite Pferd, der Beruf, ist die *Bindung*.
Alle Menschen sind durch ihren Beruf gleich. Sie haben Umgang miteinander, sie tauschen aus, sie teilen. Stellt sich zu der beruflichen Bindung der Trieb ein, kommt es zum *Austausch* – das dritte Pferd gesellt sich nun zu den anderen. Das ist die *Begeisterung*.

Das Mehr-sein

Das Bewußtsein der Einsamkeit indessen, die widernatürliche Vorstellung vom Fall des Menschen und die Angst vor dem Tode sind wie drei Nägel in unser Dasein getrieben, und unser glühender Eifer ist der unendlichen Fähigkeit zu trauern eng benachbart.

> *»Wir Männer treten groß auf, aber im Innern unseres Herzens kennen wir Zögern, Zweifel und Kummer«* (Saint-Exupéry).

Damit wir der Angst entkommen und den Kopf über Wasser behalten, sind wir von einer Art Leidenschaft befeuert, die größer ist als man selbst. Das hat etwas von Aufbegehren. Und doch ist Selbsterhaltungstrieb die einzige Ursache: Auflehnung gegen Einsamkeit, gegen den Sturz, gegen den Tod.
Allem Anschein zum Trotz entspringt dies Verlangen, sich selbst zu übersteigen, nicht der Lust an der Gefahr, sondern im Gegenteil, dem Wunsch, dem Tod zu entrinnen.

Vom Ereignis gepackt, denkt der Mensch nicht an den Schrecken. Nur das Unbekannte entsetzt ihn; so schafft der Mensch das Ereignis. Und wenn er das Hindernis überwindet, verwandelt er die Welt und wird zum Samen. Daran wächst er.
Nicht aus Liebe zum Tod, sondern aus Liebe zum Leben nimmt er ein Risiko auf sich.
Allein die Unbeweglichkeit bedeutet Tod.
Das Feuer des Prometheus bedeutet Liebe zum Leben.
Zum Trieb, zur Bindung, zur Begeisterung gesellt sich das Pferd des *Feuers,* das die anderen anführt.
Die Lebensbahn des Mannes erreicht ihren Höhepunkt, die Zeit der Prüfungen ist nah . . .

Individuelle Prüfung

Bis hierher, kann man sagen, ging alles gut. Aber außerhalb von uns liegt etwas auf der Lauer.
Allzu zuversichtlich, wie wir sind, ziehen wir unsere schwachen Stellen nicht immer in Betracht. So kommt es zum ersten Sturz.
Da liegen wir und strecken alle vier Hufe zum Himmel.
Der Geist des Todes überkommt uns, aber brennt nicht in einer Ecke eine kleine Flamme weiter? Das Leben, fast auf ein Nichts vermindert? Und da – schlagen neue Flammen aus der Asche. Die härteste Prüfung der Verzweiflung bewirkt eine Stärkung des Glaubens.
Verzweiflung reinigt. Am Kreuzweg aller Tode hat unser inneres Wesen in plötzlichem Schauder – wie jenes Zucken, das über die Haut des Pferdes läuft – den Weg des Lebens erkannt. Nur das echte, wirkliche Leid konnte diesen wundersamen Schauder bewirken. Diesen Anstoß, der »vielleicht« sagt, diese Kraft zum Warten: *die Hoffnung.*

Kollektive Prüfung

Ebenso wie der Mensch unvorbereitet und in vollem Lauf den Sturz erlebt, erfährt auch die Menschheit in einer Art Delirium, welches sich gegen sie selbst kehrt, Maßlosigkeit und Begierde. Welcher böse Einfluß treibt sie ins Unrecht, in Habsucht und Haß?
Warum greift der Mensch den Menschen an? Warum töten sie sich ge-

genseitig? Warum läßt er sich von der Raserei erfassen, andere zu unterdrücken, die einen verhungern, die anderen foltern zu lassen? Warum neigt er im Grunde mehr zur Zerstörung als zur Erhaltung?
Bei manchen geschieht es aus Verlorenheit und Angst.
Bei anderen aus Profitgier und Herrschsucht.
Wieder andere, die Schlimmsten vielleicht, geben Erklärungen dafür. Mit Hilfe von Logik, Vernunft und Intelligenz – schreibt man Geschichte.
Die »Auserwählten« senden Flüche, und andere wenden uns im Namen der Freiheit den Rücken zu und ergreifen die Flucht.
Jede Musik ist verstummt, und wir bleiben, von der Angst geduckt inmitten von Schutthaufen zurück, benommen vom Wort-Wind der »Prediger« und Doktoren; verwirrt vom Anarchismus derer, die sich nicht anzupassen wissen – und die davongehen und in jeder Hand eine besondere Verzweiflung tragen.
Das Bild der Menschheit ist im Grunde immer wieder das der Ruinen von Troja, der Asche von Oradour. Mit einem Prediger, der schilt, einem Philosophen, der erklärt, und einem Besessenen, der tobt ...
Doch wo ist der Mensch?
Und trotzdem, wenn man genau hinhört, ist er noch da im Chaos der verbrannten Erde, ein dünnes, zitterndes Häutchen, eine atmende Zelle. Immer wieder dieser kleine überdauernde Lichtschimmer. Dieses zuckende Leben, dieses bebende *Mitleid*, das mit-leiden bedeutet. Alles kann dann wieder von neuem beginnen.

Die Umwandlung des Ichs

Umwandlung – »Umtauschbarkeit« – ist, glaube ich, auch ein Ausdruck der Finanzwirtschaft. Das heißt, man hat praktisch zu sein, »mit den Füßen auf dem Boden« zu bleiben. Wenn man alles zerstört hat oder fast alles, muß man mit dem auskommen, was man hat.
Das Leiden hat es uns gelehrt. Dank ihm pulsiert das Leben wieder in uns und außerhalb von uns. Wenn nur noch das Leid übrigbliebe, müßte auch dies zu etwas dienen! Es hat den Reflex zum Leben ausgelöst, die Wiedergeburt angekündigt.
Zwar hat die Landschaft sich nicht geändert. Schutthaufen und immer noch Predigten, Reden, Agitation. Und um die Lebensfahrt des Menschen ist es nicht gerade zum besten bestellt. Der Wagen ist umgestürzt, die Pferde tummeln sich in allen Richtungen.

Was bleibt anderes zu tun, als wieder zu handeln, anzuspornen und die Zügel in die Hand zu nehmen?

Dafür braucht man nichts anderes zu tun, als die Arbeit wieder aufzunehmen, die Moral aufzurichten – und wiederzufinden, *was uns mit den Dingen verbindet.* Sollte das die Bedeutung des Wortes Religion sein? Pflanzt man einen Baum, beginnt er zu »arbeiten«. Man braucht ihm keineswegs im voraus zu versichern, daß er das zu seinem Vorteil tut. Hat er einmal die Wurzeln in der Erde, hat er auch Lust, sich die Säfte daraus zu holen. Später erst wird er den Sinn des Saugens entdecken, wenn ihm die Blätter sprießen.

Man sagt ja, Holz arbeitet. In diesem Sinne, meine ich, muß man wiederentdecken, was im Menschen »arbeitet«. In erster Linie gebe ich etwas, weil ich von Eifer beseelt, das heißt, von natürlicher Wärme bewohnt bin. Hier gerade liegt meine Chance: in meinem blinden Eifer, durch den ich eines Tages auch empfangen werde. Und das Empfangene wird mir helfen, noch mehr zu geben.

Zum Glück dient das Leiden – wie ein Haufen welker Blätter – als Dünger. Es bildet den Humus der »Wandlung«.

Sich selbst hingeben, um zu empfangen, Zwang zum Zweck der Freiheit, ein Schritt nach dem anderen ohne Sorge um die Länge der Wegstrecke, damit man noch weiter vordringen kann ... Immer dient der Baum als Vorbild, der tief in die Erde greift, um sich dann nach oben zu strecken.

Dann richtet sich die Gewißheit auf. Eine hartnäckige Gewißheit, jedoch gelöst von jeder unmittelbaren Zweckbestimmung.

Das Wichtigste ist jene Bindung, die uns mit allem vereint. Zuerst mit uns selbst, danach mit den anderen.

Das Individuum ist eine Welt für sich, wie einen Strauß muß man es »binden« und dann mit den anderen Sträußen zusammenbinden.

Die Dinge an sich zählen nicht; nicht mehr als die Dauer eines Menschenlebens.

Was zählt, ist die Bindung und die »fortschreitende Bewegung«, die verbindet.

Was zählt, ist weniger das Leben als die Funktion zu leben. Ohne Gier, aber glühend.

Was zählt, ist im Grunde weniger der Mensch als seine Lebensbahn. Wenn der Mensch verschwunden ist, wird das Gespann seiner Pferde noch bleiben als leuchtende, siebenfache Spur.

Der Trieb. Die Bindung. Die Begeisterung. Das Feuer. Die beiden Pferde des Leids: *Hoffnung* und *Barmherzigkeit;* und schließlich das siebente, das sich an die Spitze setzt: der *erneuerte Trieb.*

›Goldhaupt‹

Als ich anläßlich Saint-Exupéry das Drama der menschlichen Laufbahn nachzeichnete, ahnte ich nicht, daß die individuellen und kollektiven Prüfungen bald für uns eintreten würden.
Zu diesem Zeitpunkt fühlte ich mich eher durch das »feurige Pferd« beschwingt. Das Théâtre de France war seiner eigenen Bahn gefolgt ... und die führte nach oben. Im Zweigespann mit dem Theater der Nationen erreichte es seinen Höhepunkt.
Die Wiederaufnahme von ›Goldhaupt‹ war der schlagende Beweis dafür. Wieder mit Alain Cuny und Laurent Terzieff war es diesmal ein totaler Erfolg. Die Vorstellungen waren ausverkauft.
›Goldhaupt‹ brauchte neun Jahre, um sich durchzusetzen.* Die Spielzeit endete im April 1968 in einer Art »Apotheose«. Unser Gespann – der »König mit goldener Mähne« hielt ihm die Zügel – sauste dahin, sieben Pferde des Lichts, das feurige an der Spitze.

»Und die anderen, das Auge zu ihm gewendet,
Laufen Seite an Seite mit ihm, liebkosen ihn,
der sie alle miteinander verbindet« (Goldhaupt).

Ich ahnte nicht, daß einige Tage danach ...

Um die Saison »in Schönheit« zu beenden, begaben wir uns wieder einmal nach London zu einem dreiwöchigen Aufenthalt. Ich nahm »meinen Rabelais« im Rucksack mit, es war jetzt schon die dritte Version, an der ich arbeitete. Ich hatte fest vor, ihn drüben, im lieblichen, englischen Frühling zu Ende zu bringen.

* Was sage ich – neun Jahre? Das Werk wurde 1889 geschrieben! Das waren siebzig Jahre. Das nenne ich Avantgarde!

PAUSE DER FREUNDSCHAFT: LONDON

London liebe ich ganz besonders. Wegen Shakespeare, wegen meiner Freunde, wegen der unvergeßlichen Erinnerungen, die wir immer von dort mitnahmen? Ich liebe London. Das Gewimmel in der City, seine mysteriösen Viertel, seine kleinen Straßen mit den »mews«, die Freiheit, die man sozusagen im Urzustand atmet, die Höflichkeit im menschlichen Umgang, die niedrigen Häuser, seine Kolonnaden, die das menschliche Maß nicht übersteigen, die Gelassenheit der Passanten, die Hundeliebe der Leute dort, die Pferde, die sich tummeln, die Taxis »in Uniform«, die Autobusse, die Spielzeugen gleichen, die Zinnsoldaten rund um den Buckingham-Palast, die Enten im Green Park, die Gerüche von Covent Garden, Soho, die Hippies von King's Road, die Boutiquen in der Bond Street; seine Nächte, seine Nebel, seine gedämpfte Sonne, die Vorort-Cottages, die kleinen Gärtchen, die Frühlingsblumen, die riesigen Baumgruppen: Ulmen, Eichen und Platanen, »elms, oaks and plane-trees« – und von allem, wenn der Tag sich neigt, die ganze Stadt, die ins Theater geht.

Hier gibt es keine Theater, wo man, wenn es hoch kommt, zur Unterhaltung hingeht – in London ist der Theaterbesuch eine kongeniale Kollektivhandlung. Das Theater gehört zum Alltag, daran haben auch die fünf Fernsehprogramme nichts ändern können. Wenn die Nacht anbricht in London, kommt das Theater zu seinem Recht.

Ich hätte gerne meinem Leben eine »englische Periode« eingefügt.

Gleich nach dem Krieg, 1945, kam Laurence Olivier nach Paris, um in der Comédie-Française ›Richard III.‹ zu spielen. Sein Triumph ist bekannt, er war unerhört. In meinen Augen stellt er den Idealfall eines Schauspielers dar: durch seine Erscheinung, seine Präsenz, seine Stimme, seine Diktion, sein Talent, seinen Sinn für Humor, seinen unwiderstehlichen Charme, seine Vorliebe für Komposition. In ihm hatten wir die Perfektion vor uns.

Zwischen ihm und mir kam es beim ersten Kontakt gleich zu einer echten Begegnung.

Kurze Zeit darauf gingen wir nach London, um ihn im Old Vic zu bewundern als Heinrich IV., als König Ödipus und in ›Der Kritiker‹ von Sheridan. Es spielten auch Gielgud, Richardson – es war ein goldenes Zeitalter des englischen Theaters.

1946 kam er wieder nach Paris. Warum? Um ›Hamlet‹ auf französisch zu sehen! Er bereitete seinen Film vor. Ein neuerlicher Kontakt, unsere Freundschaft nahm Gestalt an.
1948 hatte ich die Ehre, in Edinburgh den ›Hamlet‹ zu spielen, ebenfalls in der Gide-Übersetzung. Im Kino gegenüber lief ein Film mit Laurence Olivier: ›Hamlet‹!
Unsere Bindung vertiefte sich noch mehr.
1951 standen Vivien Leigh und Laurence Olivier im Zenit ihres Ruhmes; sie hatten die Direktion dieses zauberhaften Theaters, des Saint James', das inzwischen von ein paar Industriellen in niederträchtigerweise abgerissen wurde. Wir wurden eingeladen, mit unseren Aufführungen zu gastieren. »They will eat you!« prophezeiten sie uns.
Vivien und Larry bildeten ein großartiges Paar. Von ihnen in London eingeführt, lernten wir ein Publikum kennen, das eines der besten der Welt ist; es besitzt Spontaneität, eine echte Kindlichkeit, Offenheit, menschliche Wärme. Das hindert es nicht, gelegentlich unverblümt seine Meinung zu äußern. Man kann aber »dagegen« sein und höflich bleiben. Persönlicher Geschmack ist nicht unvereinbar mit menschlichem Respekt, im Gegenteil.
Ich habe mir einen »stool«* als Talisman und zur Erinnerung an dieses erste Gastspiel mitgebracht.
Von da an besuchten wir regelmäßig unsere Freunde überm Kanal. Wir gastierten nach dem Saint James' Theatre im Palace, dann dreimal im charmanten Aldwych unter den Auspizien unserer Freunde Molly und Peter Daubeny; schließlich 1969 im Old Vic mit Rabelais!
Ich mag sehr gern den Garrick-Club und bedauere es, daß Paris einen solchen Treffpunkt nicht kennt. Es heißt, die Engländer seien für den Handel begabt; ich, ich liebe ihren »Handel mit Menschen«, im alten Wortsinn. Nie und nirgends habe ich ein so gelungenes Spiel der Demokratie erlebt wie in diesem Königreich.
Was das anbetrifft: Mein Gauklerherz war stolz und gerührt zugleich, als ich die junge Königin Elisabeth kennenlernen durfte. Ich glaube anläßlich unseres zweiten Besuchs wurde ich gebeten, eine kleine Pantomime für die königlichen Kinder zu spielen, für Charles und Anne. Die waren damals noch ganz klein. Als Ort der Vorstellung wählte man das Privathaus eines Vetters Ihrer Majestät: Sie fand

* Kleiner hölzerner Klappstuhl, den die Zuschauer benutzen, wenn sie am Theatereingang Schlange stehen. Ein erstes Spektakel bieten ihnen freie Schauspieler, die, als Clowns geschminkt, hier für sie auftreten.

nachmittags statt – »tea-time«. Madeleine und Pierre Bertin begleiteten mich. Bertin, hundertprozentig musikalisch, sollte die Klavierbegleitung übernehmen. Nur eines hatte man mir empfohlen, den Kindern keine Angst zu machen. – Es waren noch andere Kinder eingeladen, im ganzen etwa fünfzehn.
Die Königin kommt an mit ihren beiden Kleinen. Wir werden Ihrer Majestät vorgestellt. Die ersten Minuten ist man sehr eingeschüchtert. Ich muß sagen, von beiden Seiten. Diese junge und reizvolle Frau mit den schönen blauen Augen, dem frischen Teint und den schönen Schultern ist also die Königin von England? Nach einer halben Stunde ist sie auf meiner Wellenlänge. Die schelmisch blickende Anne setzt sich brav auf einen Stuhl. Charles schmiegt sich zwischen die Knie seiner Mutter.
Ich fange an: das Pferd, Schwimmen, die Jagd, Angeln, auf einen Baum steigen, eine Frucht pflücken und sie essen usw.
»Welche Frucht hat er gegessen?« will Prinz Charles wissen.
»Einen Apfel . . . einen eingebildeten, natürlich.«
Dann esse ich für ihn eine Banane, eine Birne, eine reife Frucht, eine gezuckerte. Anne und Charles möchten nun auch das Pferd mimen. Ich zeige ihnen, wie man es macht. Die anderen Kinder ahmen sie nach. Und ich bin nicht sicher, daß es die Erwachsenen nicht auch tun. Niemand kennt das Pferd besser als die Königin. Die Kindheit – die ewige Kindheit – hat uns wieder.
Nun ist Teezeit. Zwei Tische sind gedeckt, einer für die Kinder, einer für die Erwachsenen. Ich sitze zur Rechten der Königin, das heißt, das Protokoll fällt weg. Am andern Tisch bombardiert Charles seine kleinen Freunde mit Papierkugeln; Gelächter und Lärm. Die Königin sagt liebevoll: »Charles, be quiet.« Das Familienleben kann weitergehen. Wir »fachsimpeln«. So ein Feenmärchen kann nur »Komödianten« passieren. Der König und sein Narr. Ich denke an jene guten Freunde der Könige, an Shakespeares Narren.
Ihre Majestät wird allmählich zum jungen Mädchen. Ihre Menschlichkeit kennt jetzt keine Schranken. Das Gesicht entspannt sich. Sie beglückt uns mit ihrer Ungekünsteltheit, ihren Einfällen. Sie spricht vom wirklichen Gewicht der englischen Krone, die schwer zu tragen ist! Ich glaube es ihr nur zu gerne. Sie beschreibt die Proben zu ihrer »Krönung«, die Nöte am Krönungstag. Sie hatte ohne Teppich geprobt. Am Tag der Zeremonie war der Teppich gegen den Strich gespannt. Sie glaubte, die Schleppe nicht darüber ziehen zu können. Sie zwingt sich zum Voranschreiten. Gerade in diesem Moment tritt ein junges Mädchen auf die Schleppe. Niemand bemerkt

etwas. Sie setzt ihren triumphalen Gang fort ... den wir in Paris auf dem Fernsehschirm verfolgten, als sei es unsere Königin.
»Wissen Sie, warum Georg V. immer seine Reden auswendig lernte?« sagt sie zu mir. »Weil er ohne Brille nicht lesen konnte, und wenn er sie aufgesetzt hätte, wäre die Krone verrutscht!«
Sie lacht wie ein junges Mädchen. Sie bezaubert uns durch soviel Einfachheit und frische Heiterkeit. Mein Respekt wandelt sich zu respektvoller Zuneigung.
Die Zeit verrann, wir saßen da und plauderten schon bald drei Stunden lang (was für eine Audienz!), und bald hatten wir Vorstellung. Wir konnten weder etwas sagen noch einfach aufbrechen. Plötzlich rief sie:
»Oh! Ich muß ja gehen und mich umziehen. Ich habe auch Vorstellung heute abend. Ich präsidiere das Bankett der Royal Navy!«
Wir trennten uns, und jeder ging »seine Rolle spielen«, wie Shakespeare sagt. Könige und »strolling players«!
Seit damals ließ sie nie eine Gelegenheit verstreichen, um uns ihre Sympathie zu bezeugen. Ich erwähnte bereits, wie gut ihr ›Amélie‹ gefallen hatte.
Ein anderes Mal hatte sie unsere Premiere von ›Andromache‹ mit ihrer Gegenwart beehrt. Ich spielte den Orest. Im Augenblick meines Auftritts verfängt sich ein Statist in meinem Umhang. Kurze Pause – ich trete nochmals auf.
Am Abend beim Souper in der Botschaft sagt sie mir, wieder mit ihrem vergnügten Lächeln:
»Heute ist Ihnen dasselbe wie mir passiert. Jemand hat Ihnen auf die Schleppe getreten!«
Das nenne ich ein königliches Gedächtnis.

Während der Saison 1957-58 bat mich Vivien Leigh, in London ›Duel of Angels‹, mit anderen Worten ›Für Lukrezia‹ von Giraudoux in der Übersetzung von Christopher Fry zu inszenieren. Sie spielte die Rolle von Edwige Feuillère.
Es war eine wunderbare Arbeit. Ich kam den englischen Schauspielern nahe, und ihr Naturell mag ich sehr. So wie die französischen Schauspieler, ohne es zu wollen, einen Molièrschen Atavismus in sich tragen, so lassen die englischen Schauspieler immer mehr oder weniger an den Hof einer Elisabethanischen Herberge denken. Sie »riechen« mehr nach Mensch als nach Schminke.
Vivien Leighs Gesicht! ... Die hübscheste Nase auf der Welt, ein geistreiches Kinn, herbe Frucht des Mundes, der Körper geschmeidig

wie ein Raubtier, ihr Katzenblick . . . was für eine Person! Und wie gut wir uns verstanden! – Etwas in ihr erstaunte mich: Sie arbeitete ihre Rolle und haßte sie zugleich – als Figur im Stück. Sie griff Paola an. Sie suchte unentwegt nach Gründen, sie nicht zu lieben. Ich mußte also für Paola plädieren – sie gestaltete sie auf eine Weise, die Antipathie hervorrief. Erst als sie sämtliche Gründe, die Figur zu hassen, erschöpft hatte, bewältigte sie die Rolle, in der sie nicht mehr nur zur »Katze«, sondern zum Panther geworden war. Als ich einige Jahre später im Radio ihren Tod erfuhr, wollte ich nicht glauben, daß ein so fesselndes Geschöpf, schön, unwiderstehlich wie der diabolischste aller Engel hatte hinscheiden können . . . Madeleine und ich waren sehr schmerzlich davon betroffen.
Ihrem Wunsch entsprechend wurde sie eingeäschert und ihre Asche im Park ihrer Besitzung verstreut. Die Besitzung ist verkauft worden – von ihr bleibt nichts mehr als die lebendige Erinnerung, die viele von uns an sie bewahren.

April 1968 – wieder einmal sind wir in *unserem* London. Wieder einmal Gastspiel im Aldwych Theatre. Und wiederum unter der Protektion des französischen Botschafters Geoffroy de Courcel und seiner uns herzlich beistehenden Gattin.
Ich bin schon als Aufklärer vorausgegangen. Vortrag in Oxford. Vortrag über Claudel im Institut Français. Auf unserem Programm: ›Mittagswende‹, ›Man muß durch Wolken gehn‹ und ›Barbier von Sevilla‹.
Dieses Gastspiel verlief wieder einmal ruhmreich – durch die Freundschaft *unseres* Londoner Publikums. Unsere Nächte dehnten wir aus in den Hippie-Vierteln Chelsea, »Arts Lab«, in Drury Lane. Ich erinnere mich besonders an ein unwahrscheinliches Lokal in Queen's Road: »Middle Earth«, mitten zwischen den Gemüsebergen von Covent Garden.
Bei Shakespeare, besonders in ›Heinrich IV.‹, hat mich die Lebenshaltung des *Prinzen von Wales* immer beeindruckt. Als junger Mann lebt er mit den Schelmen, verkehrt in wüsten Spelunken zusammen mit Freund Falstaff, mischt sich unters Volk, lernt es sozusagen von innen, von unten kennen. Und plötzlich, wenn er König wird, wirft er sein bisheriges Leben ab, um jetzt sein Volk von oben, als Souverain zu beherrschen.
Mir scheint, jeder Engländer hat so einen »Prinz von Wales-Komplex«.
Als Student kleidet er sich verkommen, treibt sich in den üblen

Vierteln herum, rennt sich die Hörner nicht nur in Freiheit ab, sondern in Anarchie. Er treibt sich seine »Schurkerei« aus, die genauso sympathisch ist wie die von Falstaffs Kumpanen. Plötzlich, wenn er erwachsen wird, vergißt er alles, beschließt er, für sich selbst verantwortlich zu sein, ein König in seinem Königreich. Keinerlei Reue, einfach nur Veränderung. Das einzige Risiko ist jetzt für ihn, daß er »blutleer« werden könnte. – Wir Franzosen machen – Erbe des bürgerlichen 19. Jahrhunderts – eine viel strengere Erziehung durch, die unsere Jugend zu erdrücken droht; dann werden wir zu Erwachsenen, die verdrängte Kinder sind.

Am 11. Mai 1968 kamen wir – nach dieser erneuten Woge von Freundschaft – nach Paris zurück. In London hatte ich neben den Aufführungen fanatisch gearbeitet und das Wort »Ende« hinter die dritte Rabelais-Version setzen können. Ich war längst nicht fertig mit England, ich möchte nie damit fertig werden ... Als wir jedoch in Orly landeten, erwarteten uns einige Ereignisse.

MAI 68 – KOLLEKTIVE PRÜFUNG INDIVIDUELLE PRÜFUNG

Alle Menschen sind sich im Reden gleich, nur die Handlungen zeigen die Unterschiede (Molière).

Und wer weiß, ob eure Gesetze den Toten heilig sind (Antigone zu Kreon).

Nun sind wir also am »heißen Punkt« angelangt.

Die sogenannten »Mai-Ereignisse« beschäftigen die öffentliche Meinung bis zum heutigen Tag. Die Menschen wurden von ihnen überrascht, sie haben Angst dabei empfunden und sich die möglichen Reaktionen vorgestellt. Wie weit die Folgen reichen, wissen sie immer noch nicht.

Es handelt sich nicht um eine französische Angelegenheit, sondern um ein universales Phänomen. Damals im Mai schlug der Blitz in Paris ein, das war alles. Das Gewitter, scheint mir, kam von weit her, und es zieht immer noch um die Welt. Ich glaube gelinde gesagt nicht, daß es vorüber ist . . .

Ich hatte kurze Zeit vorher zwei ankündigende Zeichen erlebt.

Während der Spielzeit 1967/68 hatten wir uns für unsere Gratisvorstellungen am Dienstag einen Abend über Beatnik-Dichtung ausgedacht.

Ich hatte den Eindruck, daß diese Bewegung nicht unvermittelt entstanden, sondern vielmehr das Ergebnis einer konsequenten Entwicklung war, deren Ursprung auf die surrealistische Bewegung vor dem Krieg zurückging. Auf unterschwellige Weise erkannte ich mich selbst darin wieder.

Das Programm des Abends fand ich gut zusammengestellt; einige Künstler hatten freundlicherweise ihre Beteiligung angeboten.* Vielleicht wäre es unsererseits geschickter gewesen, nicht mitzumachen. Man weiß nie genau, welches Bild sich die anderen von einem machen.

In meinem etwas naiven Kopf war die Truppe des Théâtre de France nicht anders als die von ›Als ich im Sterben lag‹, und ich fühlte mich der Zeit nicht fern, als wir mit André Breton Texte von Brisset und Robert Desnos lasen und an den Séancen für »écriture automatique« teilnahmen.

* Andrews; ›Soft Machine‹.

Schon zweimal hatte ich das Living Theatre im Rahmen des Theaters der Nationen eingeladen (›The Brig‹ und ›Mysteries‹). Unsere Beziehungen waren ausgezeichnet. Wir waren Freunde, und durch ihre spontanen Reaktionen fühlte ich mich ganz natürlich als einer der ihren. Ich dachte, ich sei akzeptiert.

Die »Jungen« müssen uns in einem anderen Licht gesehen haben. Ich sollte erfahren, was »Konflikt der Generationen« bedeutet; er entsteht nicht unbedingt aus der Haltung der Älteren, sondern auch aus der Ablehnung der Jüngeren. Immerhin, so wie die Dinge lagen, hatte ich Grund zu hoffen und zufrieden zu sein; ich nahm an einer Zusammenkunft teil, die für mein Empfinden unter dem Zeichen gemeinsamen Denkens, ja, einer gemeinsamen Entrüstung und solidarischen Protestes stand ... das amtliche Alter zählte da nicht. Und ich verhielt mich tatsächlich wie ein Kind!

Der Saal war brechend voll, das Odéon platzte aus den Nähten. Auf der Bühne soviel lange Haare wie im Publikum. Immer noch naiv, kam es mir vor, als wären wir zusammengekommen, ein Fest zu feiern.

Zur vorgesehenen Stunde begann die »Manif«* – das Startzeichen gab ausgerechnet ein Schauspieler vom Living Theatre. Mit Ausnahme der Leute, die das vorbereitet hatten, verstanden die anderen, oben auf der Bühne und unten im Saal, nicht viel von den Vorgängen.

Was den Abend selbst betraf, war an ihm, glaube ich, nichts auszusetzen. Wenn unser Vorhaben den betreffenden Leuten in die falsche Kehle kam, hätte uns zweierlei passieren müssen:

1. die Teilnehmer hätten abgelehnt,
2. das »junge« Publikum hätte den Abend boykottiert, und er hätte gar nicht erst stattgefunden.

Nichts dergleichen geschah. Es war also eine vorsätzliche Taktik. Man stimmt zu, läßt die Sache organisieren, die dann eine Gelegenheit ist, Unruhe zu stiften. Ich entdeckte hier eine Methode, die mir neu war und nur politisch orientiert sein konnte. Das hatte überhaupt nichts mit Theater zu tun.

Ich behielt einen widerlichen, ziemlich unangenehmen Eindruck davon zurück. Meine Aufrichtigkeit hatte überrascht. Tatsächlich hatte man sich darüber lustig gemacht ... Ich war darüber eher traurig als beleidigt. Aufrichtigkeit liegt immer nahe bei Lächerlichkeit. Nur Unaufrichtige laufen nie diese Gefahr.

* Manifestation (Anm. d. Ü).

Einige Monate später, genau am 19. April 1968, hatte Jack Lang, Direktor des Nancy-Festivals, mit dem ich befreundet bin, mich gebeten, das heißt uns: Cuny, Terzieff, Jorris, Madeleine, Vimes und mich, Auszüge aus ›Goldhaupt‹ zu spielen. Spontan hatten wir dieser brüderlichen Einladung zugesagt. Zweimal hatte ich schon die besten Studententheater ins Theater der Nationen eingeladen, die sich in Nancy beim Internationalen Festival des Studententheaters vorgestellt hatten.

Ich antworte immer auf alles, was zu Kontakt, Kommunikation, Austausch führen kann. Daß eine junge Generation Lust hat, den Schrei der Revolte zu hören, den einst ein junger Dichter von einundzwanzig Jahren ausgestoßen hat – das schien mir normal und erfreulich. ›Goldhaupt‹ von Claudel hat nichts mit seiner ›Vierge à midi‹ gemein, die im übrigen ein unerhörtes Gedicht ist, genauso vollkommen wie Musik von Bach.

Der Abend begann mit einem Vortrag von Jack Lang über Geld und politisches Theater. Dann gab ich einen Überblick, um ›Goldhaupt‹ zu situieren und die Einführung in unsere Auswahl. Das verlief gut. Daraufhin erfüllten die Kollegen ihre Aufgabe mit Hingabe und Erfolg.

Um zweiundzwanzig Uhr fünfzehn begann die Diskussion. Zuschauerraum und Bühne wurden mit methodischen Provokationen und gewaltsamem Auftritt von politischen Agitatoren überflutet. Man warf Claudel Mitschuld am Tod Martin Luther Kings vor usw. Nach einer Stunde kam es schließlich zu Handgreiflichkeiten. Haß griff um sich und setzte sich auf der Straße fort. Um ein Uhr dreißig früh fiel ich niedergeschlagen auf mein Hotelbett.

Ich war zum zweiten Mal in eine Falle gegangen. Ich behielt den unangenehmen Eindruck zurück: Etwas, was ich nicht verstand, was mir aber genau geplant schien, kam auch dieses Mal von außen ... wieder *von außen,* ich betone das mit Nachdruck.

Wir hatten in London von den sozialen Unruhen in Paris gehört. Auch von der darauffolgenden »irrtümlichen« polizeilichen Repression am 10. Mai in der rue Gay-Lussac.

Am 11. landen wir in Paris. Überall mehr oder weniger heftige Schlägereien, vor allem im Viertel um die Sorbonne. 30 000 aufständische Studenten, die Professoren haben sich solidarisch erklärt. Nach den Vorfällen in der rue Gay-Lussac war die öffentliche Meinung auf Seiten der Studenten.

Um sechzehn Uhr dreißig bin ich im Théâtre de France. Es ist Sams-

tag, das Theater der Nationen ist ausverkauft. Die diesjährige Spielzeit verspricht das Beste; das Bunraku, Japans berühmtes Puppen-Theater, triumphiert vor ausverkauften Sälen.
Wird es am 13. Generalstreik geben?
An diesem Tag hat die Ballett-Truppe Paul Taylor (USA) Premiere. Aber es ist Streik.
Die politische Agitation nimmt zu. Man spricht von extremistischen Gruppen, von Kulturrevolution. Charles de Gaulle, Präsident der Republik, ist in Rumänien. Georges Pompidou, Erster Minister, in Persien.
Dienstag, den 14., findet die Premiere Paul Taylor statt. Alles klappt wunderbar. Der Kontrast ist wirklich eindrucksvoll. Ich gebe nach der Vorstellung sogar einen Empfang, ganz im »Botschafts«-Stil: Ein Schwanengesang, eine Art zu leben, die es vielleicht nicht mehr geben wird.
Wir sind, ohne es zu ahnen, im Begriff, vom Zeitalter des Widerspruchs in das des totalen Einspruchs überzugehen.
Der Widerspruch impliziert die Anerkennung der Gegenpartei, der man widersprechen will. Der Einspruch im hier gemeinten Sinne – »contestation«* – lehnt systematisch jegliche Gegenpartei ab und verneint, a priori, die Existenz des Gegenspielers. Dieser Einspruch duldet keinen Widerspruch. Der »Contestataire«** bestreitet selbst die Existenz desjenigen, dem er widerspricht.
Das revolutionäre Fieber steigt. Die Sorbonne und die wichtigsten Universitäten sind von Studenten besetzt. Barrikaden, Tränengasbomben, ausgerissene Bäume ... die Polizei verschwindet wie mit einem Zauberschlag.
Ich zähle hier nur die Fakten auf. Die Gründe werde ich nie begreifen.
Für das Odéon lag das Unglück darin, daß es im Zentrum der Schlägereien lag. Es ist davon die Rede, die Studenten würden auf den Senat zumarschieren, aufs Institut Français, zum Louvre und bis zur O.R.T.F.***
Die Stunde des Generalaufstands hat geschlagen.
Am 15. Mai erfahre ich telefonisch von einem Augenzeugen, einem Kollegen, der gerade von der Censier-Universität**** zurückkommt, daß die Studenten beschlossen haben, das Odéon zu besetzen.

* Das Bestreiten.
** Der, welcher bestreitet (Anm. d. Ü.).
*** Französischer Rundfunk (Anm. d. Ü.).
**** Brennpunkt der Agitation.

Ich bitte meinen Verwaltungsdirektor, Felix Giacomoni, das Ministerium anzurufen, um Order einzuholen.
Die Dienststellen des Ministeriums antworten: »Wenn die Studenten ihren Plan ausführen, *öffnen Sie ihnen die Türen und versuchen Sie, einen Dialog einzuleiten.«*
Was hätte man auch anderes machen können?
Es ist ungefähr 17 Uhr. Ich gehe mal durchs Viertel. Nichts scheint ungewöhnlich. Die Straßen sind weder leer noch überlaufen, alles ganz natürlich. Das ist es übrigens, was mir so erstaunlich vorkommt, wenn ich mir alles ins Gedächtnis zurückrufe. Auf zweihundert Meter Distanz kann sich eine Atmosphäre total verändern. Ein solches »Klima« muß wohl bei Bürgerkriegen herrschen.*
Da nichts los ist, findet die abendliche Vorstellung bei ausverkauftem Haus statt. Daß Robert Taylor-Ballett ist großartig und neu in seiner frischen Art, interessant für die Jugend.
Pause. Immer noch nichts.
Ich gehe nochmal durch die benachbarten Straßen. Kein einziger Demonstrant ist zu sehen, kein einziger Polizist. Die Invasion scheint also nicht für heute abend geplant zu sein, morgen werden wir sehen. Auch meine Mitarbeiter sind der Ansicht. Ich beschließe, nach der Vorstellung nach Hause zu gehen.
Kaum dort angekommen, sagt mir Giacomoni telefonisch, »daß sie da sind«. Wir hatten die Türen nicht zu öffnen brauchen: Sie hatten den Augenblick gewählt, als das Publikum hinausging.
»Gut, ich komme!«
Madeleine will mit mir gehen. Wir fahren beide los.
Rote und schwarze Fahnen. Banderolen. Es waren etwa zweitausendfünfhundert. Monsieur Raison, Direktor der Theaterabteilung im Kultusministerium, war als Beobachter zur Stelle.
Jetzt geht es darum, »den Dialog zu beginnen«. Wir gehen auf die Bühne. Sie ist so voll von Menschen, daß ich fürchte, der Bühnenboden hält es nicht aus. Da drunter ist es ja hohl, und ich mag mir den Sturz von 200 bis 300 Personen zwanzig Meter tief nicht vorstellen.
Der Lärm ist unbeschreiblich. Ich ergreife das Wort. Ich weise auf den internationalen Charakter des Theaters der Nationen hin. Kein Mensch hört zu. Alle reden gleichzeitig. Monsieur Raison steht wenige Meter von mir in der Kulisse.
In der Menge erkenne ich Julian Beck vom Living Theatre, junge

* Erinnern wir uns an den Bericht über den 14. Juli 1789 von Restif de la Bretonne in ›Les Nuits de Paris‹.

Regisseure und Autoren, die zu meinen Freunden zählen ... Welches ist der Sinn ihres Kommens? – Keine Ahnung!
In diesem allgemeinen Durcheinander vermag ich Folgendes zu erfahren:
1. Daß die Aktion der Studenten weder gegen einen Mann, noch gegen ein Programm gerichtet ist (das steht dann im Text ihres ersten Besetzungs-Bulletins).
2. Daß das Théâtre de France, Symbol der »bourgeoisen Kultur«, aufgehoben ist.
3. Daß der Saal des Odéon von jetzt an als politisches Forum dienen wird.
4. Daß jeder Dialog unmöglich ist.
Gegen vier Uhr morgens gehen wir nach Hause. Wir sind gegen Mittag beim Minister vorgeladen.

16. Mai, rue de Valois, zwölf Uhr, Monsieur Raison ist anwesend. In wenigen Minuten wird André Malraux, der anscheinend im Bilde ist, uns aufklären. 14 Uhr. Malraux hat uns nicht empfangen. Lediglich sein Staatssekretär, ein Assistent des Ministerums; sowie Jean Darcante als Vertreter des Hohen Rats des Theaters der Nationen. Ich bekomme keine Entscheidung, keine Direktive. Jede Regierungsautorität bleibt absichtlich unsichtbar, und ich bin einigermaßen erstaunt darüber. Hier geht etwas vor, das ich nicht begreife.
Das Theater ist jetzt vollständig besetzt. Räume, Telefonapparate, Schreibmaschinen, Vervielfältigungsapparate, Pressedienst; die Garderoben sind in Schlafsäle und Küchen verwandelt, an den Wänden Inschriften, der große Samtvorhang beschmutzt. Meine Bühnenarbeiter halten sich mit Mühe zurück. Sie haben ebenfalls keinerlei Anweisungen von ihrer Gewerkschaft erhalten.

Nacht vom 16. auf 17. Neuer Ansatz zum Dialog. Die Atmosphäre hat sich gewandelt. Jetzt sind Anführer da. Mindestens eine Stunde lang werden wir in frech ironischem Ton von einem kleinen Rotschopf beleidigt; er scheint mir über eine gewisse revolutionäre Technik zu verfügen, obgleich mir sein »Vortrag«, im Vergleich mit der bei Wahlen üblichen »Masche« etwas konventionell vorkommt. Aber es wirkt. »Malraux, die bourgeoise Kultur, das Théâtre de France, Barrault, alles kommt dran: Mit all dem ist es aus! Null! Annulliert! Aufgehoben! Gestorben!«
Madeleine und ich sitzen am Boden nebeneinander und fragen unsere Nachbarn, wer der junge Herr ist.

»Cohn-Bendit.«
»Ah ... der berühmte ... Ah, sieh mal an!«
Ich erinnere mich an ihn; vor zwei Jahren hat er die starke Faust gemimt zur Verteidigung von ›Les Paravents‹. Meine »alte« Erziehung, an der surrealistischer Humor beteiligt war, steigt mir zu Kopf. Die Leute sehen jetzt auf uns. Sie verlangen, daß ich antworte. Mit der gleichen impertinenten Ironie, die ich nun, statt beleidigend, mit Höflichkeit vorbringe, sage ich, zugleich abschließend:
»Und wenn schon! Barrault ist tot, aber vor euch habt ihr immer noch ein lebendiges Wesen, na, was machen wir jetzt?«
Buh-Rufe, Bravos, Pfiffe, Tumult.
Jemand in der Menge schreit: »Na, immerhin, ›Les Paravents‹ ist nicht gerade bourgeoises Theater!«
»Pardon! Das ist Vereinnahmung zum Nutzen der bourgeoisen Kultur!«
Pfiffe, Buh-Rufe, Bravos! Wir kommen nicht weiter.
Am nächsten Tag bringt die »wohlmeinende« Presse lediglich diesen Teil meines Satzes: »Barrault ist tot.«
Anruf: »Der Herr Minister ist nicht zufrieden mit Ihnen, sagt Monsieur Raison. Geben Sie keine Erklärungen mehr ab.«
»Wenn er doch bloß sein Schweigen brechen wollte, dann könnte er mir bei meiner Aufgabe helfen.«
Im Odéon ertönen weiterhin die Worte. Man protestiert, man »ist spontan«. Ich stelle überrascht fest, daß diejenigen, die gegen ihre Professoren protestieren, die eifrigsten sind beim Erteilen von Lektionen. Auf dem besetzten Dach werden nacheinander rote, schwarze und Trikolore-Fahnen gehißt, ein klägliches Ballett. Auf dem Platz die reinste Kirmes: ein Bärenführer, einer mit Affen. Gitarrespieler. Gaffer. Mehr oder weniger getarnte Ambulanzwagen. Die Wände des Gebäudes sind mit Solgans bedeckt. Im Inneren des Hauses, in den Kellern: Molotow-Cocktails, Benzin, Handgranaten. Die Belagerung wird organisiert.
Und immer noch kein Zeichen vom Ministerium. Absolutes Schweigen. Ich kapiere immer weniger. Die Nerven sind immer angespannter.
Auf Seiten der Aufständischen bemerke ich entschlossene Studenten, die aber allmählich genug haben; die extremistischen Gruppen sind am besten organisiert. Sie wechseln sich in Schichten ab, die abgelöste Gruppe geht woanders hin, um Order zu empfangen. Manche sagen sogar, sie gehen ins Ausland. Aber man sagt so vieles!

Es gibt Agitatoren, die beauftragt sind, zu jedem Zeitpunkt Krawall zu stiften. Es gibt Leute, die sich einschleichen, die mit den Studenten überhaupt nichts zu tun haben ...

De Gaulle ist aus Rumänien zurückgekehrt und hat verkündet: »Reform, ja, Chienlit*, nein!«

Das revolutionäre Aktionskomitee (C.A.R.) übernimmt die Stellung. Ich erkenne nicht wenige Schauspieler und Schauspielerinnen darunter!

Wir fühlen uns von allen Seiten verraten und haben keine Lust, welcher Seite auch immer anzugehören. Nur die Studenten – die echten – rühren uns. Sie kommen mir genauso verraten vor wie wir.

Ich berufe eine Versammlung von Schauspielern, Technik und Verwaltungspersonal ein. Ich merke, daß sie politisch geteilter Meinung sind.

Unser Verhalten muß von nun an von drei Dingen bestimmt werden:

1. Das Gebäude und unser Material schützen.
2. Die üblichen Feindseligkeiten vermeiden, damit kein Blut vergossen wird.
3. Auf professioneller Ebene unsere Einigkeit bewahren.

Vier oder fünf Tage vergehen in Chaos, Schweigen und Verlassenheit. Es ist uns gelungen, den eisernen Vorhang herunterzulassen und seinen Mechanismus zu zerstören. So leert sich die Bühne allmählich.

Rund um die Uhr führen wir eine Aufsichtswache durch, das ganze »Haus«, Schauspieler, Bühnentechnik, Angestellte, ist zur Ablösung eingeteilt. Soweit wir können, beschützen wir unser Arbeitsinstrument.

Seit fast einer Woche fließen die Parolen im Non-stop: 7 mal 24 = 168 Stunden Reden ... »1789 hat man die Bastille, 1968 hat man das Wort genommen.«**

21. Mai. Endlich eine Botschaft vom Ministerium: Wir werden aufgefordert, das Feld zu räumen. Diesen Befehl finden wir schlechthin skandalös: Wir, die wir uns so gut es ging verteidigt haben! Nichtsdestoweniger ziehen wir im Laufe des Nachmittags aus; aber um zweiundzwanzig Uhr kommen wir, wie unter einem animalischen Zwang, zurück, um weiterhin Kostüme und Requisiten, unsere Ar-

* Kraftausdruck für billigen Karneval, Durcheinander. Bei Rabelais, 1534: chie-en-lit = ins Bett scheißen (Anm. d. Ü.).
** Ein kursierendes Bonmot.

beitsbasis zu bewachen. Kann man sich überhaupt vorstellen, in welchem Zustand wir uns befinden?

22. Mai: Der Hohe Rat des Theaters der Nationen verschiebt seine diesjährige Saison. Nicht möglich. Na, in der Tat, eine erste Initiative! Ich werde in die rue St. Dominique zur Sektion »Kunst und Literatur« bestellt und bekomme Folgendes zu hören:
»Der Minister bittet Sie, ›auf Ihre Verantwortung‹ das Elektrizitätswerk zu beauftragen, Strom und Telefon zu sperren, damit jede Verbindungsmöglichkeit abgeschnitten wird.«
Und wenn Blut fließt? Und der Gebäudeschutz? Und wenn es Verwundete oder gar Tote gibt? Unter meiner Verantwortung? Das lehne ich kategorisch ab. In meiner unumwundenen Art füge ich in der Hitze der Entrüstung hinzu – und kann mich dabei nicht mehr kontrollieren:
»Wenn ich was durchzuführen habe, dann laß ich es nicht durch andere machen. Am Pigalle nennt man das: ›andere den Dreck machen lassen‹. Ich lehne das ab, und ich bin empört!«
»Wiederholen Sie das.«
»Ich lehne das ab, und ich bin empört.«

Am nächsten Tag, 23. Mai. Ich schlage den »Figaro« auf und lese: »Jean-Louis Barrault von seinem Minister desavouiert.« Darauf folgt eine lakonische Notiz des Staatssekretärs.
Man hätte mir wenigstens Bescheid sagen können!

24. Mai. »Le Figaro« veröffentlicht meine Antwort. Ich habe nicht versäumt, am Vortag den Ersten Minister davon zu unterrichten:
»Reform, ja; chienlit, nein!« – Darauf erwidere ich: »Diener, ja; Knecht, nein!« Den übrigen Text habe ich nicht gerade mit Samthandschuhen verfaßt!
Daraufhin sind zwei Dinge möglich:
Entweder nimmt der Minister seine Distanzierung zurück, oder das Ministerium enthebt mich meiner Funktionen.
Woran ich nicht dachte, war, daß es eine dritte Möglichkeit geben könnte: Schweigen, Leere, Nichts.
Resultat: keinerlei Änderung.
Das Schweigen von André Malraux hielt an. Eine wahre Tortur für mich, denn ich rechnete damit, daß er es nun brechen würde. Nichts dergleichen.
Wir bewachten also weiterhin im Theater unser Material. Wir wußten

nicht mehr, was Studenten und was andere Elemente waren, ob sie zur extremen Linken oder zur extremen Rechten oder zur Polizei gehörten.* In den Gängen und Garderoben, auf dem Dach, im Saal passierten etwa zehntausend Personen am Tag. Und die Reden flossen weiter aus allen Richtungen. Es war ein Hexenkessel.

28. Mai. Im Kostüm-Fundus ist eingebrochen worden. Die Leute waren durch eingeschlagene Dachfenster eingestiegen und hatten eine wahre Verwüstung angerichtet – purer Vandalismus. Wir wateten in einem vierzig Zentimeter hohen »Brei« von beschmutzten, zerrissenen Kostümen. Nicht nur der Kostüme vom Théâtre de France, sondern auch die unserer Truppe. (Vergessen wir nicht, daß wir dem Staat gratis das Material für neunzehn Stücke geliefert hatten!) Kurz: zwanzig Jahre Arbeit beschmutzt, zerfetzt, vernichtet.
Ich bekenne, daß ich in diesem Moment zusammenbrach und schluchzte. Ich wiederholte immer nur: Für nichts! Wozu! Nichts! Sinnlos! Verloren! Ein reiner Racheakt für nichts! – Die Verhöhnung der Arbeit und dieser Haß, der sich so abscheulich manifestierte (die ganze Lumpenmasse war mit Exkrementen durchsetzt), trafen mich tiefer als alles übrige.
Aus Selbsterhaltungstrieb vielleicht und um mich an irgendeiner rettenden Planke festzuklammern, stürzte ich mich auf die Arbeit an meiner vierten Rabelais-Version.

> Auszug aus meinem Notizbuch vom 29. Mai. Da steht: »Den ersten Teil mit lauter Stimme gelesen. Diese vierte Version wird wohl die letzte sein. Ich glaube, daß ihr Stil deutlich hervortritt. Sie ist nur noch 69 Seiten lang. Die erste war 100 Seiten lang. Die zweite war gekürzt, aber nicht ausgewogen. Die dritte nahm den Entwurf von der ersten wieder auf, war aber über 80 Seiten lang. Ich glaube, jetzt habe ich es.«

30. Mai. Es machte mir Spaß, das Wort »Ende« hinter den zweiten Teil zu setzen, und dann vermerkte ich das Datum.
An diesem Tag verschwand de Gaulle plötzlich. Einen Tag lang wußte kein Mensch, wo er war. Dann tauchte er wieder auf ...
Im Odéon schritt das Verderben systematisch fort.
Die Buchhaltung flüchtete ins Hotel Michelet, Zimmer 53. So konnte

* An einer Wand konnte man ein Gekritzel lesen: »Ihr Herren von der Polizei in Zivil: Vorsicht, Stufe!«

ich den Schauspielern noch ihre Gagen auszahlen. Aufgrund gewisser merkwürdiger Spannungen zwischen meinem Verwaltungsbüro und mir begann ich langsam zu ahnen, daß an gewisse Personen irgendwelche Instruktionen ergangen waren.
Tatsache war, daß ich nicht mehr informiert wurde.
Im Rahmen des Theaters der Nationen hatte ich das bereits erwähnte Werkstatt-Theater eingerichtet und Peter Brooks übergeben. Wir beschlossen, daß er nach London gehen und dort an einem ganz ungewöhnlichen, wundervollen Ort weiterarbeiten solle, im »Round House« (wo die Hippietreffen stattfanden).
Die Zahl der Streikenden in Frankreich steigt auf neun Millionen. Die Arbeiter distanzieren sich von den Studenten, die inzwischen auch von der öffentlichen Meinung wieder abgelehnt werden. Das Spiel wird von oben anscheinend gut gespielt. Der Aufstand der Jugend wird geschickt auf gewerkschaftliche Forderungen abgebogen.
Im Odéon wird weiter geredet. Die Studenten werden immer weniger. Immer zahlreicher sind die Agitatoren und die »schweren Jungs« aller Schattierungen. Ich erinnere mich an einen Satz von Pascal:

> *»Wenn Platon und Aristoteles über Politik schrieben, so taten sie es gleichsam, um ein Irrenhaus zu ordnen.«*

Ich beginne zu begreifen, welche Rolle das Odéon während dieser historischen Ereignisse gespielt hat. Am 15. Mai hat die Regierung – die wegen der bösen Nacht in der rue Gay-Lussac keine Polizei mehr einsetzen konnte – das Odéon den Revolutionären überlassen, wie man einem Hund einen Knochen zuwirft. Der Entzündungsherd wurde damit auf das Odéon konzentriert, und so erreichte man, daß die Académie, der Senat, Louvre und O.R.T.F. verschont blieben. Nun kann wieder vorsichtig Polizei eingesetzt werden und bald in der Rolle des Retters.
Und was die gegenwärtigen Okkupanten des Odéon betrifft ...
»Die ziehen von allein wieder ab«, sagt man mir.
»Und wir, was machen wir?« fragen die Leute von der Technik.
»Bleibt zu Hause!«
Eines ist klar, das Odéon läßt man verfaulen. Das ist wohl auch eine Methode.
Restlos angeekelt inmitten von lärmendem Gewühl, Plünderung und Unrat – Ungeziefer haben wir dadurch jetzt auch – versenke ich mich in ›Les Nuits de Paris‹ von Restif de la Bretonne; flüchte mich in meinen Rabelais und ziehe Michelet dazu heran.
De Gaulle hatte gesagt: »Die Situation ist nicht zu bewältigen«. Ich

muß unwillkürlich an die Affäre mit den »Placards« unter Franz I. denken.* Der hatte, als er sich »nicht zu Bewältigendem« gegenüber sah, die Humanisten fallen lassen, die Ketzer verbrannt und sich mit Rom und Karl V. ausgesöhnt.
Das ist ohne Zweifel das gleiche, was Charles de Gaulle mit seiner Blitzreise über den Rhein getan hat. Und das muß Malraux peinlich sein. So sehe ich es jedenfalls. Aber ich bin kein Fachmann für Politik und Korruption.

14. Juni. Die behelmte C.R.S. umzingelt das Odéon und befreit es.
Es sollen sich »Katanger«, die aus der Sorbonne ausgewiesen wurden, auf dem Dachboden versteckt haben. Da muß die Polizei natürlich eingreifen und »die Studenten beschützen« gegen die sogenannten »Abscheulichen«.
Als ich wie gewöhnlich morgens ins Theater komme, ist die Aktion schon fast beendet. Mein Verwaltungsdirektor hatte mich nicht benachrichtigt. Im übrigen gab es nicht mehr viel auszutreiben aus dem Gebäude, jedenfalls kaum noch Studenten. Nach einem kurzen Zeremoniell unter der Aufsicht des Polizeipräfekten (der sich, wie mir scheint, während der ganzen Ereignisse sehr human verhalten hat) und zwei ihm auf dem Fuße folgenden Vertretern vom Kultusministerium (endlich lassen sie sich blicken) ist die »Ordnung« wieder hergestellt.
Dabei muß ich an jene alten Stiche aus dem 19. Jahrhundert denken: mit »diesen Herren« im Redingote und Zylinder, mitten im Gefecht; Pflastersteine fliegen, Verwundete liegen herum, die Nationalgarde ist mit Bajonetten und Kanonen aufmarschiert, und im Hintergrund schweben Rauchfahnen über den Dächern von Paris. Ein Gavarni oder ein Daumier ...
Ein Wachposten wird aufgestellt, und dann zieht sich »die Ordnung«, befriedigt von erfüllter Pflicht, zurück. »Die graue Ordnung.«
Ich betrat, von wildem Zorn erfüllt, »mein« Theater. Wie abends auf der Bühne der Schweiß, laufen mir die Tränen herunter beim Anblick dieses besudelten Odéons; leer ist es jetzt, ein Grab von Schmutz, Haß, Abfall und Zerstörung, aus dem alles Leben entwichen ist. Tote strömen außer dem Verwesungsgeruch noch einen anderen wie von grauem Puder aus – man hat einen herben Geschmack im Mund, als seien Zunge und Gaumen so knöchern wie die Zähne ...
Bühne und Zuschauersaal sind ein riesiger Schlund. Die Luft ist verpestet und beißend. Das Odéon ist für lange Zeit besudelt worden.

* Bezieht sich auf die Flugblattaktionen (Anm. d. Ü.).

Meine Niedergeschlagenheit ist noch größer als zuvor. Einen Monat lang war hier doch Leben gewesen, absurdes Leben, gewiß, aber eben doch Leben.*

Jetzt aber muß ich bei diesem alten Odéon, für das wir neun Jahre lang gearbeitet haben, an einen zu Tode gefolterten Mann denken.

Im Laufe des Tages kommen die Schauspieler und die Techniker zurück. Eine falsche Freude macht sich breit. Ich kann mich nicht aufraffen. Diskussionen schwirren durch die Luft. Die einen fühlen sich befreit. Andere schielen abwartend zu mir herüber. Nur Madeleine und Maiène teilen meine Niedergeschlagenheit.

Jemand ist doch getötet worden – ein lebendiger Ort!

»Wenn ihr denkt, hier kann das tägliche Leben wieder weitergehen wie vorher – meines Erachtens ist das unmöglich! Eine Schandtat, ein Mord ist begangen worden!«

Die Stimmen werden erregter. Ich schreie: »Wenn Baudelaire die Kaltblütigkeit eines Generals gehabt hätte, dann hätte er sich Aupieck** genannt.« Jetzt meinen einige, ich wisse nicht mehr, was ich rede.

> *Notizbuch, Samstag, 15. Juni:* »In einem Monat zwanzig Jahre Arbeit zerstört, neun Jahre Théâtre de France ausradiert. Mein Glück, das durch meine Leidenschaft, meine Anstrengungen und die wundervolle Unterstützung von Madeleine errungen wurde, ist bezahlt worden – bezahlt, wie man eine Rechnung erledigt. An wen bezahlt? An die Ungerechtigkeit! Man behandelt mich wie ein »schlechtes Subjekt«. Und ich fühle mich weiß Gott näher bei Villon als bei ... Das hat mich nicht gehindert, zu meiner Sekretärin zu gehen und die Matrizen von Rabelais zu korrigieren. Fabelhaft! (sic) Ich möchte den Rabelais mit einer gemischten Truppe von Studenten und Professionellen inszenieren und im großen Amphitheater*** der Sorbonne aufführen. Ich möchte am liebsten nur noch für Studenten spielen, für die aufrichtigen, die wohl auch ihre ›Illusionen verloren haben‹.«

Auf jeden Fall, heute hat sich das Blatt gewendet; ich hoffe, daß Malraux mich endlich empfangen wird, auch wenn es für eine entscheidende Erklärung wäre.

Aber nein: Schweigen, Leere, das Nichts hält an.

* Wie mir eine alte Dame von 80 Jahren schrieb, die Victor Hugo zitierte: »Es war eine schöne, schlecht gemachte Sache.«

** Baudelaires Schwiegervater und Widersacher (Anm. d. Ü.).

*** Vergleichbar dem »Audimax« an deutschen Universitäten (ca. 2000 Plätze), (Anm. d. Ü.).

Ist das Haß? Schande? Die beiden Worte haben schließlich einiges gemeinsam, keines ohne das andere.
Wir betreten einen Tunnel, den wir vor Ende August nicht verlassen werden. Zweieinhalb Monate läßt man uns im Ungewissen.
Auf dieser Strecke meiner Lebensbahn sind unsere »Lichtpferde« in Nacht versunken und strecken alle Hufe von sich.
Eine Wandlung muß vollzogen werden. Aber ein Theatermann steht nicht allein. Er ist für eine menschliche Gemeinschaft verantwortlich. Stünde ich allein in diesem Versteckspiel, das Malraux mir zumutet, würde ich meinen Rücktritt einreichen. Aber damit gäbe ich das Arbeitsinstrument meiner Kameraden auf. Es sind ja keine vorübergehend engagierten Schauspieler, sondern Künstler, die dem Hause angehören, ihm ihr Leben widmen und infolgedessen auf keine Angebote von außen rechnen können. Sie aufgrund von Ereignissen, für die sie keine Schuld tragen, arbeitslos zu machen, scheint mir eine ganz undenkbare Lösung. Manche unter ihnen, wie Jean Desailly, Simone Valère, Régis Outin, Granval, haben uns seit zwanzig Jahren ihre Jugend gegeben. Andere gehören seit über zehn Jahren zu uns.
Höheren Ortes will man vielleicht das Ergebnis der Juni-Wahlen abwarten.
Trotz allem, ich kann mir nicht vorstellen, daß mit Malraux das Problem nicht auf *nobler Ebene* zu regeln wäre! – Gehen wir nacheinander die weiteren Ereignisse durch:

18. Juni. Ich stelle zu meiner großen Überraschung fest, daß die Zerstörungen im Odéon weitergehen und weiterhin Dinge verschwinden. Das ist zumindest merkwürdig.
Das Programm der nächsten Spielzeit liegt vor:

> 17. September: Wiedereröffnung mit ›Tentation de Saint Antoine‹, im Wechsel mit ›Kirschgarten‹.
> Mitte November: Uraufführung von ›Rabelais‹.
> Dezember: Spektakel Gainsbourg (ich hatte in London mit ihm darüber gesprochen), ›Mariage de Figaro‹.
> Januar: zweite Uraufführung: vierter Tag des ›Seidenen Schuh‹ (Unterm Wind der Balearen).

Ich denke an meine Truppe. Ich organisiere die Verwaltung neu. Mache mit den Architekten einen Kostenvoranschlag für die Renovierung. Aber ich fühle mich immer stärker an den Rand gedrückt.

Notizbuch, 23. Juni: »In dem Buch, das ich ›Traveaux et Traverses‹* zu nennen beabsichtige, werde ich mit folgendem Satz schließen: Unsere Truppe ist ermordet worden, sie ist nicht tot. Die Entwicklung muß nun in Richtung auf eine internationale Existenzform gehen, das würde bedeuten, daß wir ernten, was zwanzig Jahre lang gesät wurde.

24. Juni. Als Malraux uns 1959, beeindruckt von den Irrfahrten unserer Truppe, bat, das Théâtre de France zu schaffen, war der Gaullismus human und progressiv. Ein Gaullismus der Entkolonialisierung, der Nationalisierung, des Frauenstimmrechts und eines freien Frankreich.
Über neun Jahre lang gelang es uns, mitten im Dschungel der Künste von Theater und Literatur ein »Reservoir« aufrechtzuerhalten, aus dem der Haß verbannt war.
Daher konnten wir eine so verschiedenartige »Fauna« vorüberziehen lassen wie Claudel, Genet, Beckett, Molière, Ionesco, Racine, Duras, Sarraute, Regisseure wie Blin, Béjart, Bourseiller, Lavelli, neue Autoren wie Billetdoux, Schéhadé, Vauthier usw. Das ganze Leben in Freiheit. Man hätte Safaris organisieren können ...
Fügen wir noch das Theater der Nationen hinzu, in dem die größten Traditionen von Shakespeare bis Ostasien – Nô, Kabuki, Bunraku – mit den modernsten Experimentier-Theatern zusammentrafen: Grotowski, Living Theatre, Barba und das »Internationale Forschungszentrum«, das ich in diesem Jahr mit Peter Brook zusammen gegründet hatte. Es brauchten nur junge Wilderer zu kommen und mit Steinschleudern nach unserem Wildbestand zu zielen – schon waren die gesetzlich anerkannten Jäger da. Moral: Ende des »Reservoirs«. Gehen wir in den Dschungel zurück. Nur leider, diesmal bin ich achtundfünfzig Jahre alt, und das Leben wird nicht leicht sein. Wir müssen wieder bei Null beginnen.

25. Juni. Ich nehme Verbindung mit Jean Richard auf, möchte mich mit ihm assoziieren und seinen Zirkus vier Monate im Jahr zum Spielen benutzen. Die Idee gefällt ihm.«

27. Juni. Lesung von Rabelais für meine Kameraden im Petit Odéon.
Entwerfe einen Brief für Malraux, den ich nicht absende.

* Titel, den ich in der Tat diesem Bericht geben wollte. Er schien mir der richtigste zu sein ...

1. Juli. Werde mir klar darüber, daß ich bereits am 15. Mai dunkel gefühlt habe, daß es mit dem Théâtre de France vorbei ist. Als es geschaffen wurde, spielte die Politik überhaupt keine Rolle. Heute müßte es für den, der es weiterführen wollte, ein politisches Engagement mit sich bringen. Um mit mir selbst im reinen zu bleiben, müßte ich ablehnen.
Im Grunde war es mein Double, das damals sagte: »Barrault ist tot.« Und selbstverständlich war damit die Persönlichkeit des Theaterdirektors gemeint und nicht das Sein des Mannes.

Notizen. »Einen Ort suchen, wo man eine Gesellschaft für internationale Produktionen gründen kann, zusammen mit Theaterleuten aus allen Teilen der Welt, die teilnehmen wollen. Eine Art von autonomem Theater der Nationen.«

3. Juli. Besuch im Zirkus Jean Richard in Vendôme.

4. Juli. Zurück in Paris.

Ein »Theater der Kreationen« gründen, so wie man einen Verlag gründet, mit verschiedenen »Reihen«: Großformat, »Staffeleiformat«, bewegliches Format (für Tourneen). Einen großen Saal finden für die Produktion: mit Atelier, Kostüm- und Dekor-Werkstatt, möglichst auch Aufnahmeräume für Fernsehen und Film (Video-Kassetten).

5. Juli. Ich kann nicht länger widerstehen und bringe persönlich einen kurzen Brief zum Palais-Royal, rue de Valois, wo ich ihn auf Malraux' Schreibtisch legen will:

»Sehr geehrter Herr Minister,
ich erlaube mir, an Ihr Wohlwollen zu appellieren und Sie um eine private Unterhaltung zu bitten, die mir ermöglicht, mit Ihnen über die Zukunft des Théâtre de France, seiner Truppe und seines Direktors zu sprechen. Es liegt mir daran, die Beziehungen, wie sie immer zwischen uns bestanden haben, auf einer *noblen Ebene* zu erhalten.
In der Hoffnung auf eine günstige Antwort, darf ich Ihnen, Herr Minister, meine respektvollen und ergebenen Grüße übermitteln.«

Die Aufsichtsbeamten, die mich seit Jahren kennen – manche schon seit den Zeiten von Jean Zay (1937) – empfangen mich außerordentlich freundlich. Ich begegne unbefangenen Blicken.

Es ist fünfzehn Uhr dreißig. Ich nehme den Ausgang zur Cour de Chartres. Im Hof ist André Malraux eben im Begriff, aus seinem Wagen zu steigen. Ich gehe zu ihm hin.
»Herr Minister, ich habe soeben einen kurzen Brief deponiert, den ich mir erlaubte, an Sie zu schreiben.«
Mit einem boshaften Lächeln sieht er an mir vorbei und nickt zwei- oder dreimal mit dem Kopf.
Er bleibt stumm, wendet mir den Rücken zu und verschwindet. Diesmal ist die Sache klar! Klarer als sämtliche Abberufungen durch Presseverlautbarungen!
Es ist also praktisch alles zu Ende. Trotzdem werden wir noch zwei Monate abwarten müssen – bei fortgesetztem Schweigen von oben ...
Am Abend will ich mir das alles nicht wieder und wieder im Kopf herumgehen lassen – den Wort-Terror der extremen Linken, die Brutalität der extremen Rechten und die Politik des »Verkommenlassens« und die Geschichte des Théâtre de France, von *nobler Ebene* aus gesehen und den Ablauf der Ereignisse und wie ein freier Mann dabei zum unfreien wird und so weiter und so weiter ... und ich lese in Chateaubriand, diesem genialen »Komödianten«, einen Satz, der gut auf Madeleine paßt: »Ein Nichts bringt sie aus der Fassung, aber nichts erschüttert sie.«
Sie dreht zur Zeit einen Film in Villefranche-sur-Saône, ›Le Diable par la queue‹ von Philippe de Brocca. Das bringt sie auf andere Gedanken. Es war wirklich eine Vorsehung.
Manchmal verbringe ich zwei oder drei Tage mit ihr im Beaujolais.

18. Juli. Blitzreise nach London. Im Round House sehe ich das Ergebnis von Peter Brooks Bemühung um unser Internationales Forschungszentrum des Theaters der Nationen.
In der Halle von Brown's Hotel empfange ich den Besuch des führenden Kritikers von »Sunday Times«, Hobson, ein Freund, einer der seltenen englischen Claudel-Anhänger. Ich bin ihm also jederzeit gern gefällig. Im übrigen ist er ein aufrichtiger Freund Frankreichs. Bei diesem Besuch ist er begleitet von einem jungen Kollegen seiner Zeitung. Unsere Unterhaltung verläuft in Französisch, Hobson beherrscht unsere Sprache gut; der junge Mann hingegen versteht sie nur wenig. Nach einigen Minuten verabschiedet er sich. Hobson bleibt noch länger, und wir unterhalten uns ausgesprochen freundschaftlich.
Dann verabschieden wir uns. Abends nehme ich noch einmal an einer

Arbeits-Sitzung von Peter Brook teil, nachdem ich zuvor Übungen und Pantomimen demonstriert und mit Brooks Ensemble Atmung gearbeitet habe.
London ist eine unerhörte Stadt. Dieser Aufstand der Jugend – der, vergessen wir es nicht, weltweite Ausmaße hat – manifestiert sich hier weit mehr in einer emanzipierten Geisteshaltung als in Forderungen.
In Paris haben wir innerhalb von vier Wochen die ganze französische Revolution nachvollzogen, von den Feiern der Föderation 1789 über die Zeit der Schreckensherrschaft bis hin zu Saint-Just. In London hat sich (ganz einfach) die Freiheit durchgesetzt.

20. Juli. Zurück in Paris. Malraux antwortet nicht auf meinen Brief.

Ende Juli. Ich fahre zu Madeleine ins Beaujolais, wo sie noch bei den Dreharbeiten ist. »Kur« in Einsamkeit und Nachdenklichkeit.
Diese Introspektion tut mir gut. Madeleine beendet ihren Film. Wir entschließen uns, ein paar Tage in Trouville-Deauville zu verbringen. Ich zwinge mich, täglich eine Strecke von zwei Kilometern zu schwimmen, entweder im Meer oder im Schwimmbad. Schwimmen und Gehen sind meine liebsten Sportarten.
Wir waren noch dort, als wir am 25. August endlich Nachricht vom Direktor des Theaterressorts, Monsieur Raison, erhielten; er war am 15. Mai, als wir versuchten, »den Dialog in Gang zu bringen«, dabei gewesen.
Wir haben eine Verabredung für den 28. August um 17.30 Uhr.

27. August. Nehmen an einem Vortrags- und Leseabend mit Père Carré über den Heiligen Franziskus von Assisi im Kasino-Theater von Deauville teil.

28. August. Paris. Madeleine ist mitgekommen. Monsieur Raison übergibt uns lediglich den folgenden Brief:

27. August 1968

»Monsieur,
Zu diesem Zeitpunkt, da die neuen Statuten des Théâtre de France veröffentlicht werden, muß ich Sie darüber informieren, daß Sie, nach Ihren verschiedenen Deklarationen, meines Erachtens die Leitung dieses Theaters nicht weiter übernehmen können, welches auch immer seine künftige Bestimmung sein mag.

Ich habe den Direktor für Theater und Maisons de la Culture beauftragt, die sich daraus ergebenden Probleme zu prüfen.
Mit dem Ausdruck vorzüglicher usw. Unterschrift:

André Malraux«
(allein handschriftlich)

Monsieur Raison ist ehrlich betroffen.
Er zeigt uns einen Artikel aus der »Sunday Times« aus der Feder des jungen Mannes, der kurze Zeit an meinem Gespräch mit meinem Freund Hobson teilnahm. Dieser Artikel soll alles verdorben haben. Ich nehme ihn jetzt zur Kenntnis, denn ich hatte keine Ahnung davon. Er datiert von Ende Juli und enthält in der Tat abwegige, eher verwirrende Angaben. Aber das alles kann doch nicht als persönliche Deklaration aufgefaßt werden. Der Vorwand kommt mir etwas grobschlächtig vor. Malraux hätte besser daran getan, mir seinen Brief am 5. Juli zu schicken, als er mir den Rücken kehrte. Wir hätten zwei Monate Zeit gewonnen.
Wir danken Monsieur Raison für seine Freundlichkeit und seine aufrichtigen Gefühle und gehen.

»Furcht und Knechtschaft verderben die menschliche Natur« (Rabelais).

Die »Mai-Ereignisse« beenden also diesen Lebensabschnitt für uns.
Was uns schmerzte und immer schmerzen wird, ist die Zerstörung, das Schweigen, das Ausweichen und vor allem diese *Verachtung*, um das Wort Feigheit zu vermeiden.
Ein Jahr danach wurden de Gaulle und Malraux selbst abserviert...
Spiel des Zufalls? Schicksal – nach Äschylos? ...
Wichtig ist, mit sich selbst in Einklang zu bleiben.

Nichts war uns mehr geblieben von unseren Gastspielen, von der Zeit im Marigny, von der Epoche des Théâtre de France. Zweiundzwanzig Jahre waren ausgelöscht. Für wen? Weshalb?*

* Diese Prüfung ließ uns hingegen unsere wahren Freunde erkennen. Es waren viele. Ich denke dabei vor allem an das so würdige und entschlossene Verhalten von Roger Blin.

DIE SCHÖNEN ANOMALIEN

Die Geschichte ist ein Gemälde mit all den schmutzigen Geschichten, die sich die Menschen untereinander antun. Seine starken Farben erhält das Bild aus den militärischen Höhepunkten – während die dunklen Schatten dem Elend der Völker vorbehalten sind –, aber den Reiz des Bildes steigern oftmals die schönen Anomalien. Sie stellen die Augenblicke dar, wo Gesetz und Regel, wo die »Paravents« der Pharisäer durch die Phantasie umgangen werden.

Wenn Monseigneur de Harlay, Erzbischof von Paris, Molière das Begräbnis in geweihter Erde verweigert, so ist das Gesetz. Wenn Ludwig XIV. einen Winkelzug findet, damit Molière dennoch begraben werden kann, so ist das eine »schöne Anomalie«, und dieser einzige Zug macht ihm mehr Ehre als alle seine Eroberungszüge.

Michelangelo malte die Sixtinische Kapelle aus; Papst Julius II. stört ihn durch seinen Besuch und wird vom Künstler nicht beachtet. Der diensthabende Bischof sagt: »Verzeihen Sie ihm, Heiliger Vater, diese Leute sind grobschlächtig und kennen nichts als ihr Metier!« Worauf der Papst dem Bischof seinen Stock auf dem Rücken entzweischlägt: »Du bist es, der grobschlächtig ist.«

»Schöne Anomalie« – das war in der Renaissance!

Wenn Rabelais von den Katholiken exkommuniziert und von den Protestanten in Bann getan wird, ist das Gesetz. Aber wenn er um zwei Scheiterhaufen herumkommt mit dem Einverständnis des Kardinals Du Bellay, dann ist das eine schöne Anomalie.

André Malraux, der vor der Nationalversammlung die Epopöe von Elend und Tod des Anarcho-Poeten Jean Genet verteidigte, das war und bleibt eine »schöne Anomalie«, die später einmal auf das Aktiv-Konto einer humanen Regierung kommen wird.

Die Namen derer, denen die schönen Anomalien zuteilwurden, sind u. a. Villon, Rabelais, La Fontaine, Sade, Baudelaire, Verlaine, Rimbaud, Artaud usw.

Der »Poète maudit«, der Shakespearesche Narr, die bösen Buben wurden als Ausgleich für die unüberwindbare Langeweile von Regel und Gesetz geschaffen.

Die Epoche Théâtre de France müßte also in die Geschichte des Theaters als »schöne Anomalie« eingehen.

Sie war mit ›Goldhaupt‹ von Claudel eröffnet worden, dem Symbol der erwachenden Jugend, und sie endete mit eben diesem Goldhaupt, der die Sonne in seine Arme schließt.

»Wenn ich keine Kraft mehr haben werde, höre ich auf« (Antigone).

Am 28. August wurde ich also meiner Funktion enthoben. Eine Woche später, am 5. September, besichtigte ich das Elysée-Montmartre und einigte mich sofort mit seinem Direktor, Roger Delaporte.
Am 30. September – ich hatte um 15 Uhr den Teilhaber-Vertrag mit dem Elysée-Montmartre abgeschlossen – unterzeichnete ich zwei Stunden später in unserer Wohnung die Verträge mit den Schauspielern –, in der gleichen Wohnung, wo 1949 die Gründung unserer Kompagnie stattgefunden hatte. Und am 1. Oktober begannen die Proben zu ›Rabelais‹.
Wie zur Zeit von ›Numantia‹, als ich mir ein Studio im Gebäude des Champs-Elysée Theaters nahm, mietete ich mir auch jetzt ein Studio in Theaternähe, im Gebäude des Gaumont-Kinos.
Und wie zur Zeit von ›Als ich im Sterben lag‹, war ich wieder im Häuserblock des Theater Antoine beschäftigt. Ich ging wieder ins Café de la Poste, wo ich vor dreißig Jahren mit Decroux Kaffee trank und in den Bon Bock in der rue Dancourt. Ich fand meine eigenen Spuren wieder am Montmartre – wo der Geruch von Pommes frites der Weihrauch des Quartiers ist.
Da nun die »Lichtpferde« wieder auf den Beinen standen, gewann der *erneuerte Trieb* die Oberhand.
Zur gleichen Zeit, am 29. September, schloß ich eine Abmachung mit der »Ligue de l'enseignement« hinsichtlich des Récamier-Theaters, das ich als Sitz unserer Kompagnie wählte, und wo ich das Wenige, was uns an Material verblieben war, unterbrachte.

> In meinen Notizen lese ich: »Nach ›Rabelais‹ werde ich jenes ›internationale Zentrum für Theater‹, Sektion Frankreich, einrichten können, das ich letztes Jahr im Theater der Nationen geschaffen hatte. Dies und das internationale Kartell sind die Dinge, die mich interessieren. Wir schließen das Haus, legen ein riesiges Bühnenelement quer über die Parkettsessel und machen aus diesem Ort einen Tempel des Theaterexperiments. Und nicht jeder darf teilnehmen. Es wird ein ›exklusives‹ Werkstatt-Theater sein.*«

Welcher Computer hätte mir all diese unverzüglichen Reaktionen aufzeigen können, wenn nicht der des Lebens selbst?

* Genau das wird jetzt, drei Jahre später, verwirklicht.

KEINE PAUSE: ›RABELAIS‹

In meinem Schlafzimmer habe ich an der Wand eine Schiefertafel. Nachts schreibe ich manchmal mit Kreide ein paar Worte darauf, wie man etwas in sein Notizbuch einträgt, um einen Einfall festzuhalten. So schrieb ich im September 1959, als ich das Théâtre de France zu organisieren hatte, diesen Vers von Racine an die Tafel (er steht noch dran): »Mitten unter grausamen Wölfen, bereit mich zu zerreißen.« In frischer Kreideschrift von 1968 steht: »Rabelais, der Vater meiner achtundfünfzig Jahre.«

Dabei hatte ich zu Anfang gar nicht daran gedacht. Lust zu einem Rabelais-Spektakel bekam ich, wie gesagt, anläßlich der ›Paravent‹-Skandale. Um all den Putherbes eine Antwort zu geben, all den großtuerischen Maulhuren: den Meuchlern und Heuchlern, den Speichelleckern und frömmlerischen Muckern, den katzenfreundlichen Schleichern und Kannibalen, die Genet zum Anlaß nahmen und nach der Polizei geschrien haben, damit wir verboten und festgenommen würden. Gerade so, wie sie es vier Jahrhunderte vorher mit dem Curé in Meudon gemacht haben. Diese kaltschnäuzigen Spitzmäuler, diese scheinheiligen und »rechtdenkenden« Augenverdreher und Pfaffengelehrten – sie brachten mich darauf, die Szene »vom bestgeeigneten Arschwisch« auf die Bühne zu bringen.

Was zu Beginn einfach als Erwiderung, fast als Ulk gedacht war, wurde sehr bald zu einem Wiedererkennen.

Rabelais war schon immer ein Lieblingsgegenstand für mich gewesen. In ihm finde ich etwas von unseren Vorfahren wieder.

Jedesmal, wenn ich mich in diesen Stoff verbeiße, läuft mir derartig das Wasser im Munde zusammen, gerät mein Blut so sehr in Wallung und birst meine Wirbelsäule dermaßen vor Kraft, daß ich »gar erschreckliche« Schreie der Begeisterung ausstoße.

Er ist die Kindheit, die das Leben mit festem Griff in die Arme schließt. Er ist ganz aus der Erde Frankreichs gemacht.

Er ist regional französisch und universal zugleich. Er ist das, was ich sein möchte.

Im Garten Frankreichs – in der Tourraine – ergeht er sich in einem kosmischen Vagantentum. Im Keller von Chinon denkt er sich zwischen zwei Schlucken Rebensaft interplanetarische Reisen aus. Das Orakel von der »göttlichen Flasche« begab sich in »Cathay«, im mit-

telalterlichen Nordchina. Jacques Cartier, Kopernikus und Gutenberg verschmolzen mit dem Temperament eines Winzers: Das ist Rabelais!
Er ist ein Baum. Seine Wurzeln saugen in Lehm und Dung. Sein Stamm ist steif wie ein Phallus. Sein Laub ist »enzyklopädisch« (das Wort stammt von ihm), und seine Blüte reicht bis in den Himmel und »berührt« Gott.
Er lebt nicht auf sich selbst zurückgezogen, er ist der Welt zugewandt. Ein streitlustiger, ewiger Student; dickschädelig, listig und unstet neigt sein Temperament bei aller Treue zum Althergebrachten mehr dazu, sich den Kämpfern neuer Ideen anzuschließen.
Im Gegensatz zu vielen anderen bezahlt Rabelais in bar. Zwischen der repressiven Orthodoxie von Rom und dem progressiven Fanatismus der protestantischen »Gladiatoren« wählt er die unbequemste Partei: die der *Toleranz.*
Er kämpft mit dem Willen der Verzweiflung, für die universelle Versöhnung. Und so muß er fliehen, um Folter und Scheiterhaufen zu entrinnen. Das ist seine »Umschiffung«.

»Göttlich Ding nicht nur zu empfangen und in sich aufzunehmen, sondern zu erweitern und zu geben.«

Er predigt den Austausch. Er verleiht, schuldet, entleiht. Sein Lachen ist ein Lebenselexier gegen Angst und Einsamkeit, weil es Heiterkeit, Tröstung und Erleichterung verschafft. In seiner Seele ist er »Theater«. Und schließlich repräsentiert er *den freien Menschen.*

»Tu, was du willst, denn Menschen sind frei.«

Er ist also das Leben selbst, in der biologischen Bedeutung des Wortes.
Konservativ durch seine Gier nach Wissen und sein überliefertes ländliches Empfinden.
Revolutionär durch seine wissenschaftliche Erfindungskraft und die Leidenschaft, über sich hinauszuwachsen.
Fürst seiner selbst durch die Freiheit seiner Entscheidungen.
Er ist der, welcher der lebenden Zelle, von der unsere heutigen Gelehrten so gern sprechen, am nächsten kommt.
Seine vitale Dreiheit ist total und ruht vollkommen in sich selbst.
Er ist ein integraler Mensch. Sein Drüsensystem ist vollständig. Sein Bauch und sein Herz, sein Kopf und sein Double – das ihm aus Widerspenstigkeit gegen Leben und Tod Humor und Freude spendet – funktionieren aufs Beste wie ein gutgehender Motor.

Rabelais ist mein Sauerstoff. Er ist es, der, ohne daß ich es wußte, die Kontinuität meiner persönlichen Laufbahn bewahrte ... In meiner unbewußten Suche nach dem Vater, die mich Dullin und Claudel wählen ließ, mußte ich unweigerlich eines Tages danach verlangen, von Rabelais »adoptiert« zu werden.
Ob es nicht auch in ihm jene andere Dreiheit gibt, die mir im Lauf meines Lebens mein ganzes Verhalten diktierte: die Dreiheit von Bauer – Dominikaner – Anarchist?
Und so geschah es wieder einmal, daß ich – während ich zuerst nur durch eine zufällige Einzelheit, Genet, die lächerlichen Moralprediger und »das Arschabwischen« angeregt wurde – drei Jahre lang eine Saat in die Scheuer brachte, die mich befruchtete, erneuerte, aufbaute.
Wer hätte voraussehen können, daß mir drei Jahre später diese Kost eine solche Kraft geben würde? Die Aufnahmefähigkeit unserer geheimen Antennen ist äußerst mysteriös. Zweifellos ist da unser Unterbewußtsein am Werk. Wenn es nicht womöglich der *sechste Sinn* ist.

In technischer Hinsicht lieferte ›Rabelais‹ die Elemente zu einem neuen Manifest, das sich denen von 1935 (›Als ich im Sterben lag‹), 1943 (›Der Seidene Schuh‹), 1946 (›Der Prozeß‹) und 1953 (›Christoph Columbus‹) anschloß.
Theater im Werden – sowohl durch die Sprache als durch den Ausdruck des Körpers. Der Stil des fahrenden Komödianten. Das Schauspieler-Zuschauer-Verhältnis. Freude am Körper und Freude am Geist. Die leibliche Möglichkeit, die Mysterien des Lebens anzurühren. *Aus seinem eigenen Kreis herauskommen* durch Exaltation und Erweiterung der Seele. Und dieses unaussprechliche Gefühl des kreatürlichen »Mitleidens«, das mich seit meiner Kindheit zum *Menschen* trieb, zu allen Menschen dieser Erde.

Die Proben waren schwierig. Das Studio im Gaumont-Haus war nicht immer das Richtige, war unpraktisch. Im Elysée-Montmartre gab es schwerwiegende Probleme, darunter die akustischen zu lösen. Sobald es regnete, tönte es vom Glasdach wie Trommelwirbel. Das Dach mußte mit Glaswolle abgedichtet werden, in letzter Minute war zusätzlich ein Zeltdach nötig – die Schauspieler mußten zu sehr ihre Stimmen anstrengen. Wir hatten uns mal wieder auf eine neue Tollheit eingelassen. Würde es uns zum Guten ausschlagen, wie vorher? Diesmal schienen die Grenzen der Möglichkeit erreicht.

Der Stil der Rabelais-Vorlage war ungebräuchlich, das verwirrte einige Kameraden. Andere träumten seit den Mai-Ereignissen von einer anderen Arbeitskonzeption, die unvereinbar war mit der Disziplin. Einige hatten sich vom tyrannischen Gewerkschaftswesen anstecken lassen. Aber die Mehrheit überstimmte sie, und die Kraft unseres Rabelais tat das Übrige.

Als Michel Polnareff zu uns stieß, gab das unserer Truppe mächtigen Auftrieb. Die Tänzerin Valérie Camille steuerte durch ihre Mitarbeit Freude und Stimmung bei; Matias entwarf besonders gelungene Kostüme, und das war keine einfache Sache! Unsere Truppe war lebendiger denn je.

Vom Théâtre de France waren wir noch achtzehn: Maiène, Pierre Bertin, J.-P. Granval, Alric, Regis Outin, Santarelli, Gallon usw., vom technischen und Verwaltungsteam: Gilles Bernard, J.-P. Mathis, Yvette, unsere Kostümmeisterin und Simone Ben Mussa; seit über zehn Jahren waren sie uns treu ergeben. Mein guter Léonard roch das Abenteuer und erschien wieder auf der Bildfläche.

Authentische Talente waren zu uns gestoßen. Virlojeux, unerhört in Echtheit und Stil. Audoubert, der prächtige Frater Jean des Entommeurs, J.-P. Bernard, Dora Doll, Jorris und Nachwuchs, der »es den andern mal zeigen wollte«. Und junge Mädchen mit Geist im Leib, unwiderstehliche Tänzerinnen und Schauspielerinnen zugleich.

Der einzige Schatten war für mich, daß es keine Rolle für Madeleine darin gab. Unser gutes »kleines Lichtpferd«, das echte, feierte zur gleichen Zeit auf einem anderen Pariser Hügel, im Palais Chaillot, Triumphe: Im T.N.P. kreierte Madeleine ›Die Englische Geliebte‹ von Marguerite Duras. –

Vom ersten Publikumskontakt an gerieten wir in den Spaßmacher-Stil, den Stil des ewigen Theaters.

Freitag, 13. Dezember. Öffentliche Generalprobe. Der Saal ist überfüllt, nicht nur die elfhundert Sitze sind belegt, fünf bis sechshundert Personen zählt man außerdem im Foyer.

Unsere Hoffnung, der menschliche Kontakt, Freude, Unbekümmertheit, Jugend, Frische übertrugen sich alsbald auf das Publikum. An diesem Abend erlebten wir die Wiedergeburt unseres Theaters.

14. Dezember. Erste öffentliche Aufführung – Premiere. Als wir noch am Théâtre de France waren, hatte ich die Uraufführung von ›Rabelais‹ für Mitte November vorgesehen. Im Grunde hatten die Mai-Ereignisse uns nur einen Monat Verspätung gekostet!

Wir bekamen ausgezeichnete, ermutigende Kritiken. Ganz unbestreitbar erlebten wir ein Ereignis.

(Im Vertrauen: Diesmal hatten wir alles zusammengekratzt, um diese Tollheit zu realisieren und uns viel zu tief im Hinblick auf die kommenden Einnahmen verschuldet. Es ging tatsächlich um »alles oder nichts«).
Und dennoch – trotz des Einsatzes unserer Jugend und obwohl unsere Prüfungszeit hinreichend bekannt war, trotz der Neugier des Publikums und der guten Kritiken brauchten wir immerhin zwei gute Wochen, bis wir wußten, daß wir die Partie gewonnen hatten.
Madeleine im T.N.P. und wir im Elysée-Montmartre erlebten unleugbar einen Triumph. Dennoch machten sich bald finanzielle Schwierigkeiten für ›Rabelais‹ spürbar – die Produktion war aufwendig und die sofortigen Einnahmen schienen mir »mau«.

Notizbuch. 24. Dezember. »Ein doppelter Erfolg für Madeleine und mich. Aber verwaltungstechnische Schwierigkeiten. Einige Schauspieler wollen uns schon im Februar verlassen.
Am 27. Dezember veranstalte ich die Wahl von drei Gewerkschaftsdelegierten. Gierigkeit. Wir schlagen uns auf allen Fronten. Seit einigen Tagen rechne ich immer wieder nach. Jedesmal steht mir der kalte Schweiß auf der Stirn.
Heute morgen auf der Bank gewesen, um zu sehen, wie es steht. Es geht einzig darum, die Gagen und Steuern zu bezahlen.
Nacht vom 25. zum 26. Dezember. Diesen Weihnachtstag fürchtete ich, und er war wunderbar. Riesiger Erfolg. Trotz der finanziellen Schwierigkeiten bin ich voller Hoffnung. Aber was für ein Beruf ist das! ! !
30. Dezember. Die Schlange für den Vorverkauf nimmt kein Ende. Das Telefongeklingel reißt nicht ab. Wir sind alle überfordert. Da wir in winzigen Räumen arbeiten, weiß man nicht, wo man sich hinsetzen soll. Bohème-Leben, die Leute im grünen Wagen . . . Ich kämpfe gegen eine Grippe an. Schlafe am Boden. Wenig Zeit zum Nachdenken. Vergaß zu sagen, daß die Schauspieler, wie eine Umfrage ergeben hat, nicht mitkommen auf Tournee. Außer nach Rom. Sie bleiben lieber zu Hause ... Spießer- und Beamtenseelen. Übrigens sind sie fast alle verheiratet und haben Kinder! Wo ist das Künstlerleben geblieben? (sic-sic-sic, das finde ich so in meinem Buch notiert!)
Zwei Uhr morgens. Wer hätte sich träumen lassen, daß wir jetzt, nach zehn Tagen, Stühle dazustellen müssen? Und die Schauspieler, die bald gehen wollten, sagen mir, sie bleiben. Es ist wieder von Tourneen die Rede.

Das Ereignis hat sich bestätigt. Kurz, heute abend: alles rosig.«
(Ende des Notizbuches.)

Der Erfolg war total. Wir spielten zwei Spielzeiten hintereinander.* Wer besuchte uns als erster? Laurence Olivier, aus London. Der *Freund* kam, um vor aller Welt unsere Anstrengung zu würdigen. Er lud uns offiziell ins Nationaltheater von England ein, so wie er früher, 1945, von Frankreich in die Comédie-Française eingeladen worden war.
Diese Unterstützung werde ich niemals vergessen. Wie gewohnt, wurden wir wie die Fürsten empfangen. Wir spielten zwei Wochen lang. Im Royal Court gab Madeleine zur gleichen Zeit Vorstellungen von ›Glückliche Tage‹ von Beckett und ›Die Englische Geliebte‹ von Marguerite Duras. Auf beiden Ufern der Themse schenkten uns die Londoner die Stütze ihrer herzlichen Freundschaft.
Danach gingen wir nach Berlin, in die Akademie der Kunst. Zwei nebeneinanderliegende Bühnenräume wurden durch Entfernen einer Trennwand vereinigt. So konnten wir wie auf einem Theaterrund spielen. Die Studenten demonstrierten, um Einlaß zu erhalten, der Ordnungsdienst hinderte sie daran. Wir ließen sie übers Dach hereinkommen.
Die »bösen Buben« – bringen die Menschen über »Ordnungs«-Routine hinweg zusammen.
Das Leben der Menschen auf dieser Erde ist dreigeteilt: die geographisch bestimmten Länder, die Völker, die Regierungen. Mißtraut den letzteren – sie hindern euch oft, mit den Völkern Kontakt zu haben und die Länder kennenzulernen.
Rabelais war einst dreimal nach Rom gegangen, und zwar unter der Protektion des Kardinals Du Bellay, diesem humanen Prälaten, der Beharrlichkeit besaß. Von einer dieser Reisen brachte er die Platane nach Frankreich mit. Wenn ich eine Platane erblicke, denke ich an Rabelais. Wir ließen ihn ein viertes Mal nach Rom reisen.
Mit Hilfe meines alten Freundes Balthus, Direktor der französischen Akademie in Rom sowie der Unterstützung seiner Exzellenz, Etienne Burin des Roziers,** bauten wir ein Zelt in den Gärten der Villa Medici auf; darunter spielten wir ›Rabelais‹ als »Premio di Roma«, unter der Protektion unserer Freunde Guierreri. Eine unserer

* Die ›Rabelais‹-Aufführung (Anm. d. Ü.).
** Geoffroy de Courcel und Etienne des Roziers, französische Botschafter in Rom und intime Freunde de Gaulles, unterstützten uns mutig in dieser schwierigen Zeit. Ich bewahre ihnen unauslöschlichen Dank.

schönsten Theatererinnerungen ... Eine ganze Woche lang war das Zelt ausverkauft, und am letzten Tag versuchten fünftausend Personen vergeblich, Plätze zu bekommen. Wer über den römischen Zuschauer und seinen Ruf als blasierter Kenner Bescheid weiß, kann diese einzigartige Tatsache beurteilen. Mit Vergnügen hörte ich mir von der Gartenstraße der Villa Medici an, wie Rabelais der »Papisterei« seine aufrührerischen, ketzerischen Bemerkungen zurief, die auf der Toleranz und der Liebe Christi basieren.

Von Rom flogen wir über Mailand und Paris nach San Francisco und zur Berkeley-Universität. Die Tollheit hielt an. Wir hatten keinerlei Subvention von der französischen Regierung. Das Risiko barg ein mögliches Defizit von 30 000 Dollar, und wir verloren dank des Erfolges nur 3000.

Wir sollten auf dem Universitäts-Campus im Zellerbach-Theater (2500 Plätze) spielen; eines der seltenen modernen Theater, das die Atmosphäre der alten Bühnen bewahrt hat.

Ankunft: Transportarbeiterstreik. Mit dem freundlichen Einverständnis Travis Bogards, des Direktors des Theaterdepartements der Universitäten Californiens – ein bemerkenswerter Mann – fuhren wir in einem Lastwagen los; und durch die – ebenfalls sehr amerikanische – Kumpanei mit dem Zollbüro improvisierten wir einen hold-up: So wurde das Material mitten in der Nacht bis zum Theater geschafft.

Wir schonten uns nicht: Gleich am nächsten Tag war Vorstellung. Die revoltierendsten Studenten der Welt beherrschen den Campus, gerade haben sie ein Pop-Konzert im Freien gegeben.

Wir hatten sechs Aufführungen vorgesehen. Nach der vierten passiert die Tragödie: Studenten der Universität Kent werden von der Nationalgarde (eine Art Landespolizei) getötet. Resultat: Generalstreik, Schlägereien, Tränengas, Molotow-Cocktails. Es geht wieder los!

Der Rektor von Berkeley schließt den Campus. Unsere letzte Aufführung soll ausfallen. Und nun geschieht etwas ganz Außerordentliches: Auf beiden Seiten, sowohl der Polizei als der Studenten, wird ein Waffenstillstand von vier Stunden geschlossen ... »um Rabelais das Wort zu geben«!

Wir bekommen Spielerlaubnis. Einzige Auflage: pünktlich beginnen, die Pause kürzen und vor Mitternacht verschwinden.

Ich verlange, daß alle Eintritt bekommen, und so spielen wir vor viertausend Studenten in diesem Saal, der nur zweitausendfünfhundert faßt, den ›Rabelais‹. Die subtilsten Nuancen wurden mit

maximal feinem Verständnis erfaßt. Alle kannten Rabelais auswendig. Ein unvergeßlicher Moment.
Ein Volk, das so reagieren kann, ist eines der authentischsten der Welt. Über vier Jahrhunderte hinweg gewann der Student Rabelais die Anhängerschaft von viertausend Berkeley-Studenten in Kalifornien! In der Szene von der Gründung der Abtei Thélème improvisierten wir und zogen die Trikots der »University of Berkeley« an. ... Ein einzigartiger Augenblick – Sieg des Geistes und der Überlegenheit menschlicher Intelligenz. Das Menschenherz schoß empor wie eine Rakete! Wenn man mich morgen wieder nach Berkeley einlädt – ich kehre dahin zurück wie an einen auserwählten Ort!

Molière hat uns den Sinn für glückliche, rasche und unvorhergesehene Schlußwendungen vermacht. Insofern ist er ein freier Mann.
Ich werde also hier innehalten, bei diesem Erlebnis des Jungseins; vielleicht ist es ein naives, doch ist es beseelt von ungebrochenem Glauben.
Ich habe den Eindruck, daß ich meinen Lebenslauf »unverpackt« vor Ihnen ausgebreitet habe. Ich hätte vielleicht die Regeln respektieren, entweder eine Anekdotenfolge oder aber eine Summe von Überlegungen bieten sollen. Im Verlauf der Niederschrift schien es mir jedoch, als könnten die Anekdoten meinen Erfahrungen einen zu oberflächlichen Ton verleihen, und die bloßen Überlegungen zu karg wirken. Deshalb entschloß ich mich, alles zu vermischen – um leicht zu bleiben.
Leben wir nicht täglich und in ein und demselben Augenblick auf mehreren Ebenen?
Wenn ich nun diese Auszüge aus meinem Leben überlese, sehe ich, daß ich viel zu viel weine, mich übertrieben begeistere und sich mein Groll gegen Kritiker und Intellektuelle unnötig wiederholt; daß mein Mißtrauen gegen die Psychoanalytiker vielleicht nur unbewußte »Komplexe« birgt. Das ist offensichtlich ein Fehler. Hätte ich den Rat von La Fontaine vergessen, der uns sagt: »Man muß immer etwas zum Denken übriglassen«?
Eben nicht! Ich habe mich zurückgehalten, so sehr ich konnte. In Wirklichkeit habe ich viel mehr geweint, mich viel mehr begeistert, habe ich viel mehr gelitten, wenn ich auf Hindernisse stieß, die mir die Begegnung mit Menschen unmöglich machten oder sie hinderte, unserem Ruf zu antworten. Und was das Unterbewußtsein anbelangt – das ist unser Eigenstes, unser Temperament. Eine durchgetanzte Nacht wiegt sämtliche Psychoanalysen auf.

Diese Neigung, in Ekstase oder in Verzweiflung zu geraten, sie kommt von diesem verflixten »Bewußtsein«, das mir gegeben wurde und mir mein Double verlieh. Seinetwegen lebe ich und sehe ich mich leben im selben Augenblick. Und wie sollte man sich nicht begeistern – wenn man sich leben fühlt? Wie nicht schreien vor Kummer beim Gedanken daran, daß dieses Leben uns genommen werden kann?
Ich bin nicht sicher, ob im Grunde nicht jeder von uns im geheimsten Innern solch ein Kind geblieben ist, das schluchzt oder jauchzt, und ebenso bewußt und mit einem Double begabt ist. Aber man wagt es sich nicht einzugestehen, aus Angst, sich lächerlich zu machen.

> *»Und als er dies sagte, heulte er wie eine Kuh, doch ganz plötzlich lachte er wieder wie ein Kalb«,* sagt Rabelais.

Machen wir Schluß: Lesen Sie das, ich bitte Sie, nicht als das Werk eines Schriftstellers. Diesen Bericht mußte ich zugleich mit meinen alltäglichen Pflichten im Eiltempo vorantreiben. Erinnern Sie sich doch an meine drei Hauptdevisen, von denen ich zu Anfang sprach:

Schlecht, aber schnell.
Über den Menschen, durch den Menschen, für den Menschen.
Sich für alles begeistern und an nichts hängen.

Fortsetzung folgt . . .
wenn Gott oder das Geschick nach Äschylos oder wenn Moses oder wenn Buddha oder wenn »das Schwert und der Spiegel« oder wenn . . . oder wenn . . .
oder wenn vor allem *das Leben* es so will.

12. Oktober – 21. Dezember 1971

Quellennachweise der Abbildungen
(zwischen Seite 176 und 177)

Die Abbildungen 1–8, 10–12 und 14–25 sind dem Archiv von Jean-Louis Barrault entnommen;
Abbildung 8 ›Die Kinder des Olymp‹ aus: »Karl Günther Simon, Pantomime«, Nymphenburger Verlagshandlung;
Abbildung 13 ›Der Kirschgarten‹ aus: »Anton Tchékov, La Cerisaie«, Editions de la Bibliothèque Mondiale;
Abbildung 26 ›Rabelais‹ und Abbildung 27 ›Glückliche Tage‹: Ullstein Bilderdienst.

Inhalt

Warnung an den Leser 9

EINS

Der wilde Setzling 15
Die Legende von meiner Geburt 15
Vorgeburtliche Erinnerungen 19
Die ersten Schritte 26
Kindheit, Jugend 32
Die Wildente fliegt davon 53

Erste Pause 65

Im Théâtre de l'Atelier 69
Dullin, mein Lehrer 70
Decroux 77
Meine Arbeit im Atelier-Theater 80
Das Bett Volpones 82
Bei der Armee 84
Rückkehr zum Atelier 86
›Als ich im Sterben lag‹ oder »Totales Theater« 91

Zweite Pause 100

Im Grenier des Grands-Augustins 105
Artaud 110
Alchimie des menschlichen Körpers 114
Madeleine 123
Drei Jahre des Lichts 126
Tod meiner Mutter 136

Erzwungene Pause 140

Die Comédie-Française 157
Der Cid und Hamlet 161
Phädra 162
Jean-Paul Sartre 164
Mitglied der Comédie-Française 167
Der Seidene Schuh 172
Die Kinder des Olymp 182
Tod von Desnos 183
Krise im Français. Unser Abgang 186

ZWEI

Entstehung unserer Truppe 191
Über die Begeisterung 197

Kurze Pause
Fünfundzwanzig Jahre danach 199

Die Epoche des Marigny-Theaters 206
Hamlet 207
Die falschen Vertraulichkeiten 210
Baptiste 211
Nächte des Zorns 211
André Gide und ›Der Prozeß‹ 212
Feydeau 217
Erste Prüfung 219
Mittagswende 224
Der Tausch, oder der Geist der Flucht 231
Begegnung mit Claudel 233
Christoph Columbus 236
Tod Claudels 239
Abwanderung einer Generation 244
Klassisches Repertoire und moderne Autoren 251
Domaine musical und Petit Marigny 256
Die Orestie 258
Der Kirschgarten 262

Wanderleben 265
Léonard 266
Florida 267
Südamerika 275
Nordamerika 278
Mittelamerika (1956) 280
Im Theater Sarah-Bernhardt 294
Eine Reise um die Welt 295
Palais-Royal 316

Théâtre de France
oder von ›Goldhaupt‹ zu ›Goldhaupt‹ 323
Das Odéon 326
Der kleine Saal 332
›Les Paravents‹ 337
›Heinrich VI‹ 346

Die Versuchung des Heiligen Antonius 348
Saint-Exupéry 349
Die sieben Lichtpferde 350
›Goldhaupt‹ 356

Pause der Freundschaft: London 357

Mai 68 – Kollektive Prüfung
Individuelle Prüfung 363

Die schönen Anomalien 382

Keine Pause: ›Rabelais‹ 384